Burger, Johann

Die Landwirtschaft in Ober-Italien

Burger, Johann

Die Landwirtschaft in Ober-Italien

Inktank publishing, 2018

www.inktank-publishing.com

ISBN/EAN: 9783747773703

Die

Landwirthschaft

in Ober-Italien,

geschildert

auf einer Reise von Triest über Venedig nach Mailand, und von da in alle Gegenden der Lombardie.

Mit historischen, statistischen, geographischen und vorzüglich landwirthschaftlichen Bemerkungen.

Von

Dr. Johann Burger,

k. k. Gubernialrathe zu Triest, Mitgliede mehrerer gelehrten Gesellschaften zur Beförderung der Landwirthschaft.

Erster Band.

Mit drei Abbildungen.

Neue Ausgabe.

Wien, 1851.

Wilhelm Braumüller,

k. k. Hofbuchhändler.

Vorrede.

Ohngeachtet über kein Land der Welt so viel geschrieben worden ist, wie über Italien, und sich ausgezeichnete Schriftsteller aller Nationen in die Wette bemüht haben, nicht nur alle Gegenstände der Kunst und des Alterthums, die sich in diesem Lande vorfinden, zu erforschen, zu beschreiben und durch Bilder zu versinnlichen, sondern auch den gegenwärtigen Zustand der sittlichen Bildung der Menschen und der politischen Einrichtungen in den verschiedenen Staaten dieses Landes zu schildern; so ermangelte doch immer noch ein Werk, das uns über den gegenwärtigen Zustand der Landescultur und jener Menschenclasse, die sich zunächst mit dem Landbaue abgibt, gründliche, nicht bloß oberflächliche Kenntniß ertheilte.

Wenn es aber irgend ein Land gibt, dessen Ackerbau näher beschrieben zu werden verdient, so ist es sicher Italien, wo nach den Stürmen der Völkerwanderungen und Länderverwüstungen sich zuerst wieder freie gesellschaftliche Institutionen bildeten, in deren Gefolge der Landbau, die Gewerbe und Künste mit den ernsten und schönen Wissenschaften wieder aufzublühen begannen, wo die Feudalverhältnisse entweder gar nie Eingang fanden, oder seit Jahrhunderten schon wieder abgeschafft sind, und wo man daher um so mehr erwarten muß, einen sehr vervollkommten Ackerbau anzutreffen, als

Clima und Boden dem Gedeihen der Thiere und Pflanzen mehr als irgendwo zusagen.

Es fehlt zwar nicht an einheimischen und ausländischen Schriftstellern, die über diesen Gegenstand geschrieben haben; allein größtentheils sind die Werke der erstern mehr bestimmt ihren Landsleuten Belehrungen zu ertheilen, als das bestehende Verfahren getreu zu beschreiben, und die der letztern rühren von Autoren her, die entweder zu geringe Sachkenntnisse hatten, oder das Land zu oberflächlich durchreiset haben, um sich genügend unterrichten zu können. — Ein Werk, das uns eine genaue Schilderung des Betriebes der Landwirthschaft von einer der Haupteintheilungen des Landes gewährte, und uns nebstbei von dem Zustande der ackerbautreibenden Classe, von dem Geld- und Pachtwerthe der Gründe, von den Steuern, von dem Verhältnisse, in welchem die Bevölkerung und der Viehstand zur Ausdehnung des Ackerbaues steht, Nachricht ertheilte, ist in der italienischen Literatur nicht vorhanden, für Ober-Italien von Arthur Young nur skizzirt, für Toscana von Sismondi nur unvollkommen ausgeführt worden.

Arthur Young, der größte Landwirth und Statistiker seiner Zeit, machte im Jahre 1789, nachdem er früher Frankreich in landwirthschaftlicher und statistischer Hinsicht durchreiset hatte, einen Ausflug nach Ober-Italien,*) und ging über Turin, Mailand, Venedig, Bologna nach Florenz, und dann zurück über Bologna, Turin und den Mont Cenis, um sich in diesem Theile von Italien über

*) Arthur Young's Reisen durch Frankreich und Italien in den Jahren 1787 bis 1790. Aus dem Englischen. Berlin, 1795.

alles, was auf Land- und Staatswirthschaft Bezug hat, zu unterrichten. Allein die Zeit, die er hiezu verwandte, war zu kurz und zu ungünstig, als daß er im Stande gewesen wäre sich mehr als sehr oberflächliche Kenntnisse von den Gegenständen zu verschaffen, um deren willen er in das Land gekommen war. Nicht gerechnet, daß er nur zehn Wochen darin verweilte, und die Hälfte dieser Zeit in Mailand, Venedig und Florenz zubrachte, so waren auch die Monate: October, November und December an und für sich nicht geeignet ihm über den Landbau anschauliche Kenntnisse zu verschaffen, wenn sie auch minder naß und kalt gewesen wären, als sie es im Jahre 1789 waren, wo es im November unaufhörlich regnete, und wo im December ganz Italien unter Schnee lag. Young war zwar mit der Cultur südlicher Länder nicht unbekannt, da er aus Frankreich kam, wo er sich lange genug aufgehalten hatte, um sich für die Reise nach Italien vorzubereiten, allein die Zeit, die er da zubrachte, war doch immer zu kurz, um die Eigenthümlichkeiten der Landwirthschaft dieses Landes ganz aufzufassen; auch habe ich Grund zu vermuthen, daß er der Sprache zu wenig mächtig war, um mit den Wirthschaftsverwaltern, Pächtern und Bauern selbst sprechen zu können, und daß er sich darauf beschränken mußte, nur mit den Gutsbesitzern zu verkehren, die wohl über die Pachtbedingnisse, nur selten aber über den wirklichen Betrieb der Landwirthschaft unterrichtet sind.

Die Nachrichten Young's über Gegenstände, die sich auf die Land- und Staatswirthschaft von Italien beziehen, sind, mit geringen Ausnahmen, äußerst kurz, abgebrochen, oft unverständlich, nicht selten unrichtig. Man sieht ihnen die Eile und die geringe Kritik an, mit der sie niedergeschrieben worden sind; allein troß dieser Mängel, setzen die Menge von Daten, die er in der kurzen Zeit seines Aufenthalts sammelte, ihre Zusammenstellung, und die scharfsinnigen Folgerungen, die er von ihnen abzuleiten weiß, Jederman in Erstaunen, und geben in ihrer Unvollkommenheit von dem Fleiße und Scharfsinne dieses Mannes den überzeugendsten Beweis.

Der als Geschichtschreiber der italienischen Republiken, und als staatswirthschaftlicher Schriftsteller berühmte Sismondi hat seine literarische Laufbahn mit einer Beschreibung der toscanischen Landwirthschaft begonnen, *) die ich selbst in das Deutsche übersetzt habe, weil sie mir mehr, als alle mir bekannten Werke über italienische Landwirthschaft Genüge leistete. Allein, bei näherer Würdigung dieses Werkes wird man finden, daß der Verfasser seines Gegenstandes doch nicht mächtig genug war, und ihn viel zu oberflächlich behandelte; daß er nur von einem sehr beschränkten Theile von Toscana nähere Kenntniß hatte, und daß sein Verdienst mehr in einer wohlgelungenen Darstellung des Wenigen, was er wußte, als in einem Reichthume von Kenntnissen, oder in einer erschöpfenden Behandlung des Gegenstandes besteht.

In wie ferne ich berufen zu sein mir schmeicheln darf, diese Lücke in der landwirthschaftlichen Literatur auszufüllen und welchen Werth der Leser in meine Nachrichten und Behauptungen setzen darf, mögen folgende kurze Notizen über die Veranlassung, dieses Werk zu schreiben, näher angeben.

---

*) Tableau de l'agriculture toscane par *I. C. L. Simonde de Genève*. Genève, 1801. Die deutsche Übersetzung erschien 1805 bei Cotta in Tübingen.

Nachdem ich vom Jahre 1808 bis zum Jahre 1820 öffentlicher Lehrer der Landwirthschaft am Lyceum zu Klagenfurt in Kärnthen gewesen war, wurde ich nach Triest übersetzt, um im österreichischen Küstenlande die Grundertragsschätzungen für den neuen Steuercataster zu leiten. — Es besteht das Gebiet dieser Provinz aus der Halbinsel Istrien, den Inseln Cherso und Veglia, dem Karste, der steinigen Gebirgsgegend zwischen Fiume und Görz, dem Stadtgebiete von Triest, den Ländern der Grafschaften Görz und Gradisca, und dem früher venezianischen Bezirke von Monfalcone. Nach der Sprache, nach dem Clima und der Bodencultur muß diese Provinz zu Italien gezählt werden, in der ich neun Jahre zubrachte und die ich während dieser Zeit mehrmals in allen Richtungen durchreiset habe, um vermöge meines Amtes die genauesten Nachforschungen über den Betrieb der ortsüblichen Landwirthschaft anzustellen. Ich bin daher nicht unvorbereitet nach der Lombardie gekommen, wohin mich im Jahre 1828 Seine Majestät, der Kaiser, abzuordnen geruhten, um mich daselbst sowohl über die Art, wie der alte mailändische Cataster zu Stande gebracht wurde, als auch über den Gang der in den vormals venezianischen Provinzen seit drei Jahren Statt habenden Catastral-Operationen zu unterrichten. Dieser Allerhöchste Auftrag verschaffte mir nicht allein Gelegenheit die Acten des Archivs der Steuerregulirungsbehörde (Giunta del censimento) zu Mailand zu studiren, sondern auch den größten Theil der Provinzen des lombardisch-venezianischen Königreichs selbst zu sehen, um in den lombardischen die alten Schätzungen mit den örtlichen Verhältnissen zu vergleichen, und in den venezianischen den Gang der im Zuge befindlichen Schätzungen zu beobachten. — Meine Geschäfte brachten mich mit einer großen Menge von Landwirthen aus allen Ständen in Berührung, und machten mir es möglich nicht nur den wirklichen Betrieb der Landwirthschaft selbst zu beobachten, sondern mir auch von den Ergebnissen derselben die verlässigsten Daten zu verschaffen. — Daß ich nichts unterließ, die mir dargebotene Gelegenheit auf das Beste zu benützen, wird der Leser in der Folge aus dem Werke selbst entnehmen. —

Noch ist es nothwendig, daß ich über die Art spreche, wie ich meine Nachrichten über Italien dem Leser mitzutheilen gedenke. — Es geht das Tagebuch voraus, das ich während der Reise schrieb, worauf umständliche Abhandlungen über die interessantesten Zweige der italienischen Landwirthschaft, so wie über den Kauf- und Pachtwerth der Gründe, die gegenwärtige Besteuerung, und den mailändischen Cataster folgen.

Obgleich die wichtigsten Theile meiner Mittheilungen nur in diesen Abhandlungen bestehen, indem darin alle Notizen, die ich über den gegebenen Gegenstand gesammelt hatte, zusammengestellt sind, so habe ich doch gemeint, es dürfte das Tagebuch selbst dem Leser nicht unangenehm sein, weil er aus demselben nicht sowohl die Zeit ersieht, die ich auf der Reise zubrachte, die Orte, die ich besah, die Menschen, mit denen ich verkehrte, als auch mit manchen andern Dingen: Ansicht des Landes und der Städte, Bodenbeschaffenheit, Sitte der Menschen, staatswirthschaftlichen und politischen Gegenständen u. s. w. bekannt wird, die zwar nicht rein landwirthschaftlich, dem reisenden Landwirthe aber nicht gleichgültig sind, und deren ich nur gelegenheitlich erwähnte, weil ich sie nicht zu Gegenständen besonderer Abhandlungen machen wollte. — Wenn ich mich bei den Sehenswürdigkeiten von Venedig etwas länger aufgehalten habe, als es dem Zwecke dieses Werkes zukommt, so hoffe ich vom Leser Verzeihung wegen des großen Eindruckes, den diese in ihrer Art einzige Stadt auf jeden Menschen machen muß, der für Kunst, Alterthum und Geschichte nicht völlig stumpf ist.

Meine Nachrichten beschränken sich zwar nur auf das lombardisch-venezianische Königreich. Weil aber der Betrieb der Landwirthschaft in Piemont von dem in der Lombardie nicht abweicht, so kann man füglich annehmen, daß mein Gemälde der Landwirthschaft sich nicht bloß auf die lombardisch-venezianischen Provinzen, sondern auf ganz Ober-Italien bezieht.

Was den Nutzen des vorliegenden Werkes betrifft, so soll derselbe sowohl wissenschaftlich als auch practisch sein. — Wissenschaftlich, in so ferne es von einem allgemeinen Interesse ist zu wissen, wie die Landwirthschaft in einem der cultivirtesten Länder der Welt betrieben wird, um aus der Beschreibung des Verfahrens und der Resultate, mit Rücksicht auf die Verhältnisse, welche durch Clima und Boden bedingt werden, allgemeine Regeln für den Ackerbau abzuleiten, und practisch, in so fern ein in Italien bestehendes zweckmäßigeres Verfahren bei den mancherlei Zweigen des Landhaushaltes mit Nutzen anderswo nachgeahmt zu werden verdient, wie dieß z. B. mit der Bewässerung der Wiesen, der Käsefabrication, der Cultur der Maulbeerbäume, der Fall sein dürfte, welche die Lombarden ungleich besser verstehen, wie ihre Nachbarn, und worin sie Italienern und Deutschen als Muster aufgestellt zu werden verdienen.

Von großer Wichtigkeit ist es für den Landwirth sowohl, als den Staatsmann zu wissen, welchen Kauf- und Pachtwerth die Gründe in einem so stark bevölkerten und so fruchtbaren Lande haben, wie groß die directen Steuern sind, die unmittelbar auf Grund und Boden lasten, wie sie sich zum Grundertrage verhalten, auf welche Art sie umgelegt sind, und in welchem Zustande sich die Pächter und Taglöhner befinden. Die über diese Gegenstände mitgetheilten Nachrichten beruhen auf zuverlässigen Erhebungen, und beweisen den Reichthum des Landes und der Grundbesitzer, aber auch, daß eine übergroße Bevölkerung zwar wohl der Cultur des Bodens im Allgemeinen, nicht aber dem Glücke und dem Wohlstande der arbeitenden Classe zuträglich ist, und daß in der Lombardie die gleiche Ursache dieselbe Wirkung hervorbringt, wie in Irland, Ostindien und China. — So hoffe ich auch, daß die mancherlei statistischen Angaben über Bevölkerung, Viehzahl, Flächeninhalt, Ausfuhr von Landesproducten, Einfuhr von Waaren aller Art u. s. w. dem Leser ein viel deutlicheres Bild von diesem Lande gewähren werden, als er aus den gewöhnlichen geografischen Handbüchern, oder den oberflächlichen Reisebeschreibungen zu erlangen im Stande ist.

Endlich dürfte die Geschichte des berühmten mailändischen Catasters dem Leser nicht unwillkommen sein, da dieser Gegenstand jetzt ein allgemeines Interesse hat, indem fast in allen europäischen Ländern und selbst in Egypten ein Cataster errichtet wird, und die Vortheile einer gleichförmigen Umlage der Staatslasten nach Verhältniß der reinen Einnahme, die man vom Boden erhält, nur von Jenen noch geläugnet werden, die da behaupten, daß alles in der Gegenwart Bestehende unverrückt bleiben und aufrecht erhalten werden müsse, und daß der, welcher bisher zu wenig von der Einnahme seiner Grundstücke zu den Staatslasten beitrug, auch fernerhin nicht mehr zahlen dürfe, weil er das Grundstück dieses Umstandes wegen um so theurer in Händen habe; so wie, daß Jener, welcher unter der Größe einer parteiischen oder unverständigen früheren Vertheilung der Steuern gegenwärtig erliegt, keinen Anspruch auf Steuerverminderung habe, und noch fernerhin ein Lastthier des Staats bleiben müsse, weil er die hoch belegten Grundstücke wohlfeil gekauft, oder überhaupt zu geringen Preisen in Händen habe; wobei aber diese Verfechter der schreiendsten Ungleichförmigkeit oder Ungerechtigkeit übersehen, daß die Regierung von dem Geldwerthe, um den die Privaten ihre Grundstücke unter sich verkaufen, keine Notiz nehmen, und nach einer so schwankenden, von Zufall und Laune abhängigen, und immer wechselnden Größe die Grundsteuer nicht bemessen kann, sondern immer hiezu als Grundlage nur den Reinertrag der Gründe annahm, den diese bei der gewöhnlichen Bewirthschaftung abwerfen, und von demselben einen bestimmten gleichförmigen Antheil forderte. — Wenn die Regierungen jetzt merken, daß durch die Veränderungen der Cultur zu große Ungleichförmigkeiten in dem gegenwärtigen Reinertrage der einzelnen Grundbesitzer eingetreten sind, und die frühere, vielleicht richtige Umlegung der Grundsteuer jetzt unrichtig geworden ist, so erfüllen sie nur ihre Pflicht und handeln nach den Grundsätzen der Gerechtigkeit, wenn sie dem Einen nach Maßgabe der inzwischen vorgefallenen Umänderungen einen Theil der Last abnehmen, und sie dem Andern übertragen, damit der Erstere nicht darbe oder gar zu Grunde gehe, während sich der Zweite bereichert.

Daß aber jeder Cataster nur für eine gegebene Zeit seinem Zwecke entspricht, und daß eine Revision und Nachbesserung desselben nach Verlauf dieser Zeit nothwendig ist, wird aus dieser Abhandlung klar werden, in welcher gezeigt wird, daß jetzt in der Lombardie die Steuerumlage an denselben Mängeln leidet, wie in den übrigen Ländern, die keinen Cataster haben, wovon die Ursache darin liegt, daß man seit hundert Jahren keine Revision der Culturveränderungen vorgenommen hat, und daß daher alle Grundstücke, die zur Zeit der Einführung des Catasters sich in demselben Culturzustande befunden haben, in dem sie sich noch gegenwärtig befinden, jetzt wegen der vergrößerten Steuer-Procente eine schwere Last zu tragen haben, während alle seit hundert Jahren gemachten Verbesserungen steuerfrei sind; die aus Weiden in bewässerte Wiesen und Äcker oder Weingärten umgeschaffenen Felder noch immer als Weiden besteuert werden und beinahe nichts, ja alle neu gebaueten Häuser gar nichts bezahlen.

Triest, im October, 1830.

Verhältniß
der
mailändischen und einiger anderen italien. Maße, Gewichte und Münzen gegen die österreichischen und metrischen.

I. Mailand.

Längenmaß.

Eine Wiener Klafter von 6 Fuß, den Fuß zu 12 Zoll, ist gleich: Meter . . . . . . : 1,8966.
» » mailändischen Ellen . . : 3,1880.
Eine mailändische Elle (Braccio) von 12 Oncie hat Wiener Fuß . . . . : 1,882.
» » Ellen . . . . : 0.763.

Flächenmaß.

Ein Wiener Joch von 1600 gevierten Klaftern ist gleich: Pertiche metriche . . . . . : 5,75.
» » di Milano . . . . . : 8,791.
Eine mailänd. Pertica von 24 Tavole enthält Wiener gevierte Klafter . . . . : 181,958.
» » » » Joch . . . . : 0,1137.

Hohlmaß.

Ein Wiener Metzen von 16 Maßl enthält Some metriche . . . . : 0,6152.
Moggia di Milano . . . . : 0,4207.
Ein mailändischer Moggio, von 8 Stara, hat Wiener Metzen . . . . : 2,3767.
Ein Wiener Eimer von 40 Maß enthält Some metriche . . . . : 0,5668.
mailändische Brente . . . . : 0,7502.
Eine mailändische Brenta von 3 Stara, jeder Star von 4 Quarteri, und der Quartaro zu 8 Boccali, enthält Wiener Eimer . . : 1,3329.

Gewicht.

Das Wiener Pfund von 32 Loth hat metrische Pfunde . . . . : 0,5600.
mailändische Libbre grosse . . . . . : 0,7312.
Das mailänd. große Pfund von 28 Unzen hat Wiener Pfunde . . . . : 1,3611.

Geld.

Ein Gulden von 60 Kreuzern ist gleich mailändischen Lire, zu 20 Soldi . . . . : 3,383.
Eine mailändische Lira enthält Kreuzer . . . : 17,733.
Ein mailändischer Scudo hat 6 Lire, = 1 Gulden 46,398 Kreuzer.
Eine österreichische Lira gilt . . . . . . 20 Kreuzer.
Eine italienische Lira ist gleich einem französischen Frank, und gilt . . . . 23 Kreuzer.

II. Venedig.

Der Fuß, Piede di Fabbrica, von 12 Oncie, zu 12 Linien, verhält sich zum Wiener Fuß wie 1100:1000.
Der Campo von Padua von 840 Tavole hat Wiener Joch . . . . : 0,67111.
100 Stara von Venedig sind Wiener Metzen. . : 135,415.
100 Mastelli von Venedig zu 7 Secchie, von 4 Bozze, enthalten Wiener Eimer . . . 132.
Ein venezianisches schweres Pfund von 12 Oncie ist gleich metrischen Pfunden . . . . : 0,477.
Wiener Pfunden . . . . : 0,851.
Eine venezianische Lira gilt österreichische Lire . . : 0,5885.
oder Kreuzer . . . . : 11,770.

III. Mantua.

Eine Biolca enthält Wiener Joch . . . . . : 0.5448.
Ein Sacco, von 12 Quarti, enthält Wiener Metzen : 1,6948.

I.

Tagebuch

der Reise von Triest über Venedig nach Mailand,

und von da

in alle Gegenden der Lombardie; hierauf über Mantua, Verona und Udine zurück nach Triest.

Mit historischen, statistischen, geografischen und vorzüglich landwirthschaftlichen Bemerkungen.

1. Mai, 1828.

Fahrt von Triest nach Venedig. Dampfschiffe. Ansicht von Venedig. Marcusplatz. Marcuskirche. Kaffeehäuser. Öffentlicher Garten. Großer Canal; Palläste längs desselben; Bauart und Materiale derselben. Theater San Luca.

Als ich im Mai 1806 das Erstemal von Triest nach Venedig fuhr, war die Verbindung zwischen diesen beiden Städten noch so gering, daß weder ein Postschiff, noch ein Paketboot zwischen denselben eine regelmäßige Fahrt machte. Ich fuhr auf einem Trabaccolo, der kleinsten, zum Küstenhandel bestimmten Art Schiffe, nach Venedig, und kam nach einer Fahrt von 36 Stunden erst daselbst an, nachdem das Schiff 10 Stunden zwischen Pirano und Grado bei einer völligen Windstille sich nicht bewegte, und dann andere 10 Stunden durch ein Gewitter gewaltig herumgeworfen wurde. Jetzt fuhr ich mit dem Dampfschiffe, das mich in einer heitern, mondhellen und windstillen Nacht in 8 Stunden von Triest nach Venedig brachte. Gegenwärtig bestehen zwischen diesen zwei Städten 3 Dampfschiffe und 9 Paketböte — Corriere — und so eben wird ein viertes Dampfschiff gebaut, das nicht durch die Schaufeln der an den Seiten des Schiffes befindlichen Ruder, sondern durch ein am Hintertheil des Schiffes, unter dem Wasser angebrachtes, schnecken- oder vielmehr bohrerförmiges Triebwerk, bewegt werden soll.

Ein Engländer — Morgan — hat das Monopol der Dampfschiffahrt auf 15 Jahre, und gewinnt bei dem großen Verkehr, der zwischen Triest und Venedig besteht, und dem ansehnlichen Frachtgelde, das er sich zahlen läßt, eine bedeutende Summe. Es zahlt aber Jedermann gern die Taxe von 10 Gulden, weil er weiß, daß er in wenigen Stunden das Ziel seiner Reise erreicht, und am Schiffe ein reinliches, ja wohl elegantes Zimmer findet und alle Arten Erfrischungen haben kann.

Die Fahrt ist gefahrlos, bis man in die Nähe der Lagunen kömmt, wo das Fahrwasser öfters von Untiefen unterbrochen wird, und die Sondirstange fleißig angewendet werden muß.

Um 9 Uhr Abends fuhren wir von Triest weg, und um 5 Uhr Morgens bekamen wir Venedig zu Gesicht, erst Burano, dann San Nicolo di Lido. Die vielen, mit Kirchen und Gebäuden bedeckten Inseln, die der Stadt zur Seite liegen, endlich die Stadt selbst mit ihren Pallästen und zahllosen Kirchen, die allenthalben ihre Thürme erheben, machen anfänglich einen sehr freundlichen Eindruck, der allgemach, wie man näher kömmt, in Bewunderung und endlich in Erstaunen übergeht, wenn man an die Piazzetta gelangt und den Pallast der früheren Fürsten, die neuen Procuratien, die Münze und die nahen Kirchen: San Giorgio und Maria di Salute, sieht.

Ich wollte in der Nähe des Hauptplatzes wohnen und stieg daher im Gasthause alla Luna ab, welches hart hinter dem neuen Pallaste liegt, der die beiden Procuratien verbindet. Ich hatte keine Ursache, mit meiner Wahl unzufrieden zu sein; das Zimmer war reinlich, geräumig, mit guten Möbeln und einem Bette versehen, in dem wohl vier Menschen Platz gefunden hätten; die Bedienung freundlich und die Preise billig.

Ich konnte dem Drange nicht widerstehen, noch vor dem Frühstücke einen Gang auf den großen Platz zu machen. Ich trat ein durch die Säulenhalle des neuen Pallastes, und ward durch die Großartigkeit und Schönheit der Gegenstände, die sich meinen Blicken darstellten, angenehm überrascht; denn ich fand Alles schöner, größer und bewundernswürdiger, als ich es mir vorgestellt hatte. Ich fürchtete, daß es mir mit Venedig gehen würde, wie mit andern Städten, die ich in meiner Jugend sah, wo Einem Alles schön vorkömmt, und die ich in vorgerückten Jahren, als ich sie wieder besuchte, nachdem ich mehr von der Welt gesehen und mir einen andern Maßstab für Größe und

Schönheit erworben hatte, unter meiner Erwartung antraf. Der bedeckte Gang — Portico — der neuen Procuratien, an dessen oberm Ende ich stand, gefiel mir ungemein durch seine Länge, Breite und Zierlichkeit der Bauart. Die Marcuskirche hatte ich beinahe aus meinem Gedächtnisse verloren. Ihr Äußeres sowohl als ihr Inneres, übertrafen aber weit das dunkle Bild, das mir von diesem herrlichen Gebäude in der Erinnerung geblieben war. Vorzüglich überraschte mich die Menge der schönsten Säulen von Granit, Porphyr, Serpentin, womit die fünf Thore verziert sind, und im Innern zogen mich vorerst die Mosaikgemälde an, womit alle Wände und selbst der Boden bedeckt sind. Die vielen Kuppeln und kleinen Thürmlein mit der Menge von Statuen und Schnörkeln, geben dem Ganzen ein halb gothisches, halb orientalisches Aussehen; auch glaube ich, daß die Form des Dachs, die Fronte und der Corridor älter sind, als das Gewölbe der Kirche mit den Säulen, die es tragen. Der Eindruck aber, den das Innere der Kirche auf mich machte, war viel verschieden von jenem, den die Stephanskirche in Wien hervorbrachte. Die Marcuskirche ist nicht hoch und groß genug, um zu imponiren; auch ist sie viel zu sehr geputzt und voll Ornamenten, als daß sie ein anderes Gefühl, als das freundliche des Gefallens hervorbrächte, während der Dom von St. Stephan Erstaunen erregt und Ehrfurcht gebietet.

Nachdem ich vorerst den größten Heißhunger meiner Neugierde gestillt hatte, suchte ich jenen meines Magens zu befriedigen. Ich erinnerte mich noch des Kaffeehauses al Florian, und suchte es auf. Es war noch auf demselben Platze und behauptete noch immer seinen alten Ruf.

Die Kaffeehäuser sind kleine Zimmerchen in den Procuratien, in die man aus dem Portico tritt. Sie sind halbdunkel, weil das Gewölbe des Säulengangs den freien Einfall des Lichtes hindert. Es haben kaum mehr als zehn Menschen in einem solchen Zimmerchen Raum. Ober diesem Zimmer ist überall eine Mezzanina angebracht.

Es gibt längs der Portici eine sehr große Zahl von Kaffeezimmern; die schönern sind unter den alten Procuratien, wo auch einige Gold- und Modewaarenhandlungen die Augen der Vorbeigehenden anziehen.

Nachmittags ging ich längs der Riva de' Slavi nach dem neu angelegten Garten, der durch Niederreißen einer Menge Häuser und Hütten hervorgebracht worden ist. Die Aussicht von der Ballustrade des Gartens, der San Nicolo di Lido gegenüber liegt, über San Giorgio, Malamocco, Bojani ist sehr schön; sonst aber ist der Garten noch zu jung und seine Bäume sind zu klein, als daß er seinem Zwecke jetzt schon entsprechen sollte. Es ist aber zu hoffen, daß bei dem ungemein schnellen Wachsthum der Bäume der Garten in zwanzig Jahren einem Walde gleich sehen wird, denn ich sah Eschen, welche hier die vorwaltende Baumart sind, die im Jahre 1812 gepflanzt worden, und daher erst 16 Jahre alt sind, und bereits 15 Zoll im Durchmesser hatten. Da aber dieser Ort zu weit vom Mittelpunkte der Stadt entfernt ist, so kann man nie hoffen, daß er zu einem allgemeinen Vergnügungs- und Sammelplatze für die Bevölkerung wird dienen können; auch fand ich am ersten Mai, einem Tage, an dem wir Deutsche vorzüglich einen Spaziergang ins Freie machen, nicht zwanzig Menschen im ganzen Garten, und von diesen zwanzig gehörte Niemand zur höheren Klasse.

Die Hitze des Tages hatte mich sehr erschöpft; ich nahm eine Gondel und ließ mich längs des großen Canals bis zur Brücke Rialto führen.

Die Reihe der schönsten Palläste, welche den Canal zu beiden Seiten einfassen, muß nothwendig bei Jedermann die höchsten Begriffe von dem frühern Reichthume seiner Einwohner und ihrem guten Geschmacke und regen Sinn für edle Baukunst hervorbringen. Das Bauen scheint im fünfzehnten und sechzehnten Jahrhundert in Italien allenthalben, besonders aber in Venedig, Mode gewesen zu sein, und wer nur immer hinlängliches Vermögen besaß, wendete es an, sich in der Hauptstadt einen Pallast zu bauen, und sich in Hinsicht der Schönheit, Solidität und des Geschmackes des Gebäudes vor seinen Nachbarn auszuzeichnen.

Die Häuser aus jener Zeit haben alle etwas Großartiges oder Edles, und wenn sie auch öfters nur drei oder vier Fenster breit sind, so haben sie doch die Form und Verzierungen eines Pallastes. Bei den Pallästen der Großen sind aber nicht sowohl die Fensterverzierungen und Balcone, sondern die ganze vordere Seite des Hauses, nach der ganzen Höhe, von gehauenem Stein ohne Mauerwerk, und wenn ein solcher Pallast von der vordern Seite frei steht, so reicht diese Verkleidung von Stein auch noch zwei Fenster weit zurück.

Viele dieser Palläste und Häuser sind in einem sehr vernachlässigten Zustande; einige derselben zerfallen auch wohl, weil ihre Besitzer verarmt sind und die Kosten der Unterhaltung des Daches nicht zu bestreiten vermochten; denn wird nur das Dach eingehalten, so dauert ein solches, von dem festesten Materiale aufgeführtes Gebäude viele Jahrhunderte. Zum Beweise mögen die Säulen dienen, welche den Porticus unter dem Pallaste des Doge stützen. Diese haben am Capital fein gearbeitete Figuren, welche Scenen aus der biblischen Geschichte darstellen; die Inschriften, welche ebenfalls in Stein gegraben sind, lassen es außer Zweifel, daß sie vor 400 Jahren gemacht worden sind, und noch sind sie so frisch und vollkommen, als wären sie vor wenigen Jahren angefertiget worden. So wenig verwittert der Kalkstein, den man aus Istrien herüber gebracht hat, wie ich auch dort an dem Amfitheater und der Porta aurea in Pola zu bemerken Gelegenheit hatte, wo nur die der freien Einwirkung des Regens ausgesetzten großen Steinblöcke, jetzt nach 2000 Jahren, an den Kanten etwa 2 Linien Masse durch Verwitterung verloren haben, die an der innern Seite der Porta aurea angebrachten Verzierungen aber noch völlig unangegriffen sind.

So wenig verwitternder Kalkstein ist eine Seltenheit; ihm verdankt Venedig, daß sich seine ältesten Gebäude noch frisch erhalten und daß man noch viele Jahrhunderte die da aufgehäuften Denkmale der schönen Baukunst bewundern wird.

Abends in das Theater San Luca. Es ward die Oper: Elisa e Claudio gegeben. Die Darstellung war besser als mittelmäßig; die Prima Donna, Doti, erwarb sich vielen Beifall.

Das Theater selbst ist artig, hat fünf Reihen Logen, deren 42 in einer Reihe sind, wovon die drei vordersten zu beiden Seiten in das Proscenium hinein gestellt sind, so daß die Zuseher hinter den Schauspielern sich befinden, wenn diese vorwärts zu den Lichtern treten.

Der Zugang zu diesem Theater ist eine enge, kaum 6 Fuß breite Sackgasse.

---

2. Mai.

Marcuskirche. Thor des Arsenals. Murano. Glas- und Spiegelfabriken. Kirche San Giovanni e Paolo. Denkmal des Generals Antonio Bragadino. Kirche San Giorgio maggiore. Kirche dei Redentore. Kirche ai Frari. Denkmal Canova's.

Heute war mein erster Gang wieder in die Marcuskirche, denn ich konnte mich gestern von allen ihren Herrlichkeiten nicht satt sehen. Sie ist ein wahres Kunst- und Mineralien-Cabinet. Die Verschwendung von Säulen am Äußern der Kirche, in den Vorhallen und in der Kirche selbst, wovon sehr viele von einem sehr kostbaren Materiale bestehen: Porphyr, egiptischer und europäischer Serpentin, Verde antico, Marmor aller Art, übersteigt alle Vorstellung. Alles ist von Stein und von unverwüstlichem Stein; alles ist polirt und so genau, so meisterhaft gefügt, daß man nicht umhin kann, den Geist zu bewundern, der die Errichtung dieses Gebäudes leitete und solche Materialien wählte, an denen der Zahn der Zeit noch immer spurlos sich abmüht.

Nun fuhr ich ins Arsenal, kam aber zur Unzeit; denn es gingen die Arbeiter zur Mittagsruhe, während welcher das Gebäude verschlossen bleibt; ich hatte aber für heute genug am Thore zu sehen, denn es ist das Thor und die demselben zur Seite gesetzten, aus dem Piräus von Athen hieher gebrachten zwei gigantischen Löwen, ein würdiger Gegenstand von Bewunderung. Der eine dieser Löwen sitzt auf den Hinterpfoten und wird 7 Fuß hoch sein; der andere liegt. Sie sind von sehr ungleichem Werthe und sicherlich zu sehr verschiedenen Zeiten gemacht worden.

Das Portal ist reich und schön, wie Alles, was der Staat in den Zeiten seines Flors machen ließ.

Dieselbe Gondel führte mich nun nach der Insel Murano, wo ich die Spiegel- und Glasperlen-Fabriken sehen wollte. Man sagte mir, daß etwa noch fünfzehn kleine Fabriken von gemeinen Glaswaaren in Murano bestehen. Ich ging in zwei, deren erstere kleine Spiegel, die andere Glasperlen machte. In der erstern fand ich nichts, was ich nicht in den Glasfabriken von Steiermark und Kärnten ebenfalls, nur viel besser und im größeren Maßstabe, gesehen hätte: man machte Spiegelgläser von 10 Zoll Breite und 12 Zoll Höhe. In der anderen war aber die Perlenfabrication ein für mich neuer Gegenstand. Sie besteht aus folgendem Verfahren: Der Arbeiter nimmt auf die Spitze eines Eisenstabes ein Stück von der teigigen Glasmasse, das er durch Walzen zusammendrückt und dem er eine cilinderförmige Gestalt gibt. In diesen Cilinder steckt er ein Eisen, das er dreht und womit er die Glasmasse becherförmig aushöhlt. Er wärmt nun diese Masse im Ofen, und wenn sie weich genug ist, so klebt ein anderer Arbeiter sein Eisen, an dem sich kalte Glasmasse befindet, an diesen Becher und beide laufen in entgegengesetzter Richtung auseinander, wobei sich das Glas in einen hohlen Faden ausdehnt, weil es sich von der ganzen Umgebung des becherförmigen Klumpens loslöst. In der Mitte ist natürlich der Glasfaden am dünnsten und wird immer dicker, je mehr sich die Masse erkältet. Er hat ungefähr 10 Klafter Länge, und wird sogleich in 15—18 Zoll lange Stücke zerbrochen, die man nach Verhältniß der Feinheit ihres Durchmessers sortirt. Von diesen gläsernen Röhren nehmen andere Arbeiter so viele, daß sie einzeln nebeneinanderliegend, eine Lage von 4 Zoll Breite bilden, die sie auf ein längliches Eisen, das dem Amboß eines Streckhammers gleich sieht, legen, mit einem Holze gleichförmig niederdrücken und dann mittels eines schneidenden Eisens den Theil der Glasröhren abstoßen, der über das Deckholz hervorragt. Die cilinderförmigen, auf diese Art erhaltenen Glasstücke, werden durch Siebe sortirt und hierauf mit einer Mischung von Kohlen und Kalkpulver geschüttelt, damit sich die Löcher verstopfen. Ist dieß geschehen, so kommen die feinen Perlen in ein Gefäß, wie ein Kaffeebrater, worin sie über starkem Feuer etwa eine halbe Stunde gerollt werden, wobei sie sich abrunden. Die gröbern Perlen bedürfen größere Gefäße und mehr Zeit. Das Verstopfen der Löcher und die Beimengung der Kohlen und des Kalkpulvers ist nothwendig, um das Zusammenschmelzen der einzelnen Perlen und das Zuschmelzen ihrer Löcher zu verhüten.

Das Materiale ist wohlfeil und der Arbeitslohn gering; daher können diese gefärbten Glasperlen um einen sehr geringen Preis verkauft werden. Man macht auch von Glas die echten Perlen nach. Ich habe wohl solche Perlen, nicht aber die Art gesehn, wie sie gemacht werden. Das hiesige Fabricat ist aber von echten Perlen auf der Stelle zu unterscheiden: es fehlt ihm der Glanz und die Farbe.

In diesen Fabriken ist viel Armuth und man wird in jedem Zimmer angebettelt, was einen sehr widrigen Eindruck macht. Die ganze Stadt Murano ist arm, und ich bemerkte längs des Canals, der die Stadt theilt, keine Spur, weder von gegenwärtiger, noch von vergangener Wohlhabenheit.

Man sagte mir in Venedig, daß die Fabrication und der Vertrieb der Glasperlen 8,000 Menschen beschäftige. Ich glaube, man irrt sich hierin gewaltig, vielleicht um mehr als die Hälfte.

Beim Zurückfahren von Murano, stieg ich bei der Kirche San Giovanni e Paolo ab; besah zuerst die Reiterstatue, welche die Republik 1495 ihrem General Bortolo Colleone setzen ließ. Es gefiel mir, daß das Pferd auf drei Füßen steht und nur einen hebt, und doch offenbar im Gehen sich befindet. Die geharnischte Figur des Reiters ist voll Leben.

Die Kirche ist zuverlässig die reichste an Monumenten. Es sind hier mehrere Mausoleen von Dogen, die an Pracht mehr als königlich sind. Mich ergriff jetzt, wie vor 22 Jahren, tiefe Wehmuth beim Anblick der Urne, in der die Haut des Generals Ant. Bragadino liegt, den die Erbfeinde der Christenheit und aller Humanität 1571 lebendig schinden ließen, weil er Famagosta auf Cipern tapfer vertheidigt hatte.

Nach Tisch fuhr ich nach der Kirche San Giorgio maggiore; ein herrliches Gebäude, das die Benedictiner, denen es gehörte, zufolge der Inschrift ober dem Thore: Aere monastico, errichten ließen. Hier wurde der Papst Pius VII. 1799 erwählt. Jetzt ist das Kloster aufgehoben und die Wohngebäude werden zu Magazinen und Depositorien für die Waaren des Freihafens verwendet; denn bekanntlich genießt die kleine Insel, worauf die Kirche mit dem Kloster steht, die Privilegien eines Freihafens. *) Die Kirche, ein Werk Palladio's, der so viel in Venedig und andern venezianischen Städten bauete, ist ungemein freundlich. Die schöne Kuppel ist eine wesentliche Zierde der Kirche. Das Bodenpflaster ist so schön und so wohl erhalten, als wenn es gestern erst gelegt worden wäre, obgleich es schon seit 200 Jahren von den Füßen der Gläubigen betreten wird. Die Sitze im Chor der Mönche sind eine doppelte Reihe von hölzernen Bänken, die abgetheilt sind, 44 in einer Reihe, also 88 ohne den

*) Seit dem 1. Hornung 1830 ist die ganze Stadt Venedig ein Freihafen.

Vorsitz. Die Lehnen dieser Sitze stellen in halberhobener Arbeit die Lebensgeschichte des Stifters des Ordens dar.

Von da fuhr ich zur Kirche del Redentore, die jetzt den wieder eingeführten Capuzinern übergeben ist. Sie ist auch von Palladio gebauet, allein es fehlen darin noch die Statuen für die in der Wand angebrachten Nischen; statt deren man einstweilen auf Holz gemalte Heilige hingestellt hat.

Nun fuhr ich längs des großen Canals zur Kirche ai Frari, um in derselben das Grabmal Canova's zu sehen, das ihm die hiesige Academie der schönen Künste mit Geldunterstützung von ganz Europa, wie die Inschrift sagt, setzen ließ. Es ist mit geringen Abweichungen eine Copie jenes Monumentes, das der verstorbene Herzog von Sachsen-Teschen seiner Gemahlinn in der Augustinerkirche zu Wien durch Canova machen ließ.

Die Idee ist schön und die Ausführung meisterhaft; nur fiel mir auf, daß man es nicht für unschicklich hielt, sich bei einer solchen Gelegenheit auf eine Copie zu beschränken.

Die Einfachheit und der wahrhaft rührende Ausdruck in den Figuren sticht seltsam ab mit dem gleich daneben stehenden Denkmal, das dem Doge Pesaro gewidmet ist, welches die ganze Höhe der Kirche und eine Breite von 5 Klaftern einnimmt, und aus einer Menge, zum Theile grotesker Figuren, Säulen und Verzierungen besteht. Es ist kein Geschmack in der Idee; eitel Stolz und Prahlerei in der Darstellung, aber Kunst und Reichthum in der Ausführung.

Außer diesem Denkmal sind noch mehrere andere dieser Art in der Kirche. Man erstaunt über die Kosten, die man vorzüglich in Venedig aufwendete, seinen Namen auf die Nachwelt zu bringen. Eitles Unternehmen! Die Namen Aller, die ich las, sind der Vergessenheit längst übergeben. Wer seinem Vaterlande oder der Menschheit einen wesentlichen Dienst leistete, oder sich durch Wissenschaft und Kunst auszeichnete, lebt im Andenken der Menschen, und nur die Geschichtbücher sind die unzerstörbaren Monumente, die sein Andenken der Nachwelt überliefern. Indessen will ich dadurch den ehrwürdigen Gebrauch, seinen Eltern oder Verwandten ein Denkmal zu setzen, nicht zu nahe treten; und wenn der Arme ein hölzernes Kreuz auf das Grab seiner Lieben setzt, so mag es dem Reichen wohl verstattet sein, ihnen eins von Marmor errichten zu lassen.

---

3. Mai.

Pallast des Doge. Rathsäle. Antiquitäten-Sammlung. Marcus-Thurm. Kirche San Salvatore. Brücke Rialto.

Der Pallast des Doge ist ein alterthümlicher, mit dem gegenüberstehenden Triumf der neuern Baukunst: der Bibliothek, seltsam abstechendes Gebäude, das zur Zierde der Stadt wesentlich beiträgt, deren Hauptreiz darin besteht, daß man hart neben einander Kirchen und Palläste nach den verschiedensten Formen und aus allen Jahrhunderten sieht, wodurch die Einförmigkeit gehoben ist, die uns das Besehen der andern großen Städte, Rom ausgenommen, das sich in gleichen Verhältnissen befindet, bald gleichgültig und allgemach langweilig macht. Dieser 400jährige Pallast mit seiner ausgezackten, das Dach verdeckenden Zinne, hat ein unansehnliches Thor und einen verhältnißmäßig zu kleinen Hof mit zwei schönen Cisternen. Dafür ist aber die Stiege, mit den ihr zur Seite stehenden halbcolossalen marmornen Figuren des Mars und Neptuns, ein Meisterstück der Bau- und Bildhauerkunst.

Ober dieser Stiege ist ein breiter, durch Säulen gestützter Gang, in dem sich die Thüren zu verschiedenen städtischen Ämtern befinden. Die großen Säle, Consiglio grande e dello Scrutinio, sind im zweiten Stock und werden gegenwärtig zur Aufbewahrung der Antiquitäten, Kunstschätze und Bücher verwendet. Man hat einen großen Theil Canzleien aus diesem Pallast wieder herausgenommen und sie anderswo hin verlegt, um ihn so rein und unversehrt als möglich, als Kunstwerk, zu erhalten, was mir sehr wohl gefiel.

Römische Antiquitäten fand ich hier in großer Menge, viele Figuren von vorzüglichem Werthe. Die ganze Sammlung ist in diesem herrlichen Locale sehr zweckmäßig aufgestellt.

Man hält die obscöne Figur der Leda mit dem Schwane, für das größte Meisterstück der hiesigen Sammlung und hierauf den Ganymed, wie ihn der Adler entführt.

Die Gemälde, welche diese beiden Säle zieren, stellen entweder heroische Thaten aus den frühern Jahren der Republik, oder allegorische Anspielungen auf die Größe und Glorie derselben vor. Der Oberboden strotzt von goldenen Verzierungen, zwischen denen sich Gemälde befinden, und die Seitenwände sind ebenfalls mit historischen Malereien behangen. Am Boden herum sind Kästen angebracht, in denen sich hinter Gitter Bücher befinden.

Ich besah weder die Gefängnisse, die unter dem Dache dieses Pallastes angebracht worden, und worin die armen Menschen im Sommer vor Hitze verschmachten mußten, noch die unterirdischen, in den grosen, massiven, hinter dem Pallaste gebauten Carceri, wo die Eingesperrten vor Kälte und Nässe zu Grunde gingen. Der Pallast ist von dem Kerkergebäude durch einen Canal getrennt und durch einen im dritten Stock angebrachten, gedeckten, schmalen Gang, Ponte dei Sospiri, in Verbindung gesetzt, über den man ungesehen die Verhafteten aus einem Gebäude in das andere bringen konnte.

Die Witterung war kühl, heiter; ich bestieg den Glockenthurm von St. Marcus. Es ist ein schönes, viereckiges, gleichdickes Gebäude, das bis zu den Glocken 168 Fuß hoch ist. Der Raum, in dem die Glocken hängen, ist mit einer Säulenordnung umgeben, die eine Pyramide tragen, die 154 Fuß hoch ist, an deren Spitze ein Engel von Bronze steht, von 16 Fuß Höhe. Um diesem Thurm die nöthige Festigkeit zu geben, die colossale Pyramide tragen zu können, sind innerhalb der Umfassungsmauer 12 viereckige Säulen bis zur Höhe der Glocken nebeneinander aufgeführt und durch Quergewölbe untereinander verbunden, so daß der ganze Thurm in ein Mauerstück verwandelt wird. Nur in der Mitte ist eine freie Öffnung, in der die Glockenstricke hängen.

Man geht auf einer schiefen Fläche, die nur mäßig geneigt ist, bis zu den Glocken. Es sind keine Stufen und man könnte daher auch wohl hinauf reiten.

Der Thurm ist von Ziegeln erbauet und nur in den vier Ecken bestehen die Wände aus viereckigen Steinen. Die Masse der Ziegel ist aber selbst steinartig, und viele derselben unterscheiden sich kaum von Stein; sie sind 12 Zoll lang, 8 Zoll breit und 4½ Zoll dick. Das ganze Thurmgebäude ist von außen und innen in einem völlig unversehrten Zustande und doch war es schon im Jahre 1150 bis zum Glockenhause fertig.

Von der Glockengallerie genießt man eine der schönsten und in ihrer Art einzigen Aussicht, denn man übersieht mit einem Blicke die mitten im Meere liegende große Stadt, mit ihren breiten und schmalen Canälen, mit ihren Inseln, die wieder eben so viele Städte darstellen; das feste Land und die hohen Alpen, die von der Nord- und Westseite den Horizont begränzen, und das offne Meer, das gegen Süden sich unbegränzt ausdehnt. Es ist ein wunderschönes Panorama, an dessen Anblick ich mich nicht satt sehen konnte. Ich konnte nur unvollkommen den Monte maggiore in Istrien, in der Nähe von Fiume, ausnehmen und doch sah man im vergangenen Jahre (1827) von hier aus sehr deutlich die Pulver-Signale, die dort gemacht wurden, um den Unterschied der geografischen Länge dieser zwei Punkte zu bestimmen.

Versunken im Anblick der Herrlichkeiten, die unter und vor mir ausgebreitet lagen, fing ich an, mich in die Zukunft hinein zu denken, und mir nach den Gesetzen der Wahrscheinlichkeit ein Bild der Stadt und ihrer Umgebung zu malen, wie es sich dem Blicke des Beschauers von diesem Thurme nach 100 Jahren darstellen wird. — Da sah ich um hundert Kirchthürme weniger, einen großen Theil der entlegenen Sestieri und der Giudecca häuserlos und die Plätze in schöne Gärten verwandelt; die verfallenen Palläste am großen Canal in gute bürgerliche Häuser umgestaltet. Ich sah den Hafen voll Schiffe und viel Leben längs des Gestades. Die den Marcusplatz umgebenden Gebäude waren aber noch gerade so, wie jetzt.

Wenn Venedig ein Freihafen wird, wie man allgemein behauptet, *) so muß sich der Handel mit fremden Producten und Manufacturwaaren, in so fern diese für das lombardisch-venezianische Königreich, für Tirol und Süddeutschland, die Schweiz mit eingeschlossen, gehören, hieher ziehen; denn von hier aus wird man durch den Hafen längs des Golfs die Waaren mit den mindesten Kosten in die Nähe der Provinzen Treviso, Padua, Vicenza, Rovigo bringen; durch den Po führt man sie wohlfeil nach Piacenza und durch den Ticino und den Naviglio di Pavia nach Mailand und in den Lago maggiore, wo sie die Straße über den Simplon antreffen; über Verona gehen sie nach Tirol.

Es mag aber dieser Handel noch so bedeutend werden, so ist er doch immer zu beschränkt, als daß er die übergroße Zahl der Menschen, die gegenwärtig noch da ist, nützlich zu beschäftigen und genügend zu ernähren vermöchte. Die Häuserzahl ist für eine Bevölkerung von 150,000 Menschen eingerichtet, **) die gegenwärtig schon auf 95,000 reduzirt ist, so daß die Stadt um ein Drittel mehr Wohnungen oder Raum für solche hat, als sie bedarf. Soll nun, was nothwendig der Fall sein muß, die Be-

---

*) Venedig ist seit dieser Zeit wirklich zum Freihafen erklärt worden.

**) Häuserzahl von Venedig im Jahre 1824

Sestiere di Castello	6.090
— Canal regio	6.208
— San Marco	4.855
— San Paolo	2.455
— Santa Croce	2.618
— Dorso duro	4.788
— Giudecca	924
	27,918

völkerung noch vermindert werden, so daß sie etwa 75,000 Seelen beträgt, die für den Bedarf des Handels und der Gewerbe, und für die Bedürfnisse derer, die vermög ihres Amtes, als Staatsdiener, Militär, Geistliche, da leben müssen, mehr als genügen, so ist es einleuchtend, daß man die elenden Häuser in den von dem Centrum der Stadt entfernten Vierteln, Sestieri, allgemach verlassen, zu Spottpreisen verkaufen und endlich in Gärten verwandeln wird, um den Platz zu verschönern und Nutzen von ihm zu ziehen. Nicht die schönen, massiven Kirchen werden eingehen, sondern die schlecht gebauten, kleinen, unansehnlichen, die keine eigenen Fonds haben, oder in schlecht bewohnten Gegenden liegen. Für die Erhaltung der klassischen Gebäude werden die vermehrten städtischen Revenüen die erforderlichen Mittel schaffen.

Als ich vom Thurme herabgekommen war, besah ich die schönen Waarengewölbe in der Merceria, und ging ohne einen bestimmten Zweck und ohne Führer vorwärts.

Ich kam zur Kirche San Salvatore, wo gerade Vesper gesungen wurde. Der Gesang gefiel mir nicht, wohl aber die Kirche, deren zwei Säulenreihen einen ungemein harmonischen Eindruck machen. Das Bodenpflaster ist fast eben so schön, wie das in der Kirche von San Giorgio; die Stücke sind von verschiedenen Farben und stellen künstliche Figuren dar; sie sind sehr genau gefügt und der Boden ist völlig unversehrt.

Die Bilder der Heiligen, die am Hochaltare aufgestellt waren, sind getriebene Arbeit in Gold oder wenigstens vergoldet; die Leuchter und das Antipendium sind von Silber.

In der Kirche sind viele, zum Theile sehr schöne Monumente; das prächtigste darunter ist jenes der Caterina Corner, die ihr Königreich Cypern der Republik schenkte, der es die Türken aber schleunig wieder abnahmen.

Je weiter ich in diesem Theile der Stadt vorwärts ging, je elender sahen die Häuser, je ärmer die Menschen aus. Ich gerieth mittlerweilen in ein solches Labyrinth von Gassen, aus denen ich mich ohne Hülfe eines Führers nicht heraus finden konnte.

So wie ich mich auf dem Rückwege der Brücke Rialto näherte, fing es an lebendig zu werden, denn es war Abend, und um diese Zeit strömen alle Italiener auf die Gasse. Es war ein großes Gedränge und das Geschrei der Menschen, welche Fische, Salat, Pomeranzen u. s. w. zum Verkaufe ausbieten, war betäubend.

Die Brücke selbst macht nur einen großen Eindruck, wenn man sie zur Seite sieht und unter ihr durchfährt, nicht aber, wenn man darüber geht. Die Lichte des Bogens ist 83 venezianische Fuß, die Höhe über dem Wasserspiegel 18 ½ Schuh. Sie ist ganz von schön gefügten, glattbehauenen viereckigen Kalksteinen und wohl 8 Klafter breit. Man steigt 50 Stufen hinauf und eben so viele hinab. Die darauf angebrachten zwei Reihen kleiner Kaufgewölbe entstellen dieses Prachtgebäude.

In der Nähe dieser Brücke landen die Barken mit Lebensmitteln aller Art: daher die Menge von Menschen, die man hier herum immer antrifft.

---

4. Mai.

Säulengänge der Procuratien. Pflastersteine. Volksgarten. Theater San Benedetto.

Heute ist Sonntag; allein ich sah nicht den mindesten Luxus in dem Anzuge des Volkes, auch war kein Gedränge in den Gassen, ja, es waren wohl ehe weniger, als mehr Menschen in denselben. Ich konnte die Säulengänge der beiden Procuratien, und das neue Gebäude, das sie verbindet, nach Genüge besehen und die Größe des Platzes nach Schritten abmessen.

Von der Kirchenthüre von St. Marcus bis zum entgegengesetzten neuen Pallaste sind 270 Schritte. Die Breite des Platzes ist 107 Schritte.

Der Portico der alten Procuratien mißt 238, jener der neuen Procuratien 260 Schritte; woraus erhellet, daß dieser Platz, im Vergleiche mit den Plätzen in andern Städten, nur unter die kleinen gezählt werden muß.

Manche finden an dem neuen Pallaste viel zu tadeln und meinen, der Platz habe dadurch an Schönheit verloren, daß Napoleon die alte Kirche wegriß und dafür diesen Pallast hinbaute: ich aber glaube, daß der Marcusplatz erst dadurch, daß man ihn auf diese Art schloß, jenen eigenthümlichen Charakter erhielt, der ihn vor allen Plätzen der Welt auszeichnet und ihn einem großen Saale ähnlich macht, dessen Decke abgenommen worden ist.

Das Pflaster des Platzes besteht aus viereckigen, gut gefügten, schwarzgrauen Steinen (Trachyt, von den euganeischen Bergen), zwischen hinein sind mit weißem Kalksteine Verzierungen angebracht, die ihm das Ansehen eines Parketbodens geben. Diese Steine sind an und für sich schon fast unverwüstlich, und weil keine Wagen ihn abnützen, so braucht das Pflaster in Venedig nur selten wo irgend eine Reparatur.

Ich bewunderte in der Wahl dieser Steine die Klugheit der Männer, welche in den frühern Zeiten die Bauten der Republik leiteten, die immer nur solche Materialien wählten, welche dauerhaft sind und den Einflüssen der Meteore widerstehen, und den wohlfeilen, aufgeschwemmten, in gleich dicken Stücken brechenden Sandstein von Istrien verwarfen, mit dem man die Stadt Triest pflastert, der sich so schnell abreibt, daß er in jenen Gassen, wo man mit schweren Frachtwagen häufig fährt, in vier Jahren tiefe Löcher erhält, und in schmalen Gassen in zehn Jahren neu gemacht werden muß.

Der Hauptspaziergang der schönen Welt in Venedig ist zwischen Ein und zwei Uhr unter den Säulengängen der beiden Procuratien. Erst macht man ein Paarmal den Gang durch dieselben und setzt sich dann vor den Kaffeehäusern zur Seite der Gehenden, um sie passiren zu sehen.

Der Luxus im Anzuge der Frauen ist in jeder andern Stadt

2*

größer wie hier, und da es den hiesigen Damen sicherlich nicht an Geschmack und an Willen fehlt, sich zu putzen, so müssen es nur die nicht genügenden Mittel sein, die sie hindern, ihrem natürlichen Impuls zu folgen.

Nachmittags ging ich wieder in die Gärten, wo sich ein deutscher Laufer sehen ließ. Längs der Riva fand ich ziemlich viel bürgerlich gekleidetes Volk, eben so lebhaft war es in der breitesten Straße von Venedig, die gegen die Gärten zu führt, die man dadurch erweiterte, daß man den Canal verschüttete. Im Garten fand ich mehr Leute, als ich mir erwartet hatte; allein so wenig schöne oder interessante Gesichter, daß ich bald wieder umkehrte, um nach Hause zu gehen.

Es war 8 Uhr Abends, als ich auf den Marcusplatz kam. Die Säulengänge der Procuratien waren gedrängt voll Menschen; die einen gingen, die andern saßen; die Kaffeezimmer waren zum Theile mit Damen erfüllt, und weil diese kleinen Räume die Menge der Menschen nicht aufnehmen können, so sind bei den besuchtesten Kaffeehäusern dem Portico zunächst, auf dem Platze selbst, offene Zelte mit kleinen Tischen und hölzernen Stühlen zur Unterkunft der Gäste und Zuschauer angebracht. Es zogen fünf bis sechs Abtheilungen von Musikanten von einem Kaffeezimmer zum andern, um überall eine Arie zu singen oder ein Musikstück zu klimpern, und dann sogleich den Ehrensold abzufordern, der solcher Art Künstler in Italien sehr schmal zugemessen wird; denn mehr als Einen Kreuzer — 5 Centesimi — gibt selten Jemand.

Später ging ich ins Theater San Benedetto, wo man eine Opera seria, Semiramide, gab. Das Locale ist hübsch und der Zugang zu Land und Wasser gemächlich. Das Haus war leer, nicht der vierte Theil der Logen war besetzt.

Es gab eine Zeit, wo es in Venedig acht Theater gab und alle waren zur Faschingszeit offen. Das nenne ich mir schaulustig! In Wien können sich jetzt kaum fünf erhalten; vor 50 Jahren waren ihrer nur drei.

———

5. Mai.

Große Menge von halbmüßigen und hülfsbedürftigen Volk.

Die Menge von halbmüßigen Volk fällt mir hier auf. Da sind am Marcusplatze wohl 50 Schuhputzer; auf allen Ecken und Enden stehen Lastträger — Facchini — und nähert man sich der Riva, so wird man von einem Haufen Gondolieri und Barcaroli überfallen, die Einen in alle Welt führen wollen. Herumgehende Verkäufer von allerlei Kleinigkeiten, Ausschreier einer neuen Verordnung oder eines Ereignisses, das gedruckt worden ist, z. B. der Ankunft der Giraffe im Hafen von Poveglia, gibt es sehr viele; aber Straßenbettler sah ich nur wenige, obschon es hier, wie der Anblick so vieler elender Häuser und noch elender aussehender Menschen im Voraus vermuthen läßt, sehr viele arme, hülfsbedürftige Menschen geben muß. Man versicherte mich, daß die Zahl der auf die eine oder andere Art unterstützten Menschen sich auf 30,000 belaufe; das wäre beinahe das Drittheil der ganzen Bevölkerung: eine Summe, die wohl übertrieben sein mag und sich bei näherer Untersuchung bedeutend vermindern wird. Wenn sie aber auch nur 20,000 beträgt, so ist dieß mehr als das Fünftel der Bevölkerung, und ich glaube nicht, daß es irgend eine Stadt gibt, die verhältnißmäßig so viel Arme hat.

Wenn auch die fixen Hülfsmittel zur Unterstützung der Dürftigen bedeutend sind, so hängt doch immer ein sehr großer Theil derselben von den Beiträgen der Mitbürger ab. Sind diese aber selbst in einer mißlichen Lage, so wird ihr Beitrag immer geringer und die Unterstützung muß fortwährend kärglicher ausfallen. Die Folge davon ist, daß der kräftigere, d. h. jüngere Theil der armen Bevölkerung sich anderswo um Brod umsehen muß, der ältere aber durch Krankheit und Elend zu Grunde geht und daß sich allgemach, freilich auf Kosten der jeweiligen Bevölkerung, jenes richtige Verhältniß zwischen Bevölkerung und Subsistenzmitteln herstellt, das den örtlichen Verhältnissen angemessen ist.

---

6. Mai.

Arsenal. Theater San Luca. Kaffeehäuser.

Morgens um neun Uhr ging ich ins Arsenal, und obschon ich bis zur Mittagszeit darin blieb, so hatte ich die ganze Anstalt doch nur höchst flüchtig besehen. Diese Werfte, Wasserbehälter, diese Behältnisse und Magazine für Vorräthe aller Art, diese große und wahrhaft prachtvolle Seilerwerkstätte, diese Kanonengießerei, diese Ankerschmieden, Drechsler-, Tischlerwerkstätte u.s.w. bilden zusammen ein großes Ganzes, ein Local für den Bau und die Aufbewahrung der abgetakelten Schiffe, das ungeachtet seiner Größe, der Seemacht der Republik im 16. und 17. Jahrhunderte nicht unangemessen war.

Es sind hier 32 gedeckte Werfte — Cantieri — für Linienschiffe und 54 für kleinere Kriegsschiffe. Wenn man weiß, wie hoch ein Linienschiff vom Kiel bis zur Höhe des Vordercastells ist, so mag man sich einen Begriff von der Größe eines solchen Hauses machen, unter dessen Dach ein derlei Schiff gebaut oder in Friedenszeiten aufbewahrt wird; und wenn man sich dann 96 solche Häuser neben einander denkt, und nebenan die gedeckten Räume für das Schiffbauholz, und die Magazine, und Werkstätten, so findet man den Vergleich der Größe dieses Arsenals mit einer Stadt nicht übertrieben.

Hier ist nichts klein; alles ist großartig, massiv und doch zierlich; alles ist Stein oder Ziegel, und darum ist alles noch im besten Zustande bis auf die Bassins, die zum Theile verschlammt sein sollen, wie man mir sagte.

Ich hatte noch nie Kanonen bohren gesehen. Hier sah ich es zum ersten Male. Die Operation ist sehr einfach. Die Kanone hängt zwischen vier senkrecht stehenden Bäumen an einem Stricke, der nachgelassen werden kann. Der Mitte der Kanone ist eine verticale eiserne Stange entgegengesetzt, die einer wagrechten Scheibe eingepaßt ist und durch Menschen herumgetrieben wird. An der Spitze dieser Stange ist eine stählerne Vorrichtung, die nach oben und zur Seite schneidet und dadurch die Kanone aushöhlt. Dritthalb Tage braucht man zur Ausbohrung eines kurzen Zwölfpfünders.

Artillerie-Vorräthe und Schiffbauholz sah ich nur wenig, Tauwerke mehr. In den Werften stehen 2 Fregatten, die man noch in der französischen Zeit zu bauen began. Es ist aber nur erst das Gerippe der Schiffe fertig, und es scheint nicht, daß man sie ausbauen will. An einer Gaberre sah ich arbeiten.

Die Franzosen haben ein neues Thor mit einem Canale bis in den tiefen Canal, Murano gegenüber, bauen lassen. Man sagte mir, sie hätten diese Arbeit, die 8 Millionen Franken gekostet haben soll, unternehmen müssen, weil das alte Thor sammt dem Canale zu schmal, und der letztere zu wenig tief war, um Linienschiffe, so wie man sie jetzt bauet, aus dem Arsenale ins Meer zu bringen.

Vom Bucentoro ist nichts mehr vorhanden, als die Stücke eines Baumes, der zum Aufstecken der Flagge bestimmt war.

Gegenwärtig sollen in Allem 1200 Menschen im Arsenale beschäftigt sein. Ich glaube aber kaum, daß diese Zahl richtig angegeben ist, denn sie kömmt mir nach dem, was ich sah, zu groß vor.

Abends im Theater San Luca. Das Eintrittsgeld ist in beiden Theatern gleich: 20 Kreuzer. Eine Loge kostet nach Verhältniß des Orts 2 bis 4 Zwanziger. Demohngeachtet, und obschon die Oper ziemlich gut gegeben ward, war das Theater doch leer; auch schien mir das Publicum, das ich im Parterre sah, dem äußern Ansehen, und auch seinem Benehmen nach, nur zur gemeinen Klasse zu gehören; viele davon waren auch wirklich ärmlich gekleidet.

Kaffeehäuser gibt es in allen Theilen der Stadt eine zahllose

Menge. Es scheint aber nicht, daß dieß Gewerbe hier so einträglich ist, als anderswo; denn ich sah wenig darin verzehren: auch finde ich die Preise der Getränke theuer. Eine sehr kleine Tasse Kaffee 4 und in den besseren Häusern 5 Kreuzer; Kaffee mit Milch 12 Kreuzer, Ein halb Glas Punsch 12 Kreuzer.

---

7. Mai.

Kirche Santa Maria della Salute. Kirche San Biaggio. Grabmal des Admirals Emmo. Kirche San Pietro, Santa Maria Formosa, San Giovanni e Paolo.

Zuerst ging ich heute in die nahe Kirche Maria della Salute. Sie liegt hoch, und man muß vielleicht 15 Stufen über den Horizont des Bodens zur Kirchenthür hinansteigen. Die Steine dieser Stiege gerathen in Unordnung. Die Kirche ist von außen mit Statuen und Zierrathen aller Art gleichsam überdeckt. Die Kuppel über der Kirche däucht mich die größte zu sein, die hier ist; über dem Presbyterium ist eine zweite, kleine Kuppel angebracht. Das Locale ist frei, und man kann die erhöhte Kirche von allen Seiten sehen. Ihr Anblick macht einen sehr angenehmen Eindruck. In der Kirche bewunderte ich vier sehr schöne 20 Fuß hohe, und 2½ Fuß dicke Säulen von weißem, wenig geflecktem Marmor, mit korinthischen Capitälern. Sie sollen, sagte der Affe von Cicerone, vom Tempel der Diana zu Pola in Dalmazien (sic) hieher gebracht worden sein. Ein bronzener Leuchter, mehr als 6 Fuß hoch, aus Arabesken und andern Verzierungen zusammengesetzt, schien mir ein Meisterwerk von Zeichnung und gelungener Ausführung. Der Fußboden der Kirche ist glänzender Marmor in geometrischen Figuren. Schade, daß man einen gelben Marmor mit aufgenommen hat, der seit 1631 schon stark zu verwittern beginnt.

Auf den vielen Altären dieser, so wie der übrigen Kirchen, gibt es, wie alle Welt weiß, eine ungemein große Zahl der ausgezeichnetsten Gemälde. Wenn ich davon schweige, so will ich dadurch nicht sagen, daß sie mir nicht gefallen hätten, und daß ich an ihnen kalt vorübergegangen wäre; ich erwähne ihrer nicht, theils weil sie in jeder Reisebeschreibung oder in den vielen Descrizioni della città di Venezia angeführt sind, und theils weil ich selbst zu wenig Kunstkenner bin. Übrigens will ich nicht verhehlen, daß ich in Venedig, wo ich so sehr von den herrlichsten Gebäuden, Statuen, Säulen u. s. w. angesprochen ward, die Bilder weniger ehrte, als anderswo, besonders wenn sie Gegenstände darstellen, die zu wenig Interesse einflößen, oder gar die Peinigung eines Heiligen, die mich allenthalben mit Grauen erfüllt.

Das Grabmal des Admirals Emmo in der Kirche San Biaggio, verdient besehen zu werden. Die Arbeit ist von Torretti: die Idee ist einfach, gut und mit großer Genauigkeit ausgeführt und macht einen sehr guten Effect. Der Admiral liegt auf seinem Sarkofag in moderner Kleidung, auf eine kleine Kanone gestützt. Der Kopf ist unbedeckt, er trägt Locken und Haarzopf; Hut, Handschuhe und Degen liegen ihm zur Seite.

Die Kirche San Pietro ist die alte Cathedrale der Stadt, der Sitz des Patriarchen, der 1451 von Grado hieher verlegt worden war; sie liegt gleichsam am östlichen Ende der Stadt, im sogenannten Castell. Sie hat eine sehr schöne Kuppel, prächtigen Fußboden, viele schöne Gemälde und steinerne Denkmale. Der daneben stehende Glockenthurm ist nach dem vom Marcusplatz der schönste.

Von da besah ich erst die Kirche Santa Maria Formosa, und als ich bei San Giovanni e Paolo vorüberging, konnte ich dem Verlangen nicht widerstehen, diese prächtige Kirche wieder zu besehen und meine Augen an dem Anblicke der Größe und Höhe des Gebäudes sowohl, als an den vielen, darin aufbewahrten Monumenten der Geschichte, der Sculptur und schönen Baukunst zu ergötzen.

---

8. Mai.

Die vier Pferde an der Marcuskirche. Die Loggia am Marcusthurm. Die drei Bäume mit den Flaggen vor der Kirche. Der Thurm mit der Uhr. Pallast der Bibliothek. Das Münzhaus. Piazzetta. Die zwei Granitsäulen. Improvisatori.

Heute besah ich mehrere einzelne Theile des Marcusplatzes. Die vier bronzenen und zum Theile noch vergoldeten Pferde, die im Jahre 1806, als ich da war, sich in Paris befanden, sind nun wieder auf ihren alten Standort, ober dem Hauptthore der Marcuskirche, zurückgekehrt. Ob sie außer dem historischen, auch einen besondern Kunstwerth haben, kann man nicht beurtheilen, weil sie zu hoch stehen und sich dem Blicke des von unten hinauf sehenden Beobachters zum Theile entziehen; auch sind sie zu klein, denn sie sind nur von natürlicher Größe, um besonderes Aufsehen zu erregen.

Die Loggia an den Marcusthurm angebaut, ist ein artiges, kleines, mit steinernen und bronzenen trefflichen Figuren und Basreliefs bedecktes Gebäude. Es diente zur Zeit der Republik zum Aufenthalt der Procuratoren von St. Marcus, die während der Sitzungen des großen Raths die Wache commandirten.

Vor dem Dome sind drei hohe Stangen aufgerichtet, an deren Spitze jetzt, bei Festlichkeiten, die österreichische Flagge weht. Früher wehten hier die Fahnen von Cipern, Candia und Morea, ungeachtet die beiden erstern Inseln längst schon (1571 und 1669) in die Gewalt der Türken gerathen waren, so wie auch die Herrschaft der Republik über Morea nur kurze Zeit währte, denn das im Jahre 1687 zurück eroberte Land mußte schon im Jahre 1718, im schmählichen Frieden von Passarowitz, seinen Peinigern wieder überantwortet werden. Diese Stangen stecken in bronzenen Fußgestellen, die voll artiger Basreliefs sind.

Der Thurm mit der Uhr ist ein malerisches Gebäude, das zur Zierde des Platzes wesentlich beiträgt. Oben auf der Platform ist eine große Glocke auf einer verticalen Stange ruhend; ihr zur Seite sind zwei geharnischte Männer, deren jeder einen Hammer mit beiden Händen hält, womit der eine die Viertel, der andere die Stunden schlägt. Die heiligen drei Könige, die sonst an Festtagen zu jeder Stunde ober dem Zifferblatte zum Vorschein kamen und vorübergingen, sah ich jetzt nicht mehr. Ich vergaß, mich um die Ursache ihres Nichterscheinens zu erkundigen.

Das Bibliothekgebäude ist jetzt ein Theil des königlichen Pallastes. Es ist dem Palazzo ducale gegenüber und bildet mit der Münze die eine Seite der Piazzetta.

Nach dem Urtheile der Kunstverständigen soll dieß Gebäude das vollkommenste seiner Art sein, und Stärke, Geschmack und Zierlichkeit in sich vereinigen. Wenn Etwas vollkommen ist, so gefällt es Jedermann und Jedermann begreift es. Ich fand diesen Grundsatz hier vollkommen erwahrt; denn mir gefiel von allen Gebäuden die Bibliothek am besten, ehe ich noch wußte, welchen Werth ihr die Kunstrichter beilegen.

Das Münzhaus — Zecca — daher Zechino, die venezianische Goldmünze — bildet das untere Eck der Piazzetta, und ist reichlich von außen verziert, um den Abstand gegen die Bibliothek nicht zu merklich zu machen. Man arbeitete nicht darin, darum ging ich auch nicht weiter als in den Vorhof.

Endlich muß ich noch der zwei Säulen erinnern, die am untern Ende der Piazzetta aufgerichtet sind, auf deren einer der geflügelte Löwe, auf der andern ein geharnischter Mann mit einem Spieße in der Hand und einem Drachen an der Seite, sich befinden. Die eine dieser Säulen ist grauer Granit, von ihrer Oberfläche blättert sich ein kleines Stück ab; die andere ist Granit mit rothem Feldspat; weßwegen sie von einigen Porphyr genannt worden ist: sie ist glänzend, und nicht im geringsten Grade irgendwo angegriffen; und doch stehen beide Säulen schon hier seit dem Jahre 1125, wo sie aus Griechenland hieher gebracht und zu Ehren des Doge Micheli aufgerichtet wurden, nachdem er von seinem glorreichen Feldzug aus dem heiligen Lande zurückgekommen war. Wie viel über tausend Jahre sie in Griechenland gestanden seien, erzählt die Geschichte nicht, auch nicht, aus welcher Gegend von Egypten sie nach Griechenland gebracht worden; denn es ist offenbar der bekannte egyptische Granit, aus welchem man in Ober-Egypten so viele Monumente verfertigte.

In frühern Jahren fand ich hier ein Paar *Improvisatori*, die den Gondolieren und anderm Volke, das sie hören wollte, Geschichten aus der Vorzeit erzählten. Jetzt fand ich nur einen einzigen dieser Art noch in Venedig, der Abends unter den Procuratien declamirte. Es war ein sehr armer Schelm, der über ein gegebenes Thema in Versen sprach. Er schrie aber dermaßen und gesticulirte gleich einem Rasenden, daß ich mich nie entschließen konnte, ihn längere Zeit anzuhören, um mich zu überzeugen, welchen Werth seine Dichtung und seine Verse haben.

---

9. Mai.

Insel *Poveglia*. Canal zwischen den Lagunen dahin. Giraffe. *Palestrina*. *Malamocco*. *Muracci*. *San Clemente*. Denkmäler der *Morosini*. Jesuitenkirche. Capelle del *Rosario*. Palläste *Grimani*, *Corner*, *Pisani*, *Foscari*.

Schon seit einigen Tagen kündete ein Ausrufer vom frühen Morgen bis in die sinkende Nacht ein Flugblatt an, das eine Beschreibung der Giraffe enthielt, welche der Pascha von Egypten unserm Kaiser zum Geschenke machte. Dieses Thier war auf der Insel *Poveglia* in Contumaz, und konnte daselbst gesehen werden. Ich hatte wohl die ausgestopfte Giraffe im Naturalien-Cabinette in Wien, aber keine lebende gesehen, und entschloß mich daher, den schönen Vormittag dazu zu benützen, eine kurze Spazierfahrt zu machen, die Lagunen näher zu besehen, und das seltene Thier zu beschauen.

Ich nahm eine Gondel mit zwei Männern, die mich über *San Giorgio* und *San Clemente* nach Poveglia führten.

Das Fahrwasser ist ein breiter schöner Canal zwischen den Lagunen oder Untiefen, die heute größtentheils über dem Spiegel des Meeres erhoben lagen. Dieser Canal ist durch und durch zu beiden Seiten mit Pfählen besetzt, um das Fahrwasser für die Schiffe zu bezeichnen, die von Malamocco zur Stadt fahren.

Die Giraffe ist seit acht Tagen hier. Man hat ein eigenes Haus für dieses Thier gebaut, und ein Wärter ward von Wien hieher geschickt, um es hier zu übernehmen und in die Menagerie dahin zu geleiten. Es soll erst 13 Monate alt sein, und mag gegenwärtig 7 Schuh Höhe haben; ist lebhaft, sehr gutartig, schön gezeichnet, und frißt am liebsten Bohnen nebst etwas Grünzeug, das man ihm aus der Hand reicht. Noch trinkt es Milch und kein Wasser, weßwegen zwei Kühe auf das Schiff mitgenommen wurden, welches diesen afrikanischen Gast hieher brachte. Es ist ein wiederkäuendes Thier, hat gespaltene Hufe und eine spitzige, stark verlängerte Schnauze.

Ich bestieg den Thurm von Poveglia, um nach Malamocco zu sehen, wo die Dünen (Sandberge) durchbrochen sind, und sich der Canal, auf dem ich hieher fuhr, ins Meer mündet. Weiter hinab sah ich Palestrina, wohin ich bei meiner ersten Anwesenheit in Venedig fuhr, um die Muraccj zu sehen, die so wenige Reisende besuchen, und die es doch weit mehr verdienten besehen zu werden, als hundert Bilder in der Stadt, die weder das Geld noch die Zeit lohnen, die man auf ihr Besehen verwendet.

Es sind diese Muraccj eine künstliche Verlängerung der Dünen, von Malamocco bis in die Nähe von Chioggia, die man zu dem Zwecke erbaute, um die Lagunen vor dem Andrange der Wellen des adriatischen Meeres und die Zufahrtscanäle dadurch vor dem Verschlammen zu schützen, und wohl auch das Sichtlichwerden des Bodens der Untiefen bei gewöhnlichem Wasserstande zu verhüten, wodurch die Luft nothwendig der Gesundheit der Einwohner von Venedig verderblich werden müßte.

Es ist eine lange, breite, aus Quaderstücken erbaute Mauer, ein Molo, den man »Ausu romano, aere veneto,« wie die Inschrift lautet, aufgeführt, und der, wie man mir sagte, seinem Zwecke vollkommen entsprochen hat, jetzt aber an einigen Stellen so schadhaft geworden sein soll, daß man bedeutenden Nachtheil für die Lagunen befürchtet, wenn die durch das Meer gemachten Einbrüche nicht bald wieder ergänzt werden.

Bei der Rückfahrt kehrte ich in San Clemente zu, um diese frühere Wohnung der Carthäuser zu sehen, wo jeder Mönch ein Häuschen zur Wohnung und einen Garten zur Beschäftigung und zum Vergnügen hatte. Solcher Häuschen sind 17. Das Conventgebäude wird jetzt zum Relegationsorte für liederliche Weltgeistliche verwendet.

Die Kirche ist sehr schön, hat mehrere Denkmäler der Morosini von vorzüglicher Arbeit, und als eine wesentliche Zierde der Kirche wird das genaue Conterfei der Santa Casa von Loretto, sammt dem Gnadenbilde, verehrt. Es ist von außen mit Marmor überzogen, und hat rückwärts ein prächtiges Basrelief von Bronze, die Geburt Christi vorstellend.

Die Kirche der Jesuiten, die ich nach Tisch besuchte, ist erst im Jahre 1728 gebaut worden, und zeichnet sich durch Größe und besondern Reichthum an Marmorarbeit aus. Es scheint, als ob ihre Erbauer die Absicht gehabt hätten, alle ältern Kirchen an Pracht der Altäre und Verzierungen übertreffen zu wollen. Die Säulen, auf denen das Gewölbe der Kirche ruht, sind mit geglättetem Marmor, in der Form eines die Säulen deckenden Teppichs, überzogen, in welchem mit Verde antico die Stickereien nachgeahmt sind. Am Hauptaltare tragen sechs gewundene Säulen, von derselben kostbaren Steinart, ein steinernes Dach. Der Tabernakel ist mit Lapis lazuli eingelegt. Der erhöhte Boden vor dem Altar ist eine sehr schöne Arbeit von Marmor, die einen in Falten gelegten Teppich darstellt, der über die Stufen gebreitet ist. Alle Altäre sind vom auserlesensten und seltensten Marmor, und das Gewölbe der Kirche strotzt von Gold, womit die schönen Stuckaturarbeiten überzogen sind, zwischen denen sich Frescogemälde befinden. Unter den Altarblättern ist eines von Tizian, das nach Paris geführt worden, und nun wieder zurückgekehrt ist. Es stellt die Marter des heiligen Laurentius vor, der lebendig gebraten wird. Es wird dieß Bild wohl mit vieler Kunst, d. h. ganz der Natur gemäß, gemalt sein, allein ich konnte mich nicht entschließen, es genauer anzusehen, und ich begreife nicht, weder, wie die Künstler solche Handlungen der raffinirtesten Barbarei darzustellen vermögen, die mir in der Erinnerung schon das unangenehmste Gefühl erregen, noch, wie man solche Bilder in den Kirchen zur Verehrung den Augen des Volkes ausstellen kann.

Im Zurückgehen besah ich die Capelle del Rosarid, die ihrer hölzernen Basreliefs wegen berühmt ist, die mir wohl recht künstlich und gut und natürlich gearbeitet dünkten, deren Idee aber läppisch und kleinlich ist.

Ich war auf der Post und im Offizio centrale del Censo; die erstere ist in einem Pallaste, der früher den Grimani, das letztere in einem andern, der den Corner della Cà grande gehörte. Welche Größe, welcher Geschmack, welche fürstliche Pracht! Wohin man in der Umgebung des Hauptplatzes und des großen Canals gehen mag, stößt man auf Palläste, deren viele aber, z. B. der große der Pisani, in einem sehr vernachlässigten Zustande sich befinden. Jener der Foscari, an der westlichen Seite des großen Canals, wo zur Zeit der Republik die nach Venedig kommenden Souveraine wohnten, ist gegenwärtig ganz leer, und fängt an zu verfallen.

---

10. Mai.

Kirche degli Scalzi. Kirche San Giobbe. Botanischer Garten. Seltenheiten desselben.

Die Kirche degli Scalzi liegt am großen Canal, und hat eine der prächtigsten Façaden. Die Kirche strotzt von den verschiedensten und seltensten Steinarten. Der Hauptaltar hat gewundene Säulen, gleich denen in der Jesuitenkirche, nur sind sie hier von rothem französischem Marmor; der Fußboden ist so schön als irgendwo, das Gewölbe reich verziert, und mit guten Frescogemälden versehen. Dann sind in der Kirche acht Seitenaltäre, deren jeder von einer andern Familie auf ihre Kosten mit einem ungeheuern Aufwand errichtet worden ist. Die Wände dieser Capellen sind mit Verde antico und Diasper verziert; die Säulen des Altars von den seltensten Marmorarten, von allen Farben und Ländern, mit der Bildsäule des Heiligen, dem er gewidmet ist, von carrarischem Marmor.

Den Hauptaltar ließ ein Soranzo machen, ein Vorfahr desselben, der vor wenigen Jahren als Bettler hier starb. Man sagt, dieser Altar habe 60,000 Silberducati gekostet.

Ich wollte den botanischen Garten besehen, und da man hiezu den Garten verwendete, der zum aufgehobenen Franciscanerkloster San Giobbe gehörte, so mußte ich neben der Klosterkirche vorbeigehen. Ich hörte Musik darin und trat ein, und bereuete es gar nicht, denn ich hörte einen sehr wohlgestimmten Grabgesang mit Begleitung der Orgel, und sah das einfache und doch großartige Denkmal, das der französische Gesandte d'Argenson seinem Vater setzen ließ. Bescheiden sagt der Sohn von sich: Nominis et legationis haeres, utinam et virtutum.

Der sogenannte botanische Garten bietet nichts dar, was ich bemerkenswerth gefunden hätte, als daß Jene, für die er gemacht ist, die Studenten des Liceums, und die Lehrlinge der Apotheker ihn entweder gar nicht, oder höchst selten besuchen. Es däucht mich auch der Garten, als Staatsanstalt, überflüssig; denn da kein medizinisches Studium, auch kein Professor der Botanik hier ist, und im gemeinen Schulunterricht die Pflanzenlehre nur so im Allgemeinen berührt wird, so finden die Studirenden zu wenig Reiz, oder zu wenig Aneiferung, oder zu wenig Zwang sich mit einem Studium zu befassen, das nicht gefordert wird, und dessen Nutzen sie auch nicht wohl absehen.

Für mich seltene Pflanzen waren die Salisburia adiantifolia, und die Solandria grandiflora, die 25 Fuß hoch wird, einen schlanken Trieb ohne Äste hat. Die Yucca aloeifolia, eine Palmenart, kömmt hier in geschützter Lage im Freien fort, blühet alljährlich, trägt auch wohl Früchte.

---

11. Mai.

Scuola San Rocco. Accademia delle belle arti.

Nachdem ich erst die Kirche ai Frari wieder besucht hatte, ging ich in die Scuola San Rocco. Es ist diese Scuola ein Pallast mit einer ungemein schönen Façade, der zwei sehr schöne Säle, einen zu ebener Erde, den andern im ersten Stocke hat, wovon der untere zu weltlichen Verhandlungen, der obere zu geistlichen Functionen bestimmt ist. Vom untern Saale gehen in den obern zwei Stiegen, die sich in der Mitte vereinigen. Von diesem Puncte wird die Stiege breit, und ist zu beiden Seiten mit prächtigen Gemälden geziert, welche Scenen aus der vorletzten Pest darstellen, die zehn Monate lang die Stadt verheerte, und 400 Mitglieder dieser Bruderschaft dahinraffte. Beide Säle sind voll der geschätztesten Bilder, von welchen die Kreuzigung Christi, die Tintoretto im Jahre 1565 malte, das vorzüglichste ist. Ich ärgerte mich sehr in dem oberen Saale, der mit Denkmalen der schönen Malerei und Bildhauerkunst erfüllt ist, den unteren Theil der Wände mit einem hölzernen Schnitzwerk verkleidet zu sehen, wodurch allerlei Fehler und Laster der Menschen in den abgeschmacktesten Fratzen dargestellt werden, die den gemeinen Sinn und Bauerngeschmack desjenigen beurkunden, der sie machen ließ.

In der Accademia delle belle arti sah ich so viele auserlesene Gemälde und Gipsabgüsse von Statuen, daß ich mich nur dunkel alles dessen erinnere, was ich in so großer Fülle da gesehen habe. Die Statuen sind sehr gut aufgestellt, und die Vereinigung der größten Meisterstücke der alten und neuen Bildhauerkunst muß einen großen Eindruck auf Jeden machen, der nicht ganz stumpf für das Große ist, dessen der Mensch fähig ist.

Die Abgüsse der Bruchstücke vom Parthenon in Athen und von Ägina, die der König von England hieher schickte, mehrere antike römische Büsten, und dann die Abgüsse aller in Rom und Florenz vorfindigen großen Meisterwerke des Alterthums, an die sich jene von Canova anschließen, bilden ein Ganzes, das ich immer mit Erstaunen und Ehrfurcht anblicke, so oft ich es auch schon gesehen habe. Den Herkules des Canova, welcher den Lykas ins Meer schleudert, sah ich hier zum Erstenmale; er gefiel mir besser als der Abguß des Jason, wovon ich das Original in München sah. Seine Hebe, und eine mit dem Badetuch sich verhüllende weibliche Figur sind besonders zart, Stellung und Ausdruck lassen nichts zu wünschen übrig.

Von Gemälden ist hier das so sehr gepriesene Meisterstück Tizians: die Himmelfahrt Mariä. Ich hatte bereits so viele gute Copien dieses Stückes gesehen, daß das Original nur geringen Eindruck auf mich machte. Die Schärfe des Ausdruckes ist in den Gesichtern verwischt; man kann nur die Einfachheit und Natürlichkeit der Zeichnung und die Lebhaftigkeit der Farben bewundern. Einige andere große Gemälde, z. B. das Mirakel des heiligen Marcus in der Erlösung eines Sclaven von Tintoretto; die Hochzeit zu Cana von Padovanino sprachen mich an, und in archäologischer Hinsicht däuchten mir zwei große Bilder besonders merkwürdig, wovon das Eine, von Gentile Bellino, den Marcusplatz darstellt, wie er im Jahre 1496 aussah, und das andere die Brücke Rialto. Man sieht auf diesen Gemälden nicht sowohl die seltsamen Trachten der Menschen jener Zeit, als auch, daß damals die Gebäude der Procuratien noch nicht bestanden; daß der Platz mit der nördlichen Seite des Glockenthurms gleich breit war; und daß die Brücke auf hölzernen Pfeilern ruhte, und in der Mitte zum

Öffnen war, mittels zweier Zugbrücken, um die Segelschiffe durchzulassen.

---

13. Mai.

Fabriken von Venedig. Glas-, Perlen-, Wachsfabriken. Mangel oder Geringfügigkeit der Fabriken.

Venedig war in ältern Zeiten seiner mancherlei Fabriken wegen sehr berühmt. Seine Spiegel, geschliffenen Gläser, sein Bleiweiß und seine Wachskerzen beschäftigten viele Menschen und waren die Quelle der Wohlhabenheit vieler Häuser. Jetzt sind diese Fabriken durch eine schwer zu erklärende Verwicklung von Umständen entweder ganz verschwunden, oder so sehr reducirt, daß ihr Einfluß auf das Wohl der Bevölkerung kaum merklich ist.

Folgendes ist die Zahl und Art der gegenwärtigen Fabriken in Venedig:

Gläser	9.
Perlen, kleine Glaswaaren . . .	7.
Spiegelgläser und Spiegel . . .	4.
Hüte (Felzade), Kappen (Schiavine) und Sarsch (Rascia)	6.
Strohhüte	1.
Goldschläger	3.
Wachsbleichen und Kerzenfabriken . .	9.
Weinstein	3.
Zuckerraffinerien	2.
Lederfabriken aller Art	9.
Theriak	9.
Handschuh	4.

Unter diesen sogenannten Fabriken muß man sich aber ja nicht große Anstalten vorstellen, die viele Menschen beschäftigten, oder ein großes Capital in Umlauf setzten; außer den Wachsbleichen und den Gläserfabriken sind die andern Anstalten völlig unbedeutend.

3 *

Es ist wohl begreiflich, daß in Venedig nie Wollen- oder Baumwollwaaren-Fabriken bestanden, weil der Mangel an süßem Wasser, das man in großen Fässern von der Brenta zuführen muß und dessen man zum Waschen und Bleichen des Fabricats in so großer Menge bedarf, diesem Erwerbszweig ein unwiderstehliches Hinderniß entgegen setzt; warum aber Seidenfabriken hier nicht bestehen, wo das rohe Material aus Friaul und von Verona so wohlfeil beigeschafft werden kann, und ein großer Theil der Menschen sich umsonst um Arbeit bewirbt, ein anderer um den geringstmöglichen Lohn arbeitet, ist weniger begreiflich. Mir däucht, daß die Fabrication der Seidenstoffe ganz vorzüglich für Venedig passe, und daß man dem Verarmen des Volkes durch kein anderes Mittel sicherer und kräftiger zu steuern im Stande wäre, als wenn man einige Capitalisten bewegen könnte, sich mit lombardischen oder französischen Seidenfabrikanten zu associiren und hier Seidenfabriken zu errichten, wo die hierzu erforderlichen Gebäude wohlfeil, und Arbeiter im Überflusse und zu den mäßigsten Preisen zu haben sind.

Ich sah die schöne Wachsbleiche und Kerzenfabrication bei San Andrea, die dem Hause Reali gehört. Sie hat 156 Soleri — Tische — auf deren jedem 550 Pfund Wachs liegen. Man bleicht in diesem Local 425,000 Pfund Wachs. Das beste Wachs kömmt von Smyrna; dann wird jenes aus der Moldau und Wallachei für das vorzüglichste gehalten; am wenigsten wird das aus Ungarn und Pohlen kommende geschätzt. Man zeigte mir Kerzen, die von dem Wachse dieser Länder bereitet worden waren: vollkommen weiß waren nur die erstern, die andern sind mehr oder weniger schmutzig weiß.

Der Eigenthümer dieser Fabrik ist ein junger, thätiger und kenntnißvoller Mann, der, außer einer Weinsteinfabrik, seit kurzem auch eine Zuckerfabrik mit zwei Auflösungs- und zwei Kochkesseln errichtet hat, von der ich aber bedauerte, daß man nicht gleich anfangs eine bessere Localität wählte, da die gegenwärtige viel zu beengt und zu ungemächlich ist.

Herr Reali lud mich ein, ihn auf seinem Landgute bei Treviso zu besuchen, und ich werde nicht ermangeln, davon Gebrauch zu machen.

---

14. Mai.

Palazzo Grimani. Statue des Marcus Agrippa. Italienische Sitte, für jeden Dienst ein Trinkgeld zu fordern.

Ich besah noch einige Kirchen und Palläste und bejammerte den vernachlässigten Zustand, in dem sich viele der letztern befinden, z. B. der Palazzo Grimani, bei Santa Maria Formosa, in dessen Hofe die berühmte colossale Statue des Marcus Agrippa aufgestellt ist, die vom Pantheon in Rom, ich weiß nicht wie, hieher gekommen ist.

Man thut Unrecht, daß man das Trinkgeldfordern den Italienern und vorzüglich den Venezianern so sehr zum Vorwurf macht; denn im Grunde ist diese Sitte ja allenthalben üblich. Es verlohnt sich nicht der Mühe, sich hierüber zu ereifern oder die Menschen mit groben Worten abzutreiben, denn man wird dieses Bettelvolkes um geringen Preis frei. Es ist wohl billig, daß man Jemanden, der uns einen Dienst leistet, so gering er auch sein mag, eine Belohnung dafür gibt, und darum kann ich es den Italienern nicht verargen, daß sie uns für den kleinsten Dienst sogleich um die Bezahlung angehen; auch ist es ein Irrthum der Fremden, wenn sie meinen, daß die Kirchendiener, Zimmerwärter, Arsenalaufseher u. s. w. dafür bezahlt werden, die Fremden herumzuführen und sie auf die Merkwürdigkeiten aufmerksam zu machen oder sie ihnen zu zeigen; oder daß die Aufwärter in den Gasthäusern vom Wirthe bezahlt würden. Alle diese Leute haben keinen Gehalt und sind lediglich auf die buona man angewiesen. Wenn ich ins Theater ging, so zahlte ich erst die Entree, dann bei einem andern Tische ein Billet zu einem gesperrten Sitze, wo mir nebst dem Betrag des Billets jederzeit ein Trinkgeld abgefordert wurde. Nach dem Aufsperren des Sitzes versäumte der Junge nie, sich gegen mich mit vorgereckter Hand zu verneigen und meine Cortesia anzusprechen.

Man sorge daher, Morgens vor dem Ausgehen sich mit kleiner Münze zu versehen, um unter Tags alle Dienste, nach ihrem Werthe, sogleich honoriren zu können. Die Leute hier begnügen sich mit wenig; sie sind aber insolent, wenn man ihnen Nichts geben will.

---

15. Mai.

Himmelfahrtsfest. Betrachtungen über die Ursachen der ehemaligen Größe Venedigs.

Festa dell' ascensa. An diesem Tage war sonst das Fest der Vermählung des Doge mit dem Meere; heute bestanden die Festlichkeiten des Tages darin, daß auf den Stangen vor der Marcuskirche die großen Flaggen aufgezogen waren, und daß der Patriarch im Dome ein Hochamt hielt, dem wenige Menschen beiwohnten.

Die Vergleichung der gegenwärtigen Stille mit der lärmenden Fröhlichkeit und dem theatralischen Schauspiele, das an diesem Tage noch im Jahre 1796 Statt hatte, führte mich zu Betrachtungen über die Ursachen und die Größe des Reichthums einer Stadt, deren Häuser Palläste und deren Kirchen Meisterwerke der Baukunst und Gallerien der auserlesensten Gemälde und Bildhauerarbeit sind. Die Frage, wie ein so kleiner Staat, wie Venedig, Mittel fand, solche Ausgaben zu bestreiten, setzte mich anfänglich in Verlegenheit; allein bei näherer Würdigung aller Umstände, die hier concurrirten, um diese Wirkung hervorzubringen, ward mir die Ursache ziemlich klar.

Bedenkt man, daß Venedig die Hauptstadt der größten Seemacht bis ins 15. Jahrhundert war, daß seine Einwohner bis in das 16. Jahrhundert den größten Theil des Welthandels besaßen und daß von hier aus ganz Süddeutschland, Ober-Italien und die Schweiz, mit den Producten des Orients versehen wurden; daß sie den levantinischen Handel in Händen hatten und daß daher die venezianischen Kaufleute sich unermeßlichen Reichthum erwarben; bedenkt man, daß der Staat durch die Zölle, die solch ausgebreiteter Handel ihm verschaffte, große Einnahmen hatte; daß die Staats-Administration wenig kostete; daß die Landmacht unbedeutend war; daß das Grundeigenthum der Terra ferma in den Händen weniger und eben daher sehr reicher Familien sich befand; daß die äußerst gering besteuerten Güter nur in der Familie vererbt und nicht verkauft werden durften; daß diese Familien die Häupter der Republik waren und die vorzüglichsten Ämter derselben bekleideten, und wenn sie nicht in den Provinzen Gouverneure waren oder die Flotte commandirten, der Staatsverfassung wegen in der Hauptstadt wohnen mußten, so ersieht man, daß sich ein ungeheurer Reichthum in dieser Stadt concentriren mußte, der den Privaten sowohl als der Regierung alle Mittel zur Hand gab, die kostspieligsten Bauten zu unternehmen. Wenn man dann in Erwägung zieht, daß die Stadt selbst nie von einem feindlichen Einfall litt, nie verheert worden ist, und daß man tausend Jahre anhaltend baute und an der Stadt verschönerte, so findet man es begreiflich, wie sie allgemach alle italienischen Städte an Schönheit und Reichthum der Gebäude übertraf.

Es war in Venedig vom 15. bis ins 18. Jahrhundert Mode zu bauen, und diese scheint hier so gebieterisch geherrscht zu haben, daß es mittlerweile eine Schande war, keinen Pallast zu besitzen oder seinen Vorfahren kein öffentliches Denkmal errichtet zu haben. Einer suchte den Andern hierin zu übertreffen und so entstanden die Palläste der Familien: Grimani, Corner, Pisani, Venier, Rezzonico, Foscari, Vendramin, Labbia, Pesaro u. s. w., deren Namen anzuführen hier nicht der Ort ist, und so entstanden die Kirchen und Palläste und Brücken, die die Regierung baute; denn es bestand die Regierung aus denselben Männern, die für eigene Rechnung Kirchen und Palläste und Monumente und Brücken bauten.

Endlich darf man nicht übersehen, daß in jenen Zeiten die Aufführung großer und prächtiger Gebäude auch dadurch sehr erleichtert ward, daß durch den Impuls, der der Baulieb-haberei in Venedig sowohl als in ganz Italien gegeben worden war, das Studium der Baukunst lebhaft betrieben ward, und sich Architekten bildeten, die jenen des griechischen und römischen Zeitalters an die Seite gestellt zu werden verdienten; so wie daß das Bauen damals weniger kostete, als jetzt; nicht deßwegen, daß das Silber gegen Weizen einen höhern Werth hatte, als jetzt, sondern deßwegen, weil die Menschen frugaler lebten und mit weniger zufrieden waren, und daß sich damals z. B. ein Bildhouer mit dem Geldwerthe eines Metzen Weizen täglichen Erwerbes begnügte, dem man in unsern Zeiten drei geben muß.

Nur so lange diese glücklichen Umstände dauerten und Venedig der Centralpunct des Handels nach der Levante war, stieg sein Reichthum, seine Macht und sein äußerer Glanz; als sich aber die Holländer des indischen, und die Genueser und Franzosen zum Theile des levantinischen Handels bemächtigt, und Venedig alle seine Besitzungen in Griechenland verloren hatte, versiegten die reichen Quellen der Privat- und Staatseinnahme; alle neuen Bauten wurden eingestellt, und in den letzten Zeiten der Republik gelang es der Regierung und dem Adel nur mühsam, die bestehenden Gebäude in gutem Zustande zu erhalten.

Der Fall der Republik ist für die Stadt ein, dem Vermögen der Häuserbesitzer und der Erhaltung der öffentlichen Gebäude höchst nachtheiliges Ereigniß. Venedig ist nicht mehr die Hauptstadt eines Staates. Die vormaligen Mitglieder des souverainen Raths, und überhaupt die Patrizier, haben nun kein besonderes Interesse mehr, in der Stadt zu leben, wo sie nicht mehr wie jeder andere Staatsbürger gelten, und ziehen daher entweder in andere Städte, oder beschränken sich darauf, einen Theil ihres Pallastes zu bewohnen und den andern leer stehen zu lassen; in beiden Fällen aber lassen nur die Wohlhabendsten die dringendsten Reparaturen an den Gebäuden vornehmen;

alle übrigen, die von Staatsämtern lebten oder durch die politischen Ereignisse ihr Vermögen einbüßten und ihre Palläste nicht verkaufen konnten, vermiethen sie so gut sie können, verwenden aber von dieser geringen Einnahme wenig oder nichts, um das Haus vor dem Verfall zu schützen, dem es unvermeidlich entgegen geht. Dasselbe ist der Fall mit den öffentlichen Gebäuden. Früher verwendete der Staat einen bedeutenden Theil seiner Einkünfte auf die Erhaltung der bestehenden Gebäude, und wenn dieß auch jetzt für die eigentlichen Staatsgebäude noch Statt findet, so sind doch so viele andere bloß städtische Gebäude, Kirchen, Brücken, Dämme u. s. w., für die die städtischen Einkünfte nicht zureichen, und die daher nothwendig allgemach verfallen, wenn nicht ergiebigere Fonds geschaffen werden, als es die gegenwärtigen sind.

---

16. Mai.

Reise über Mestre nach Treviso. Befestigung von Venedig. Mestre. Ansicht des Landes zwischen Mestre und Treviso. Landhäuser. Treviso. Botanischer und agrarischer Garten.

Um mich mit dem Betriebe der Landwirthschaft in der nächsten Umgebung der Hauptstadt näher bekannt zu machen, erachtete ich es für zweckmäßig, einen Ausflug nach Treviso zu machen. Ich fuhr zu diesem Behufe in einer sehr schönen Gondel heute Morgens nach Mestre in 1½ Stunden, und von dort in einer Kutsche nach Treviso, wo ich um 2 Uhr ankam.

Der Canal, der von Venedig durch die Lagunen nach Malghera führt, ist breit und gerade. Das Fahrwasser ist auch durch Pflöcke bezeichnet. In Malghera vereinigen sich mehrere ausgegrabene Canäle; der gerade ausgehende führt durch die Befestigungen nach Mestre.

Alle schiffbaren Zugänge der Stadt sind mit Festungswerken versehn; solche sind z. B. hier, in Malamocco, Fusine u. s. w. Diese Puncte stellen die Stadtthore vor. Hätte der Feind ein solches auch erbrochen, so hat er immer noch nur wenig gewonnen; denn nun findet er erst in den großen und kleinen Kriegsschiffen, die in den Canälen aufgestellt und in den Batterien, die auf den kleinen, in den Lagunen zerstreuten Inseln angebracht sind, eben so viele neue Festungen, die sich ihm entgegenstellen und alle seine thörichten Bemühungen vereiteln würden.

Man hält Venedig für eine der wichtigsten Festungen, die mit Gewalt, ohne unermeßlichen Aufwand gar nicht und durch Hunger nur dann bezwungen werden kann, wenn eine mächtige Flotte zur See und eine große Armee zu Lande, alle Zugänge zu den Lagunen lange genug besetzt halten könnten.

In Malghera sieht man ganz neue, große Casernen. Es scheint, daß man diese Forts auch im Frieden bewachen will, was man früher überflüssig fand.

Von Malghera bis Mestre war der Canal sehr lebhaft. Eine Menge Gondeln und Barken fuhren hin und zurück. Auch trug zur Belebung des Canals der Umstand bei, daß er an einigen Orten geräumt wird, was mit großen Löffeln geschieht, die man gerade hinunter in den Boden stößt und womit man durch das Niederdrücken des Stiels über den Rand der Barke, auf der die Arbeiter stehen, den Schlamm des Untergrundes heraushebt.

In Mestre endet der Canal und man fährt nun auf einer breiten, schnurgeraden, prächtigen Straße landeinwärts. Der Ort ist sehr lebhaft, voll Wirths- und Gasthäuser; denn wer zu Lande kommt und nach Venedig will, muß hier der Umladung wegen verweilen, und wer mit eigenen Pferden reist, muß sie hier lassen.

Mestre liegt noch in der Niederung und die nächste Umgebung ist noch etwas sumpfig; so wie man aber nur einige Schuhe höher sich über das Meer erhebt, verlieren sich die Sumpfpflanzen aus den Feldern und das Land bekömmt allgemach ein lachendes Aussehen. Man kann sich kaum eine reizendere Fahrt denken, als von Mestre nach Treviso. Zu beiden Seiten der Straße sieht man einen fruchtbaren guten Boden, viele schöne

Wiesen, mit Reben eingefaßte Äcker, Baumreihen, die durch die Felder laufen, an denen Reben hinan gezogen sind, mit schönem Weizen prunkende Äcker und eine Menge der schönsten und geschmackvollsten Landhäuser, die nicht selten Palläste sind.

Alle diese Landhäuser sind mehr oder weniger mit großem Luxus gebaut, haben Portale mit Statuen, Säulengänge, Ziergärten mit steinernen Figuren, Alleen und Bosquete, und was mir auffiel, alle waren mit einer Menge von Blitzableitern versehen.

Das Landhaus des Generals Bianchi liegt hart an der Straße zwischen Moglian und Preganziol; es hat ein sehr freundliches Aussehen, ist zwei Stock hoch, scheint aber keinem venezianischen Großen gehört zu haben, weil es zu bürgerlich aussieht; dafür aber ist das Landhaus des Conte Albrizzi in einem grandiosen Styl gebaut, ein Modell von Pracht. Der nicht sehr große Pallast hat zu beiden Seiten, jedoch in einiger Distanz von ihm, zwei in griechischem Geschmack und mit einem auf steinernen Säulen ruhenden Porticus versehene Wirthschaftsgebäude, die ich für Preßhäuser und Weinbehältnisse hielt. Längs der Straße sind drei Thore zum Eingange in den parkähnlichen Garten, die mit vielen Statuen verziert sind. Zur Seite sind Laubengänge und rückwärts ragt ein Laubwald mit den höchsten Bäumen hervor.

Der Weizen ist in Ähren; allein der Mais hatte erst eine Spanne Höhe, ward aber doch schon behackt. Manche Felder wurden erst gepflügt, um noch mit Mais besäet zu werden. Das Pflügen geschieht mit sechs Ochsen, hätte man hier einen zweckmäßigern Pflug, so würden vier Ochsen mehr als genügen.

Maulbeerbäume sah ich nicht.

Treviso ist eine große, weitläufige und auch ziemlich gut bevölkerte Stadt an der Sile, einem Bache, der durch die Stadt fließt und in derselben einige Mühlen treibt. Die Domkirche mit fünf Kuppeln ist ein großes, in seinem Innern, aber nicht in seinem Äußern vollendetes Gebäude, denn es fehlt der Porticus, zu dem nur erst die Postamente für zehn colossale

Säulen gelegt worden sind. Da hier ein botanischer Garten sich befindet, der mit einem agrarischen in Verbindung steht, so beeilte ich mich, letztern zu sehen; allein meine Erwartung, so gering sie auch war, ward dennoch getäuscht. Es ist der botanische Garten eine Spielerei, mit 24 kleinen, mit Ziegeln eingefaßten Vierecken, in deren jedem etwa drei bis vier verschiedene Pflanzen stehen, die zur gleichen Classe des Linneischen Systems gehören. Der übrige Garten enthält eine Menge exotischer Gewächse, unter denen sich ein Cactus auszeichnete, der vier gerade Stängel, 8—9 Fuß hoch in die Höhe trieb, mit einer Dicke von 5—6 Zoll. Oben an der Spitze hatte er kurze Äste und wenige Blätter.

Der sogenannte agrarische Garten ist ein Gemüsegarten, den der Professor auf seine Kosten, auf dem Walle der Stadt angelegt, mit Erde angefüllt und mit einer Mauer gegen die Stadt umgeben hat. Merkwürdig war mir der äußerst üppige Wachsthum der Äpfel und anderer Fruchtbäume in diesem aus Bauschutt und Gartenerde bestehenden Boden. Ich sah Äpfelbäume, die vor acht Jahren gesäet worden waren und jetzt 3 Fuß ober dem Boden 5 Zoll im Durchmesser hielten und schon zweimal Früchte getragen hatten.

Da Treviso weder ein Lyceum, noch eine medicinische, chirurgische oder Apothekerschule, weder eine botanische, noch eine Ackerbaugesellschaft hat, so begreife ich nicht, zu welchem Zwecke diese beiden Gärten hier, als öffentliche Anstalten, sein sollen; übrigens ist der agrarische auch zu klein, als daß er zu was anderm, als zu einem Küchengarten verwendet werden kann, denn er enthält nicht ein halbes Joch.

Abends war ich in einer Conversazione, wo man Karten spielte und den Damen und Herren, die bei der großen Hitze Durst bekamen, wenn sie es forderten, Wasser servirte.

17. Mai.

Wirthschaft des Herrn Olivi, Maulbeercultur. Boden von Treviso. Dosson di San Lazzaro. Räubergeschichte.

Ich besuchte in Gesellschaft der Herren Zannin und Ferretti die Besitzung des hiesigen Fiscaladjuncten Olivi, die aus 40 Campi besteht, wovon er 5—6 Campi, die zu einem Garten mit einer Pflanzschule verwendet werden, selbst bewirthschaftet, die übrigen aber einem Colon alla metà, d. h. um die Hälfte des gesammten rohen Ertrages, verpachtet hat. Die Familie dieses Colons besteht aus zwei verheiratheten Brüdern mit ihren Kindern. Das Vieh, aus vier Ochsen und einigen Kälbern bestehend, gehört dem Herrn, der auch die Hälfte des Samens hergibt. Ich fand den Weizen in der Blüthe, bloß Bartweizen; er stand dicht und war schön. Der Mais war zum Theile breitwürfig, zum Theile in Reihen gesäet, welches Letztere dadurch bewirkt wird, daß über dem gepflügten und geegten Acker mit einem kleinen Pflüge Furchen gezogen werden, in die man die Maiskörner, und zu denselben den Dünger mit den Händen hinzulegt, was man in Steiermark Grübeln nennt. Ich sah hier etwas Luzerne und auch rothen Klee, doch des letztern viel zu wenig, um ein richtiges Verhältniß zwischen Getreidebau und Futterpflanzen herzustellen.

Die Herren Olivi und Ferretti sind in der Cultur der Maulbeerbäume wohl unterrichtet, und ich sah hier eine sehr gut unterhaltene Pflanzschule dieser Bäume, die dem Erstern eine bedeutende Rente abwirft, da man allgemach in dieser Gegend auf die Vortheile der Seidencultur aufmerksam wird, und daher große Nachfrage nach Maulbeerbäumen ist.

Wie sehr man diesen Gegenstand bisher vernachlässigt hatte, erhellet aus dem Umstande, daß ich von Mestre bis Treviso keine Maulbeerbäume sah, und daß Herr Ferretti sich rühmt, vor wenigen Jahren das Pfropfen derselben hier eingeführt zu haben.

Die Weinreben sehen auf dieser Besitzung, so wie hier allenthalben, elend aus und sind in einem anscheinend vernachlässigten Zustande; es mag ihnen aber auch der Schotterboden nicht zusagen, in dem sie gepflanzt sind.

Südlich von Treviso gegen das Meer wird der Boden immer tiefer und besser, nördlich der Stadt aber immer schlechter; hier herum ist die fruchtbare Schichte in einigen Äckern oft kaum 6 Zoll tief. Solcher Schotterboden ist allenthalben in Ober-Italien in der Nähe der Flüsse und Wildbäche, die von den julischen Alpen gäh niederstürzen und die von den Bergen weggerissenen Steine über die Ebene verbreiten.

Vor der Stadt auf der Straße nach Friaul sieht man mehrere schöne und einige prächtige Landhäuser und Palläste; unter die letztern gehört der von Manfrin, der in einem schönen englischen, mit hohen Bäumen besetzten Garten liegt; das Landhaus des Conte Ascanio, den die Sängerinn Billington in ihren alten Tagen heirathete, und dem sie ihr großes Vermögen hinterließ, u. a. m. Bis hieher sieht man noch immer die Wirkungen des venezianischen Reichthums und guten Geschmackes in den Gebäuden.

Am Abend kam Herr Reali von Venedig und ich fuhr mit ihm, und einem Verwandten von ihm, der seine Frau und Tochter bei sich hatte, auf sein Landgut in Dosson di San Lazzaro.

Hier begegnete mir ein tragi-komisches Ereigniß, das an und für sich zwar geringfügig ist und kaum der Mittheilung werth wäre, wenn es nicht dazu diente, den Charakter der Italiener näher zu bezeichnen und das Überhandnehmen der Räuber in diesem Lande zum Theile zu erklären.

Es regnete und wir kamen erst in der Nacht in Dosson an. Wir schwätzten und es war 10 Uhr, als ich eine große Bewegung in der Gesellschaft, Zu- und Abgehen der Diener und ein Flüstern mit dem Herrn wahrnahm. Als ich mich erkundigte, ob irgend ein Unfall sich ereignet hätte, meldete mir der Hausherr mit blassem Gesichte, daß Räuber vor dem Thore seien und einzudringen versucht hätten. Auf mein Befragen, ob er dessen gewiß sei, sagte er mir, daß ihm ein Diener so eben gemeldet habe, daß eine unbekannte Person bei der kleinen Thür, die von der Domestikenküche auf die Straße führt, habe eintreten wollen, und als er diese verschlossen fand, mit einem Fluche das Öffnen derselben gefordert habe. Der darin befindliche Hausbediente habe aber nicht geöffnet, sondern sogleich die Thür mit dem Riegel so fest als möglich verschlossen. Als dieser später zum Fenster hinausgeblicket, habe er auf der Gasse acht bis zehn Männer beisammen stehen gesehen. Ich ließ den Berichterstatter kommen und er erzählte mir dasselbe. Nun frug ich den Hausherrn, wie viel wir Männer im Hause wären, und hörte zu meinem Troste, daß wir unserer wohl achtzehn seien; allein zu meinem Verdrusse sagte mir Reali, daß er außer zwei Pistolen, keine Waffen im Hause habe, und noch unangenehmer war es mir, von ihm auf meine Frage: was er unter den gegebenen Umständen anzuordnen gedenke, zu hören, er glaube, daß es am besten sei, ruhig das Eindringen der Räuber abzuwarten, die uns am Leben nichts thun würden, wenn wir uns nicht wehrten, da es ihnen bloß um Geld zu thun sei. Von den gleichen Gesinnungen war sein Verwandter und sein Verwalter. Diese ganze Verhandlung ward leise gesprochen, damit sie die Räuber nicht hören, und es mir wahrscheinlich nicht zum Verbrechen machen sollten, von Vertheidigung gesprochen zu haben. Alles, was zur Abhaltung der Räuber geschah, bestand darin, daß man die kleine Glocke der Haus-Capelle als Nothsignal läutete, und daß die Thüren und hölzernen Fensterbalken verschlossen wurden. Da ich diese drei Männer nicht bewegen konnte, das Haus zu verlassen und sich mit den Hausleuten und zufällig vorhandenen Taglöhnern und Maurern, die im anstoßenden Wirthschaftsgebäude sich befanden, zu vereinigen, um uns von der Gefahr zu überzeugen oder dieselbe zu vertreiben, blieb mir nichts übrig, als ein Billet an den Delegaten in Treviso zu schreiben und ihn zu bitten, uns einige Polizeisoldaten zu Hülfe zu schicken. Es kostete viele Mühe, einen der Hausbedienten zu vermögen, diesen Brief in die Stadt zu tragen, er entschloß sich nur erst dann hiezu, als ihn noch drei andere dahin geleiteten.

«Das Läuten der Glocke, das leise Herumgehen in den Zimmern der von Furcht und Angst gepeinigten Hausbewohner, und das Schweigen und Harren auf den schrecklichen Augenblick des Angriffs, wurde mir mittlerweile unerträglich. Ich verließ die Gesellschaft dieser Hasenfüße und beredete den Wirthschaftsverwalter, mich zu begleiten, um zu sehen, was außen vorgehe, wo unsere Leute sich aufhalten und welche Vorkehrungen sie für die gegenwärtigen Umstände getroffen haben. Außer dem Bellen des Hundes, der an der Kette lag und den sich Niemand loszubinden getraute, weil er zu wild sei und einen einzigen Menschen ausgenommen, alle übrigen, Fremde oder Hausleute, beißen würde, hörte und sah ich nichts in der finstern Umgebung des Hauses. Im Stalle waren fünf fremde Arbeiter und zwei Pferdeknechte vom Hause. Ich erkundigte mich um Jenen, der in der Küche gewesen, als die fremde Person in dieselbe dringen wollte, und der dann die acht bis zehn fremden Männer auf der Gasse gesehen haben sollte. Er war gegenwärtig und erzählte mir über das Schlagen und Rütteln an der Thür, so wie über das Fluchen dessen, der eintreten wollte, dasselbe, was der andere Bediente gesagt hatte, allein von den acht bis zehn fremden Männern, die auf der Gasse beisammen gestanden wären, wußte weder er, noch irgend ein Anderer Etwas. Es war mir nun klar, daß hier ein blinder Lärm die Leute außer Fassung gebracht und daß sich wahrscheinlich ein Vorbeigehender den Spaß gemacht hatte, sie in Furcht zu jagen; allein es war unmöglich, den Leuten diese meine Ansicht wahrscheinlich zu machen; ihre Köpfe waren durch Räubergeschichten, die sie sich gegenseitig erzählt hatten, so erhitzt und sie waren von der Nähe der Räuber so überzeugt, daß ich Keinen bewegen konnte, mir zu folgen, um eine Ronde rings um das Haus zu machen. Keiner dieser Menschen hatte einen Stock, eine Mistgabel oder sonst eine Waffe zur Hand, und ich bin überzeugt, daß wenn sich eine rauhe Stimme vor dem Hause hätte hören lassen, alle diese sieben Kerle sich verschlossen hätten, und daß ein einziger, entschlossener und bewaffneter Räuber das ganze Haus gebrandschatzt hätte. Ich ging allein vor das Haus und hörte außer dem Läuten des Sturmglöckleins, das aber Niemanden zum Herbeikommen bewegte, und dem Bellen des Kettenhundes, gar nichts. — Obschon ich vollkommen bei mir überzeugt war, daß die ganze Geschichte ein blinder Lärm und daß keine Gefahr vorhanden sei, so machte mich das Gefühl, unbewaffnet zu sein und sich auf Niemanden zur Unterstützung verlassen zu können, dennoch sehr mißmuthig, und ich würde in der Nacht allein zur Stadt zurückgekehrt sein, wenn die Finsterniß, die grundlosen Straßen und die durch den Regen ausgetretenen Bäche mich nicht hieran gehindert hätten. Um ein Uhr nach Mitternacht langte endlich eine Polizeiwache von fünf Mann an und alle Angst hatte ein Ende.

---

18. Mai.

Wirthschaftsrechnung der Besitzungen Reali. Rückkehr nach Treviso.

Der gestrige heftige Regen hat den Boden ganz erweicht, und es war unmöglich, auf den Feldern herumzugehen. Ich brachte aber die Zeit viel nützlicher zu Hause damit zu, Auszüge aus den Wirthschaftsrechnungen zu machen, die hier mit kaufmännischer Genauigkeit und Ordnung gepflogen werden, und die mir über den Capitalwerth der vielen Güter dieses Hauses, über den Ertrag der Pachtungen, über den Zustand der Colonen u. s. w. vollkommene Belehrung gewährten.

Nach Tische fuhr ich zur Stadt zurück, wo das Abenteuer dieser Nacht indessen zum allgemeinen Gespräch geworden war. Weil aber die meisten Menschen nur die Veranlassung wußten, weßwegen ich mir Hülfe vom Delegaten erbeten hatte, nicht aber, daß sie völlig unnöthig war, so wünschten mir viele Glück, so großer Gefahr entgangen zu sein.

Es war Sonntag, und ich besuchte den öffentlichen Spaziergang vor dem Thore San Tomaso, wo die schöne Welt sich versammelt. Es waren ziemlich viele Leute da, mehrere artig gekleidete, aber ganz und gar nicht geputzte Frauenzimmer.

---

19. Mai.

Aussicht von den Wällen der Stadt Treviso. Kopfputz der Frauen. Kirche San Nicolo. Aufwand für öffentliche Bauten. Einbringung der Grund- und Kopfsteuer. Menge der Landsitze in der Nähe von Venedig. Besitzer derselben.

Die Umgebung von Treviso, von den weitläufigen Wällen der Festungswerke besehen, ist eine reizende Landschaft. Es ist Dorf an Dorf, und Landhaus an Landhaus rings herum, und bis zu dem Fuße der Berge, die etwa drei Stunden von hier entfernt sind. Die Stadt selbst ist sehr groß, hat breite Straßen, größtentheils moderne Häuser, in einem guten, baulichen Zustande.

Der Kopfputz der bürgerlichen Frauen gefällt mir sehr. Die Haare sind in Flechten gelegt, und mit einem Kamme befestigt. In den Haaren stecken einige Nelken oder Rosen, und an der Mitte des Kopfs ist ein schwarzseidner Schleier befestigt, der nach hinten und zu beiden Seiten über die Schultern herabhängt. Gemeine Weiber bedecken in Venedig und hier den Kopf mit weißen Tüchern, und verhüllen damit den Hals und die Brust, wodurch sie ein gespensterartiges Aussehen bekommen. In den Städten längs der Küste von Istrien sind es schwarze Tücher, womit sie sich verhüllen, was noch häßlicher aussieht.

Die Kirche San Nicolo ist die größte hier. Die innern Wände sind noch nicht verputzt, dafür aber mit großen Gemälden behangen. Hinter dem Hauptaltar ist ein sehr berühmtes

Blatt: Maria in Gesellschaft von sechs Heiligen; zu ihren Füßen spielt ein kleiner Engel die Laute. Ich habe den Namen des Meisters vergessen: wenn ich nicht irre, ist es von Bellino.

Es gibt keine Mönche mehr hier. Zur Zeit der Republik bestanden aber zehn Klöster.

Die Kosten, welche die Regierung für die öffentlichen Bauten dieser Provinz jährlich ausgibt, betragen im Durchschnitte der letzteren Jahre 60,000 Gulden. Der größte Theil dieser Summe wird für Schutzwehren an der Piave und andern Flüssen ausgegeben.

Über die Berechnung und Umlage der directen Steuern auf die einzelnen Gemeinden der Provinz wurden mir hier, mit der größten Bereitwilligkeit, alle erforderlichen Aufklärungen mitgetheilt. Nebenbei erzählte man mir, daß man die Grundsteuer mit Leichtigkeit einbringe, weil sie die Grundeigenthümer zahlen; daß man aber die Kopfsteuer, welche die Coloni selbst zu zahlen haben, fast immer mit Zwang und nicht selten mit Pfändung einbringen müsse. Ein überzeugender Beweis der Armuth dieser Classe Menschen, die auch aus dem Wirthschaftsregister des Herrn Reali erhellte, wie ich bei einer andern Gelegenheit näher angeben werde.

Am Abend fuhr ich wieder nach Venedig zurück, wohin ich in 4 ½ Stunden gelangte.

Der Anblick des schönen Landes, der prächtigen Landhäuser, des lebhaften Treibens der Menschen in Mestre, die Überfahrt über die Lagunen, und die malerische Ansicht der im Meere aufgebauten großen Stadt, mit ihren Hunderten von Thürmen, vergüteten mir allen Verdruß, den ich in der vorhergehenden Nacht erlitten hatte.

Die schönsten Landhäuser, die zwischen Treviso und Venedig liegen, gehörten meistens dem Adel von Venedig, und sind noch größtentheils sein Eigenthum. Da man in Italien nicht Herrschaften, sondern nur Grundstücke besitzt, die nicht für eigene Rechnung, sondern von den Colonen bearbeitet werden, und es

4*

in diesem Lande Sitte ist, daß Jene, welche zur höheren Classe gezählt werden, den größten Theil des Jahres in ihrem Pallaste in der Stadt, und nur einen kleinen Theil desselben auf dem Lande wohnen, so haben die Meisten sich Landsitze gebauet, in deren Nähe oft nur wenige ihnen zugehörige Grundstücke liegen, um da einige Wochen im Herbste zuzubringen.

Die Landsitze der Venezianer sind an den Straßen von Venedig nach Treviso, und von Venedig nach Padua angehäuft, ganz nahe der Stadt, um in dieselbe in wenigen Stunden rückkehren zu können, wenn es die Geschäfte erheischten.

Jetzt, wo die Besitzer der Landgüter nicht mehr Schätze, die durch den Handel und durch Staatsämter erworben wurden, auf Landhäuser verwenden können, und wo die bedeutende Grundsteuer einen großen Theil des Einkommens wegnimmt, wird man keine neuen Palläste entstehen, ja vielmehr einige ältere, sehr große, vielleicht zu Grunde gehen sehen, deren Erhaltung die Kräfte der gegenwärtigen Besitzer übersteigt; allein die übrigen werden fortbestehen; ja wahrscheinlich mit mehreren neuen, wenn gleich minder grandiosen, vermehrt werden; denn es geht allgemach das Grundeigenthum aus den Händen des alten Adels in jene der Bürger, Kaufleute, Spekulanten, Fabrikanten, Beamten u. s. w. über, die, mehr aufsichtig auf ihren Vortheil, größern Nutzen von ihren Landgütern ziehen, als der Adel, und gleich diesem, ihren Luxus ebenfalls in Gebäude setzen: ein Luxus, der mir sehr gefällt, weil der Genuß dieses Vergnügens nicht vorübergehend, sondern dauernd ist, der Werth des Bodens bleibend dadurch erhöht wird, und ein schönes Gebäude der ganzen Gegend zur Zierde dient.

Meine Geschäfte sind geendet. Abschiedsvisiten.

20. Mai.

Freundliche und gefällige Menschen in Venedig. Angenehmer Aufenthalt in dieser Stadt. Warum man in Italien erst im Herbste auf das Land geht. Venezianischer Dialect.

Ich habe das Glück gehabt, sehr viele gefällige und wohl unterrichtete Menschen hier anzutreffen, die mir mit der größten Bereitwilligkeit alle jene Aufklärungen gaben oder verschafften, die nur immer zu ihrem Gebote standen. Auch gefiel mir das Leben in dieser Stadt; die Gemächlichkeit mit den Gondeln, kein Rasseln der Wagen, kein Geißeln der Thiere, mäßige Preise aller Gegenstände, die zur Nothwendigkeit des Lebens oder zum Überfluß gehören, und was die Hauptsache ist, freundliche und gefällige Menschen. Indessen möchte ich das ganze Jahr dennoch nicht in Venedig leben, und nur jene Monate da zubringen, wo die Felder keinen fröhlichen Anblick gewähren. Der Nordländer geht im Sommer aufs Land; der reiche Italiener erst nach dem Sommer, weil die Ernte des Winterweizens schon in der Mitte des Juni eintritt, und dann durch die Dürre des Sommers das schöne Grün der natürlichen Wiesen verschwindet und erst Anfangs September wieder zum Vorschein kommt, um welche Zeit man in diesem Lande auf das Land zieht. Ich würde aber zweimal dahin gehen, und den Mai und Juni, und dann den September und October da zubringen.

Der venezianische Dialect scheint mir von allen Mundarten der italienischen Sprache der angenehmste, best tönende, und für den Nicht-Venezianer leichtest verständliche zu sein. Er ist weich, kürzt die langen Wörter ab, und vermeidet die Zischlaute. Die letzte Silbe des Participio wird immer weggelassen; statt troncato, sprich: troncà; battuto, battù; statt ce kommt ghe; statt ce ne sono, sprich: ghe ne se; statt Piazza, Piasa; doch wird ch zu Anfang eines Haupt- oder Beiwortes immer als Zischlaut ausgesprochen: Chiesa, wie Ciesa;

Chiaro, wie Ciaro. In den Lustspielen von Goldoni kann man die Verschiedenheit des Reinitalienischen vom Venezianischen ersehen, denn da spricht immer eine oder die andere Person venezianisch, Truffaldino aber immer bergamaskisch, wahrscheinlich weil diese Mundart in den Ohren eines Venezianers besonders lächerlich klingt.

Wenn ich mich länger bei der Beschreibung dessen, was mir in Venedig merkwürdig schien, aufgehalten habe, als es dem Zwecke des vorliegenden Werkes vielleicht zukommt; so hoffe ich Nachsicht, indem ich glaube, daß Niemand, der irgend eines noch so ernsten Geschäftes wegen nach Venedig kommt, die Merkwürdigkeiten dieser berühmten, und in ihrer Art einzigen Stadt zu besehen unterlassen wird, so wie es Niemanden unangenehm sein kann, wenn man ihm erzählt, was uns da vorzüglich gefiel, wenn es ihm auch von Andern besser und gründlicher schon mitgetheilt worden ist. Überdieß ist meine Beschreibung ja nur eine flüchtig entworfene Skizze, die ich in den Ruhestunden meiner Geschäfte entwarf; sie macht keinen Anspruch auf Vollkommenheit, zu der ich weder Zeit noch genügende Vorkenntnisse gehabt hätte.

---

21. Mai.

Abreise von Venedig. Schleusen in der Brenta. Landhäuser längs der Brenta. Canal, welcher die Brenta durchquert. Mira. Lustschloß Stra. Durchbruch des Dammes der Brenta. Italienische Ackercultur. Bodengüte in der Nähe von Padua.

Morgens 7 Uhr fuhr ich in einer Gondel nach Dolo. Der Tag war schön, die Luft frisch, heiter. Noch einmal sah ich die Palläste längs des Canal grande und Canaregio, fuhr dann über die Lagunen bei San Giorgio in Allega vorbei nach Fucine, wo sich die Brenta mündet, in der man aufwärts bis Padua fahren kann.

Nicht weit von Fucine, bei Maranzan, ist die erste Schleuse, (die Venezianer nennen eine Schleuse Porta, die Lombarden nennen sie Concha), wo das Wässer innerhalb der zwei Thore etwa 3 Fuß hoch gestauet wird. Eine zweite Schleuse ist in der Nähe von Mira.

Diese zwei Schleusen sind, nach dem Berichte der Schriftsteller (Nuova raccolta d'autori che trattano del moto dell' acqua. Parma 1768. Vol. V. p. 359. Dann Zendrini, sopra l'acqua corrente. Cap. X.), die ersten gewesen, die man in Europa errichtete. Sie wurden im Jahre 1481 von den Brüdern Dionisio und Pietro Domenico von Viterbo errichtet. Belidor meint zwar, die Schleusen seien von Holländern erfunden worden, und Giulini in seiner Storia di Milano, B. XII., S. 332, führt Stellen aus älteren Schriften an, zufolge welchen schon im Jahre 1420 der »Machinarum, quas Conchas appellant« Erwähnung gemacht wird; allein ich halte dafür, daß so große Werke, wie Schleusen, die nur in schiffbaren Canälen und Flüssen errichtet werden, nicht unbekannt hätten bleiben können, wenn sie vor dem Jahre 1481 irgendwo bestanden hätten, und glaube, daß die Lombarden sich die Ehre der Erfindung nicht würden haben nehmen lassen, wenn nicht vor dem Jahre 1497, wo Leonardo da Vinci die Schleusen in Mailand baute, um die beiden Canäle: Naviglio grande und Martisana zu verbinden, schon irgendwo in diesem Lande welche bestanden hätten. Die Conche des Giulini werden wohl nur Bewässerungsschleusen, Schwellthore sein, um das Wasser aus den großen Canälen in die kleineren zu leiten, oder um es auf den Wiesen zu vertheilen.

Bis zum Dorfe al Botteghin sind die Ufer flach; das Land noch etwas sumpfig und schlecht bebauet, mit sparsam zerstreuten kleinen, viereckigen, mit Stroh gedeckten Hütten für die Coloni. Nun fangen aber an allgemach Landhäuser zu erscheinen, unter denen sich das, welches der Familie Foscari gehört, auszeichnet. Es ist im gothischen Geschmacke gebaut, mit einem schönen Porticus mit sechs Säulen, steht aber leer und verfällt, gleich dem Pallaste, den die Foscari in Venedig am Canal grande haben. Diese Familie, deren Glieder in vergangenen Jahrhunderten Dogen waren, ist ganz verarmt, so daß einer derselben in Istrien als Salzaufseher lebt.

Bei dem Dorfe Gambarer fangen die Landhäuser an häufiger zu werden. Bei Oriago ist der schöne Pallast Valmorana. So wie man sich Mira nähert, bilden die Landhäuser und Palläste eine anhaltende Linie, und gewähren nach einer Länge von mehr als einer halben Stunde das Bild einer Stadt. Hier wetteiferten die Grosßen und Reichen von Venedig sich an Größe, Geschmack und Auszierung der Landhäuser zu überbieten. Steinerne, große und kleine Statuen, fast immer mythologische Figuren, waren in jener Periode vorzüglich Mode, und sind an den Thoren und Einfassungsmauern der Höfe und Gärten, so wie an den Häusern selbst überall, oft mit großer Verschwendung, angebracht: und wenn der Garten noch so klein und unansehnlich ist, so findet man doch Statuen darin aufgestellt. Manchmal bilden sie einen seltsamen Contrast: so sah ich auf den beiden Seiten eines Seitenthors eines Landhauses Jupiter von der einen, und Juno von der andern Seite, die letztere halb nackt; und 2 Klafter davon, in gleicher Linie, über dem Thore einer kleinen Capelle die Aufschrift: In honorem divinae Virginis dolentis.

Gleich ober Mira ist zur Ableitung der Brenta ein gerader, großer Canal bis Chioggia ausgegraben, durch welchen der größte Theil des Wassers dieses Flusses den Lagunen entzogen wird, um das Verschlammen desselben möglichst zu verhüten. Er fängt bei Mirano an, durchschneidet bei Mira die Brenta, und geht längs des Sumpflandes von Mira 10 Miglia gerade gegen Süden, worauf er sich gegen Westen beugt, und durch andere Wässer verstärkt nach Chioggia führt.

In Mira, wo meine Gondoliere etwas Erfrischung zu sich nahmen, überfiel mich ein Haufen ungestümer Pferdevermiether, die mich so lange bearbeiteten, bis ich mit einem contrahirte, der mich in Dolo erwarten, und von da nach Padua führen sollte. Als der Handel abgeschlossen war, meldeten sich zwei der Herumstehenden und Mitredenden, und baten mich um ein Trinkgeld, weil sie zur Schlichtung des Vertrags behülflich gewesen wären. Ich wunderte mich zwar sehr über diese mir fremde Art von Mäcklern, ward aber leichten Preises ihrer los.

Strà ist ein kaiserliches Lustschloß an der Brenta. Der Vicekönig verweilt hier jährlich einige Wochen. Es gehörte früher den Pisani, die es an Napoleon verkauften. Der Garten ist nicht sehr groß, hat nur 47 Campi = 31 ½ Joch, ist in altfranzösischem Geschmacke, mit vielen Statuen, breiten geraden Gängen und Alleen angelegt. Die Glashäuser sind klein, aber artig und ziemlich tief. Hier fand ich die reichste Sammlung der verschiedenen Arten von Limonien und Pomeranzen; es sollen deren bei hundert da sein. Am Ende des Gartens ist der massiv und prachtvoll gebaute Stall für Pferde mit einer Platforme, von der man Venedig, Padua, und alles Land zwischen dem Meere und den Alpen übersieht. In einem völlig ebenen Lande, wie die hiesige Gegend ist, genügt es, 6 Klafter hoch zu steigen, um eine weite Übersicht zu erhalten.

Gleich unter Strà sah ich am rechten Ufer der Brenta die neue Eindämmung dieses Flusses. Hier brach er im vergangenen Jahre durch, und setzte 30,000 Campi Felder, und viele Häuser unter Wasser. Das Wasser der Brenta stieg damals über den Damm und wahrscheinlich rührt die Zerstörung der Eindeichung öfter davon her, daß das Wasser des hoch aufgeschwollenen und reißenden Flusses die Erde des Dammes von oben nach abwärts wegreißt, als daß es die Wände desselben in der Mitte durchbricht. Der Spiegel der Brenta war jetzt etwa 1 bis 2 Fuß höher als der Horizont des danebenliegenden Ackerlandes; die Dämme sind 4 Klafter hoch, und haben am obern Ende eine Breite von 3 Klaftern; an der Basis sind sie wohl doppelt so breit. Von der Schleuse bei Mira ist dieser Fluß bis Padua eingedämmt.

Bei Strà verläßt man die Brenta, und fährt durch bebautes Land gerade nach Padua. Zu beiden Seiten der Straßen ist Ackerland mit Mais und Weizen abwechselnd besäet, und mit Reihen von Nußbäumen besetzt, an deren Fuß Weinstöcke gepflanzt sind, deren Reben von einem Baume zum andern gezogen werden, so daß die Trauben ober der Getreidfrucht zu hängen kommen.

Dieß ist die in Italien allgemein übliche Methode, die Äcker zu benützen. Sie ist, was die Rebencultur in den Äckern betrifft, uralt, und Cato und Varro beschreiben sie, wie sie noch gegenwärtig ist; was aber die Getreidfrüchte betrifft, so kannten die Alten den Mais nicht, und der Weizen wechselte mit Hirse, Gerste und Hafer.

Der Boden dieser Gegend ist von vorzüglicher Güte; er ist das Ergebniß der Aufschwemmung eines immer trüben, schlammführenden Flusses. Die fruchtbare Erdschichte ist mehrere Klafter tief, ohne Stein, dunkelfarbig und ziemlich stark bündig, so daß man in den Äckern bei der Brücke an der Brenta Ziegel macht.

Von der Güte des Bodens und dem glücklichen Clima gibt die Allee von Pappelbäumen vor der Stadt einen Beweis. Diese Bäume wurden vor vier und fünf Jahren gepflanzt, und haben jetzt einen Durchmesser von 8 Zoll und eine Höhe von 8 Klaftern.

Es ist Schade, daß dieser herrliche Boden nicht besser cultivirt ist. Der Weizen stand schlechter als mittelmäßig, und die Reben, die längs der Ackerränder gepflanzt sind, waren nicht behackt.

---

22. Mai.

Padua. Universität. Kirche des heiligen Anton. Kirche der heiligen Justina. Orto agrario.

Padua ist uralt, und an seinen Namen hängen sich viele historische Erinnerungen. Seine Universität war einst die berühmteste Schule für Ärzte, und ward von Deutschen häufig besucht. Jetzt ist sie es nicht mehr; und wenn Deutsche hieher kommen, so geschieht es nur, um sich zu Doctoren ernennen zu lassen, was hier mit weniger Umständen verbunden ist, als auf den deutschen österreichischen Universitäten. Hier kann man sicher sein, den Doctorhut binnen drei bis vier Monaten zu erlangen, wozu man auf den deutschen Universitäten mindestens ein volles Jahr braucht; auch hat man hier kein Beispiel, daß ein Candidat wäre rejicirt geworden, was in Deutschland nicht selten geschieht.

Die Kirche del Santo, denn so heißt per eccellenza der heil. Anton von Padua, ist, gleich so vielen Kirchen in Venedig, eine Gallerie von Denkmalen und Kunstarbeiten. Sie ist größer, als sie beim Eintritt zu sein scheint, weil der Chor hinter dem Hauptaltar und die Capelle hinter dem Chor den Eintretenden nicht sichtlich sind. Die Capelle des heiligen Antonius ist links zur Seite, fast in der Mitte der Kirche. Immer brennen viele Kerzen am Altar und um ein Uhr Nachmittags sah ich da und an andern Seitenaltären noch immer Messe lesen; denn es werden von den Gläubigen so viele Messen hier gezahlt, daß nicht nur die zahlreiche Priesterschaft von Padua sich damit beschäftigt, sondern daß man auch noch auswärtige Geistliche mit Meßstipendien betheilt. Am Altar des Heiligen brannten dicke Kerzen in sechs großen silbernen Leuchtern und ein großes vergoldetes Kreuz stand in der Mitte zwischen den Lichtern. Die schönen marmornen Basreliefs, welche die Wände dieser Capelle zieren, werden als Meisterwerke dieser Art geachtet. Das Dach dieser Kirche mit seinen fünf Kuppeln und vielen andern kleinen Thürmen, hat ein seltsames, orientalisches Aussehen.

Die Kirche der heiligen Justina ward vom Senate in Venedig, zum Danke für die gewonnene Seeschlacht bei Lepanto gegen die Türken am Tage dieser Heiligen im Jahre 1571, gebaut. Sie hat auch fünf Kuppeln, ist einfach, zierdelos und es fehlen in derselben in einigen Seitenabtheilungen noch Altäre.

5 Fuß auf feste Pfähle gebunden: die Zweige wurden hierauf gegen die Maulbeerbäume gezogen, an deren unterste Äste man sie anheftete. Die Rebencultur wird durch den Aufwand an starken Pfählen zwar etwas kostspieliger, allein es däucht mir, daß der Nutzen, der aus dieser Methode für die Reben sowohl, als für die Maulbeerbäume hervorgeht, die geringe Auslage für Pfähle weit übertreffen müsse.

Ich sah unterwegs auch hin und wieder Ölbäume, doch waren sie von keiner Bedeutung; in ungleich größerer Menge kommen aber die Nußbäume im Hügellande vor.

Allgemach erweitert sich das Thal, und immer schöner wird die Ansicht des fruchtbaren, wohl cultivirten Landes, der Ebene sowohl, als der Hügel und Berge. Der Boden der Ebene ist hier, wie überall, sehr verschieden; doch sah ich größtentheils eine tiefe, fruchtbare, mit Steinen nur wenig verunreinigte Erdschicht, eine bindige Erdenmischung, die mir sehr fruchtbar schien, und es wohl auch sein muß, weil sonst der Mais unmöglich, bei der gegenwärtigen anhaltenden Dürre, ein so üppiges Wachsthum hätte zeigen können. Die Ebene dieser Gegend, die sie die Insel nennen, weil sie zwischen dem Adda und dem Brembo eingeschlossen liegt, ist auch sonst wegen der Industrie der Landwirthe berühmt, die, wie man mich versicherte, den größern Theil iher Äcker alljährlich mit dem Spaten umgraben, und die Feldfrüchte mit Ruß und Asche bedüngen, die sie weit und breit herum im Lande aufkaufen.

Die Hügel sind eben so fleißig cultiv
gemeinen Bäumen bekleidet, zwisch
und einzelne Häuser zum Vorschei
Stadt Bergamo sind die Hü
die zwischen den Weingärten
Stadtbewohnern zum Somm

Der Mais stand allen
sehr schön; nur dünkte er
Lombardie, zu dicht

nirgendwo in Reihen, sondern allenthalben breitwürfig gesäet. Der hiesige Mais ist eine spätreife Varietät, mit pomeranzenfarbenen Körnern, an der sich jetzt erst die Pistillen, d. h. die Fruchtgänge der Kolben zeigen; auch setzen sich die Kolben hoch am Stängel an, wie ich Beides schon in meiner Abhandlung über die Cultur des Mais bemerkte.

Ich sah weder Klee noch Luzerne, und nur selten wo Wiesen, und dieserwegen mögen die hiesigen Landwirthe wohl gezwungen sein, Düngersurrogate zu suchen, weil sie selbst zu wenig Dünger in ihren Wirthschaften erzeugen.

---

17. Juli.

Cultur und Größe der Maulbeerbäume in den Gärten und der nächsten Umgebung von Bergamo. Tiefer fruchtbarer Boden. Von der Art, die Maulbeerbäume zu beschneiden. Vorurtheile gegen das Pfropfen in der Baumschule. Werth der Grundstücke. Beschreibung der Wirthschaft eines Colon zunächst der Stadt. Eigenthümliche Art der hiesigen Gegend, die Getreideähren zu entkörnen. Beschreibung der Stadt Bergamo. Ungemein schöne Aussicht von den Wallen der hoch gelegenen Stadt. Großer Seidenhandel.

Ich kam nach Bergamo, nicht sowohl um die hiesige Landwirthschaft, sondern auch, um den Gang der im Zuge befindlichen Catastralschätzung zu sehen, fand aber zu meinem Verdrusse weder den Inspector, noch den Commissär in der hiesigen Nähe, und beid[illegible] hier entf[illegible] mußte mich daher an An[illegible] [illegible]weck meiner Reise Auf[illegible]

[illegible]gaten ward mir ein hiesi[illegible] [illegible] beigegeben, der mich in der Umge[illegible] [illegible]e, und mir, so weit er es vermochte, [illegible]schaftsverh[illegible] Aufschlüsse ertheilte.

[illegible] mich zuerst in einige [illegible]nen alten und der [illegible] Fuhr [illegible] ist. In dieser gegen

Süden abhängigen Lage gediehen die Maulbeerbäume bewundernswürdig. Bäume, die erst seit fünf Jahren gepflanzt worden waren, hatten 5 Zoll Durchmesser, und Millesi meinte, daß ihr Blätterertrag wohl 20 Pfund Mailänder Gewicht betragen könne, was mir aber übertrieben zu sein schien. Hier sah ich auch einige der ältesten Bäume dieser Art, vielleicht von den ersten, die hier herum in der Vorzeit gepflanzt worden waren. Sie hatten 3½ Fuß im Durchmesser, und waren ganz morsch. Frische Bäume von 2′ Durchmesser wurden auf 150 bis 180 Pfund Mailänder Gewicht Blätterertrag geschätzt.

Wir gingen nun in die der Stadt zunächst gelegenen Felder von Colognola, um hier den Boden, die Wirthschaft und die Maulbeerbäume anzusehen. Der Boden nächst der Stadt gehört wohl zu den besten und fruchtbarsten der Lombardie. Es ist ein mürber, röthlicher Lehm, von bedeutender Tiefe, in dem Weizen, Mais und Maulbeerbäume gleich üppig vegetiren. Der Weizen war bereits geerntet; den Mais aber hatte der gestrige Hagel schrecklich verheert; es war ein Jammer zu sehen, wie die schönsten Hoffnungen der Landwirthe in fünf Minuten zerstört worden waren. Die Maulbeerbäume hatten nichts gelitten, und ich konnte sie in all ihrer Kraft und Schönheit betrachten. Nirgendwo in Italien sah ich so viele erwachsene, 50 bis 60 Jahre alte Maulbeerbäume, wie hier. Anderswo ist allenthalben die Zahl der jungen, 15 bis 25jährigen, vorwaltend, hier umgekehrt gibt es mehr alte als junge, und man sieht ganze Reihen, ja ganze Felder mit vielen Reihen alter Bäume. Alle sind auf dieselbe Art beschnitten, wie ich bereits erwähnte, indem man nämlich nur jene Äste, die zu sehr nach auswärts treiben, das heißt, gegen die übrigen zu lang werden, an ihren Enden verkürzt. Übrigens läßt man sie fortwachsen, ohne sie je ihrer Äste zu berauben, wie das sonst allenthalben geschieht. Diese Bäume werden dick und stark, und sehen mittelgroßen Buchbäumen gleich. Nach der Versicherung der hiesigen Landwirthe sind sie nicht schwerer zu entlauben, als jene, die man alle vier Jahre köpft, und geben einen dreimal größern Blätterertrag, als diese. Ich habe auf vielen Orten den Durchmesser der Bäume gemessen, und habe mir nebenbei ihren Blätterertrag durch Millesi abschätzen lassen. Junge Bäume von 15 Centimetern (5 3/4 Zoll Wiener Maß), die 7 bis 8 Jahre im Boden standen, schätzte er auf 30 Pfund Mailänder Gewicht, Bäume von 40 bis 45 Centimetern (15 bis 17 Zoll Wiener Maß), von 30 bis 40 Jahren auf 70 bis 80 Pfund Mailänder Gewicht.

So verständig die Bergamasken in Hinsicht des Beschneidens ihrer Maulbeerbäume sind, so unverständig sind sie in der Verpflanzung derselben. Sie lassen den Wildling in der Baumschule 4 bis 5 Jahre wachsen, bis er 1 1/2 bis 2 Zoll Durchmesser hat, dann wird er auf 5 Fuß Höhe abgeschnitten, und in den Acker verpflanzt, wo er im ersten Jahre aus dem obern Ende einige Triebe macht, auf die man im darauffolgenden Jahre pfopft.

Der dürre Stumpfen in der Mitte braucht Jahre, ehe er sich vernarbt, und mag die Ursache sein, daß viele kränkeln, oder auch wohl absterben. Man hat ein absurdes Vorurtheil gegen das Pfropfen in der Baumschule, und behauptet, daß die am Acker gepfropften schneller einen großen Blätterertrag abwürfen, und keiner Stütze bedürften, die die anderen erheischten. Allein man übersieht hierbei, daß wenn man 4 bis 5jährige Bäume in die Äcker setzt, diese erst nach vier Jahren einen etwas stärkern Blätterertrag abwerfen, wo sie 8 bis 9 Jahre alt sind, und daß, wenn man die in der Baumschule im dritten Jahre ihres Lebens gepfropften Bäume im fünften Jahre in die Äcker bringt, sie im achten oder neunten zuverlässig eben so viel, vielleicht mehr Blätter als die erstern geben, und man weniger Gefahr läuft sie durch den Schnitt vor dem Pfropfen am Acker kernfaul zu machen.

Noch muß ich eines andern abgeschmackten und barbarischen Verfahrens gedenken, das ich hier sah. Wenn aus irgend einer Ursache die Bäume keine frischen Triebe mehr machen wollen, werden ihnen die Hauptäste weggehackt, damit sie aus dem Stamme neue Äste bilden sollen, welche Operation sie Marzo heißen; bei welcher Gelegenheit Jene, die gar gescheidt sein wollen, zum Glücke sind es nur wenige, solchen Bäumen am Fuße des Stammes ein viereckiges Loch bis in die Mitte desselben aushacken, damit der Saft, der sonst aus den Wurzeln in die Äste ging, einen Abfluß habe und der Baum nicht ersticke. Als wenn der Saft nicht bei den weiten Wunden der abgehackten Äste ausfließen könnte! — Besitzen die Bäume genügende Lebenskraft, und sind ihre Organe nicht zu sehr destruirt, so ertragen sie das Amputiren aller Äste, und treiben neue; schwächliche Bäume werden aber dadurch nur schwächer, und können solche Wunden am Kopfe und Fuße nicht mehr vernarben, und gehen um so schneller zu Grunde. Ein mäßiges Beschneiden, d. h. Verkürzen der Äste, dürfte allerdings zweckmäßig sein, besonders wenn es mit einem Umgraben der Erde in der Umgebung der Wurzeln, und einer Düngung verbunden wird: allein gewöhnlich liegt die Ursache der Krankheit in organischen Fehlern der Wurzeln, oder des Stammes, und da hilft weder das Messer noch der Dünger.

Der Werth der Grundstücke ist in der Nähe dieser reichen Stadt sehr groß. Man zahlt für eine Pertica 3 bis 400 Lire, ja einzelne Flecke doppelt so theuer, wenn sie zunächst der Stadt liegen. Überhaupt aber wird der Werth der Gründe durch die Zahl, das Alter und das Aussehen der Maulbeerbäume bestimmt, und da das Laub derselben hier ein sehr gesuchter und theuer bezahlter Artikel ist, so findet man den Werth dieser Gründe nicht übertrieben; denn wenn ein erwachsener Baum 50—60 Pfund Blätter abwirft, und 100 Pfund Mailänder Gewicht zu 15 Lire veranschlagt werden (=100 Wiener Pfund, 3 Gulden 15 Kreuzer); so ergibt sich die jährliche Rente eines solchen Baumes zu 7½—9 Lire (2 Gulden 12 Kreuzer bis 2 Gulden 39 Kreuzer). Sind nun vier solcher Bäume auf einer Pertica (35 auf einem Joche), so beträgt die Einnahme 30—36 Lire und das Capital von 400 Lire würde sich zu 7½—9 % verzinsen, wenn man den Blätterertrag und Preis so annehmen möchte, wie er hier angegeben ist. Man kann daher am Blätterertrage und Preise bedeutend nachlassen, um noch immer den hohen Grundwerth begreiflich zu finden.

Ich ging in das Haus eines Colon, die man hier Massari nennt, dessen Wirthschaft kaum eine Viertelstunde von den Häusern der untern Stadt entfernt liegt. Die Besitzung mißt 170 Pertiche (19,32 Joch), wovon etwa 10 Pertiche Wiesen sind. Er gibt von allen Bodenerzeugnissen des Ackerlandes die Hälfte. Wein wird hier herum nirgendwo in den Äckern erzeugt. Das ganze Laub der Bäume gehört dem Herrn, der ihm für jede Unze Raupensamen, die der Massaro ansetzt, 60 Pesi Blätter (1 Peso hat 10 Pf. zu 30 Unzen = 14,51 Pf. W. G.) gibt; weil aber für eine Unze Samen 100 Pesi Blätter erforderlich sind, so muß der Massaro die fehlenden 40 Pesi vom Herrn kaufen, und ihm die Hälfte des cursirenden Blätterwerthes zahlen, worauf das ganze Galettenerzeugniß zwischen ihm und dem Herrn getheilt wird. Heuer mußte dieser Massaro für seine Hälfte den Peso mit 15 Soldi bezahlen, wornach sich 100 Pf. Mail. Gew. auf 14 Lire berechnen. Der Massaro, den ich sprach, hatte 7 Unzen Raupensamen angesetzt; sonst haben diese Leute kaum für mehr als zwei bis drei Unzen Samen Raum in ihren Wohnungen.

Der Massaro besitzt 4 Ochsen, 3 Pferde, 2 Kühe. Da dieser Viehstand ihm eigen gehört, so ist er als ein sehr reicher Mann zu betrachten, denn nur sehr wenige Colonen sind völlige Eigenthümer ihres Viehes, die meisten sind das Capital desselben dem Herrn schuldig.

Wenn es wahr ist, was mir ein Grundbesitzer hier sagte, daß er, und alle seines Gleichen das zum Ankaufe des Viehes erforderliche Capital den Colonen zinsenfrei vorstrecken, so sind solche Schulden von Seite dieser letztern gegen ihre Herren sehr begreiflich; denn es hat der Colon keinen vernünftigen Grund das Capital zurückzuzahlen, wenn er dafür keine Zinsen entrichten darf. Ich bezweifle aber diese Großmuth der Grundherren, obgleich sie nichts mehr als billig wäre; indem sie die Hälfte der Bodenerzeugnisse erhalten, und von den Maulbeerblättern so großen Gewinnst ziehen. Der Massaro, von dem ich spreche, ist schon 30 Jahre auf der Besitzung, und verdient sich wahrscheinlich viel mit seinen vier Ochsen und drei Pferden, die er bei seiner kleinen Wirthschaft nicht brauchen könnte; weßwegen sie auch sein Eigenthum sind. Sein Fruchtwechsel ist Weizen und Mais. Anderswo wird, nach der Versicherung Millesi's, auch Klee eingeschaltet.

Rings um Bergamo wird alles Halmgetreide mit dem Schlitten ausgedroschen, wovon ich an einem andern Orte nähere Erklärung geben werde. Bei diesem Massaro untersuchte ich das ausgedroschene Stroh, und fand es vollkommen körnerlos, und zur Hälfte fast ganz zerkleinert.

Was die Stadt und ihre Lage betrifft, so habe ich bereits gesagt, daß die eigentliche Stadt auf einem Berge liegt, der bedeutend hoch ist, und daß am Fuße desselben die neue Stadt gebaut ist.

Die Bergstadt ist mit einer mächtigen Ringmauer umgeben, und mochte in der Vorzeit ein tüchtige Festung und ein sicherer Aufenthaltsort für alle gewesen sein, die nicht ein festes Bergschloß, ein Castell, hatten: allein in unsern Zeiten, wo diese Festung nichts mehr gilt und wo man den beständigen Fehden nicht wie früher ausgesetzt ist, wird diese Lage, der Stadt den Hausbesitzern immer nachtheiliger; denn alle Gasthäuser und der größere Theil der Gewerbsleute, Handwerker, Kaufleute und wer immer sich hier neuansiedelt, wählt die Neustadt zum Aufenthaltsort, die Jahr für Jahr sich vergrößert und die Bergstadt entvölkert, wodurch der Werth ihrer Gebäude von Jahr zu Jahr sich vermindert.

Die Aussicht von den Bastionen der Stadt, und besonders von dem Garten, der vor dem Stadtthore liegt, über das Land in die nächste und entfernte Umgebung, ist eines der schönsten und großartigsten Bilder der Fruchtbarkeit des Bodens, des Fleißes und der Industrie der Menschen. Das nahe Land sieht wie ein regelmäßig besetzter Obstgarten aus, denn alle Maulbeerbäume, welche die Felder durchziehen, sind in Reihen gepflanzt. Die Hügel, die zum Theile mit Weinreben, zum Theile mit andern Culturarten bedeckt sind, erheben sich allgemach, und bilden im Hintergrunde die hohen Berge, die das Gebiet von Bergamo vom Valtelin scheiden, an die sich die Berge von Brescia anschließen. Vorwärts sieht man bei hellem Wetter Mailand, und der über die weite Ebene der Lombardie hinstreifende Blick wird erst durch die in Süden aufsteigenden Apenninen aufgehalten.

Die Seide von Bergamo genießt in England und Frankreich eines hohen Rufes, und wird, wenn ich recht berichtet bin, allen übrigen Seidenarten vorgezogen. Man versteht hier das Seidenabspinnen ganz besonders wohl, und wenn es wahr ist, daß die hiesige Seide feiner ist, wie die übrige in der Lombardie erzeugte, so wäre dieß ein Beweis, daß das Laub von alten Bäumen die Ursache hiervon sein müßte, denn alle übrigen Bedingungen, unter denen Seide erzeugt wird, sind hier und anderswo in der Lombardie gleich, oder wenig verschieden. Wohin ich in Bergamo kam, hörte ich bloß von Seide, ihrem Kauf- und Verkaufwerthe, ihrer Erzeugung u. s. w. sprechen, so daß ich wohl sah, daß sie der Hauptgegenstand der hiesigen Landwirthschaft, der hiesigen Industrie, und des hiesigen Handels ist. Man nannte mir viele Handlungshäuser, die mehr als eine Million Lire besitzen, die sie alle bloß beim Seidenhandel gewonnen haben, der hier und allenthalben noch immer das lohnendste Geschäft ist, das alle bereichert, die sich damit befassen; den Galettenkäufer, den Besitzer der Filanda, des Filatojo, den Kaufmann, der dem Filandiere abkauft, und nur allein dem Colon und der Spinnerinn einen magern Lohn übrig läßt für die große Mühe, die sie haben die Seide zu erzeugen. Es ist aber überall so in der Welt; der Bergarbeiter, der Nagelschmid, der Flachsbauer und Weber verdienen sich allenthalben nur so viel, um ein freudeloses

Leben zu fristen, während der, welcher mit dem Eisen und der Leinwand handelt, in kurzem ein reicher Mann wird; was davon herrührt, daß es Tausende gibt, die Maulbeerbäume zu pflanzen und Seidenraupen zu pflegen und Hunderte, die die Seide abzuspinnen verstehen: aber nur wenige, die so viel Capital haben, Galetten zu kaufen und sie spinnen zu lassen, und noch weniger, die die gesponnene Seide unmittelbar an die inländischen Fabrikanten oder in das Ausland schicken. Je mehr sich ein Geschäft einem Monopol nähert, um so größer ist der Vortheil, den es abwirft. —

---

18. Juli.

Maulbeercultur zwischen Bergamo und dem Adda. Natur des Bodens. Canal Martesana. Strachinkäse-Fabriken in Gorgonzola.

Auf der Rückreise von Bergamo nach Mailand sah ich auf einer Strecke von 3—4 ital. Meilen nächst der ersten Stadt lauter große, alte, prächtige Maulbeerbäume, und erst über diese Strecke hinaus fangen an wieder viele junge, 15—20jährige Bäume mit älteren gemischt, zum Vorschein zu kommen; zum Beweise, daß sich die Cultur dieser Bäume nur erst seit 30 Jahren stark zu verbreiten angefangen hat. Da man in der Umgebung von Bergamo die größte Zahl großer und alter Bäume nicht vereinzelt, sondern in ganzen Besitzungen antrifft, so folgern die Bergamasker mit Recht, daß hier der Sitz des ältesten Seidenbaues sei, und daß er von hier aus sich über die niedriger gelegenen Gegenden der Lombardie verbreitet habe.

Der Boden ist bis zum Adda völlig eben. In der Nähe von Bergamo ist er tief, mürb und in einem hohen Grade den Maulbeerbäumen und dem Mais zusagend; weiter weg verschlechtert er sich in dem Verhältnisse, als man sich dem Adda nähert; allgemach sieht man Steine in der Ackerkrume, und mittlerweile geräth man in das alte Flußbett des Stromes, in eine öde Heide, deren Boden ein dürres Steingeröll ist; allein noch ehe man zum Adda kommt, fängt der Boden an sich zu verbessern, und man sieht schon wieder einzelne Besitzungen, in denen man alle vier Jahre den Maulbeerbäumen nach lombardischer Art die Hauptäste weghackt; und wie man diesen Fluß überschreitet, ist von der bergamaskischen Methode, diese Bäume zu behandeln, nichts mehr zu sehen.

Bei Vaprio ist der Canal della Martesana in einem gemauerten Rinnsale einige Klafter über dem Adda erhoben, aber nur wenige Klafter von ihm entfernt. Nicht weit von Vaprio sieht man schon bewässerte Wiesen, die ihr Wasser vom Canal erhalten: hier sieht man noch Reben und Maulbeerbäume, die aber beide bald verschwinden, und den bewässerten Feldern Platz machen.

In Gorgonzola hat eine große Zahl von Häusern mit großen Buchstaben die Aufschrift: Fabbrica di Stracchino. Bekanntlich wird in diesem Orte vorzüglich jene Art von Käse erzeugt, die man Stracchino nennt. Es ist ein weicher Käs in viereckigen Laiben von 4 Pfunden, der im Herbste gemacht, im Winter und Frühling verspeiset wird, und im Sommer kaum mehr genießbar ist.

---

19. Juli.

Ambrosianische Bibliothek.

In der Bibbliotecca Ambrogiana werden einige merkwürdige literarische Antiquitäten gezeigt. Mich interessirte hierunter ein von Petrarca selbst sehr schön geschriebenes Exemplar von Virgils Werken. Bekanntlich ist diese Bibliothek reich an Manuscripten, unter denen ihr früherer Bibliothekar Mai mehrere literarische Schätze auffand.

20.—27. Juli.

Abschiedsbesuche. Eindruck, den die Menschen und das Land in mir zurückgelassen haben.

Den größten Theil dieser sieben Tage habe ich in Amtsgeschäften, den andern damit zugebracht, von meinen Gönnern, Freunden und Bekannten Abschied zu nehmen.

Die Bescheidenheit verbietet mir, alle Jene hier namhaft anzuführen, die mich mit Freundschaft und Zuvorkommen aufnahmen, und deren Güte und Wohlwollen ich es zu danken habe, daß mir der Aufenthalt in Mailand so angenehm und so belehrend ward. —

Ich werde wahrscheinlich diese reiche, und was mehr ist, hoch gebildete Stadt, die weite, fruchtbare und hoch cultivirte Ebene der Lombardie, mit ihren Wiesen, Reißfeldern, Maulbeerbäumen und Getreideäckern, die lachenden Hügel der Brianza, die malerisch schönen Seen und majestätischen Alpen nicht mehr sehen; allein die Erinnerung an alles dieß bleibt mir, und wird eine nie versiegende Quelle von Vergnügen für mich sein.

Möchten jene Landwirthe, die einige Wochen Zeit und einige hundert Gulden erübrigen können, sie statt einer Badreise oder eines andern kostspieligen Vergnügens dazu verwenden, dieß schöne Land, seine Menschen und seine Cultur zu besehen! — Der Nutzen, den ihnen diese Reise dadurch verschaffen wird, daß sie sich über Wiesenwirthschaft und Bewässerung überhaupt, über Käseerzeugung, Maulbeerzucht und Seidenerzeugung anschauliche Begriffe des besten Verfahrens sammeln, wird ihnen die Kosten der Reise reichlich ersetzen. Den Genuß, eines der schönsten und fruchtbarsten Länder der Welt gesehen zu haben, haben sie zur Aufgabe! —

---

28. Juli.

Reise von Mailand nach Mantua. Ansicht des Landes von Lodi nach Pizzighettone. Übergang über den Adda. Unbewässerte Gegend; Schotterboden; verdorrte Maisfelder. Ziemlich große Maulbeercultur; große Bevölkerung; viele Ortschaften. Allenthalben Spuren von Wohlhabenheit unter dem Landvolk.

Ich hatte beschlossen, meine Rückreise über Mantua nach Verona zu machen, um auch von diesem Theile der Lombardie wenigstens Etwas zu sehen. Hätte es von meiner Willkühr abgehangen, und hätt' ich mehr Zeit verwenden können, so würde ich über Mantua, Ostiglia nach Rovigo, und dann über Legnago nach Verona gegangen sein, um die reichen Marschländer von Polesine zu sehen; ich mußte aber die Rückreise beschleunigen, und so blieb mir nichts übrig als der kleine Umweg über Mantua nach Verona.

Ich fuhr um Mitternacht von Mailand weg, und kam Abends um 6 Uhr in Mantua an. Der Weg führt über Lodi, wo ich Morgens um 4 Uhr ankam. Es war mir lieb, diese Straße früher schon zweimal gemacht und die Wirthschaft und den Boden beobachtet zu haben, denn jetzt sah ich im Dunkel der Nacht nichts davon.

Von Lodi bis Pizzighettone ist mit geringen Abänderungen dieselbe Cultur, die ich zwischen Lodi und Mailand fand. Man sieht längs der Straße fast bloß Wiesen, in welchen der weiße Klee vorwaltet, wornach ich schloß, daß es Wechselwiesen sind. Hin und wieder schönen Mais, der ohngeachtet der schon lange anhaltenden Dürre auf das üppigste vegetirte, weil er bewässert wurde. Auf mehreren Orten weiden Heerden von Kühen in den Wiesen.

Die Leinbüschel werden gegenwärtig auf den reingemachten Weizenstoppelfeldern aufgestellt; sie sind schon ziemlich weiß, doch kurz, kaum anderthalb Spanne lang.

Der Adda scheidet das bewässerte vom trocknen Lande. Am rechten Ufer sind alle Felder bewässerungsfähig; am linken Ufer befindet man sich in einem sandigen, schottrigen, und nicht bewässerten Lande, in dessen Äckern gegenwärtig alle Vegetation durch die Dürre zerstört worden ist. Dieser schlechte Boden wechselt in der Nähe von Cremona mit einem mehr bündigen ab, und hier fand ich den Cinquantin, obgleich nicht bewässert, doch nicht ausgedörrt. Allein weiter fort über Bozzolo bis Mantua ist der Boden nichts als ein tiefes Lager von feinem Sand mit wenig Lehm gemischt, in dem der früher hoch aufgewachsene Mais jetzt allenthalben ganz ausgetrocknet mit weißen Blättern da stand. Nichts war kläglicher, als diese ausgebrannten Maisfelder zu sehen: die schönsten Hoffnungen des Landwirths wurden in 14 Tagen zerstört, und da die Dürre noch immer anhält, so trauen sich die Landwirthe nicht in diese Felder Hirse oder Cinquantin zu säen, und warten, bis erst ein Regen kommt, der ihnen das Keimen der neu auszusäenden Frucht sichert.

Zwischen Pizzighettone und Cremona ist eine bedeutende Seidencultur, man sieht viele Maulbeerbäume in allen Feldern; auch ist hier die Pflege der Maulbeerbäume wohl verstanden, denn es gibt große, schöne, alte, nach Bergamasker Art behandelte Bäume: weiter hin hört aber diese Art die Bäume zu beschneiden wieder auf, und es tritt die gewöhnliche lombardische Methode ein. In diesem leichten, sandigen Boden gedeihen die Maulbeerbäume sehr gut, und es ist Schade, daß sich die Landwirthe nicht mehr mit der Anpflanzung derselben abgeben, und daß sie ihre größere Aufmerksamkeit den Reben schenken, die unter den gegebenen Verhältnissen des Bodens weder viel, noch guten Wein liefern können.

Die Ackerbeete, d. h. der Raum zwischen einer Reihe berebter Bäume und der anderen, sind breit. Ackerfrüchte sind: Mais und Weizen, der nicht selten zweimal nacheinander gesäet wird. Das Pflügen geschieht mit einem ziemlich gut gebauten Räderpflug, vor dem ich sechs Ochsen angespannt sah, um den verdorrten Boden aufzubrechen.

In wie fern man von den kleinen Bächen zur Bewässerung Gebrauch macht, kann ich nicht bestimmen; längs der Straße sah ich keine Spur von Bewässerung: indessen muß der Ackerbau zwischen dem Adda und Mantua doch sehr ergiebig sein, denn ich passirte alle halbe Stunde einen ansehnlichen Ort, deren mehrere das Ansehen und die Größe von kleinen Städten haben, und stark bevölkert sind. Die Häuser der Colonen und kleinen Besitzer sind allenthalben in einem guten Zustande, und die am Felde arbeitenden Menschen waren genügend gut angezogen, wenigstens sah ich keine Spur von Elend an ihnen.

---

29. Juli.

Beschreibung von Mantua. Kaiserlicher Pallast in der Stadt. Palazzo T. Kirchen. Beschreibung einer Wirthschaft vor der Stadt. Schlechter Boden. Hindernisse der Bewässerung. Gewöhnliche Größe der einzelnen Colonien. Viehstand einer solchen Besitzung. Schlechte Pflüge. Mangel an Futterpflanzen. Große Bigattiera des Grafen Cocastelli. Widerlegung der Meinung, daß die Bevölkerung der Provinz zu gering sei.

Mantua ist bekanntlich eine der stärksten Festungen von Italien. Sie wird von der einen Seite durch den Mincio und von der andern durch Redouten, Gräben, Mauern und Wälle unzugänglich gemacht. Am linken Ufer des Mincio sind in der neuern Zeit viele feste Vorwerke angelegt worden, die, so zu sagen, eine zweite Festung bilden. Diese beiden Festungen hängen durch zwei gemauerte Brücken zusammen, deren eine man vielmehr einen gemauerten gedeckten Damm nennen soll, da er nur in der Mitte dem gestaueten Wasser einen Durchgang läßt. Weil hier das Wasser einen Fall erhalten hat, so wird dieses dazu benützt, viele Mühlen in Bewegung zu setzen, die die Stadt mit Mehl versehen.

Die Stadt ist groß, und hat weite und schöne Straßen; allein die Bevölkerung ist für die vielen und großen Häuser zu klein, und darum scheint der Ort menschenleer zu sein. In der vergangenen Zeit war Mantua die Hauptstadt eines souverainen Fürsten, der hier einen glänzenden Hof hielt, um den sich aller Reichthum des Landes sammelte und der eine zahlreiche Bevölkerung ernährte. Jetzt ist es eine Kreisstadt, und an die Stellen der Höflinge sind Soldaten getreten, die weniger Luxus unterhalten können, als die erstern. Auch mag die ungesunde Luft, die hier in den Sommermonaten Fieber verursacht, ein mächtiges Hinderniß sein, daß sich nicht mehr Menschen ansiedeln, und daß so viele Häuser nur zur Hälfte bewohnt sind.

Der Graf Cocastelli, an den ich addressirt war, hatte die Gefälligkeit, mich in der Stadt zu begleiten, mich auf eine ihm gehörige Wirthschaft vor der Stadt zu führen, und mir theils selbst, theils durch seinen Wirthschaftsverwalter die gründlichsten Aufklärungen über die hiesigen landwirthschaftlichen Verhältnisse zu geben.

Der Pallast des frühern Souverains ist, mit Ausnahme eines nicht unbedeutenden Theils, den man hat verfallen lassen, im nämlichen Zustande, wie er sich vor 70 Jahren befand. Napoleon hat ihn mobliren lassen, und hat ihn zu einem kaiserlichen Pallast erklärt. Ich fand ihn auch jetzt ganz moblirt; es scheint aber, daß die Möbeln weniger durch den Gebrauch, als durch die Zeit werden abgenützt oder zerstört werden; denn es hat kein Ansehen, daß man Mantua zu einem Lustaufenthaltsort je wählen wird. Außer der Stadt, aber noch innerhalb der Festungswerke, ist ein anderer kaiserlicher Pallast, den man den Palazzo T nennt, wahrscheinlich von der Form seines Gebäudes. Dieser Pallast ist als eine Gallerie von Öl- und Frescogemälden zu betrachten. Hier sah ich die schönsten Plafondgemälde, die mir noch je vorgekommen sind, eine Arbeit von Giulio Romano, die ich nicht satt werden konnte anzusehen und zu bewundern, denn nichts war natürlicher, als die Stellung der Personen von unten hinauf angesehen. Diese Art Malerei stellt so viele Hindernisse dar, und erheischt so viele perspectivische

Kenntnisse, daß man nur höchst selten wo eine gelungene Arbeit dieser Art sieht. Ein Ölgemälde des nämlichen Meisters, ein Zug von Bacchanten, gefiel mir sehr; allein der Saal der Riesen, deßwegen so genannt, weil er die Stürmung des Olymps durch die Titanen auf den Wänden fresco gemalt darstellt, gefiel mir weder in der Idee, noch in der Ausführung.

Die Domkirche, von Giulio Romano gebaut, ist innerhalb mit vier Reihen Säulen geziert. Da die Kirche nicht sehr lang und breit ist, so erfüllen diese Säulen zu sehr den Raum.

Die Kirche San Andrea ist viel länger und breiter, und hat zur Unterstützung des Gewölbes nur zwei Reihen schöner Säulen. Die Bauart ist edel, einfach und schön.

Bei der Gelegenheit, als ich auf die Besitzung des Grafen Cocastelli fuhr, hatte ich Gelegenheit, den hiesigen Boden näher zu untersuchen. Die Ackerkrume ist hier auf den besten Stellen nur 8 Zoll tief, von aufgeschwemmter, guter Erde, unter derselben ist dürrer Bachsand mit Steingeröll. Daher erklärt sich das Verdorren aller Pflanzen bei etwas länger anhaltendem Regenmangel.

Es fehlt hier nicht an Wasser, und man könnte außer den schon bestehenden Canälen, noch mehrere anlegen, denn der Mincio und andere Bäche sind reich genug an Wasser, um die ganze Umgebung damit bewässern zu können; allein die bestehenden Provinzialgesetze, wovon ich in dem Abschnitte von der Bewässerung Nachricht geben werde, und dann auch Mangel an Industrie, sind die Ursachen, daß sich die Bewässerung des Landes in der Umgebung dieser Stadt nur sehr langsam vergrößert, wo sie doch so höchst nothwendig wäre, weil ohne dieselbe der Ackerbau durch den losen Boden im höchsten Grade gefährdet ist. Gegen den Po zu und namentlich bei Ostiglia, soll aber viel bewässertes Land und die Reißcultur daselbst von großer Bedeutung sein.

Die Besitzung des Grafen wird zum Theile bewässert; doch

13*

fand ich hier die Kunst der Bewässerung auf einer viel niedrigern Stufe, als in der Lombardie. Ein großer Stall, den ich, ohne Vieh darin zu finden, sah, gab mir Veranlassung, mich zu erkundigen, zu was dieses Gebäude dienen solle, worauf ich zur Antwort erhielt, daß er bestimmt sei, den aus den Bergen hinter Verona herabkommenden Kühen der Bergamini oder Malghesi, wie man diese Vieheigenthümer nennt, zum Winteraufenthalt zu dienen, die hier das Heu der Wiesen verzehren, die dem Grafen gehören.

Die einzelnen Besitzungen — Poderi — die man einem Pächter gegen einen Geld- oder Naturalzins überläßt, sind gewöhnlich 100 Biolche groß und haben dann 4—5 Paar Ochsen nöthig; denn man spannt hier 3—4 Paar Ochsen zum Ziehen des Pfluges vor. Über dem Po hält man 5—6 Paar Ochsen hiezu erforderlich. Man mag sich aus der Zahl der Thiere, die man zum Ziehen des Pfluges für nöthig erachtet, eine Idee von der Construction des Pfluges machen. Ich zweifle nicht, daß in der Niederung des Po der da aufgeschwemmte Boden sehr zähe sein wird; daß aber 4 oder gar 6 Paar Ochsen zum Aufpflügen desselben wirklich erforderlich sein sollen, glaube ich nimmermehr, und halte es daher für eine unverzeihliche Nachlässigkeit der hiesigen Grundbesitzer, daß sie sich nicht bemühen, bessere Werkzeuge einzuführen, die mit der Hälfte des Kraftaufwandes dieselbe Wirkung leisten würden. Es gibt nach meiner Überzeugung keinen noch so zähen Ackerboden, der nicht mittels eines gut construirten Pfluges, von 2 Paar der hiesigen großen und starken Ochsen gezogen, auf 7 Zoll Tiefe umgepflügt werden könnte; und tiefer braucht der Boden nicht gelockert zu werden und läßt sich auch höchst wahrscheinlich mit den hiesigen Pflügen nicht tiefer wenden. Das Ersparniß, das hiedurch bewirkt würde, wäre aber von der größten Bedeutung und würde die reine Einnahme der hiesigen Grundbesitzer sehr bedeutend vermehren.

Kühe werden in den hiesigen Poderi nicht gehalten, Schweine bloß für den nothwendigsten Hausbedarf. Man bauet keine

Futterpflanzen und ihre Cultur ist den Colonen sogar verboten, weil dadurch das Erträgniß der Herren beeinträchtigt werden würde, welche sich die Hälfte des Ackererzeugnisses bedingen, wenn sie keine Pächter gegen Geld finden. Wiesen sind nur sehr wenige vorhanden, und die, welche zum Podere gehören, sind gewöhnlich nicht bewässerungsfähig. Wie gering daher die Menge des Düngers und des Ackererzeugnisses sein müsse, kann man leicht errathen. — Sumpfstreue gibt es keine. Den Holzbedarf liefern die Weiden und Pappeln, welche die Felder umgeben, die noch außerdem, daß sie den Hausbedarf des Colon decken, dem Herrn eine Rente abwerfen.

Graf Cocastelli hat in Quistello ein Gebäude aufführen lassen, um darin, nach Dandolo's Anweisung, die Seidenraupen im Großen zu erziehen. Er erzählte mir, daß er durch einige Jahre 20 Unzen Raupensamen ausbrüten ließ und manchmal mehr als 5 Pesi Galetten von der Unze Samen erhalten habe. Weil aber im letzt vergangenen Jahre die Raupen krank wurden und größtentheils zu Grunde gingen, so hat er sich heuer nicht getrauet, von diesem Gebäude — Bigattiera — Gebrauch zu machen; als wenn die Ursache des Übels in den Bestandtheilen des Gebäudes, und nicht viel mehr, entweder in den nachtheiligen, meteorischen Einflüssen, oder in der unschicklichen Pflege der Thiere zu suchen sei. Er scheint über die Vortheile der Methode wieder zweifelhaft geworden und von den Vorurtheilen der gemeinen Landleute nicht vollkommen frei zu sein. Jetzt läßt er alle seine Maulbeerbäume durch die Colonen benützen, die nur 2 Pesi Galetten von der Unze Samen erzeugen.

Obschon die Provinz Mantua auf einer Grundfläche von 38 ⅗ Quadrat-Meilen eine Bevölkerung von 241044 Menschen zählt, und daher auf jede geografische gevierte Meile 6331 Menschen kommen, so meinen doch einige hiesige Grundbesitzer, daß für den Bedarf der Landwirthschaft die Bevölkerung zu klein sei; worin sie sich aber nach meiner Meinung sehr irren, denn der Umstand, daß für einige Arbeiten fremde Hände gebraucht werden, liefert noch keinen Beweis, daß die Bevölkerung überhaupt für den Bedarf der Landwirthschaft nicht zureiche, und man würde sich in große Verlegenheit versetzt sehen, wie jene Leute das ganze Jahr zu beschäftigen und zu ernähren und zu bezahlen seien, die zum Jäten des Reißes, zum Mähen des Heues und zur Ernte des Weizens aus fremden Gegenden auf eine kurze Zeit hieher kommen. In Istrien hörte ich oft dieselbe Klage; auch da möchten die Grundbesitzer eine doppelt so große Bevölkerung haben, weil sie meinen, daß dann das Taglohn des Arbeiters wohlfeiler und der Reinertrag der Besitzer größer sein würde. Sie übersehen aber, daß sich die gegenwärtige Bevölkerung nur mit Noth erhält und daß der Zuwachs der Menschen, wenn er die Wirthschaft nicht klüger oder mit größern Hülfsmitteln betreibt, als die gegenwärtigen Einwohner, für sich kaum genug zum Leben aufzubringen und daher zur Verbesserung des Zustandes der frühern Bevölkerung nichts beizutragen im Stande sein würde.

In Mantua wie in Istrien, wird zur Getreide- und Weinerzeugung eine größere Fläche verwendet, als man gehörig düngen und bearbeiten kann. Man verzettelt den Dünger auf 2 und 3 Joche, der auf ein Joch gebracht hätte werden sollen, und mühet sich ab, auf 2 und 3 schlecht gedüngten und nachlässig bearbeiteten Jochen das zu erzeugen, was man bei besserer Verwendung des Düngers und der Arbeit auf einem Joche mit minderen Kosten erhalten haben würde. Allein eine solche Abänderung der Feldereintheilung ist mit dem Colonensystem nicht vereinbarlich, das den höchsten rohen Körner- und Weinertrag von einer gegebenen Fläche beabsichtigt, ohne auf den reinen Ertrag für den Pächter Rücksicht zu nehmen, und kann nur von den Eigenthümern auf selbst betriebenen Wirthschaften oder von Geldpächtern ausgeführt werden.

Ich hatte mir in Mailand die Catastral-Schätzungs-Operate für zwei Gemeinden der Provinz Mantua mitgenommen; für Quistello und Roverbello.

Wegen der Kürze der Zeit mußte ich den Gedanken aufgeben, Quistello zu sehen und mich begnügen, Roverbello zu besuchen, das an der Straße nach Verona liegt.

---

30. Juli.

Ansicht des Landes zwischen Mantua und Roverbello. Beschreibung der Felderwirthschaft und des Bodens von Roverbello. Große, wohl bestellte Reißfelder. Cultur des Bergreißes — Oryza mutica — als Sumpfreiß. Schlecht geformte Pflüge. Schotterboden zwischen Castiglione di Mantova und Valleggio. Große Maulbeerpflanzungen darauf. Aussicht vom alten Schloß in Valleggio. Kleine Eilande im Orte Valleggio.

Bis Brancola sieht man längs der Straße lauter bewässerte Wiesen; von diesem Orte an aber fangen die mit Reben bepflanzten Äcker an. Der Boden ist schlecht, schottrig, der Mais verbrannt. Weiter fort gegen Pero verschlechtert sich die Cultur, man sieht bald dürre, bald schlecht bewässerte Wiesen, große Äcker ohne Reben und Maulbeerbäumen.

In der Nähe und in der Umgebung von Roverbello sind die Felder aber wieder besser cultivirt, obschon der Boden immer noch sehr schlecht ist, denn die fruchtbare Erdschicht ist nur 6 bis 7 Zoll hoch und unter derselben ist ein tiefes Lager von feinem Steingeröll.

Der Ortsvorstand begleitete mich auf meiner Excursion durch die Felder dieser Gemeinde. Wenig Maulbeerbäume, deren einige auf Bergamasker, die anderen aber auf lombardische Art beschnitten werden. Gegen Canedole zu wird der Boden etwas niedriger; man passirt den ansehnlichen Canal Mandrillo, und kommt jetzt in eine Gegend, deren größter Theil bewässert ist, und wo Wiesen mit großen Äckern abwechseln, die mit Reiß, Mais und Weizen bestellt sind, oder es waren. Es sind hier lauter große Wirthschaften, denn die einzelnen Parzellen dürften nach meinem Ermessen 20—30 Joch groß sein. Die Dammerde hat hier eine viel grössere Tiefe, und mag wohl 2—3 Fuß mächtig sein. Die Reißfelder waren hier so fleißig cultivirt, und so schön aussehend, als ich dieß irgendwo in der Provinz Pavia gesehen hatte. Der Mais stand schön, selbst in den Äckern, die nicht bewässert werden. Vor dem Verdorren schützte ihn hier wohl die feuchte Umgebung, und das im Untergrund befindliche Wasser. Im Orte Canedole sind die besten Felder. Es gewährte mir ein großes Vergnügen die großen wohlbestellten fruchtbaren Reiß- und Maisfelder zu sehen, die ihren Besitzern einen sehr bedeutenden Reinertrag abwerfen müssen. Ich aber möchte in dieser weiten, bewässerten und einförmigen Gegend nicht wohnen, wo man in der heißen Zeit vor den Sonnenstrahlen keinen Schutz findet, und im Hause bleiben muß, und wenn es einige Tage stark geregnet hat, wegen Schlamm und Wasser wieder nicht ausgehen kann. Hier sah ich zuerst ein ziemlich großes Ackerfeld mit sogenanntem chinesischen Bergreiß — Oryza mutica — auf dieselbe Art, wie den gewöhnlichen Reiß cultivirt. Ich besah das Feld genau, und verglich diesen Reiß mit dem fest daneben stehenden gemeinen Reiß, der unter völlig gleichen Bodenverhältnissen sich befand. Die Pflanzen der neuen Reißart waren kürzer, allein schon fast zeitig; während der gewöhnliche Reiß etwa erst zum dritten oder vierten Theile blühende Pflanzen hatte. Das Feld gehört den Brüdern Grigolati in Verona, denen auch das Schloß Castiglione di Montova mit den dazu gehörigen Feldern gehört, wo ich wieder ein solches mit chinesischem, frühreifem Reiß bestelltes Feld sah. Die beiden Äcker mögen etwa 5 Joch groß sein. Von den Vorzügen dieser Reißart habe ich in dem Abschnitte, welcher der Cultur der einzelnen Früchte gewidmet ist, das Nähere angegeben.

Die Pflüge in den hiesigen Wirthschaften sind sehr schwerfällig, und nach falschen Principien gebaut. Das Schareisen hat 2 Flügel, statt eines, und ist nur 8 Zoll breit; das Secheisen ist äußerst schief in das Land gerichtet; das Streichbrett ist zwar gut geformt, aber in einen zu stumpfen Winkel gestellt, weßwegen dann der Erdstreifen, der gewendet werden soll, weil er nicht ganz vom Untergrund abgeschnitten ist, durch das Streichbrett abgedrückt werden muß, wozu ein großer Kräftenaufwand erheischt wird, der erspart worden wäre, wenn die Schar nur einen Flügel hätte, der aber 10 Zoll breit wäre. So bringt auch das gar zu schief gestellte Secheisen eine unnütze und verderbliche Reibung hervor, die man leicht durch eine knieförmige Biegung hindert, welche man diesem Eisen gibt. Mit solchen Pflügen, wie die hiesigen sind, braucht man freilich fast doppelt so viel Zugvieh als anderswo, wo man eine richtige Theorie von der Wirkung der Bestandtheile des Pfluges, und von der zweckmäßigen Zusammenstellung derselben hat.

Die Besitzungen sind groß, die Bauernhäuser geräumig, von außen auch wenigstens gut aussehend.

Bei Castiglione di Mantova kommt man wieder in den Schotterboden, der über Prelocco und Mezzocagnole immer schlechter wird. Zwischen dem letztern Orte und Valleggio besteht die Oberfläche des Bodens aus einem äußerst unfruchtbaren Steingeröll, so ohngefähr, wie bei Verona, das aber über und über mit Reihen von Maulbeerbäumen bepflanzt ist, zwischen denen Mais und Weizen gebaut wird. Eine unverzeihliche Thorheit, diese beiden Früchte in einem Boden erzeugen zu wollen, der nur für Roggen und Hirse sich eignet! — Wie der Weizen ausgesehen haben mag, erkannte ich aus den dünnen und schütteren Stoppeln; den Mais sah ich verdorrt. Die Maulbeerbäume sind größtentheils nicht gepfropft, und werden alle drei, längstens vier Jahre aller Hauptäste beraubt, und zeigen dieserwegen, und wegen der ungemein großen Unfruchtbarkeit des Bodens kein fröhliches Wachsthum. Indessen gewährt dieser ungeheure Wald von Maulbeerbäumen, durch den man zwischen Mezzocagnole und Valleggio fährt, bennoch einen imposanten Anblick, und ich habe in dieser Art nichts Größeres in der ganzen Lombardie gesehen. Wenn ein gemeiner Wald von 3—4 geografischen gevierten Meilen in der Ebene cultivirter Länder schon etwas Seltenes ist, so muß eine Waldähnliche Pflanzung von Maulbeerbäumen, womit eine weite Ebene überdeckt ist, noch mehr überraschen, und dieß um so mehr, wenn man den Boden ansieht, der an und für sich eine weite Heide sein würde, wenn er nicht durch den Verstand und den Fleiß der Menschen mit einer Baumart bepflanzt worden wäre, die gleich der Föhre im Sandboden gedeiht, und einen 50mal größern Reinertrag als diese Baumart abwirft.

Ich kam zeitlich genug am Abende in Valleggio an, um noch die Ruinen des Schlosses und die Pfarrkirche zu besehen. Die Ruinen des Castells stellen sich sehr malerisch dar, und man genießt von der Anhöhe des Hügels, auf dem sie stehen, eine schöne Aussicht über die Ebene, durch die ich so eben kam, und übersieht die Größe des Waldes von Maulbeerbäumen, von Roverbello bis Villafranca. Von der andern Seite stellt sich das schmale Thal des Mincio dar, was mir sehr fruchtbar zu sein schien. Die Kirche ist ein neues, großes, schönes Gebäude, das die Gemeinde auf ihre Kosten machen ließ. Man erhält einen Begriff von dem Geldreichthume in diesen Ländern, wenn man sieht, welchen Aufwand Private und Gemeinden auf Häuser, Kirchen, Brücken und Straßen verwenden.

Bei einem Spaziergang durch die Gassen des Ortes bemerkte ich, daß man fast in allen Häusern mit dem Abspinnen der Seide und den damit verbundenen Arbeiten beschäftigt war. Bei näherer Untersuchung fand ich, daß die hiesigen Seidenerzeuger ihre Galetten selbst abspinnen, und zu diesem Behufe einen oder zwei Öfen im Hause haben; daß es hier keine großen Filande gibt, und daß man die zu Hause gewonnene rohe Seide an die Seidenhändler in Verona verkauft.

---

31. Juli.

Natur des Bodens zwischen Valleggio und Desenzano. Fahrt von Desenzano nach Salò und zurück. Beschreibung des Bodens und seine Benützung längs des Gardasees. Limonienhäuser von Salò. Olivencultur. Zwirnsfabrication. Annehmlichkeiten von Desenzano. Fahrt von hier nach Verona. Beschreibung des Bodens und seiner Cultur. Warum der Maisbau so ungebührlich erweitert worden ist. Elende Pflüge.

Der Boden zwischen Valleggio und Desenzano ist mit geringen Abweichungen dem ähnlich, durch welchen ich gestern fuhr. Bald liegt das Steingeröll nackt da, bald ist es mit einer Sandschichte bedeckt, an seltnen Stellen wohl auch mit einer bessern Erde. Wo der Boden bloßes Geröll ist, da werden nur Maulbeerbäume gepflanzt; wo er etwas besser ist, erscheinen berebte Äcker. So wie man sich dem Gardasee nähert, war der Mais nicht mehr so völlig ausgetrocknet, wahrscheinlich, weil es hier einigemal geregnet hatte; indessen waren die Pflanzen doch sehr verkümmert, halbverdorrt, und werden wahrscheinlich kaum den vierten Theil des Ertrags liefern.

Von Desenzano führte mich der Wirth Maier vom Albergo reale, mit seinen flüchtigen Pferden nach Salò, von wo ich Abends wieder mit ihm nach Desenzano zurückkehrte.

Der Weg nach Salò läuft längs der Hügel hin, welche den Gardasee begränzen, und von der Höhe derselben übersieht man den schönen See und seine Umgebungen mit den hinter sich aufthürmenden hohen Bergen. Der Boden der Hügel, oder vielmehr die Ausläufe der Berge bestehen aus bloßem Geröll, das mit vielem Sande, und auf einigen Stellen auch mit etwas bindiger Erde gemischt ist. Die Cultur dieser Ufer besteht vorzüglich in Weinbau, unter welchem in der Nähe von Desenzano hin und wieder Öl- und Maulbeerbäume zerstreut sind, die aber sehr bald verschwinden, und nur erst bei Salò wieder zum Vorschein kommen. Die Reben werden bald auf kleine Ahornbäume, bald auf Pfähle gebunden, sie sind niedrig, in Reihen, zwischen denen geackert und Mais gesäet wird; mit welchem Erfolg, kann man sich leicht vorstellen, da der Boden für die Reben selbst zu schlecht ist, so daß sie nur geringe Triebe machen, und wenig Früchte ansetzen.

In Salò, einem reinlichen, schönen Städtchen am schmalen Ufer des Sees, das durch die in Norden sich gäh erhebenden hohen Berge eine besonders geschützte, warme Lage hat, fand ich an dem Grundbesitzer, Herrn Forsetti, einen sehr gefälligen Mann, der mich in die nächstgelegenen Limonienhäuser, und dann in die Ölgärten der Gemeinde Guardone di sopra führte, um mich über diese zwei Culturarten zu unterrichten. An den Ufern des Gardasees wird seit langem die Cultur von Limonien und Pomeranzen betrieben: und da Niemand fragt, wie diese Bäume gepflegt werden, so hat sich die Meinung verbreitet, es wäre das Clima am Ufer des Sees so mild, daß diese südlichen Früchte im Freien fortkämen; was aber keineswegs der Fall ist, denn sie stehen in stufenweise übereinander gebauten Gewächshäusern, die von den gewöhnlichen nur dadurch unterschieden sind, daß man statt der Gläser hölzerne Balken verwendet, womit an kalten Tagen im Winter die vordere, gegen Süden gekehrte offene Wand zugedeckt wird, um den innern Raum des Gewächshauses vor dem Frost zu schützen. In außerordentlichen Fällen wird dieser Raum auch geheizt. So lange man für diese Früchte einen so hohen Preis, wie gegenwärtig bezahlt (das Hundert Kaufmannswaare 3 fl. 31 kr.), wirft das Capital, das man auf ein solches Gewächshaus verwendet, hohe Zinsen ab; sollte aber der Preis der Früchte bedeutend fallen, so werden diese Häuser deßwegen zwar nicht eingehen, wohl aber am Kaufwerthe verlieren, und es werden keine neuen mehr angelegt werden.

Die Cultur der Oliven befriedigte mich noch weniger. Ich fand die hiesigen Oliven nicht besser gepflegt, wie in Istrien, und den Stamm dieser Bäume eben so schadhaft. Dem äußern Ansehen nach zu urtheilen, halte ich die Oliven von Salò für weniger ergiebig als die Oliven von Rovigno in Istrien.

Ich habe das, was ich über die Cultur der Limonien und Oliven hier sah und hörte, in dem betreffenden Abschnitte etwas weitläufiger dargestellt, wohin ich den Leser verweise.

Sonst war die Zwirnfabrication die Quelle des Reichthums von Salò. Die Bürger kauften am flachen Lande den Flachs, gaben ihn den Bergbewohnern zum Spinnen, und zwirnten und bleichten dann zu Hause das Gespinnst. Ich sah hier noch im Kleinen diese Arbeit betreiben, wobei mir bloß die geneigten, aus reinen, kleinen Steinen aufgeschütteten, länglich viereckigen Beete sehr zweckmäßig dünkten, auf die man die Strähne legt, und während dem Bleichen begießt. Die Beete sind 10 Klafter lang, 3 Klafter breit, und 1 Schuh hoch. Jetzt ist dieser Fabrikszweig auf eine unbedeutende Kleinigkeit herabgesunken.

Desenzano ist ein lebhafter Ort, mit einer großen Anzahl schöner Gasthäuser. Die Bevölkerung besteht aus Grundbesitzern, Handwerkern und Gewerbsleuten, die alle sehr wohlhabend zu sein scheinen, in so fern man dieß aus den schönen, zum Theile neuen oder neu geputzten Häusern, und dem äußern Ansehen der Einwohner zu beurtheilen im Stande ist. Das Gasthaus, in dem ich wohnte, hat vom Balcon die schönste Aussicht über den See und über die Hügel und Alpen. Überhaupt halte ich Desenzano für einen der angenehmsten Puncte in Ober-Italien, um da einige Wochen oder Monate den Sommer über zuzubringen, denn der schöne See, die Hügel, die Berge, die nahen Städte, die Hauptstraße, die bedeutende Bevölkerung des Ortes u. s. w. entsprechen allen Forderungen, die man an einen Sommeraufenthalt machen kann, weil sie Jedem Das gewähren, was er gerade wünscht.

Auf der Rückreise von Desenzano über Peschiera, Castelnuovo bis Verona sah ich, daß der Boden durchgehends aus demselben Lager von Steingeröll besteht, das ich zwischen Roverbello und Valleggio antraf, und daß nur auf einzelnen und seltnen Orten die fruchtbare obere Erdschichte eine Tiefe von einem Schuhe hat. Solche fruchtbare Stellen werden dann mit

Weinreben benützt, während in den übrigen Äckern nur Maulbeerbäume gepflanzt sind, die trotz dem, daß der Boden höchst unfruchtbar ist, und daß man die Bäume alle 3—4 Jahre nach der alten lombardischen Art aller Hauptäste beraubt, doch voll der schönsten Äste sind und dunkelgrünes Laub tragen.

Ich sah längs der Straße viele junge, 8—10jährige Pflanzungen, doch weniger hier, wie in der Lombardie; woraus hervorgeht, daß hier die Seidencultur in der neuern Zeit nicht so rasch am Umfange zunimmt, wie dort.

Mais, Weizen und Roggen sind auch hier die Hauptfrüchte, wie allenthalben im Gebiete von Verona. Wenn ich hier Landwirth wäre, so möchte ich es nicht wagen Mais zu bauen, denn wenn es im Sommer acht Tage lang nicht regnet, so ist diese Pflanze in einem solchen Boden schon sehr zurückgesetzt, und treten mehrere solche regenlose Wochen im Verlaufe der Entwickelung der Körner ein, so wird das Erträgniß auf eine Kleinigkeit herabgesetzt. Es hat sich der Italiener aber eine Wuth für den Maisbau bemächtigt, und sie bauen hier und in der Lombardie, in Friaul und in Istrien Mais, wo sie nach genauer Erhebung des Rohertrages nicht so viel ernten, wie vom Wintergetreide; da aber die Maiscultur viel größere Kosten verursacht und so leichten Boden mehr erschöpft, als ein Wintergetreide, so ist es klar, daß sie ihren Vortheil verkennen, wenn sie die Cultur einer Pflanze über das ganze Land verbreiten wollen, die nur für einige Theile desselben paßt. Als ich einem sehr verständigen Landwirthe in Verona sagte, daß ich meinte, es dürfte für den Schotterboden dieser Provinz der Roggen, der in der frühern Zeit viel häufiger gebaut wurde als jetzt, zuträglicher sein, wendete er mir ein, er wolle dieß nicht läugnen, müsse aber dagegen bemerken, daß der Roggen gegenwärtig einen so niedrigen Preis habe, und kaum verkauft werden könne, seit sich das Landvolk so sehr an den Genuß des Mais gewöhnt hat.

Ich sah hin und wieder pflügen, bald mit zwei, bald mit sechs Ochsen. Da der bindigste Boden in dieser Gegend immer noch ziemlich mürbe ist, so erhellet hieraus, wie ungeschickt die Werkzeuge gebaut sein müssen, die man hier zum Lockern und Wenden des Ackers anwendet, wenn man hiezu sechs Ochsen nöthig hat. Um Peschiera wendete man zum Stürzen der Stoppeln einen leichten, räderlosen, aber elend construirten Pflug an; anderswo sah ich ihn von derselben Form, die ich in Canedole beschrieben habe. Die hiesige Egge ist häufig bloß ein Stück Holz, womit man die schmalen, vierfurchigen Beete abgleicht.

---

1. August.

Beschreibung von Verona. Schöne Brücken. Castell. Palläste. Bemerkungen über die Reiß- und Seidenerzeugung der Provinz. Viehzucht in den Bergen. Malghesi.

Verona ist eine schöne und wohlhabende große Stadt. Der mächtige Etschfluß strömt durch die Mitte der Stadt, deren beide Theile durch drei steinerne Bogenbrücken verbunden sind. Die oberste dieser Brücken besteht aus drei Bogen, wovon der eine im Lichten eine Klafter mehr mißt, als der berühmte Bogen der Brücke Rialto in Venedig. Die Ringmauern, welche das Castell San Felice umgeben, sind von großem Umfange, und geben durch ihre zahnförmigen Spitzen, und die alterthümlichen Formen der Wachtthürme einen sehr malerischen, romantischen Anblick. Übrigens sind die Festungswerke des Castells sowohl, als der Stadt, durch die Franzosen zerstört worden, und müssen von Bedeutung gewesen sein, in so ferne man aus der Größe der Ruinen, und dem Reste des Übergebliebenen auf den frühern Zustand zu schließen vermag.

Es sind in der Stadt mehrere schöne, und in architektonischer Hinsicht merkwürdige Palläste; z. B. Maffei, Canossa, Bevilacqua, die Sala del Consiglio u. s. w., dafür aber sind die Kirchen von keiner Bedeutung.

Ich besuchte die Herren Grigolati, um mich bei ihnen über die Cultur des chinesischen und des gemeinen Reißes zu erkundigen. Sie waren so gefällig mich über diesen Gegenstand vollkommen zu unterrichten; durch sie ward ich mit Herrn Ponzilacqua bekannt, der über den Bergreiß eine sehr unterrichtende Abhandlung geschrieben hat.

Das Haupterzeugniß der Provinz ist, nach der Versicherung dieser Herren, der Reiß, der in den Niederungen der Etsch, in der Umgebung von Legnago, wo der Hauptmarkt für dieses Erzeugniß ist, in großen Quantitäten gebaut wird. So schlecht der Boden der nächsten Umgebung der Stadt am rechten Ufer der Etsch ist, so gut soll er um Cologna und weiter hin gegen die Provinz Rovigo sein. Man erzählte mir Wunder von der ungemeinen Fruchtbarkeit jenes Bodens, der auf manchen Orten gar keines Düngers bedarf, und doch reiche Ernten erträgt.

Die Seidenerzeugung ist ebenfalls ein wichtiger Artikel für diese Provinz, wie man aus der Menge der Maulbeerbäume zu schließen berechtigt ist, die den sandigen und steinigen Boden zwischen hier und Mantua bedecken. Ich erkundigte mich, ob es große Filande gäbe, und hörte die Bestätigung dessen, was man mir bereits in Valleggio gesagt hatte, daß Jedermann die in der eigenen Wirthschaft erzeugten Galetten selbst abspinnt, und die Seide dann an die Kaufleute verkauft. Von der einen Seite mag dieß den Landwirthen vortheilhaft sein, weil sie den Nutzen gewinnen, den sonst der Galettenhändler, der gewöhnlich auch zugleich Besitzer der Filande ist, bezogen haben würde; allein von der andern Seite fürchte ich, geht dieser Nutzen wahrscheinlich wieder verloren, weil nicht zu vermuthen ist, daß Personen, die jährlich nur wenig Galetten abspinnen, und nur durch kurze Zeit sich mit dieser Arbeit beschäftigen, jene Fertigkeit in der Kunst des Spinnens sich erwerben, die erforderlich ist, um von einem gegebenen Gewichte Galetten die größte Menge der feinsten Seide zu erhalten.

Die Berge dieser Provinz sind von großer Ausdehnung, und es wird da viele Viehzucht, und zum Theile auch Milchwirthschaft betrieben. Die Bergamini oder Malghesi, d. h. die Eigenthümer einer Heerde Kühe, ohne genügendes Winterfutter für dieselben, kommen im Winter von diesen Bergen in die Ebene, und verzehren, so wie ich bereits im Mailändischen und Mantuanischen beobachtete, das Heu einiger Wieseneigenthümer. Im Winter 18 $\frac{21}{22}$ zahlten die Malghesi den Wagen Heu von 832 metrischen Pfunden zu 33—37 Lire austriache, wornach sich 100 Pfund Wiener Gewicht auf 48 Kreuzer berechnen.

---

2. August.

Amfitheater. Spaziergänge.

Der Catastralschätzungs-Inspector Mondini und der für den Bezirk der Umgebung der Stadt bestimmte Schätzungs-Commissär, Gianzini, besuchten mich. Ich begab mich in das Amtslocale des Inspectors, um daselbst von den bisher gepflogenen Erhebungen und Bestimmungen Einsicht zu nehmen.

Abends besah ich wieder das Amfitheater, und machte einen Spaziergang vor die Stadt.

---

3. August.

Classirung der Grundstücke der Gemeinde Chievo bei Verona. Wasserräder in der Etsch. Aussicht von einer nahen Anhöhe über die Umgebung der Stadt.

In Gesellschaft des Inspectors und Commissärs durchging ich die ganze Gemeinde Chievo, um die vollbrachte Classification und Einreihung der einzelnen Grundstücke in die betreffenden Classen, was man Classirung nennt, zu revidiren; wobei ich bemerkte, daß nur die höher gelegenen Theile des Bodens dieser Gemeinde mit Steingeröll bedeckt, die niedriger gelegenen Theile, aber, wo der Etschstrom dieses Geröll auf eine bestimmte Tiefe wieder weggeschwemmt hat, aus Sandboden bestehen, in dem ich den Mais ziemlich gut aussehend antraf.

An der Etsch sind einige Wasserräder, die das Wasser des Stroms auf eine Höhe von 3 Klaftern heben, womit dann einige kleine Wiesen oder Gärten bewässert werden. Man rechnet, daß ein solches Rad so viel Wasser schöpfe, um 20 Campi di Verona = 10½ Joch damit bewässern zu können, was mir sehr viel vorkommt.

Abends führen mich meine Begleiter auf eine, nächst der Stadt gelegene Anhöhe, wo ich von dem Gartenhause einer Besitzung, die früher, wenn ich nicht irre, einem Nonnenkloster gehörte, einer wunderschönen Aussicht genoß, die vielleicht schöner ist, als alle, die ich bisher sah, denn die unter dem Standpuncte gelegene große Stadt, mit ihrem alterthümlichen, phantastischen Castelle, der mächtige Strom, den man aus den Bergen hervorkommen, und weit hinab gegen Legnago schimmern sieht, die mit Maulbeerbäumen bedeckte Ebene, mit ihren Dörfern, einzelnen Häusern und Kirchen, gewähren den Anblick eines Landes, das an malerischer Schönheit und hoher Fruchtbarkeit kaum von einem andern übertroffen wird.

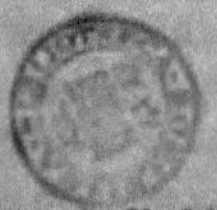

4. August.

Empfindungen im Amfitheater. Fahrt nach Vicenza. Fruchtbarer, wohl cultivirter Boden bis Soave. Luzernefelder. Maulbeerbäume. Ansicht des Landes über Montebello nach Vicenza. Beerdte Äcker; schöne Maisfelder. Gang auf den Monte santo bei Vicenza. Cultur der Hügel, welche die Stadt umgeben. Vulcanischer Boden.

Noch einmal, ehe ich wegfuhr, ging ich ins Amfitheater. Als ich heute aber auf dem Rande dieses edlen Gebäudes stand, konnte ich nicht umhin, mir die unzählige Menge Menschen zu denken, welche Zuschauer bei den hier gegebenen Schauspielen gewesen sind. An diese Idee heftete sich eine andere, die mich immer in eine melancholische Stimmung versetzt: die gänzliche Vergessenheit, in welche solche Scharen von Menschen jetzt begraben sind. Die Zeit hat ihr Andenken von der Erde vertilgt, kaum Spuren von ihnen in den Urkunden des Menschengeschlechtes hinterlassen; und doch waren hier Verstand und Schönheit, Reichthum und Macht, Hoffnung und Furcht, Unternehmungsgeist und Thätigkeit, die nun alle in eine tiefe Stille von 17 Jahrhunderten versunken sind! — Der Anblick dieses Theaters müßte einen Dichter mächtig begeistern, das schnelle Vorübergehen der Menschen in der Gegenwart, und im Andenken der Nachkommen zu schildern! —

Ich fuhr um die Mittagszeit von Verona weg, und kam Abends in Vicenza an.

So wie man vor das Thor der Stadt kommt, sieht man hier am linken Etschufer einen, gegen das rechte Ufer ganz veränderten Boden und andere Culturarten. Die Maisfelder sind nicht mehr verdorrt, und es zeigen sich mehr oder weniger schöne, bewässerte Wiesen. Der Boden ist gegen die Abhänge der Hügel lehmig und fruchtbar; allenthalben sind die Felder mit Maulbeerbäumen bepflanzt.

Mit kleinen Abweichungen dauert der Anblick des Landes so fort über Lavagno bis Soave, wo der Boden wieder mehr sandig wird. Bei Caldiero fangen die Luzernefelder an und dauern bis Vicenza. Je nachdem der Boden mehr oder weniger tief, und besser gepflügt und vielleicht auch besser gedüngt war, je nachdem war auch diese Futterpflanze mehr oder weniger üppig gewachsen. Um Villafranca sah ich die größten Luzernefelder, woraus ich schloß, daß die einzelnen Besitzungen von größerer, als gewöhnlicher Ausdehnung sein müssen. Von Caldiero bis Villafranca sind nur junge Maulbeerbäume; bei diesem letztern Orte hört endlich die Cultur dieser Bäume auf, denn von da bis gegen Montebello sieht man nur selten wo irgend ein Feld damit bepflanzt.

Der Boden ist um Torre dei confini, Montebello,

und weiter hin gegen Vicenza ein tiefer, mürber Lehm von grosser Fruchtbarkeit. Die Äcker sind mit berebten Bäumen bepflanzt, und zwischen den Baumreihen stand der Mais in üppiger Fülle: auch sieht man nicht selten Melonen auf Äckern gepflanzt, vorzüglich in der Umgebung von Montebello und Crenzo, wo mir der Boden besonders fruchtbar dünkte.

Ich kam zeitlich genug am Abend in Vicenza an, um noch den Monte santo zu besteigen. Um den Besuch der Kirche am Berge in jeder Zeit, Sommers und Winters, den Gläubigen bequem zu machen, haben einzelne Wohlthäter sich in eine Gesellschaft vereinigt, und haben vom Fuße des Berges bis zur Kirche einen auf Säulen ruhenden, bedeckten Gang bauen lassen. Die Kirche selbst enthält nichts von Malerei oder Sculptur, was sie sehenswürdig machte. Man war eben beschäftigt einen Glockenthurm fest neben der Kirche zu erbauen, der eine Höhe von 225 Fuß erhalten soll; das Geld hiezu, sagte mir der Geistliche, der den Bau dirigirt, liege schon bereit, und sei bloß durch Almosen zusammen gebracht worden. Dieser nämliche erzählte mir, daß man in dieser Kirche jährlich für gezahlte Messen 100,000 Lire austriache einnehme.

Die Hügel rings um die Stadt sind mit Bäumen bewachsen, die ich anfänglich für Obstbäume hielt, bis ich mich überzeugte, daß es Eschen, Ulmen und Rüstern sind, an deren Fuß ein oder zwei Weinreben gepflanzt sind. Es sind daher Wiesen mit Weinreben. Ein schmaler Streifen, etwa 1½ Fuß breit, wird an beiden Seiten dieser Baumreihen aufgehackt. Mir däucht diese Art der Bodenbenützung sehr abgeschmackt; denn auf Hügeln muß man nicht Wiesen haben wollen, und die Weinreben verlangen einen Boden, der, so weit ihre Wurzeln reichen, jährlich zweimal gelockert und von Zeit zu Zeit gedüngt wird. Ich würde diese Hügel als Weingärten benützen, und meine, daß sie dann einen fünfmal so großen Reinertrag abwerfen würden, als jetzt.

Das Gestein dieser Hügel ist vulcanisch. Es ist ein lockerer, weißer, gebrannter Mergel, der beim Verwittern weiß wird und abfärbt wie Kreide.

5. August.

Merkwürdigkeiten von Vicenza. Tiefer, fruchtbarer Boden rings um die Stadt. Nußbäume und Eschen als Stütze der Reben in den Äckern. Oper und Ballet.

Hier traf ich weder den Catástralschätzungs-Inspector, noch den Grafen Porto zu Hause, an den ich Briefe mitgebracht hatte, und mußte daher die Zeit mit dem Besehen der wenigen Merkwürdigkeiten zubringen, welche die Stadt aufzuweisen hat. Der Dom, das Stadthaus — la Ragione — das Haus von Palladio, das olimpische Theater, sind Dinge, die allgemein bekannt und in hundert Büchern beschrieben sind. Daß man die zuerst genannten Gebäude, besonders das Stadthaus, sehenswürdig findet, begreife ich wohl, denn es ist dieß eines der größten und gelungensten Werke von Palladio; wie man aber das olimpische Theater als eine Sehenswürdigkeit anrühmen kann, begreife ich nicht. Es ist ein Kindertheater, wo die Scenen, von Holz geschnitten, die Gassen einer Stadt perspectivisch darstellen. Es ist so niedrig, daß gar keine Proportion zwischen den Schauspielern und den Scenen besteht, und da sich sein Boden nach hinten zu erhebt, um zur Täuschung der Perspective beizutragen, so wird es dadurch zu Vorstellungen ungeeignet. Auch geht alle Illusion verloren, sobald der Schauspieler, der gleich groß bleibt, in die hintern Scenen geht, die nach den Regeln der Perspective die Häuser und andere Gegenstände kleiner darstellen. Ich hielt mich nicht fünf Minuten lang in diesem Theater auf und erinnerte mich lebhaft, daß es vor 22 Jahren, als ich es das erstemal sah, denselben widrigen Eindruck auf mich gemacht hatte. Ein Spaziergang rings um die Stadt zeigte mir die große Fruchtbarkeit des hiesigen Bodens. Es ist ein ungemein tiefes Lager von einem sehr fruchtbaren Lehmboden, das aus den Überschwemmungen des Bacchiglione gebildet worden, in welchem der Mais bei der langanhaltenden, heurigen Dürre nichts gelitten hat, und in dem ich den Cinquantin grün und gerade in der Blüthe antraf. Ackerland mit in Reihen gesetzten Bäumen zur Unterstützung der Reben, findet sich gleich vor der Stadt und rings um dieselbe. Die Bäume sind hochstämmige Nüsse und Eschen: sie sind so nahe aneinander gepflanzt, daß im guten Boden ihre Äste sich berühren, und daher ein Spalier bilden. Meistens sind zwei Reben, oft nur eine, die sich an dem Baume hoch hinaufschlingt, und dann von oben herunter gezogen und zur Seite ausgebunden wird. Die Rebenstöcke sind sehr alt und dick. Heuer sind sie reichlich mit Trauben behängt, die einen süßlichen Wein geben. Es gibt hier herum auch viele Wiesen. In einigen derselben, die durch den Bacchiglione überschwemmt werden und besonders fruchtbar sind, sind so, wie auf den Hügeln, Eschenbäume, und an ihren Stamm eine Weinrebe, gepflanzt. In diesen Wiesen wird der Boden rings um diese Bäume nicht aufgelockert, und doch sollen sie viele Früchte geben.

Abends besuchte mich der Schätzungs-Inspector. Wir gingen zusammen in die Oper: Romeo und Giulietta von Baccai, worin die Belocq, die ich ein Jahr früher in Triest hörte, den Romeo sang. Eine junge Rubini gab mit ziemlich vielem Beifall die Giulietta. Das Ballet, Gabriele de Vergy, ward mit großer Pracht und mit gutem Personale gegeben.

---

6. August.

Classirung der Grundstücke rings um die Stadt. Äusserst fruchtbarer Boden. Fahrt nach Padua. Cultur des Bodens zwischen Vicenza und Padua. Schädliches Verfahren, hohe Bäume zu Stützen für den Weinstock in den Äckern zu verwenden. Anblick der euganeischen Hügel.

Der Schätzungs-Inspector Steffanoli und der Schätzungs-Commissär Pirzio begleiten mich in eine der nächsten Gemeinden, aus denselben Gründen, die ich schon in Verona angegeben habe: bei welcher Gelegenheit ich den fruchtbaren Boden der Umgebung dieser Stadt neuerdings zu beobachten Gelegenheit hatte. Die Fruchtbarkeit ist aber auch in ihren Wirkungen auf das Pflanzenwachsthum sichtlich; denn nichts übertrifft an Üppigkeit des Wachsthums die hier vorkommenden Bäume, die Weinreben, den Mais, kurz Alles, was ich in den Feldern antraf. Der Boden ist völlig wagrecht, und das Fließen des Wassers des Bacchiglione kaum bemerklich, das in einem tiefen Bette sich langsam fortbewegt, sehr oft aber dennoch zu einer solchen Höhe anschwillt, daß es die benachbarten Felder überstauet. Indessen fließt es doch schon zu lange in einer wagrechten Ebene, ehe es nach Vicenza kommt, als daß es noch Gerölle oder auch nur groben Sand mit sich führte, die längst schon zu Boden gefallen sind. Hieher gelangt nur mehr fruchtbarer Schlamm, den der Fluß von hier an bis zur Einmündung in die Brenta ablagert, und womit er die Felder befruchtet.

Nach Tische fahre ich von Vicenza weg, und komme am Abend in Padua an.

Außer Vicenza sieht man während der ersten Miglien noch ziemlich viele Wiesen; späterhin werden ihrer immer weniger, Nichts als berebtes Ackerland. Die Reben werden auf hohe Nußbäume gezogen, und hängen von einem Baum zum andern; da, wo sie sich von entgegensetzten Seiten begegnen, werden sie zusammengebunden, so daß sie Festons zwischen den Bäumen bilden, wie dieß allenthalben in Italien Statt hat. Weil aber die Rebenzweige nicht alle nach derselben Richtung hin gezogen werden können, ohne sich nachtheilig zu beirren, so wird ein Theil derselben zu beiden Seiten in die Äcker hinein gezogen, und auf Pfählen befestigt, wodurch sie eine unvollkommene Art Laube — Pergolo — bilden. Es ist auffallend, daß man in diesen Gegenden noch immer die absurde Methode beibehält, die Reben auf hohe Bäume zu ziehen, da der Baum doch keinen andern Zweck hat, als der Rebe zur Stütze, statt eines Pfahles, zu dienen; und daß man noch nicht zur Überzeugung gekommen ist, daß der Schaden, den so hohe Bäume der Getreideerzeugung und der Qualität des Weines verursachen, durch den geringen Nutzen, den sie durch das Holz oder die wenigen Früchte abwerfen, auf keine Art vergütet wird. Ich suche die Ursache dieses widersinnigen Verfahrens in dem Colonensistem, und glaube, daß es die Colonen sind, die ihre unwissenden Herren glauben machen, daß hohe Bäume vortheilhafter sind als niedrige, wie ich in dem Abschnitte, von der Cultur der Reben, näher zeigen werde.

Der Anblick der euganeischen Hügel, die man immer zur Seite hat, trägt zum Vergnügen der Fahrt zwischen Padua und Vicenza sehr viel bei. Sie sind größtentheils wohl cultivirt, und man sieht Dörfer und einzelne Häuser in Menge auf denselben. Die Steine längs der Straße sind vulcanischer Natur: es ist ein ziemlich fester grauer Trachyt.

7. August.

Fahrt nach Abano und Obizzi. Cultur des Bodens zwischen Padua und Abano. Beschreibung der heißen Quellen. Reiche Antiquitätensammlung im Schlosse von Obizzi. Canal von Monselice. Vernachlässigung der Bewässerung des Bodens. Ursachen derselben.

Den Vormittag brachte ich in Gesellschaft des Catastralschätzungs-Inspectors Zenoni zu, mit dem ich mich über das Schätzungsgeschäft besprach, und die morgen vorzunehmende Excursion verabredete. Nach Beendigung dieses Geschäftes fuhr ich in den Badeort Abano, hierauf nach dem Schlosse Obizzi und längs des Canals von Monselice wieder zurück nach Padua, wo ich spät in der Nacht anlangte.

Die Cultur der Felder zwischen Padua und Abano ist dieselbe, die zwischen Vicenza und Padua Statt hat. Man sieht nichts, als mit hohen Nußbäumen bepflanzte Maisäcker. Sehr wenig Luzerne. Der Boden ist in einer Entfernung von 6 Miglien ein ganz gutes tiefes Lehmlager, von der Aufschwemmung durch den Bacchiglione gebildet. Gegen Abano zu wird er etwas leichter, sandiger, weil nun die Abschwemmungen der euganeischen Berge dazu kommen.

Die heißen Quellen in Abano kommen aus verticalen Löchern in einem kalkigen Felsen zum Vorschein. Solcher Quellen sind drei bis vier auf einem kleinen Hügel vor dem Badehause Toleschini. Die Hitze mag 60 bis 70° R. betragen. Man brühet getödtetes Geflügel darin. Das Wasser ist salzig und setzt kristallisirtes Kochsalz hart neben der Felsenöffnung ab, aus der es hervorkommt. Die Fanghi sind kleine beckenartige Vertiefungen neben diesen Quellen, die man mit blauem Lehm, wahrscheinlich absichtlich, ausfüllt, und in die man das heiße Wasser leitet.

Abano liegt am Fuße der euganeischen Berge, und längs derselben führt die Straße nach Obizzi, einem Schlosse, das gegenwärtig dem Herzoge von Modena gehört, und das seiner Antiquitätensammlung wegen berühmt ist. Obschon der Styl des Gebäudes von Obizzi sehr alterthümlich ist, so liegt es doch auf keiner Anhöhe, sondern in der Ebene, an den Hügel angelehnt, und hart an demselben fließt der Bacchiglione, oder wenn man will, der Canal von Monselice, vorbei, denn es ist ein und dasselbe Wasser, nur daß sein Rinnsal hier geregelt und eingedeicht ist. Es reuete mich nicht den Weg hieher gemacht zu haben, denn ich erinnere mich nicht irgendwo bei einem Privaten eine so reiche Sammlung von Statuen und anderen Alterthümern aus der egyptischen, hetrurischen und römischen Vorzeit gesehen zu haben, als hier. Die Sammlung von Rüstungen, alten Musikinstrumenten und anderm Schnickschnack heißt aber nichts.

Bei Obizzi fuhr ich über den Canal, um wieder nach Padua zurückzukehren. Dieser Canal hat zu beiden Seiten hohe Dämme, und das Wasser hat ein sehr geringes Gefäll, denn man fährt mit Leichtigkeit aufwärts. Es fiel mir auf, die zu beiden Seiten dieses Canals liegenden Felder nicht bewässert zu sehen, obschon sie es mit großer Leichtigkeit werden könnten, denn es gibt nicht wohl eine Gegend, die hiezu so günstig gelagert wäre, als die hiesige, da das zu beiden Seiten des Canals liegende Land völlig eben und niedriger liegt, als die Oberfläche des Wassers im Canal. Worin der Grund liegt, daß man das Wasser nutzlos ins Meer hinab fließen läßt, hatte ich nicht Gelegenheit zu erforschen: er mag wohl vorzüglich in der größeren Vernachlässigung des Landbaues liegen, die in den venezianischen Provinzen überhaupt, vorzüglich aber in jenen bemerklich ist, welche der Hauptstadt zunächst liegen, wo die reichen Bürger ihre Capitale nützlicher in den Handel verwendeten, und der Adel durch Staatsdienste gehindert war, bedeutende Verbesserungen auf seinen Landgütern zu unternehmen.

---

8. August.

Fahrt nach Cagnola, um der Catastralschätzung beizuwohnen. Bodencultur dieser Gegend. Monselice. Aussicht von der Höhe des alten Schlosses. Arqua. Grabmal des Petrarca. Battaglia. Schloß Sant' Elena.

Ich fuhr mit dem frühen Morgen in Gesellschaft des Schätzungs-Inspectors nach Cagnola, von wo wir dann zu Fuß nach Cartura gingen, wo der Schätzungs-Commissär Gennari mit der Classirung beschäftigt war. Ich begleitete die Schätzungs-Commission, die aus dem Commissär und seinem Adjuncten, einem Ortsschätzmann, dem Indicator und dem Repräsentanten der Gemeinde bestand, durch eine lange Strecke, um das Verfahren, das hierbei beobachtet wird, zu beobachten. Bei dieser Gelegenheit untersuchte ich den Boden dieser Gegend genauer, und fand ihn weniger bindig, als in Vicenza; manche Stellen waren kaum mehr Lehm-, sondern mußten schon Sandboden genannt werden.

Von Cagnola nach Monselice sieht man häufig in der Mitte der Äcker zwischen den mit Weinreben besetzten Stützbäumen eine Reihe Pfirsichbäume; zwischen Arqua und Battaglia waren es Äpfelbäume, die recht gut aussahen und reichlich Früchte aufgesetzt hatten.

In der Nähe von Monselice werden die Weinreben auf Weiden und hohe Pappeln gezogen, welch' letztere so dicht aneinanderstehen, daß sie wahre Spaliere bilden. Alle drei Jahre werden ihnen die Äste abgehauen. Die Reben winden sich an die hohen Bäume hinauf, und hängen von oben wieder herunter, oder schlingen sich an die benachbarten Bäume. Die Erde rings um diese Bäume wird nicht aufgelockert. Wäre der Boden dieser Gegend nicht in einem so hohen Grade fruchtbar, so würden die Weinreben gar keinen Ertrag geben, der aber bei so völliger Vernachlässigung aller Cultur selbst in diesem trefflichen Boden nur sehr gering und unbedeutend sein kann.

Monselice ist ein Städtchen mit der Ruine eines Schlosses auf einem steilen Hügel. Unter dem Schlosse sind große Steinbrüche. Man bricht hier den Trachyt zu den Pflastersteinen in Venedig. Von der Höhe des Schlosses übersieht man ein schönes Panorama: Padua, Buffalora und in weiter Entfernung Rovigo; dann das nahe gelegene Este und den noch näheren Badeort Battaglia. Wäre die Witterung minder heiß und die Luft reiner gewesen, so würde ich das Meer und Venedig gesehen haben. Die Ebene, welche zunächst unter dem Berge liegt, scheint ein hochstämmiger Wald zu sein, und ist es wohl auch, aus dem hin und wieder Ortschaften hervorragen. Die Bäume, womit die Felder eingefaßt sind, oder an die sich die Reben stützen, sind so hoch, daß sie die beackerten Felder dem Blicke völlig entziehen.

In Monselice zu sein, und nicht nach Arqua zu gehen, däuchte mir ein Verstoß gegen die Achtung zu sein, die wir einem Manne schuldig sind, der sich um die Beförderung der Humanität so verdient gemacht hat, wie Petrarca. Ich fuhr daher nach Arqua, das auf einer Anhöhe in einer Schlucht liegt, und nichts weniger als eine romantische Lage oder schöne Aussicht hat. Der Sarkofag Petrarca's ist vor der Kirchthüre aufgerichtet, und ruht auf vier runden Pfeilern. Ich bemerkte in demselben ein eingesetztes Stück, und hörte von dem Geistlichen des Ortes, daß man vor 60—70 Jahren den Sarkofag Nachts mit Gewalt erbrochen, und einen Arm des Dichters aus demselben weggenommen habe. Ein seltsamer Raub! — Das Monument ist ohne allen Zierath; die Kirche ein schlechtes, kleines, unansehnliches Gebäude. In der Nähe zeigt man ein Haus, wo der Dichter starb. Ich kehrte sehr unbefriedigt zurück, und ärgerte mich, daß die reiche Republik einem welthistorischen Manne nicht ein würdiges Grabmal errichtet hatte.

In Battaglia besah ich das Hervorkommen der heißen Quellen unter dem Schlosse von Sant' Elena. Die Badeanstalten sind groß, geräumig und schön; die Gegend ist freundlich, die Spaziergänge in der Nähe des Hauses schattig; viele Gäste und viel Lärm.

Wir kamen spät in der Nacht nach Padua zurück.

---

9. August.

Kettenbrücke über den Bacchiglione in Padua. Fahrt von hier nach Mestre. Fruchtbarer Boden längs dieser Strecke.

Schon bei meiner Hinreise hatte ich gehört, daß man eine Kettenbrücke über den Bacchiglione zu bauen gesinnt sei; auch sah ich damals bereits Bestandtheile dieser Brücke. Jetzt ist sie fertig, und ich säumte nicht hinzugehen und sie anzusehen. Sie ist nur für Fußgänger bestimmt; allein ich halte sie stark genug für jedes leichtere Fuhrwerk. Man sagte mir, daß man anfänglich gerechnet habe, die Brücke würde nicht mehr als 2,500 Lire austriache kosten; daß man aber mittlerweile 23,000 Lire ausgegeben habe, was ein ziemlich starker Error calculi wäre.

Nach Tisch fuhr ich von Padua weg, und kam Abends in Mestre an.

Der Boden zwischen diesen zwei Orten gehört zu den fruchtbarsten, die ich in Italien sah: es ist ein tiefes Lager von einem mürben Lehm mit vielem Humus gemengt. Der Baumwuchs ist üppig, und obgleich der Boden nicht bewässerungsfähig ist, so steht der Mais trotz der Dürre doch hoch und üppig, und hat dunkelgrüne Blätter.

Die absurde Methode, die Weinreben auf Nußbäume zu ziehen, und diese letzteren hoch wachsen zu lassen, hat auf dieser Strecke noch größtentheils Statt: nur erst um Gambarare fangen Pappeln und Weiden an die Nußbäume zu verdrängen. In der Nähe von Mestre endlich werden die Reben wieder auf niedrige Ahornbäume gezogen und verständig cultivirt.

---

10. August.

Fahrt von Mestre nach Udine über Treviso. Natur des Bodens längs der julischen Gebirgskette. Vernachlässigte Maulbeercultur bis Codralpo. Rebencultur. Der größte Theil der Felder ist mit Mais bestellt. Schlechter Boden und schlechte Cultur desselben von Sacile bis Udine. Jahrmarkt in Udine. Öffentliches Pferdewettrennen.

Um von der Hitze weniger zu leiden, fuhr ich bereits um 2 Uhr Morgens in Mestre weg und kam um 3 Uhr Nachmittags in Udine an.

Bis Treviso war es Nacht, so daß ich von der Umgebung nichts sehen konnte; was meinen Lesern aber keinen Nachtheil verursacht, weil ich schon früher die Cultur und den schönen Anblick dieser Gegend beschrieben habe. Über Treviso hinaus fand ich den Boden in der Ebene stark mit Geröll erfüllt, in der Nähe der Hügel sind die Steine aber mit einer mehr oder weniger tiefen und fruchtbaren lehmigen Erdschicht bedeckt. Die vielen Flüsse, welche von den julischen Alpen herabkommen, haben einen gähen Fall und führen das Steingeröll weit hinaus in die schmale Ebene zwischen den Alpen und den Lagunen; daher ist der höher gelegene Theil der Ebene der Provinz Treviso, so wie der Provinz Friaul, mit Stein und Sand bedeckt, und nur erst der gegen das Meer gelegene Theil ist fruchtbar, weil nun alle Steine und der grobe Sand bis zu dieser Entfernung zu Boden gesunken sind und die Ströme weniger Fall, und daher weniger Gewalt haben diese Körper weiter fortzuführen. Hier stauet das Wasser und überschwemmt das Land, und läßt die feine Thonerde und den Schlamm fallen, aus denen um Motta der gute Boden besteht.

Maulbeerbäume sah ich auf dieser Straßenstrecke überhaupt nur wenige. Bis Conegliano findet man zwar hin und wieder einige Bäume, doch muß man die Maulbeercultur nur als Ausnahme betrachten. Um Sacile und Pordenone sieht der Reisende keine solchen Bäume, wohl aber um Codroipo, wo sie dann bis Udine stellenweise vorkommen; so daß nicht selten, so wie im Veronesischen und Mailändischen ganze Ackerfelder Reihenweise damit bepflanzt sind. Solche Pflanzungen aber kommen so selten vor, daß die hiesigen Felder mit jenen der so eben genannten Provinzen in gar keinen Vergleich gesetzt werden können.

Die Rebencultur in den Äckern ist an den Hügeln und am Fuße derselben, da, wo der Boden an der Oberfläche eine etwas bedeutendere Schicht von fruchtbarer Erde hat, ziemlich gut betrieben. Die Reben werden gewöhnlich auf Ahorn-, auch wohl auf Weiden- und Pappelbäume gezogen. Indessen sind bei weiten nicht alle Äcker gleichförmig berebt, wie das in andern Gegenden Italiens oder im Küstenlande Statt hat, sondern man sieht hierin große Abweichungen, ohne daß man einen zureichenden Grund dafür bemerkt.

Der Mais ist das Hauptproduct dieses Theils von Friaul. Ich sah lange Strecken hin alle Grundstücke mit Mais bepflanzt, und nur kleine Parzellen, die Weizenstoppeln hatten oder mit Cinquantin bestellt waren. Nach meinem Dafürhalten dürften mehr als ¾ aller Äcker mit Mais, und nur ⅙ mit Weizen besäet werden. In Udine meinte man, daß wohl 13/14 aller Äcker mit Mais, und nur 1/14 mit Weizen besäet würde.

Die Cultur des Mais wird in Friaul mit vielem Fleiße betrieben, und wenn der Ertrag dieser Frucht von dem Behacken und Behäufen abhinge, so müßte die hiesige Gegend den reichsten Ertrag geben, denn so fleißig werden diese Arbeiten verrichtet. Der schlechte Boden, das seichte Pflügen, und vor allen der Mangel an Dünger, vermindern aber das Erträgniß gar sehr, wozu auch nicht wenig der Umstand beiträgt, daß man hier die Maispflanzen gar zu weit auseinander hält, wodurch ihrer zu wenig auf der Grundfläche sind.

Der seichte Boden ist die Ursache, daß die hiesigen Wiesen, die gerade jetzt das erstemal gemäht werden, mehr Weiden als Wiesen gleich sehen. Klee- und Luzernefelder sind als seltene Ausnahme zu betrachten. Es muß daher ein großer Futtermangel und bei der großen Ausdehnung der beackerten Fläche ein noch größerer Düngermangel herrschen, der wieder ein geringes Körnererträgniß zur Folge hat. Im Vergleich gegen die übrigen Provinzen des lombardisch-venezianischen Königreiches sieht die Gegend zwischen Sacile, Udine und Palma halb verwildert aus; denn die Ortschaften sind weit voneinander entfernt; man sieht nur wenige einzeln stehende Häuser; die Äcker sind durch Weiden und schlechte Wiesen unterbrochen; wenig Reben, und was das Schlimmste ist, wenig Maulbeerbäume, die doch in einem so schlechten Boden die Hauptcultur sein sollten, und die allein das Mittl wären ihm einen hohen Ertrag abzugewinnen.

Es war gerade Jahrmarkt in Udine, und ein großes Gedränge von Menschen in allen Gasthäusern, so daß ich nur mit Noth ein Unterkommen fand.

Abends sah ich dem Pferdewettrennen zu, welches an und für sich ein schönes Schauspiel ist, und durch die große Menge des zusehenden Volkes aus allen Gegenden von Friaul und vom Küstenlande, das auf den Gallerien des für die zahlenden Zuseher erbauten Gerüstes, dann rings um die Einfriedigung des

Rennplatzes, und endlich rückwärts, den Schloßberg hinauf, in großer Menge und im bunten Gewühle versammelt war, einen malerischen Anblick gewährte. Das hiesige Pferderennen wird wohl weit von dem englischen Rennen verschieden sein, und mag sich etwa so verhalten, wie die Darstellungen einer herumziehenden Komödiantengesellschaft zu den Schauspielen der Hauptstadt: indessen erfüllt es seinen Zweck, das Zusammenströmen der Menschen in der Hauptstadt der Provinz zu vermehren und ihnen ein Vergnügen mehr zu verschaffen, das von der andern Seite der Stadt wieder reichlich durch die Fremden vergütet wird.

---

11. August.

Merkwürdigkeiten der Stadt Udine. Schöne Aussicht vom Schlosse über ganz Friaul. Oper.

Der Schätzungs-Inspector Toscani hatte für mich ein besonderes Interesse, da er mit dem gegenwärtig in Verona residirenden Schätzungs-Inspector Mondini, Schätzungs-Commissär in dem kleinen Herzogthum Massa-Carrara war, dessen Catoster die souveraine Fürstinn dieses kleinen Staates, der nur 4 ½ geografische □ Meilen groß ist, vor einigen Jahren verfertigen ließ.

Einen Theil des Tages brachte ich damit zu, die auf die Schätzung der Provinz Friaul sich beziehenden Verhandlungen zu durchsehen; am Abend ging ich in die Oper: Cenerentola, die mich nicht sehr unterhielt, da ich seit einiger Zeit gewohnt war bessere Sänger zu hören.

Ich war schon mehrmals in Udine, und darum hatte die Stadt für mich den Reiz der Neuheit verloren. Sie ist übrigens eine wohlgebaute, gut erhaltene Stadt, die aber, gleich Padua, für ihre Bevölkerung viel zu groß ist. Die Domkirche, der Gemeindesaal, die Hauptwache, das auf einem isolirten Hügel stehende Schloß, früher die Residenz des Gouverneurs der Prozinz, jetzt ein Strafhaus, sind die sehenswürdigsten Gebäude der Stadt. Die Aussicht vom Schlosse über die große Ebene von Friaul bis zum Meer, und von der andern Seite der Anblick der Kette der julischen und karnischen Alpen, gehört zweifelsohne zu den schönsten, die man in den venezianischen Provinzen hat.

---

12. August.

Revision der Catastralschätzung der nahe gelegenen Gemeinde Colloredo Prato. Art die Maulbeerbäume zu beschneiden in der Provinz Friaul. Vor- und Nachtheile dieser Methode. Beschreibung des Bodens und der Cultur dieser Gemeinde. Elende, weidenähnliche Wiesen. Ackern mit einem Gespann aus Ochsen, Kühen und Eseln. Holzmangel. Kümmerliches Leben der Colonen. Mehrere Familien bewirthschaften oft zusammen eine einzige Colonie. Ihr gegenseitiges Verhältniß.

Ich fuhr mit dem Inspector Toscani, dem Unter-Inspector Sabini, und dem Schätzungs-Commissär nach der nahen Gemeinde Colloredo Prato, die wir gemeinschaftlich durchgingen, und wobei mich besonders die Schätzungen über den Ertrag der Maulbeerbäume interessirten.

Da in Friaul, so wie im Küstenlande, das Laub der Maulbeerbäume nicht, wie im übrigen Italien, abgestreift wird, sondern man alljährlich die gesammten Zweige des Baumes wegschneidet, und nur von einigen Zweigen ein oder zwei Blattansätze am Stumpfe zurückläßt, um eine allmähliche Verlängerung der Hauptzweige möglich zu machen; so geben die so behandelten Bäume natürlich ein viel kleineres Blättererträgniß; allein die Besitzer meinen, daß, wenn sie auch mehr Bäume haben müßten, um ein gegebenes Gewicht von Blättern zu erhalten, sie durch die Leichtigkeit, womit das Laub gewonnen wird, reichlich entschädigt würden, und daß man nur auf diese Weise mit Vortheil Seidenbau betreiben könne, wenn, wie hier, keine übermäßig große Bevölkerung Statt hat, was mir ein sehr plausibler Grund für ihre Methode zu sein scheint.

Der Boden dieser Gemeinde ist dem Ackerbaue und der Rebencultur sehr wenig zusagend. Er hat auf einem tiefen Steingerölle nur eine sehr seichte Schicht fruchtbarer Erde. Die hiesigen Wiesen erinnerten mich an die Alpenwiesen, mit denen sie große Ähnlichkeit haben; denn eben so niedrig stand hier das Gras, und eben so viele Mühe hatten hier die Mäher das dürre, saftlose Gras abzumähen. Diese baumlose, dürre Ebene, wo man das Vieh aus offenen Wasserbehältern tränken muß, die geflissentlich ausgegraben und mit Thon ausgeschlagen werden, däuchte mich noch viel unfruchtbarer, als die dürren Berge von Istrien, wo doch wenigstens die Weinreben und die Bäume aller Art gut fortkommen.

Hin und wieder sieht man hier in den Feldern Lupinen, die vor dem Behäufen des Mais über den Acker gesäet, und nach weggebrachtem Mais zur Weizensaat untergeackert werden. Cinquantin wird allenthalben in die Stoppeln des Weizens gesäet. Hier sah ich ackern mit einem Sechsgespanne: vier kleinen Ochsen, einer Kuh und einem Esel. Bei dem Anblick dieses Zuges konnte ich mich des Lächelns nicht enthalten, obschon sich gleich darauf Mitleid über die Unwissenheit und Armuth des hiesigen Landvolkes meiner bemächtigte, das zu so leichtem Sandboden so viele Thiere und Menschenkraft verschwendet, und so arm ist, sich weder einen besseren Pflug, noch besseres Zugvieh anzuschaffen.

Es ist in dieser Gemeinde ein großer Holzmangel, weil die Umgebung der Felder viel zu wenig mit Pappeln, Weiden oder anderen Bäumen bepflanzt ist. Daher die weite, unbegränzte Aussicht, die man hier von den Feldern über das Land hin hat.

Die Menschen leben bloß von Mais; den wenigen Weizen, den sie erbauen, brauchen sie zur Bezahlung des Pachtes, der in einem bestimmten Maße Weizen per Campo, in der Hälfte des Weins und der Galetten besteht. Es ist ein armes Volk, das sich in diesem undankbaren Boden abmühet, um sein Leben kümmerlich fortzubringen, und den hohen Grundzins zu entrichten. Wäre die Bevölkerung minder groß, so würden sich nicht so Viele um Pachtungen bewerben, und der Zins würde billiger sein; so aber leben 2—3 Familien auf einer kleinen Besitzung von 10—12 Joch Ackerland, und man kann sich vorstellen, wie kärglich hier die Lebensfreuden den Menschen zugetheilt sind.

Ein Mitglied des Gemeindeausschusses, Antonetti, begleitete uns auf unserer Wanderung durch die Gründe der Gemeinde. Es ist derselbe, dessen Wirthschaft und Größe der Pachtung ich in dem Abschnitte über den Pachtwerth der Gründe berechnet habe. Dieser Bauer hat im Dorfe ein eigenes Haus, und einige Campi Ackerland dazu, die ihn aber nicht ernähren würden, weßwegen er in Gemeinschaft mit seinem Bruder die beschriebene Besitzung Gallici in Pachtung genommen hat. Beide Brüder sind verheirathet, und haben Kinder; allein nur der ältere ist der Director des Hauswesens, dem Alles folgen muß, der Alle verköstet und kleidet, und der über das Wenige, was erspart wird, disponirt. So ist es durch ganz Italien, wo ich sehr oft 2—3 Familien auf einer Colonie antraf, die alle einem selbst gewählten Oberhaupte gehorchen.

---

13. August.

Betrag der Grundsteuer, die die Provinz Friaul früher und gegenwärtig zahlt. Menge von herumziehenden Musikanten am Jahrmarkte.

Die Provinz Friaul verarmte durch die im Jahre 1806 durch die Franzosen eingeführte und in den folgenden Jahren 1809, 10 und 11 immerfort höher getriebene Grundsteuer. Seit dieser Zeit hat man diese Steuer bedeutend vermindert, wie aus folgender Übersicht erhellet. Nun scheint die Provinz wieder an Wohlstand zuzunehmen, wenigstens versicherte man

15 *

mich, daß die gegenwärtige Steuer mit Leichtigkeit erhoben würde, und daß man Steuerpächter zu sehr mäßigen Bedingungen bekomme.

Betrag der Grundsteuer sammt den Zuschlägen für die Provinzial- und Gemeindeauslagen in Mailänder Lire:

im Jahre 1806	783,482.
» » 1807	1,533,525.
» » 1808	3,559,507.
» » 1809	4,078,740.
» » 1810	4,138,457.
» » 1811	2,956,963.
» » 1812	2,335,256.

Im Jahre 1827 betrug die Grund-, Häuser- und Gemeindesteuer . . . Lire austriache 2,335,734.
in Mailänder Lire 2,632,372.

Einen großen Theil des Tages hatte ich mit den beiden Schätzungs-Inspectoren zugebracht. Abends war ich wieder im Pferderennen.

Es scheint, daß alle Bänkelsängerinnen und Lautenspieler der ganzen Provinz sich auf den Markt nach Udine begeben; denn bei Tisch wechselte eine Truppe mit der andern ab, und am Abend im Kaffeehause sang und klimperte man von allen Seiten. Troß der großen Menge von Fremden glaube ich doch, daß diese Künstler hier schlechte Geschäfte gemacht haben werden, denn ich sah nicht, daß sie von den Zuhörern mehr erhielten, als man gewöhnlichen Bettlern gibt.

---

14. August.

Reise von Udine nach Görz. Guter Stand der Früchte zunächst der Stadt. Schlechter Boden und elender Stand der Früchte bis zum Judri. Guter Boden und ausgezeichnete Cultur im Görzerkreise von Brazzano bis Görz. Schöne Weingärten in Cormons.

Nach Tische fuhr ich über Cormons nach Görz.

In der Nähe von Udine sind die Felder gut bestellt, und Mais und Cinquantin versprechen eine gute Ernte. Wenn man aber einige Miglien sich von der Stadt entfernt hat, so hört die durch den Stadtdünger bewirkte Vegetation auf, und man sieht wieder die weite Ebene mit wenigen Maulbeerbäumen. Bis man zum Judri, der Gränze des lombardisch-venezianischen Königreichs, kommt, dauert der schlechte, dürre, mit Geröll erfüllte Boden. Hier aber, am Abhange der Hügel von Brazzano, ändert sich gäh der Anblick des Landes. Man kommt in ein mit Weinreben und Maulbeerbäumen und fruchtbaren Feldern erfülltes Land, das an Schönheit und Fruchtbarkeit bis Cormons immer zunimmt.

Die Weingärten von Cormons gehören zu den schönsten, und übertreffen alle, die ich in der Lombardie sah; so wie die berebten Äcker besser cultivirt sind als alle venezianischen. Die Fruchtbarkeit des Bodens und die Industrie seiner Bewohner machen Cormons zu einem sehr wohlhabenden Orte.

---

15. August.

Rückkehr nach Triest. Abschied vom Leser.

Von Görz nach Triest.

Da ich mir vorgenommen habe bei einer andern Gelegenheit meine Bemerkungen über den Zustand der Landwirthschaft im österreichischen Küstenlande mitzutheilen, so enthalte ich mich hier über die Landwirthschaft der Umgebung der freundlichen Stadt Görz, so wie über die des steinigen Karstgebirges zwischen Monfalcone und Triest zu sprechen, und beschließe dieses Tagebuch mit dem Wunsche, daß das Durchlesen desselben meinen Lesern so viel Vergnügen möge gewährt haben, als mir das Schreiben desselben, während welchem ich Abends im Gedanken die Reise wiederholte, die ich wenige Stunden früher am Tage gemacht hatte.

II.

Beschreibung der Landwirthschaft

von

Ober-Italien.

Beschreibung der Landwirthschaft
von
Ober-Italien.

Da eine erschöpfende und umständliche Beschreibung der Landwirthschaft von Ober-Italien, so wie sie in den verschiedenen Provinzen dieses Landes vorkommt, zu wenig Interesse haben dürfte, so habe ich es gerathener gefunden, nur jene Zweige des Landhaushaltes, welche die Italiener selbst, und daher um so mehr uns Deutsche anzusprechen befugt sind, mit einiger Umständlichkeit zu behandeln; die übrigen Gegenstände aber nur in ihren Umrissen anzugeben, jedoch so, daß alles das, was dem Landwirthe hievon zu wissen nöthig ist, genau angegeben, und wenn ein eigenthümliches Verfahren hiebei Statt findet, dasselbe ebenfalls beschrieben werde.

Diesem zu Folge theile ich die Beschreibung der Landwirthschaft von Ober-Italien in folgende Abhandlungen.

A. Vom Ackerbaue.
  a. Vom Ackerbaue im Allgemeinen.
  b. Von der Cultur der Getreidearten und Futterpflanzen.

B. Von der Cultur der Weinreben.

C. Von der Cultur der Oliven.

D. Von der Cultur der Limonien, Frucht- und Kastanienbäume.

E. Von der Cultur der Maulbeerbäume, und der Größe der Seidenzucht.

F. Von der Anlage, Pflege und dem Ertrage der Wiesen in der Lombardie.

G. Vom Arbeitsviehe und den Kühen.

H. Von der Erzeugung des Parmesankäses.

Außer diesen rein landwirthschaftlichen Abhandlungen folgen dann noch einige andere, welche mit dem Ackerbaue nur mittelbar zusammenhängen, und zum Theile statistischen, zum Theile staatswirthschaftlichen Inhaltes sind. Hieher gehören die Abschnitte:

III. Von der absoluten und relativen Größe der directen Steuer und ihrer Umlage im lombardisch-venezianischen Königreiche.

IV. Vom Kauf- und Pachtwerthe der Gründe.

V. Vom Zustande, in welchem sich die Pächter und Taglöhner befinden, und wie ihre Lage verbessert werden könnte, ohne daß die Grundbesitzer hiebei einen Nachtheil erlitten.

VI. Kurzgefaßte Geschichte des mailändischen Catasters, und Darstellung des gegenwärtigen Zustandes desselben.

VII. Von der Handels-Bilanz der lombardischen Provinzen und den Preisen der natürlichen Producte in den lombardischen, venezianischen und küstenländischen Städten.

A. Vom Ackerbaue.

a. Vom Ackerbaue im Allgemeinen.

Da der italienische Ackerbau in so vielen Stücken, im Allgemeinen sowohl, als im Besonderen von dem deutschen abweicht, so ist es nothwendig, daß ich früher erst von dem Eigenthümlichen der Vorbereitung der Felder spreche: Vom Pflügen, Umgraben, Eggen, Düngen; dann von der Ernte, vom Dreschen und vom Fruchtwechsel, ehe ich zur Beschreibung der speciellen Cultur der Getreidearten und der Futterpflanzen übergehe.

1. Vom Pflügen, Eggen und Umgraben.

Der Pflug, dessen man sich zum Wenden des Bodens im lombardisch-venezianischen Königreiche bedient, ist im Allgemeinen ein plumpes, völlig fehlerhaft gebautes Werkzeug, mit einigen, jedoch nicht sehr bedeutenden Modificationen in den verschiedenen Provinzen, wodurch aber seine Gestalt und Wirkung im Wesentlichen nicht geändert wird. — Nur allein zwischen Pizzighettone und Cremona habe ich einen ziemlich gut gebauten Pflug angetroffen, in allen übrigen Orten aber, vom Isonzo bis zum Po, ist das Schareisen schmal und zweischneidig, stellt nämlich einen ganzen Keil vor, und das Secheisen ist so stark gegen die Landseite gestellt, daß dadurch nicht ein Abschneiden des Erdstreifens, sondern nur ein Abdrücken desselben Statt haben kann.

In den venezianischen Provinzen sieht man fast durchgehends Räderpflüge, in der Lombardie nur Schwingpflüge, welch' letztere aber von den niederländischen oder engländischen eben so weit unterschieden sind, wie eine vom Dorfschlosser gemachte Uhr gegen eine von Breguet. In dieser Hinsicht sind die

Italiener sehr zurückgeblieben, und stehen nicht allein den Engländern, Niederländern, sondern auch den Deutschen weit nach, die zwar auch nicht allenthalben die best geformten Pflüge haben, deren schlechteste aber besser sind als die besten, die man in Italien sehen kann. *)

Indessen scheint doch einigen Landwirthen der Nutzen besser gestalteter Pflüge einzuleuchten, denn in Padua sah ich bei einem Schmide vor seiner Werkstätte einen neuen Brabanterpflug, und auf mein Befragen, wer ihn gemacht habe, erfuhr ich, daß er der Verfertiger desselben sei, und daß er schon 20 ähnliche in verschiedene Gegenden der Provinz geschickt habe.

Der Plumpheit des landesüblichen Pfluges muß man es zuschreiben, daß man vor demselben nur selten zwei Ochsen, fast immer vier, und nicht selten sechs angespannt sieht; **) daß sich Menschen und Thiere mit der Pflugarbeit abplagen, und daß ein frisch geackertes Feld mehr einem umgewühlten, als umgepflügten Felde gleich sieht.

Die Beilage, Fig. I. stellt den in der Lombardie gewöhnlichen Pflug dar, der ein Schwingpflug ist. Er ist getreu nach einem Original gezeichnet. In einem leichten, mürben Boden kann man auf 4—5 Zoll Tiefe ziemlich gut damit pflügen, wenn

---

*) Wie Herr Professor Moretti (Elementi di agricoltura teorico-pratica. Milano, 1816. III. Th. S. 11), nachdem er erst die Eigenschaften eines guten Pfluges umständlich angibt, folgern konnte, daß von den verschiedenen, bisher bekannten Pflügen keiner allen diesen Forderungen besser entspreche, als der italienische, von dem er selbst bekennt, daß er von dem der alten Römer und Egyptier wenig abweiche, kann nur dadurch erklärt werden, daß man voraussetzen muß, daß er dieser Operation bisher zu wenig Aufmerksamkeit geschenkt hat, nie den Pflug selbst in die Hände nahm, nie einen besser geformten Pflug durch einen des Pflügens kundigen Mann arbeiten sah, und nie mit einem Kräftemesser den Kräfteaufwand bei der Anwendung der dortigen Pfluge untersuchte, und mit anders geformten Pflügen verglich.

**) In Quistello, Provinz Mantua, und in der ganzen dortigen Gegend, spannt man 5—6 Paar Ochsen vor den Pflug. In der Nähe von Udine sah ich vier Ochsen, eine Kuh und einen Esel zusammen im Zuge.

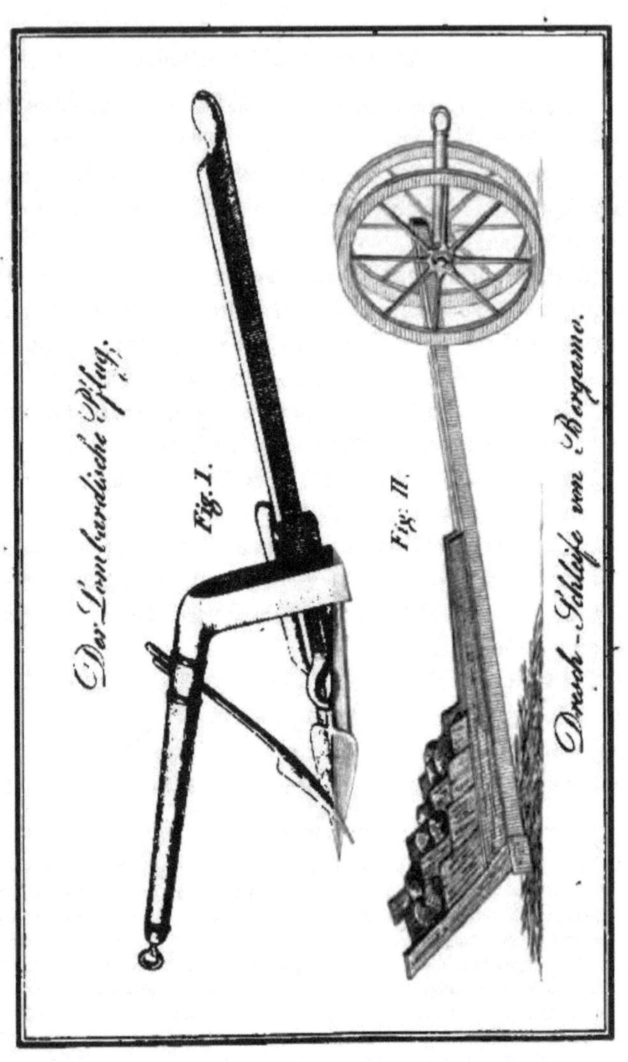
Der Lombardische Pflug.
Fig. I.
Fig. II.
Dresch-Schleife von Bergamo.

der Boden aber zähe ist, oder Steine im Untergrunde hat, so wird er leicht aus der Furche geworfen.

Solche Pflüge werden, was das Holzwerk betrifft, gewöhnlich von den Colonen selbst gemacht, und nur das wenige Eisenzeug wird zugekauft, und bleibt so lange daran, als es hält, wenn die Schar auch schon längst durch die Abnützung die Breite verloren hat, die sie nothwendig haben sollte.

Die gewöhnliche Tiefe, zu der man pflügt, beträgt 4 bis 6 Zoll (11 bis 13 Centimeter), doch ist die erstere Tiefe viel häufiger wie die letztere, wie ich mich oft überzeugte; nur in seltenen Fällen wird 7 Zoll tief gepflügt. Bei der Coltura maggenga, oder agostana, wird immer beim ersten Pflügen möglichst tief geackert, und da die Vorbereitung des Bodens, die unter diesem Namen in der Lombardie bekannt ist, als ein wesentliches Bedingniß zum Gedeihen der Wechselwiesen und als das beste Vorbereitungsmittel beim Getreidebaue angesehen wird, so ist es nöthig, daß ich hier dieses Verfahren näher angebe.

In ganz Italien kennt man die Brache nicht mehr, und nirgendwo macht man vielleicht reichere Körnerernten, als in den bewässerten Provinzen dieses schönen Landes. Man hat sich überzeugt, daß man den Zweck der Brache: Reinigung und Pülverung des Bodens, in viel kürzerer Zeit zu erreichen im Stande ist, als man ehemals dazu anwendete, und man bewirkt jetzt in so vielen Wochen das, wozu man früher eben so viele Monate für nöthig erachtete. — Zu diesem Behufe wird der Acker entweder im Frühlinge vor der Saat, oder nach der Ernte im Sommer mehrmal gepflügt und geeggt, um ihn möglichst von den Graswurzeln zu reinigen, und alle seine Theile mit der Luft und der Sonne in Berührung zu bringen. Nach Verschiedenheit der Jahreszeit, in der man diese Arbeiten vornimmt, nennt man sie entweder Coltura maggenga — Maipflügen — oder Coltura agostana — Augustpflügen.

Bei der ersteren wird das Feld im Herbste vor dem Froste gestürzt, worauf es im Frühling, sobald es abgetrocknet ist, erst geeggt, dann in die Quere geackert und sogleich wieder geeggt wird. Nun wird es später nach der Länge gepflügt, geeggt und jetzt mit Dünger überführt, welcher sogleich untergeackert wird, worauf man das Feld mit Mais, Sommerraps, oder auch wohl mit Hafer und Klee bestellt.

Bei der letzteren wird das Feld nach weggebrachtem Winterweizen oder Winterlein gestürzt, worauf es nach acht Tagen geeggt und sogleich in die Quere geackert, und auch ohne Verzug in die Quere und Länge geeggt wird, damit die Erdschollen verkleinert und alles Wurzelunkraut zum Vertrocknen auf die Oberfläche gebracht werde. Wenn im thonigen Boden der Acker in große Schollen aufgepflügt, und die Egge nicht im Stande ist sie zu zertheilen, so muß man dann zu hölzernen Hämmern seine Zuflucht nehmen, mit denen diese Schollen zerschlagen werden. — Nun wird das drittemal gepflügt, worauf das Feld bis zur Saatzeit liegen bleibt, wo es wieder gepflügt wird.

Bei der Coltura agostana ist es gewöhnlich das Feld viermal zu pflügen, und es dann mit Weizen oder Winterlein, selten wo mit Roggen, zu bestellen. Wenn man aber nach dem dritten Pflügen sich überzeugt, daß die Unkrautswurzeln nicht vollkommen getilgt sind, so wird das Feld noch einmal, also fünfmal gepflügt.

Mittels der Coltura maggenga ist man nicht im Stande das Feld so rein zu machen, als mittels der agostana, weil das Ackern im Herbste und Frühlinge wohl dazu dient den Boden recht mürbe, nicht aber ihn so rein zu machen, als dieß bei dem Pflügen im Sommer geschieht, wo jeder Pflanzentheil, so wie er zur Oberfläche gebracht wird, sogleich verdorrt; weßwegen man auch, und mit Recht, nur die letztere als dem Zwecke vollkommen entsprechend und den großen Aufwand vergütend ansieht.

Ich habe übrigens diese brachähnliche Vorbereitung des Bodens nur in den bewässerten Provinzen, und nirgendwo in den trocknen angetroffen. Wo sollten auch die armen Colonen dieser letzteren Provinzen die Mittel hernehmen, auf die Vorbereitung des Bodens eine so große Vorauslage zu verwenden? Wahrscheinlich würde sie sich bloß als Vorbereitung des Getreidebaues auch nicht bezahlen, und wenn man sie in den bewässerten Gegenden zur Umstaltung der Äcker in Wechselwiesen nicht für unerläßlich hielte, so würde man sich auch da nicht einem so großen Kostenaufwand unterziehen, der übrigens durch die Anwendung des Extirpators bedeutend vermindert werden könnte.

Die Egge ist in der Lombardie nicht so mangelhaft als der Pflug, dafür aber ist sie in den venezianischen Provinzen desto unvollkommener, und besteht nur aus zwei Balken, in welchen lange eiserne Nägel stecken, womit man die oberen Theile der frisch umgeackerten schmalen Beete ebnet. Man hat hier gar keinen Begriff von dem Zwecke und dem großen Nutzen dieses wichtigen Werkzeuges.

Die übrigen Geräthe: Wagen, Schaufel, Haue, sind von den unseren nicht sehr verschieden, nur fand ich ihre Wägen alle so stark im Holze, daß sie dadurch um die Hälfte schwerer sind als unsere. Dauerhafter sind die italienischen Wägen gewiß, sie bedürfen aber auch mehr oder stärkeres Vieh zum Zuge.

In einigen Gegenden der Lombardie wird, wie in Toscana und den Niederlanden, die Erde nach einer bestimmten Reihe von Jahren mit der Schaufel umgegraben. Ein solches Verfahren sah ich im Hügellande des Bezirkes Appiano, bei Locate, und dann in der Ebene zwischen Caprino und Bergamo. Im erstern Orte wurden die mit Weinreben bepflanzten Felder, im letztern aber auch nackte Äcker umgegraben. Wie gering hier die Menschen ihre Arbeit veranschlagen, geht daraus hervor, daß ein rüstiger Arbeiter nur eine halbe Pertica = 91 □ Klafter in einem Tage umzugraben vermag, und folglich 18⅔ Tagwerke für ein Joch braucht, das man ihm für drei Gulden umpflügt. Weil er aber diese drei Gulden nicht hat, und sich auf irgend eine andere Weise auch nicht mehr zu verdienen weiß, so unterwirft er sich dieser beschwerlichen Arbeit, die er sich nicht höher als zu zehn Kreuzern veranschlagen kann, in der Hoffnung, daß ihm durch den erhöhten Ertrag des umgegrabenen Feldes der Rest des fehlenden entsprechenden Taglohns vergütet werden wird.

Die kleinen Besitzungen in der Umgebung des großen Sees und jenes von Como werden sammt und sonders mit Schaufel und Haue umgegraben.

2. Vom Dünger.

Man theilt den Dünger gewöhnlich in mineralischen, vegetabilischen und animalischen ein, und rechnet den Stalldünger zur letztern Art, obgleich er nur zu einer gemischten gehört.

Rein animalischer Dünger: Klauen, Hörner, Wollenlappen, Abfälle von thierischen Häuten u. s. w. sah ich nirgendwo anwenden, auch betragen diese Substanzen in allen Ländern nur einen unbedeutenden Theil des Düngerbedarfes, so daß sie in einem großen Überschlage kaum bemerkt zu werden verdienen.

Der Stalldünger ist in Italien so gut, wie in Deutschland, jenes Material, wodurch man die Felder in fruchtbaren Zustand versetzt und darin erhält. Seine Bereitung ist da eben so vernachlässigt, wie bei unseren gemeinen Bauernwirthschaften, und die Sorgfalt der Schweizer in der Sammlung und Anwendung des festen und flüssigen Düngers wird von ihren Nachbarn, den Lombarden, nicht im kleinsten Puncte nachgeahmt. — Zur Düngung der Wechsel- und Winterwiesen wird der Dünger während des Frühlings und Sommers unmittelbar auf die zu bedüngenden Wiesen geführt, in große Haufen aufgeschichtet, in denen er bis zum October oder November fault und sich auf eine bedeutend kleinere Quantität reducirt. — Herr Berra, der unterrichtetste Landwirth in der Lombardie, von dem ich in der Folge noch oft zu sprechen Gelegenheit haben werde, hat auf seiner Wirthschaft zu Crescenzago bei Mailand eine gedeckte Miststätte auf den vom Wirthschaftshofe mehr entfernten Feldern errichtet, in dem auf einer Unterlage von Ackererde eine 5 Fuß hohe Lage von Stallmist aufgeschichtet lag. Er rühmte die Qualität dieses Düngers, und versicherte mich, daß die Kosten der Errichtung des Daches reichliche Zinsen trügen.

Ob der Dünger in der Wirthschaft, die dem Grafen Dandolo zu Varese gehört, gegenwärtig noch unter Dach gehalten wird, wie vormals, vergaß ich nachzufragen, als ich da war. Ich zweifle aber sehr daran. — Dandolo rühmt den Vortheil des unter Dach aufbewahrten Düngers sehr (Opera postuma. Milano, 1819. S. 155), er scheint aber außer Verra noch keinen Nachahmer gefunden zu haben. Ich halte dieß Verfahren von der größten Wichtigkeit, und zweifle nicht, daß man sich allgemach von den Vortheilen desselben überzeugen und über jede Miststätte ein leichtes Dach machen wird, um diese kostbare Substanz den heißen Sonnenstrahlen und heftigen Regengüssen zu entziehen.

Übrigens muß man den Italienern nachsagen, daß sie sorgfältig alle düngenden Materien sammeln. Die Colonen halten es für keine Schande die Kloaken in den Städten zu reinigen, und den Inhalt auf ihre Felder zu führen, und auf den Straßen sieht man fortwährend Kinder und alte Leute beschäftigt, die Abfälle der Thiere zu sammeln und in Haufen zu bringen, die sie dann den Landwirthen verkaufen.

Die vielen Städte und Flecken in Italien tragen auch sehr bedeutend zur Vermehrung der Düngermaterien bei. Die Kloaken, das Kehricht der Straßen und der Häuser, die Ställe der Gasthäuser und Pferdehälter werden sorgsam benützt, weil der Dünger in einem so stark bevölkerten, mit so guten Straßen versehenen Lande höher geschätzt wird, als anderswo, wo Grund und Boden einen kleineren Geldwerth hat, und die Straßen so schlecht sind, daß man den Dünger der Städte nur in die nächste Umgebung derselben verführen kann.

Von rein vegetabilischen Düngermaterialien sah ich nur allein den Schlamm der Bewässerungs- und Einfriedigungsgräben, und die ausgepreßten Samenkörner der Ölrüben verwenden. Die Ölrübenkuchen werden gepülvert und über die Wiesen gestreut: da aber die Cultur dieser Ölpflanze noch sehr beschränkt ist, so beträgt die Quantität dieses Düngermaterials im Ganzen nur wenig. Man zahlte für 100 Pf. 1 fl. 12 kr. und bedarf für ein Joch Winterwiesen, für die man sie bisher in Anwendung brachte, 18 Zentner.

Unter diese Rubrik gehört aber auch der grüne Dünger. Obwohl die Stoppeln der Felder und die Wurzeln der Kleeäcker als grüner Dünger betrachtet werden müssen, so versteht man doch gemeiniglich unter grünem Dünger — Soverscio — nur eine Pflanze, die man geflissentlich in das Feld säet, um sie während der Blüthezeit, oder gleich nach derselben unterzupflügen, damit sie der darauf folgenden Frucht zum Dünger diene. Seit der grauesten Vorzeit hat man in Italien die Feigbohnen, Lupinus albus, zu diesem Behufe angewendet, und wendet sie noch an, mehr aber in Unter- als in Ober-Italien, denn was ich von Lupinendüngung im lombardisch-venezianischen Königreiche sah und hörte, zeugt nicht von einer großen Anwendung dieses Mittels, auch macht man nur im leichten, losen Boden Gebrauch von demselben. Die größten Lupinenfelder fand ich zwischen Mailand und Varese, und dann in Friaul: sie waren zur Zeit meiner Anwesenheit in diesen Gegenden, in den Sommermonaten, blühend und bestimmt reife Früchte zu tragen. Zur Düngung der Winterfrucht werden sie im August gesäet, und im October oder November untergeackert, worauf das Feld sogleich besäet wird. Unweit Como sah ich in die rings um jeden Maulbeerbaum gelockerte Erde Lupinen gesäet, um sie später unter die Erde zu vergraben, was gewiß sehr klug ist. In Friaul werden die Lupinen vor dem Anhäufen des Mais über das Feld gesäet, worin sie bis zur Zeit der Wintersaat wachsen, wo sie dann untergeackert werden. Daß man in Toscana mit

Lupinenkörnern, nachdem man früher die Keimkraft in ihnen getödtet, Pomeranzen- und Limonienbäume dünge, wissen wir aus Sismondi's Beschreibung der toscanischen Landwirthschaft. Vergleichende Versuche über den Werth der Lupinendüngung gegen Stalldünger hatte Niemand angestellt, bei dem ich mich dießfalls erkundigte, und die landwirthschaftlichen Schriftsteller in Italien kennen zu wenig den practischen Ackerbau, als daß sie sich um solche Gegenstände bekümmerten. Die grüne Düngung mit Roggen, die Giobert in Turin vorgeschlagen hatte, und womit er allen Stalldünger überflüssig machen wollte, ist längst wieder verschollen.

Von mineralischen Düngermitteln kennt man hier: Gips, frische und ausgelaugte Asche, Salpetererde, Bauschutt und Kalk.

Gips wird in den venezianischen Provinzen mehr als in den lombardischen angewendet, und sein Gebrauch verbreitet sich in den Provinzen Vicenza und Verona immer mehr, wo er den Ertrag der häufig da vorkommenden Luzernefelder mächtig vergrößert. Auch in der Umgebung von Mailand wird er immer mehr bekannt, und sein Gebrauch gewinnt von Jahr zu Jahr an Ausdehnung. Man kauft ihn überall in großen Stücken, und pülvert ihn zu Hause entweder in steinernen Mörsern mit eisernen Keulen, oder in einem steinernen Troge mittels eines vertical aufgestellten, und darin auf und ab bewegten Mühlsteines. — Daß die Wirkung des Gipses dem Schwefel zugeschrieben werden müsse, und daß der Schwefel, für sich angewendet, dieselbe Wirkung wie der Gips hervorbringe, wußte in Italien noch Niemand, weßwegen man in den neuesten italienischen Lehrbüchern noch immer das alte Gerede antrifft.

Frische und ausgelaugte Asche, und ausgelaugte Salpetererde wird allenthalben über die Wiesen gestreut, und in dem Landstriche zwischen dem Adda und dem Brembo, von dem ich früher sagte, daß er mit der Schaufel umgegraben würde, auch in die Äcker geführt. Die Landwirthe dieser Gegend fahren

16 *

in der Umgebung allenthalben herum, um Asche, Ruß und Pottaschenerde zu erhalten, die sie dann nebst Kalk in ihre Felder bringen, welche ihnen, ohnerachtet die Erde keineswegs sehr bindig ist, doch bei dieser Behandlung ausgezeichneten Ertrag gewähren.

Bauschutt sah ich in der Umgebung der Stadt Lodi auf eine Entfernung von zwei Stunden führen, um damit Wiesen zu düngen. Es war mit dem zerfallenen Mörtel viele fruchtbare Erde gemengt, und man zahlte eine Lira für die cubische Elle. Man sagte mir, daß man diese Erde von Lodi vecchio hole.

Kalk wird als Dünger in vielen Gegenden der Provinzen Como, Mailand und Bergamo angewendet. In Mozzate und den benachbarten Ortschaften, auf der Straße von Mailand nach Varese, ist es ein alter Gebrauch Kalk als Dünger anzuwenden. Man bringt ihn im August von der Umgebung von Varese, wo die Kalköfen sind, und ladet ihn am Acker selbst in Haufen ab, die man mit Erde deckt, die etwas feucht ist und geschlagen wird, damit der Regen ablaufe. Gegen Ende Octobers, wenn die Wintersaat bestellt wird, werden diese Häufchen geöffnet, in denen man den Kalk in Staub zerfallen antrifft. Man mischt den Kalk mit der Erdenlage, mit der er gedeckt worden war, und verbreitet ihn über die Oberfläche des Ackers, ehe man ihn pflügt. Die gewöhnliche Menge von Kalk, die man zu diesem Zwecke verwendet, sind 50 Pfund für die Pertica; 598 Wiener Pfund für das Joch. Manche verwenden den zerfallenen Kalk erst im folgenden Jahre, und halten ihn, weil er jetzt weniger ätzend ist, so wie den Bauschutt, für thonige, zähe Gründe noch vortheilhafter.

3. Von der Ernte.

Alles Halmgetreide wird in Ober-Italien mit der Sichel geschnitten, das Mähen desselben ist allenthalben in diesem Lande unbekannt. Die Halme werden nur zur Hälfte abgeschnitten, indem die Schnitter fast aufrecht durch die Felder gehen. Die hohe Stoppel wird hinterher gelegenheitlich abgemäht. In einigen Gegenden der Lombardie wendet man beim Schnitt einen hölzernen Kamm an, den man mit der linken Hand hält, und womit man einen Büschel Halme ergreift und mit der Sichel abschneidet, die aber in diesem Falle eine längere Handhabe hat. Die erstere Methode ist die allgemeinste. Man rechnet, daß ein Mann täglich 2 Pertiche Weizen abschneidet; 4,4 Mann ein Joch täglich.

Die Garben werden nicht gleich gebunden, wenn die Witterung auch trocken ist, sondern erst am folgenden Tage, und während dieser Zeit werden sie einmal gewendet. Es ist gewöhnlich sie gleich vom Felde, wo sie in gleich weit abstehenden Reihen liegen, auf die Wagen zu laden, und nach Hause zu führen; daselbst werden sie, in den kleinen Wirthschaften in Fiemen, Taßen, gelegt, in den großen Wirthschaften aber einstweilen unter Dach aufbewahrt. — Zwischen Mailand und Como sah ich den abgeschnittenen Weizen in runden Haufen am Felde zusammengelegt. Der Acker war rings um diese Haufen schon gepflügt. Es geschieht hier das Zusammenlegen der Garben in Haufen offenbar nur, um Zeit für die Arbeiten der Ernte und des Stürzens der Erde für die Nachfrucht zu gewinnen.

Das Schneiden zur Hälfte des Halms gefiel mir sehr: es ist viel minder beschwerlich für den Arbeiter; ungemein schnell, denn es gibt viele einzelne Schnitter, die doppelt so viel als ich angegeben habe, schneiden; wohlfeil; und setzt die Ähren in den kurzen, unkrautlosen Garben nicht in die Gefahr des Verderbens, was sonst nicht selten geschieht, wenn hart am Boden weggeschnitten, und Gras und Klee mit den Getreidestängeln zusammen in die Garben gebunden werden. So ist auch dadurch das Dreschen viel erleichtert, weil man fast bloß Ähren, und nicht lange, körnerlose Halme zu durchdreschen braucht, wie dieß bei uns der Fall ist; und endlich geht hierbei an dem Erzeugnisse des Ackers nichts verloren, denn was die Sichel nicht abschneidet, das fällt später, bei gemächlicher Zeit, unter der Sense, und wird getrocknet zu Hause gebracht.

4. Vom Dreschen.

In den kleinen Wirthschaften wird in Italien allenthalben mit dem Dreschflegel gedroschen. Man wählt zu dieser Arbeit, welche die beschwerlichste von allen ist, die im Haushalte vorkommen, einen sonnigen Tag, und legt dann die Garben aufgebunden den Wirkungen der Sonnenstrahlen bloß. Die Dreschtenne ist entweder der Hof des Wirthschaftsgebäudes, oder auch wohl ein Platz außer demselben, der jährlich geebnet, mit Thon belegt, und fest geschlagen wird. So wie die Sonne die Garben erwärmt hat, werden sie auf die Tenne gelegt und von den Arbeitern durchgedroschen. Man sucht immer so viele Drescher zu bekommen, als möglich ist, um diese Arbeit so schnell als möglich zu vollenden, und zahlt ihnen daher dreimal so viel, als bei der gemeinen Arbeit: sie müssen aber auch von 4 Uhr Morgens bis 8 Uhr Abends angestrengt arbeiten.

In den großen Wirthschaften wird das Getreide durch hölzerne Walzen ausgedroschen, die durch Pferde gezogen werden, oder es wird durch die Thiere ausgetreten, was aber in Ober-Italien meines Wissens nur allein beim Reiß Statt hat.

Die Art, mit den Walzen das Getreide auszudreschen, ist uralt, und von Aquileja bis nach Sicilien noch immer dieselbe, wie sie von den alten römischen Schriftstellern beschrieben wird. Es sind gewöhnlich vier, mit breiten Rinnen versehene — cannelirte — Walzen, die auf zwei Achsen sich bewegen, welche mitsammen verbunden sind und auf denen oft ein Sitz für den Pferdeführer angebracht ist. Sie werden von den Pferden im Trabe über die auf der weiten Fläche des Wirthschaftshofes ausgebreiteten Getreidegarben gezogen, und machen durch Druck und Stoß die Körner von den Ähren los. — Wenn die Tage heiß sind, und nur an solchen nimmt man diese Arbeit vor, so geht das Ausdreschen mit Walzen sehr rasch vor sich.

Rings um Bergamo sah ich aber noch eine andere, mir völlig unbekannte Methode das Halmgetreide zu entkörnen, die wohl verdient, daß ich sie näher beschreibe. Das Werkzeug, das man zu diesem Behufe verwendet, und Fig. II. abgebildet ist, besteht aus einem dicken Brette, das vorne auf einem Rädergestelle, und hinten auf der Erde aufliegt, wo es am unteren auf der Erde aufliegenden Theile mit einer dicken, eisernen Schinne belegt ist. Am oberen Theile des unteren Endes ist quer über ein schmales Brett auf der Kante befestiget, um die Steine zurückzuhalten, womit man die Maschine beschwert. Vor dieß einfache Werkzeug sah ich allenthalben Ochsen angespannt, die es über die auf der Tenne ausgebreiteten Garben ziehen, wobei durch die Reibung des Randes des beschwerten Brettes gegen den Boden die zwischen liegenden Ähren entkörnt werden. Das Stroh wird zur Hälfte zerkleinert, und die darin vorkommenden Ähren traf ich völlig körnerlos. Die Bauern versicherten mich, daß sie mit einem Paar Ochsen 4 Moggia, d. h. 9½ Metzen Weizen in einem Tage ausdreschen. — Da, wo es die Wirtschaftsverhältnisse nicht erlauben Pferde zu halten, und wo man daher mit den Walzen nicht dreschen kann, gibt es keine einfachere, minder kostspielige Vorrichtung das Getreide zu entkörnen als die letztbeschriebene.

Das auf irgend eine Art ausgedroschene Getreide wird bei günstiger Witterung auf großen Tüchern den Sonnenstrahlen einige Tage ausgesetzt, und dann auf den Getreideboden gebracht. Das Stroh wird aber in große Haufen, entfernt von den Wirthschaftshöfen zusammengelegt, und mit einem Strohdach bedeckt. Solche Strohhaufen sah ich in der Provinz Lodi in den dortigen großen Wirthschaften von länglichter Form, viereckig, 8 bis 10 Klafter lang, und 2 bis 3 Klafter hoch und breit. Obenüber brachte man von langem

Stroh eine Art Dach an, um das Eindringen des Regens zu verhüten.

5. Vom Fruchtwechsel.

Der allgemeine, durch ganz Italien verbreitete Fruchtwechsel besteht darin, daß man in den Äckern abwechselnd Mais und Weizen baut. Ich möchte daher diesen Fruchtwechsel den italienischen nennen. Es gibt große Gegenden im Küstenlande und in den venezianischen Provinzen, wo dieser Fruchtwechsel regelmäßig beobachtet, und außer diesen zwei Früchten sonst gar nichts erzeugt wird. Anderswo hat er durch die Einschiebung einer Futterpflanze eine geringe Modification erhalten, wie z. B. in manchen Gegenden der Provinzen Friaul, Padua, Vicenza, Verona, Brescia, Bergamo, Como, durch die immer größere Verbreitung der Cultur des Luzernerkleees; anderswo durch den rothen Klee, oder durch den Lein, die Ölsaat u. s. w.

Ich habe gefunden, daß die Lombarden in den bewässerten Provinzen die Regeln des Fruchtwechsels viel besser verstehen, als in den trockenen Gegenden, wo es aber auch große Bezirke gibt, wo man einen sehr vernünftigen Fruchtwechsel beobachtet. Überhaupt glaube ich aus allen Daten, und mit Rücksicht auf den Zustand der Landwirthschaft vor 30 Jahren, wie er von Arthur Young dargestellt wird, schließen zu dürfen, daß man in dieser Hinsicht bedeutende Fortschritte in allen Provinzen des lombardisch-venezianischen Königreichs gemacht hat, und daß sich die Cultur des rothen und Luzernerkleees immer mehr vergrößert.

Zum Belege dieser meiner Behauptungen will ich nun angeben, welchen Fruchtwechsel ich in den verschiedenen Provinzen dieses Landes angetroffen habe.

A. Bewässerte Provinzen.

a. Ohne Reißcultur.

Provinz Mailand.

Casaretto und Crescenzago. *)

1. Jahr. Mais, gedüngt.
2. » Weizen mit rothem Klee.
3. 4. 5. » Wiesen.

Provinz Lodi. — Melegnanello. **)

1. Jahr. Lein. Hierauf wird fünfmal gepflügt, und die Hälfte des Feldes gedüngt. Nachfrucht in dem gedüngten Theile: Hirse.
2. » Weizen, nach Hirse. Mais, gedüngt.
3. » Weizen, nach Mais. Wiese nach Weizen.
4. 5. 6. » Wiese, jährlich gedüngt.

Zwischen den Weizen wird hier gar nichts gesäet, und doch sah ich die Felder schon im ersten Jahre mit weißem Klee überzogen, der durch alle drei Jahre ausdauert.

---

*) Die Catastralschätzung nahm vor 100 Jahren für die besten Äcker in der benachbarten Gemeinde Lambrate folgenden Fruchtwechsel an:

1. Jahr. Mais.
2. » Weizen.
3. » Weizen.
4. Jahr. Wiesen.
5. » Wiesen.
6. » Lein, hierauf Hirse.

**) Die Catastralschätzung gab für diese Gemeinde im Jahre 1725 folgenden Fruchtwechsel an, der von dem gegenwärtigen um sehr wenig verschieden ist:

1. Jahr. Lein.
2. » Weizen.
3. » Coltura maggenga. Hirse.
4. Jahr. Weizen.
5. 6. 7. » Wiesen.

b. Mit Reißcultur.

Provinz Pavia.

San Novo.

1. Jahr. Mais, gedüngt, mit Klee.
2. » Klee.
3.–5. » Reiß. Im vierten Jahre etwas gedüngt.
6. » Weizen.

Moncaro.

Auf der einen Hälfte der Äcker.

1. Jahr. Mais, gedüngt.
2. » Weizen mit Klee.
3.–4. » Wiesen, die alljährlich etwas gedüngt werden.
5.–7. » Reiß, im dritten Jahre wird schwach gedüngt.

Auf der andern Hälfte der Äcker.

1. Jahr. Hafer, gedüngt, nach vorausgegangenem dreimaligen Pflügen.
2. » Lein, mit Klee, zu welchem das Feld neuerdings viermal gepflügt worden war.
3.–4. » Wiesen, die alljährlich etwas gedüngt werden.
5.–7. » Reiß, im dritten Jahre wird schwach gedüngt.

Manchmal wird der Lein ausgelassen, und dann wird der Klee in den Hafer gesäet.

Provinz Lodi. — Vitabone.

1. Jahr. Lein, Nachfrucht Hirse.
2. » { Mais 2/3, gedüngt. / Reiß 1/3.
3. » { Weizen 2/3. / Reiß 1/3.
4. » { Wiesen 2/3, schwach gedüngt. / Weizen 1/3, gedüngt.
5. 6. 7. } » Wiesen, jährlich schwach gedüngt.

Provinz Mantua.

Quistello.

1. Jahr. Mais gedüngt.
2. » Weizen.
3. » Klee.
4. » Reiß.

Dort, wo kein Klee gebauet wird, ist der Curs dreijährig.

Roverbello.

1. Jahr. Mais.
2. » Weizen.
3. » Reiß.

B. Trockne Provinzen.

Provinz Mailand und Como.

Zwischen Mailand, Como und Varese.

1. Jahr. Mais.
2. » { Weizen 1/2, Nachfrucht Cinquantin. / Weizen 1/2, Klee.
3. » { Mais 1/2. / Klee 1/2.
4. » Weizen. Nachfrucht Cinquantin und Hirse.

Provinz Bergamo.

Umgebung der Stadt.

1. Jahr. Mais.
2. » Weizen mit Klee, und wenn dieser mißräth, kommen Lupinen, die man unterackert.
3. » Weizen. Nachfrucht Cinquantin und Hirse.

Provinz Mantua.

In dem größten Theile dieser Provinz dürfen die Colonen keinen andern Fruchtwechsel beobachten, als den mit Mais und Weizen; nach letzterer Frucht darf keine zweite gesäet werden. Der Grund dieser abgeschmackten und nachtheiligen Vorschrift liegt darin, daß die Grundbesitzer glauben, zu sehr am Ertrage ihres Antheils verkürzt zu werden, wenn ihre Pächter auf halben Theil Ertrag, irgend eine Futterpflanze baueten.

Provinz Verona.

In der Gemeinde Chievo, hart vor der Stadt, wird in einem mit Rollsteinen erfüllten Boden im ersten Jahre Mais, im zweiten Weizen, und als Nachfrucht Cinquanten gesäet. In manchen andern Gegenden, wo der Boden eben so voll Sand und Rollsteinen ist, wie hier, bauet man aber Roggen statt Weizen.

Ich kann mir keinen schlechtern Fruchtwechsel für so losen Boden in diesem warmen Clima denken, wie den mit Mais und Weizen, die beide einen tiefen, bindigen Boden haben wollen. Hätte ich das Unglück diesen schlechten Boden cultiviren zu müssen, so würde ich mit folgendem Fruchtwechsel mein Heil versuchen.

1. Jahr. Hirse.
2. » Roggen, gedüngt.
3. }
4. } » Luzerne, jährlich abwechselnd mit Gips, Asche und Stallmist gedüngt.
5. }

Provinz Vicenza.

In der Umgebung der Stadt besteht folgender Fruchtwechsel:

1. Jahr. Mais.
2. » Weizen.
3. » Rother Klee.
4. » Weizen.

Es ist dieß wohl der einträglichste Fruchtwechsel, der für die gegebenen Verhältnisse möglich ist, wozu aber auch ein so guter und tiefer Boden gehört, als es der hiesige ist.

Provinz Padua.

Gemeinde Cartura bei Monselice.

1. Jahr. Weizen.
2. » Weizen.
3. » Mais.

Zwischen Padua und Este sieht man nirgendwo eine Futterpflanze, auch nur wenige Wiesen: allein der Boden ist von einer trefflichen Mischung und großen Tiefe, und gewährt, ohngeachtet der elenden Bewirthschaftung, doch noch bedeutende Ernten.

Provinz Udine.

Gemeinde Colloredo Prato.

In den bessern Grundstücken.

1. Jahr. Weizen. Nachfrucht Cinquantin.
2. » Mais.
3. » Mais.

In den schlechtern Gründen folgt der Mais noch durch mehrere, man sagte mir, durch 13 Jahre, während welcher er alle Jahre etwas Dünger erhält, den man mit den Händen in die Pflugfurche, unmittelbar zum Samenkorn hinzulegt. Schlechter, sandiger Schotterboden; dürres, mageres Land, für welches weder Mais noch Weizen, wohl aber Hirse, Roggen und Buchweizen passen! —

b. Von der Cultur der Getreidearten und Futterpflanzen.

1. Vom Weizen.

Fast durchgehends wird Bartweizen gesäet, denn man hat die Meinung, daß der Kolbenweizen mehr vom Froste leide, während der Blüthe von den Nebeln verdorben würde, und dem Vogelfraße mehr unterliege. Die Körner haben ein Mittel zwischen dem hornartigen und mehligen Aussehen im Bruche, neigen sich aber mehr zum erstern. Man säet bloß Winterweizen. Die gewöhnliche Zeit der Saat beginnt Anfangs Octobers, und dauert durch diesen und den folgenden Monat; doch suchen fleißige Landwirthe sie bis Ende Octobers zu Stande zu bringen. Es wird immer obenauf gesäet, und eingeeggt: ich hörte nichts vom Unterpflügen.

Da, wo der größte Viehstand ist, die größte Menge von Futter gebauet, und in die Thiere verfüttert, und die größte Menge von Dünger erzeugt wird, und wo nebstbei ein tiefer, fruchtbarer, bewässerungsfähiger Boden ist, muß natürlich das größte Weizenerträgniß gefunden werden. Dieß trifft man auch in den bewässerten Provinzen Mailand, Lodi und Pavia an.

In der Provinz Lodi, Gemeinde Tavezzano, gab mir der Pächter Frarri an, daß er 8 Star auf die Pertica im Durchschnitte aller Classen rechne, das gibt auf das Joch 20,9 Metzen.

In Vitabone gab mir der Pächter Pennaro an, daß er auf die Pertica einen Star aussäe, und bei der gewöhnlichen Vorbereitung des Ackers 6 Star, nach der Coltura agostana aber 8 bis 10 Star ernte. Das gibt bei 2,61 Metzen Aussaat 15,6, 20,9 bis 26,12 Metzen pr. Joch Ertrag.

In den trocknen Gegenden der Lombardie säet man nach den Angaben Berra's (Sull' attuale avvilimento del prezzo dei grani. Wien, 1826. Seite 19) auf die Pertica

$^3/_4$ Star, und erhält dafür 4½fachen Samen; = 1,95 Metzen Saat und 8,81 Metzen Ernte pr. Joch.

Dandolo (Opera postuma. S. 177) nimmt bei der gemeinen Bauernwirthschaft im guten Boden an, daß man einen Star auf die Pertica aussäe, und 5 ernte, = 2,61 gegen 13,05 Metzen pr. Joch. Er sagt nicht bestimmt, wie viel er bei der eignen Bewirthschaftung erhalten habe; es scheint aber nach den Rechnungen zu urtheilen, die er über den Ertrag der Felder aufstellt, den sie bei einem zweckmäßigen Fruchtwechsel geben würden, daß er 7 Star pr. Pertica, = 18,27 Metzen pr. Joch, erhalten habe.

Berra's Annahme ist offenbar zu gering, denn überall, wo ich mich nach dem Ertrage erkundigte, gab man mir gewöhnlich 5 bis 6 Star an, und ich meine daher, daß Dandolo vollkommen Recht haben mag, bei der gemeinen Colonenwirthschaft 5, und bei einer bessern Bearbeitung des Bodens 7 Star pr. Pertica anzunehmen.

In der Umgebung von Mantua soll man nach der Angabe des Fattore des Grafen Cocastelli einen Sacco pr. Biolca aussäen und 4 ernten, = 3,10 Metzen Aussaat und 12,4 Metzen pr. Joch Ertrag. Da der Boden in der Umgebung von Mantua aus leichtem Sande und feinem Gerölle besteht, so bin ich der Meinung, daß wohl der Ertrag richtig angegeben, die Aussaat aber vielleicht zu groß sein dürfte, weil sie mit der in Italien überhaupt Statt findenden nicht übereinstimmt.

Über den Ertrag des Weizens in den venezianischen Provinzen muß ich mich auf die Mittheilungen der Beamten der Catastralschätzung beschränken, die ich aber keinen Anstand nehme für richtig anzuerkennen, da sich diese Beamten damals bereits im dritten Jahre in dem Umfange der ihnen zugewiesenen Bezirke mit der Erhebung des Naturalertrages der Gemeinde ausschließlich beschäftigten; und diese Angaben auch mit dem, was ich von einzelnen Landwirthen in Erfahrung brachte, übereinstimmend zu sein und den örtlichen Verhältnissen, die auf das

Gedeihen oder Mißrathen der Frucht Einfluß haben, zu entsprechen schienen.

Verona. Gemeinde Chievo an der Etsch. Der höhere Theil der Gemeinde ist eitel Steingeröll; der niedriger gelegene, wenig gebundener Sand. In der einen, so wie in der andern Bodenabtheilung wird Mais und Weizen gebauet. Wie diese Früchte aber aussehen mögen, erhellet aus den Angaben über den Ertrag. Aussaat pr. Joch 1,17 Metzen. Ertrag in den besten Äckern 8,19, in den schlechtesten 2,34 Metzen.

Vicenza. Stadtgemeinde. Vortrefflicher, fruchtbarer, tiefer Boden; mürber Lehm, der durch den austretenden Bacchiglione gebildet worden.

Ertrag pr. Joch in den besten Äckern 18,8, in den mittlern 15,2, und in den schlechtesten 12,9 Metzen.

Padua. Gemeinde Cartura. Gleicher Boden, wie in Vicenza, nur etwas leichter, und nicht so bindig.

Ertrag pr. Joch in den besten Äckern 15,44, in den mittlern 11,22, und in den schlechtesten 7 Metzen.

Diese Gegend hat einen sehr geringen Viehstand, fast keine Wiesen und Futterpflanzen, und wirft daher, ohngeachtet des guten Bodens, einen verhältnißmäßig nur sehr mäßigen Naturalertrag ab.

Udine. Gemeinde Colloredo Prato. Schlechter, sandiger, mit kleinem Gerölle erfüllter Boden.

Ertrag des Weizens in den besten Äckern 10,5, in den mittlern 9, und in den schlechtesten 6,9 Metzen pr. Joch.

Es erhellet aus den vorstehenden Angaben über den Ertrag des Weizens in Ober-Italien, daß er ganz derselbe ist, wie man ihn in Deutschland antrifft, und wenn er von dem unserigen abweichet, so ist er nur geringer, in keinem Falle aber größer. Er sollte aber in Rücksicht auf das herrliche Clima, in dem die Vegetation nur auf wenige Wochen im Winter unterbrochen ist, und auf den guten Boden, der in dem größeren Theil dieses Landes Statt hat, um vieles größer sein, und würde es auch sein, wenn man in den nicht bewässerten Provinzen mehr Futterpflanzen cultivirte, einen größern Viehstand aufstellte, um mehr Dünger zu gewinnen, und wenn man bessere Pflüge hätte, und dieselben auch anzuwenden verstände. — Wenn man dieses geringe Erzeugniß der Hauptfrucht des Landes mit der großen Zahl von Städten und Flecken und der ungeheuer großen Bevölkerung derselben zusammenhält, so ist es nicht schwer einzusehen, daß dieser Theil von Italien sehr wenig Weizen zur Ausfuhr übrig hat, ja in nicht sehr seltenen Fällen von seinen Nachbarn anzukaufen sich veranlaßt sehen würde, wenn die Bevölkerung nicht größtentheils von Mais lebte.

2. Vom Roggen.

In älteren Zeiten bauete man in der Lombardie sowohl, als in den venezianischen Provinzen mehr Roggen als jetzt, was aus alten Urkunden und Pachtregistern erhellet. In den neueren Zeiten wird der Roggen immer mehr und mehr verdrängt, und man säet gegenwärtig Weizen, wo nach der Natur des Bodens nur Roggen stehen sollte. Solcher Roggenboden, wo auch wirklich noch hin und wieder etwas Roggen gebauet wird, sind vorzüglich vier Ebenen, deren erste durch eine Linie begränzt wird, die bei Verona beginnt, dann zum Gardasee, von da nach Mantua und Legnago, und dann wieder hinauf nach Verona sich erstreckt; die zweite heißt: Ghiara d'Adda, und ist zwischen den Flüssen Serio und Adda beschränkt; die dritte ist die Ebene von Gallarate in der Lombardie, die noch vor wenigen Menschenaltern eine weite Heide war, und sich vom Ticino über den Olona bis gegen die Hügel hin, und abwärts gegen Cuggiono und Rho erstreckt, welche Heide aber gegenwärtig durch die vorgeschrittene Cultur auf einen kleinen Raum beschränkt ist; die vierte endlich sind die Flußbette der von den julischen Alpen niederstürzenden Ströme: des Piave, Livenzo und Tagliamento, die in der Nähe der Berge die Ebene mit grobem

Steingeröll bedeckt, weiter abwärts gegen das Meer aber einen trefflichen Boden aufgeschwemmt haben.

Als ich mich in Verona erkundigte, warum man den ganz mit Steinen erfüllten Boden des rechten Etschufers nicht mehr mit Roggen besäete, antwortete mir der Marchese Canossa, ein Mann, der die Landwirthschaft besser versteht, als man es bei seines Gleichen zu finden gewohnt ist, daß man seit der Zeit, als der Marktpreis des Roggens in keinem natürlichen Verhältnisse mehr zum Marktpreise des Weizens stehe, und diese Frucht am Markte kaum mehr zu verkaufen sei, weil sich das Volk des Genusses des Roggenbrodes allgemach entwöhnt hat, seinen Anbau von Jahr zu Jahr mehr beschränke. Über das Mißverhältniß, das zwischen dem Preise des Roggens und jenem des Mais, dann zwischen den Preisen des Weizens und des Mais obwaltet, habe ich in den Memorie dell' Accademia agraria di Verona. Tom. X. einen interessanten Beleg gefunden. Im Mißjahre 1816, vom Juli angefangen bis zum November, war der Weizen nur etwa 10% theurer als der Mais; im Mai 1817 betrug der Unterschied nur mehr 6%, und im Juni war der Mais schon um 5% theurer als der Weizen. In diesem Monate war der Preis eines Sacco (= 1,862 Metzen)

von Weizen	Lire	48	Centes.	73. (Neue Münze.)
» Mais	»	51	»	34.
» Roggen	»	26	»	71.

Der Roggen war also zur Zeit der höchsten Theurung um die Hälfte wohlfeiler als der Mais.

Im Juli war der Preis

von Weizen	Lire	30	Centes.	90.
» Mais	»	41	»	27.
» Roggen	»	21	»	43.

Im August war der Preis

von Weizen	Lire	27	Centes.	47.
» Mais	»	25	»	13.
» Roggen	»	18	»	94.

Vorzüglich bemerkenswerth ist das Mißverhältniß des Preises zwischen Weizen und Roggen im Juni, und zwischen Weizen und Mais im Juli.

Bei der Vergleichung der Marktpreise der Getreidearten in den lombardischen und venezianischen Provinzen habe ich gefunden, daß der Roggen in den letztern bedeutend niedriger gegen den Mais stand, und daß der Unterschied in den ersteren kaum 2% betrug, während er in den letzteren auf 20 und mehr Procent stieg.

Die Umgebung von Monza, und ein großer Theil des königlichen Parkes, hat schlechten Boden. Die eingeschlossenen Äcker werden mit Roggen besäet, während die gleich außerhalb des Parkes gelegenen mit Weizen bestellt werden. Der Wirthschaftsverwalter sagte mir, daß man innerhalb des Parkes der Hasen wegen nicht Weizen säen dürfe, weil er durch diese Thiere ganz zerstört würde, die der Weizensaat sehr nachstellen, die Roggensaat aber unberührt stehen lassen. Mir däucht, diese Beobachtung sei nicht unwichtig.

3. Vom Mais.

Der Mais ist die Hauptfrucht der Italiener, von der sich die arbeitende Classe größtentheils ernährt, und von der sie glauben, daß sie bei gleichem Gewichte der Verzehrung besser genährt würden, als von jeder andern Getreideart, und die sie deßwegen, wenn sie allgemein mißräth, höher als Weizen bezahlen, wie dieß im Jahre 1817 geschah, was ich so eben anführte, und sich im Jahre 1828 wiederholte, wo ich auf den italienischen Getreidemärkten den Mais theurer als Weizen verkaufen sah.

Weil der Mais auf einem gegebenen Flächenraum unter allen Getreidearten den höchsten Körnerertrag abwirft und viele Blätter liefert, die im grünen Zustande vom Hornviehe mit Begierde gefressen werden; weil die Körner eine sehr gesuchte Handelswaare sind und einen verhältnißmäßig hohen Kaufpreis haben; weil sie, um verspeiset zu werden, nur grob gemahlen zu wer-

17 *

den brauchen, und einen unbedeutenden Abgang hiebei erleiden; weil das Mehl nicht erst zu Brod verwandelt werden muß, um verspeiset zu werden, und weil die frisch bereitete Polenta auch wohl schmackhafter ist, wie Roggen- oder altbackenes Weizenbrod, so haben die Italiener ganz Recht, wenn sie dem Mais vor allen Körnern für den Hausgebrauch den Vorzug geben, und im trocknen Lande gewöhnlich die Hälfte, mindestens ⅓ der Ackerfläche damit bestellen. Der italienische Fruchtwechsel besteht, wie ich bereits sagte, in der Abwechslung mit Mais und Weizen. Mit dem Weizenerträgniß sucht der Colon seinen Herrn zu befriedigen, und von dem Ertrag des Mais will er leben. Es ist daher wenig Wechsel in den Feldern dieser Landwirthe, und man reiset oft ganze Tage, ohne was anders als Mais und Weizen zu sehen.

So wie man den Weizen in allen Feldern sieht, sie mögen der Natur dieser Pflanze zusagen oder nicht, so auch den Mais. Er wird im schweren Lehm, so wie im Sande und im Schotterboden gleichförmig angebauet, was freilich kein rühmliches Zeugniß für die landwirthschaftlichen Kenntnisse dieser Grundbesitzer und Pächter gewährt. Auch in Hinsicht des Clima machen sie keinen Unterschied, und säen ihn nicht selten in Gegenden, wo er sehr häufig der Kälte oder der Sommerdürre unterliegt, wie z. B. in den hohen Thälern des Fella, des Tagliamento, des Isonzo oder an der regenlosen Küste von Istrien.

Da der Mais die Hauptpflanze der italienischen Landwirthschaft, und der Angel ist, um den sich die Ernährung des Volkes dreht, so sollte man vermuthen, daß seine Cultur besser verstanden und ergiebiger sein sollte, als man sie antrifft. Sie scheint noch immer auf derselben Stufe sich zu befinden, auf der sie vor hundert Jahren stand. Größtentheils wird der Samen noch breitwürfig über das Feld gesäet und untergepflügt, und nur in den Provinzen Friaul und Treviso findet man viele in Reihen gesäete Maisfelder, wo in die durch den Pflug geöffnete Furche der Samen nebst dem Dünger eingelegt, und durch den zurückkehrenden Pflug mit Erde gedeckt wird. Hier fand ich auch das Grübeln allgemein im Gebrauch, wobei mit einer Haue in das gepflügte Feld kleine Gruben gemacht, und in diese einige Körner Mais sammt einer Handvoll Dünger gelegt werden; mittels welcher Methode es den Friaulern möglich wird, eine so unverhältnißmäßig große Fläche mit Mais zu bebauen, die in der Umgebung von Udine gegen Codroipo 13/14 der ganzen Ackerfläche beträgt. Es ist übrigens dieses Verfahren den Lombarden auch nicht unbekannt, so wenig als den Deutschen und Croaten.

Schaufelpflüge, kleine Extirpatoren, um die Räume zwischen den Maispflanzen vom Unkraute zu reinigen oder die Erde zu lockern, wenn man sie auch kennte, können wegen der breitwürfigen Saat nicht angewendet werden, weßwegen man genöthigt ist, das Behacken überall mit der Hand vorzunehmen. Das Behäufen geschieht zum Theile mit Beihülfe eines Anhäufepfluges, allein das Verfahren hiebei ist so barbarisch, daß man nicht ohne Unwillen demselben zusehen kann. Man fährt nämlich mit diesem Pfluge zur Zeit als die Maispflanzen eine Spanne hoch sind, zu beiden Seiten der schmalen 4—6furchigen Ackerbeete, die in Italien allgemein sind, und wirft die Erde vom Abhange der Beete in die Furchen, um sie auszufüllen. Durch diese Operation wird da, wo die Furche war, eine kleine Erhöhung, und die Maispflanzen sind in den Furchen und an den Abhängen der Ackerbeete zerstört, und stehen nur auf dem Rücken des Beetes auf einem Raume, der ohngefähr anderthalb Fuß breit ist. Die abgepflügte Erde wird später, wenn die Pflanzen etwas mehr erwachsen sind, entweder bloß allein mit der Handhaue, oder mit Hülfe desselben kleinen Pfluges wieder über das Ackerbeet an die Maispflanzen gebracht, daselbst mit der Handhaue über das Beet vertheilt und an die Pflanzen angehäuft.

In den bewässerten Provinzen gibt man den Gedingarbeitern 1/5 des Rohertrages für das Behacken und Behäufen.

Wie weit die Maispflanzen von einander abstehen, wann sie weiter, wann näher gerückt werden sollen, davon weiß man hier wenig. In gleicher Entfernung sieht man sie im tiefen, und im seichten, im fettgedüngten, und im mageren Boden stehen. Jenseits des Mincio stehen die Pflanzen in den ehemals venezianischen Provinzen weit auseinander, in den lombardischen aber gedrängt aneinander, so daß man nicht zweifelhaft sein kann, daß in beiden Fällen nur gedankenlose Befolgung des Herkömmlichen, und nicht Überzeugung der Zweckmäßigkeit der eigentliche Grund des Verfahrens ist. Es ist ein schädliches Vorurtheil, das die Venezianer, und vorzüglich die Friauler haben, ihre Maispflanzen so schütter, unter sich weit entfernt, zu halten, und sie bringen sich damit um einen großen Theil des Ertrages; denn es sollen die Pflanzen nur so weit von einander entfernt stehen, daß sie sich in der Entfaltung ihrer Blätter nicht hindern, und wenn zwischen ihnen ein Raum leer bleibt, so geht er für das Erträgniß verloren. Eben so schädlich ist es aber auch sie zu dicht zu halten, weil sie dann dünnstänglig in die Höhe wachsen, nicht Kolben ansetzen, oder diese nicht gehörig ausbilden, und daher auch wieder ein vermindertes Erträgniß abwerfen. Indessen findet man zu dicht stehenden Mais nur in den trockenen Provinzen der Lombardie, zwischen Como und Bergamo, und wohl auch zwischen diesen zwei Städten und Mailand: in den bewässerten Provinzen waren die Maispflanzen in den Feldern allenthalben in einer schicklichen, gegenseitigen Entfernung.

Eine vollkommene zweckmäßige Cultur des Mais sah ich nur allein auf den Äckern, die in dem königlichen Parke von Monza eingeschlossen sind. Breite Beete, Reihensaat. Es that mir leid, daß diese Felder, die gerade mit dem Anhäufepflug bearbeitet worden waren, und so schön standen, als sonst meine eigenen, nicht an der Landstraße sich befanden, um den Vorübergehenden durch ein practisches Beispiel zu zeigen, wie man den Mais cultiviren müsse, um mit dem geringsten Kostenaufwande den größten Rohertrag zu erhalten.

Das Abschneiden der Blätter nach dem Verblühen, und auch

des Stängels ober dem Fruchtkolben, ist in Italien überall üblich, und wenn es nicht zu früh vorgenommen wird, so bringt es keinen Schaden, und gewährt durch das treffliche Futter, das hier gewöhnlich getrocknet wird, einen bedeutenden Vortheil.

Den reichsten Körnerertrag muß man natürlich in den bewässerten und stark gedüngten Provinzen suchen. Nirgendwo sah ich auch in meinem Leben so schönen Mais als hier, wo Alles: Mischung und Tiefe des Bodens, Dünger und Bewässerung zusammenwirken, das größte Erzeugniß hervorzubringen. Ich werde die schönen Felder von Roncaro, Provinz Pavia, nimmermehr vergessen, wo ich, am 22. Juni 1828, ein großes Maisfeld bewässern sah. Die Pflanzen waren schon Mannshoch, und fingen an von der Dürre zu leiden. In wenigen Stunden war ein Feld von vier Joch Flächeninhalt mit genügendem Wasser versehen, worauf man die Schleusen wieder schloß. Vier bis fünf Menschen waren während dem Einströmen des Wassers in den Acker beschäftigt die gleichförmige Vertheilung desselben in alle Furchen zu bewerkstelligen, und die zufälligen Hindernisse wegzuräumen, die sich ihm etwa entgegen stellen dürften.

In Roncaro und Vitadone gaben mir die beiden sehr verständigen und unterrichteten Pächter folgenden Ertrag des Mais in den Wechseläckern an:

In Vitadone 2⅓ bis 3 Moggia pr. Pertica; = 48,5 bis 62,4 Metzen pr. Joch.

In Roncaro 2 bis 3 Moggia pr. Pertica; = 41,6 bis 62,4 Metzen pr. Joch.

So groß dieser Ertrag Vielen scheinen mag, so finde ich ihn nicht übertrieben, und nehme ihn auch nur als Mittelertrag an, wenn ich bedenke, daß ich früher, im rauhern Clima von Kärnthen, selbst 67 Metzen vom Joch erntete, und daß man in Unter-Steiermark, um Preding und Stainz, nicht weniger erhält.

Der Pächter von Roncaro versicherte mich, daß der Mais

nach Klee ohne Dünger, am schönsten würde; nach Reiß am schlechtesten, wenn man das Feld auch frisch hierzu düngte.

Dandolo (a. a. O. S. 156) nimmt bei der gemeinen Wirthschaft seiner Colonen an, daß ein Joch in der Umgebung von Varese, im Durchschnitte aller Classen 16,72 Metzen Mais und 4,18 Metzen Fisolen ertrage; bei der besseren Wirthschaft aber 26,13 Metzen Mais und 6,53 Metzen Fisolen.

Verra (a. a. O. S. 51) nimmt bei der gemeinen Wirthschaft 20,88 Metzen Mais als Ertrag an, und glaubt, daß man im Wechsel mit Luzerne, und daher rührender reichlicherer Düngung 32⅓ Metzen erhalten würde.

Folgendes sind die Angaben der Schätzungsbeamten über den Ertrag des Mais in den Äckern derselben Gemeinden, die bei dem Artikel Weizen namhaft gemacht worden sind.

Verona. Höchster Ertrag 12,28 Metzen pr. Joch.
Vicenza. Von 32,9 bis 42,3 » »
Padua. Von 9,82 bis 18,25 » »
Udine. Von 10,17 bis 18,90 » »

Vom großen Mais findet man mancherlei Abarten in den verschiedenen Gegenden des Landes. Die gewöhnliche Art hat goldgelbe Körner, setzt die Ähren unter der Mitte des Stängels an, und wird noch reif, wenn man sie auch erst Ende Mai säet. Wird die Saat aber durch irgend einen Zufall verspätet, oder will man nach Winterlein, oder nach dem ersten Kleeschnitte noch Mais säen, so wählt man eine andere Abart, die sie Bregantino, anderswo Agostano nennen, weil er bei gewöhnlicher Saatzeit schon im August reif wird. In der Umgebung von Bergamo wird eine Abart gebaut, die einen höheren Stängel treibt, ober der Mitte desselben den Kolben ansetzt, und pomeranzenfarbige Körner hat.

Außer dem großen Mais säet man aber auch allenthalben den kleinen Mais, Cinquantino, Quarantino, als zweite Frucht, in die Stoppeln des Wintergetreides, des Winterleins, und der Ölrüben. — Wenn die Felder mager sind, so lohnt diese Frucht nicht die Arbeit, die man auf sie verwendet, und in zehn Fällen, unter denen ich Cinquantin im Küstenlande aussäen gesehen habe, würde man sicherlich achtmal besser gethan haben, statt desselben Buchweizen, oder eine Futterpflanze zu wählen.

Man ersieht aus diesen Angaben, daß das Erträgniß der Maisfelder in Italien, die Gegenden abgerechnet, wo die Äcker bewässerungsfähig sind, und wegen des großen Viehstandes, der da gehalten wird, äußerst reichlich gedüngt werden, nur gering ist, und jenem, das man in Kärnthen und Steiermark erhält, im Durchschnitte nicht gleich kömmt, wenn gleich diese letzteren Länder ein für die Maiscultur weniger günstiges Clima zu haben scheinen. Die Ursachen des geringen Ertrages des Mais liegen zum Theil in den Ursachen, von denen das geringere Weizenerträgniß abhängt, zum Theile aber liegen sie auch im Clima, im Mangel an Regen, dem die Ebene der Lombardie in den Sommermonaten sehr ausgesetzt ist, binnen welchen die im leichten Boden stehenden Maispflanzen ungemein leiden, und auch wohl ganz verdorren.

4. Vom Reiße.

Der Reiß ist eine Pflanze, die seit undenklichen Zeiten in Indien und China die Hauptnahrung des Volkes ausmacht, die aber sehr spät erst nach Europa gebracht worden ist. Griechen und Römer kannten den Reiß nicht, und die Schriftsteller des Mittelalters erwähnen desselben nicht; wie Jene, welche die Schriften dieser Zeit sammelten, Villani, Muratori, Balducci, Pagnini, Pier Crescenzi und Denina, bezeugen, die alle behaupten, daß man in Italien den Reiß vor dem 14ten Jahrhunderte nicht gekannt habe. Mehrere derselben behaupten, und ich glaube mit Recht, daß man den Reiß erst im 16ten Jahrhunderte in der Lombardie zu cultiviren angefangen habe, und daß der mailändische Patrizier Theodor Triulzi, Commandant der venezianischen Truppen, im Jahre 1522, die Reißcultur in seinen eigenen Besitzungen, in den sumpfigen Niederungen der Provinz Verona, zuerst betrieben habe.

Der Reiß ist gegenwärtig in den Provinzen Verona, Mantua und Pavia die vorzüglichste Kornfrucht, jene nämlich, welche das meiste bare Geld einbringt; auch in den Provinzen Lodi und Mailand gewährt sie den Landwirthen eine bedeutende Einnahme. Ohngeachtet die Verzehrung dieser Frucht im Lande selbst außerordentlich groß ist, da sie von allen Menschen, die nicht bloß vom Mais leben müssen, täglich wenigstens einmal genossen wird, so ist ihre Ausfuhr noch immer sehr bedeutend, und betrug in den lombardischen Provinzen im Jahre 1824, nach Abschlag der Einfuhr: 103,153 Gulden; wobei aber wohl zu merken ist, daß hier bloß von der Ausfuhr die Rede ist, welche von den lombardischen Provinzen in das Ausland gemacht worden ist, und daß hierunter jener ungleich größere Geldwerth nicht verstanden ist, der für den in die venezianischen oder deutschen Provinzen des österreichischen Staates ausgeführten Reiß bezogen worden ist.

In den Provinzen Rovigo, Venedig, Padua und Friaul findet man in den längs der Küste des adriatischen Meeres gelegenen Gegenden, die in Hinsicht ihres Clima, ihrer Lage, Fruchtbarkeit des Bodens und Überflusses an Wasser eben so sehr, wie die zuerst genannten begünstiget sind, keine Reißfelder, wenn man die von San Giorgio di Nogaro in Friaul, und eine kleine Fläche von ohngefähr 8 Joch, ausnimmt, die zwischen Vicenza und Padua liegt, die ich schon im Jahre 1806 besah und im Jahre 1828 nicht erweitert antraf. — Worin es liegt, daß der Reißbau in diesen Provinzen nicht Eingang findet; ob in der Indolenz der Menschen, oder in dem Mangel an Capitalien, deren derselbe zur ersten Anlage bedarf, oder in der Scheu vor einer Cultur, welche der Gesundheit der Menschen, und vorzüglich jener, die sich zunächst mit den Arbeiten in den Reißfeldern beschäftigen müssen, ohne allen Zweifel nachtheilig ist, wage ich nicht zu entscheiden.

Da der Reiß eine Sumpfpflanze ist, und nur in einem Boden wächst, der mit Wasser fortwährend erfüllt ist, auf dem es sich erwärmt und von dem es nur sehr langsam abfließt; die Ausdünstung der Sümpfe aber in warmen Ländern der Gesundheit der Menschen nachtheilig ist, so ist die Cultur des Reißes in der Nähe von Städten schon seit lange untersagt, und man hat im lombardisch-venezianischen Königreiche für die Hauptstadt 8 metrische Miglia, = 1,08 deutsche Meilen; für die Städte des ersten Ranges und die festen Plätze 5 Miglia; für die Städte des zweiten Ranges 2 Miglia, und für jene des dritten Ranges eine halbe Miglia als Gränze der Reißcultur festgesetzt. Allein es fragt sich, und diese Frage war schon oft der Gegenstand ernster Verhandlungen: soll man die Cultur dieser Frucht nicht noch mehr beschränken, oder soll man nicht wenigstens dahin wirken, daß die Reißfelder nicht in einem zu großen Stücke zusammenhängen, sondern von andern Culturarten unterbrochen werden, damit die mit den Sumpfausdünstungen geschwängerte Luft um so leichter von den zwischenliegenden reineren Luftschichten zersetzt oder verdünnt, und dadurch wirkungslos gemacht werde? — Wahrscheinlich wird man nirgendwo hierüber zu einem Beschlusse kommen, weil der problematische Nutzen einer solchen Maßregel nur auf einem hypothetischen Grunde beruht, und nicht in voraus nachgewiesen werden kann.

Die Cultur des in der Wechselwirthschaft vorkommenden Reißes in den Provinzen Pavia, Lodi und Mailand, wo man nur selten wo beständige Reißfelder sieht, bewirkt bei weiten nicht jenen nachtheiligen Einfluß auf die Gesundheit der Menschen, den man in den Niederungen des Po und der Etsch, in den Provinzen Mantua und Verona wahrnimmt, wo die beständigen Reißfelder vorwalten, und wo die bleichen oder aufgedunsenen Gesichter der arbeitenden Volksclasse den nachtheiligen Einfluß der Sumpfluft auf die Gesundheit sichtlich machen. Wechselfieber, auch wohl hitzige Gallenfieber, Bleichsucht, Wassersucht und Pellagra sind in diesen Gegenden einheimisch, und verkürzen das Leben der in den Reißfeldern arbeitenden Menschen, das nach der Versicherung berühmter Ärzte sich nur selten über 50 Jahre erstreckt.

Es wäre aber unbillig, wenn wir bloß allein den Reißfeldern diese verderblichen Wirkungen zuschreiben wollten; sie rühren vielmehr von der Ausdünstung der ganzen sumpfigen Niederung her, die vielleicht noch intensiver gewirkt haben würde, wenn nicht ein großer Theil dieser Sümpfe in Reißfelder umgestaltet worden wäre, auf denen das Wasser doch einige Bewegung hat, und in welchem nicht so viele thierische und vegetabilische Körper in Verderbniß übergehen, und mit ihren Ausdünstungen die Luft vergiften; wornach man die Reißfelder eher als Mittel zur Verbesserung der Salubrität solcher Gegenden ansehen müßte, wenn die Menschen nicht gezwungen wären, sich, während der Reiß wächst, beständig in der Umgebung, und zum Theile selbst in solchen Feldern aufzuhalten, wobei sie den anhaltenden Einwirkungen der zwar etwas verbesserten, doch deßwegen nicht ganz unschädlich gemachten Ausdünstungen um so leichter unterliegen, als sie schlecht genährt und schwächlich, und daher für jeden nachtheiligen Einfluß um so empfindlicher sind.

Die Reißfelder werden eingetheilt in Risare a vicenda, wenn der Reiß in den Fruchtwechsel gezogen worden ist, und in Risare stabili, die man auch vallive nennt, wenn der Boden fortwährend nur mit dieser Frucht bestellt wird, entweder weil man es nicht zweckmäßig findet einen Fruchtwechsel darauf einzuführen, oder weil man auf diesen Feldern ihrer niedrigen Lage wegen, um deren Willen sie vallive genannt werden, andere Körner nicht bauen kann.

Die Risare a vicenda geben durchgehends einen höhern Ertrag, weil der Boden mehr mit düngenden Materien versehen wird, wie in den Risare stabili, die nur spärlich gedüngt werden, weil sie selbst zu wenig Material liefern, das in Dünger verwandelt werden könnte, und die Zufuhr fremden Düngers zu kostspielig ist.

Der Reiß fordert ein Clima, in welchem der Winterweizen in der Mitte des Juni im Durchschnitte der Jahre reif wird. Ich sah längs dem Naviglio grande am 12. Juni 1828 Weizen schneiden, und am 19. Juni sah ich in Vitadone Roggen dreschen.

Was den Boden betrifft, so hat der Reiß, als eine Wasserpflanze, den großen Vortheil, daß er von der Natur des Bodens beinahe unabhängig ist, und daher im leichten sowohl, als im schweren Boden bei angemessener Cultur gleich gut gedeiht; denn ich sah im Schotterboden zu San Novo eben so schönen Reiß, als in dem lehmigen Boden von Vitadone oder Roncaro.

In Hinsicht der Cultur des Reißes ist Folgendes das Ergebniß, das mir von den verständigsten, practischen Landwirthen mitgetheilt worden ist.

a. Risare a vicenda.

Die Wiese oder das Kleefeld wird im Frühlinge tief umgepflügt und nicht geeggt. Hierauf werden die das Feld umgebenden Dämme zurecht gebracht und das Wasser aus dem Zuleitungscanal über den Acker gelassen, um zu sehen, ob es denselben gleichförmig bedeckt. Die allfälligen Unebenheiten werden sogleich, und während das Wasser am Acker steht, mit Schaufeln geebnet. Hierauf wird gesäet, und mit den Schaufeln sucht man den Samen etwas mit der Erde in Verbindung zu setzen.

Der Samen wird vor der Aussaat 8—10 Stunden eingeweicht, um ihn specifisch schwerer zu machen, damit er sogleich im Wasser zu Boden sinke.

Man bedarf zur Saat, nach Klee: ½ bis ⅔ Staro pr. Pertica = 1⅓—1¾ Metzen pr. Joch; nach Mais oder Weizen: 1 Staro = 2,61 Metzen pr. Joch.

Die Saatzeit ist vom Anfange April bis zur Mitte Mai. Die Meisten stimmten für die Periode von der Mitte April bis 8. Mai.

Der gesäete Reiß bleibt fortwährend mit einer Schicht Wasser von 2—3 Zoll Höhe bedeckt. Der zeitlich gesäete Reiß kann um die Mitte Mai schon gejätet werden; der später gesäete wird Anfangs Juni, ja wohl bis zur Mitte Juni gejätet. Das Jäten geschieht von Weibern, die mit hoch aufgeschürzten Röcken, bis über den Knöchel im Wasser stehend, die Unkrautpflanzen sammt den Wurzeln ausziehen. Würde das Wasser ganz abgelassen, so brechen die Unkrautpflanzen, und es bleiben die Wurzeln darin. Das gewöhnliche Unkraut in diesen Feldern ist der Hahnenfuß (Panicum crus galli), der anfänglich schwer von den Reißpflanzen unterschieden werden kann; außer diesem kommen aber viele andere Sumpfpflanzen, namentlich aber Juncusarten vor.

Im ersten Jahre wird das Reißfeld immer zweimal, in den folgenden Jahren aber nur einmal gejätet, weil im ersten Jahre die durch die Wurzeln sich verbreitenden Pflanzen größtentheils vertilgt werden.

Um Johannis wird das Wasser ganz abgelassen, und das Feld trocken gelegt, in welchem Zustande man es durch 8 bis 10 Tage läßt, um die vielen Wasserinsecten, die inzwischen zum Vorscheine gekommen sind, und den Reißwurzeln verderblich werden, zu tödten. Hierauf wird das Wasser wieder über das Feld gelassen und bleibt ununterbrochen darauf bis drei oder vier Tage vor dem Schnitte.

Dieses Ablassen des Wassers halten die Meisten für unerläßlich, und meinen, daß der Reiß durch die beständige Deckung mit Wasser geschwächt würde und nöthig habe, einmal wenigstens der stärkern Einwirkung der Sonne auf seine Wurzeln ausgesetzt zu werden; allein diese bedenken nicht, daß der Reiß eine Wasserpflanze ist, der die Entziehung des Wassers nur schaden, nie nützen kann; auch haben neuere Versuche, und zufällige Erfahrungen *) in den beständigen Reißfeldern, wo man das Ablassen des Wassers an und für sich, oder zufällig nicht bewirken konnte, überzeugend bewiesen, daß der Reiß von der Saat an bis zur Ernte sich unter Wasser vollkommen entwickelt, und bei gehöriger Sorgfalt für Düngung und Reinigung die reichsten Ernten gibt.

Die Höhe des Wasserstandes über die Oberfläche der Erde wird durch die Größe der Pflanzen bestimmt: so lange sie noch sehr jung und klein sind, läßt man nur wenig Wasser in den Acker; so wie sie aber größer werden, immer mehr. Indessen sah ich nirgendwo mehr als 2, höchstens 2½ Zoll Wasser.

Die Schnittzeit ist um den 8. September. Der zeitiger, und besonders der in die Kleefelder gesäete Reiß wird früher, der andere später reif.

Die Garben werden gleich auf den Dreschplatz gebracht und durch Pferde ausgetreten.

b. Risare stabili oder vallive.

Die beständigen Reißfelder sind immer mit vielen, breiten und tiefen Abzugsgräben versehen, die man im Herbste reinigen muß, um das Abfließen des Wassers so weit zu bewirken, daß man sie im Frühlinge zu pflügen im Stande ist. Wo aber der Boden fast wagrecht liegt, und man dem Wasser nicht hinlänglich Gefäll geben kann, daß die Erde im Frühlinge genügend abtrockne, um den Pflug anwenden zu können, muß er mit der Schaufel umgegraben werden, was eine sehr kostspielige Operation ist, wofür man in den Reißfeldern von Legnago nach Verschiedenheit der Umstände 22 bis 36¾ Gulden für das Joch zahlt.

Man düngt solche Felder alle drei bis vier Jahre, aber nur

*) Osservazioni ed esperienze intorno al Riso mutico, di *Pietro Pesallaqua*. Verona. 1828.

gering, denn man scheuet einen üppigen Wuchs der Pflanze, weil sie dann leicht rostig wird.

Als Saatmenge rechnet man 10 bis 10½ Quarte für den Campo von Verona; = 3 Metzen für das Joch.

Gejätet werden diese Reißfelder oft gar nicht, oft zwei bis dreimal. Der erste Fall tritt ein im zweiten und dritten Jahre nach der Düngung, und wenn sie gut umgepflügt werden konnten: der letzte hat Statt im ersten Jahre der Düngung, und nach fahrlässiger Vorbereitung.

Weil alle Arbeiten in diesen Reißfeldern bar bezahlt werden müssen, und sich hier keine Colonen finden, die um die Hälfte oder einen noch kleineren Theil des Rohertrages die Culturarbeiten übernehmen, so ist der Reißbau hier sehr kostspielig, und erheischt große Vorauslagen; weßwegen er nur von wohlhabenden Grundbesitzern bestritten werden kann, und kein Gegenstand für arme Leute ist. Selbst die Ersteren nehmen nicht selten Vorschüsse von den Kaufleuten, die sie dann mit Reiß bezahlen.

Da man in den italienischen Werken über die Reißcultur gar nichts über den Ertrag dieser Frucht vorfindet, so war ich bemüht mich hierüber bei solchen Landwirthen zu erkundigen, die sich mit der Cultur desselben selbst befassen.

Folgendes sind die Resultate meiner Forschungen, d. h. die Angaben jener Landwirthe, die ich über diesen Gegenstand befragte.

Herr Lucini, in San Nevo:

Im Allgemeinen gibt der Reiß 2 Moggia pr. Pertica; in guten Jahren und kräftigen Äckern auch wohl 3¾ Moggia = 41,6 bis 77,6 Metzen pr. Joch.

Herr Frarri, in Tavezzano:

Gewöhnlich gibt eine Pertica 2 Moggia: im vergangenen Jahre (1827) erhielt ich aber nur einen Moggio. In guten Jahren und neu aufgebrochenen Wechselwiesen hatte ich auch wohl 3 und 4 Moggia erhalten (bis 83,2 Metzen pr. Joch).

Herr Pennaro, in Vitadone:

Der gewöhnliche Ertrag sind 2½ Moggia: in guten Jahren 4 bis 5 Moggia (bis 104 Metzen pr. Joch). Das vergangene Jahr (1827) war ein Mißjahr; ich erhielt nicht volle 2 Moggia.

Herr Moretti, in Roncaro:

Der Durchschnittsertrag ist 2½ bis 3 Moggia pr. Pertica.

Herr Marchese Canossa, in Verona:

In den Risare a vicenda gibt der Campo von Verona 8 bis 10 Sacchi; = 28¼ bis 35¼ Metzen pr. Joch.

In den Risare stabili 7 Sacchi; = 24¾ Metzen pr. Joch.

Herr Grigolati, in Verona:

In den Risare stabili 6—9 Sacchi; = 21¼ bis 31¾ Metzen pr. Joch.

In den Risare a vicenda 7—11 Sacchi; = 24¾ bis 38¾ Metzen pr. Joch.

Sobald der Reiß einige Tage nach dem Austreten der Einwirkung der Sonnenwärme ausgesetzt worden ist, wird er unter Dach gebracht, und sobald als möglich gestampft, da man glaubt, daß er sich jetzt viel leichter von der Hülse befreien läßt, wie später.

Man stampft ihn wie bei uns die Gerste, und ich hatte Gelegenheit in der Nähe der berühmten Carthause (Certosa), unweit Pavia, der Operation zuzusehen, und mir vom Eigenthümer der Stampfmühle über das Verhältniß zwischen dem rohen Reiße (Risone) und dem gestampften (Riso brillato) folgende Daten vorzumerken.

Nachdem die Körner vom Stampfen größtentheils ihrer Hülsen entledigt sind, werden sie in ein großes, aufgehängtes Sieb von Pergament geschüttet, das feine, länglich ausgeschnittene Löcher hat, die bloß die zart gestampften Kleien durchlassen.

Aus diesem Siebe kommt der Reiß in ein anderes, das kleine, runde Löcher ausgeschnitten hat, durch welche die zerstampften Körner fallen. Nun kommt er in ein drittes Sieb mit etwas größeren, runden Löchern, durch welche die ganzen, ihrer Hülle beraubten Körner fallen, und worin nur die unenthülsten zurück bleiben, die dann wieder unter die Stampfe kommen. Im Schütteln des Siebes liegt ein besonderer Handgriff, die unenthülsten, specifisch leichteren Körner so zusammen zu bringen, daß man sie mit der Hand in den zwei ersten Sieben abnehmen kann.

Der rohe Reiß muß, wenn er schön ist, die Hälfte gestampften Reißes geben; wenn er nur $^2/_5$ gibt, so ist er schlecht, und kaum mehr Kaufmannswaare. Am gewöhnlichsten ist das Mittel, wornach 100 Metzen rohen, 45 Metzen gestampften Reißes geben. — Die Landwirthe rechnen aber nur $^2/_5$ gestampften Reißes.

In den Risare a vicenda ist es gewöhnlich die Arbeiten im Reißfelde den Tagelöhnerfamilien zu überlassen. Die Verträge zwischen den Grundbesitzern und den Arbeitern über die Zahlung, oder den Antheil am Rohertrage, sind verschiedener Art. In San Novo z. B. besteht folgender: Der Colon erhält den vierten Theil der Erzeugung, nachdem früher vom Reißhaufen das Saatquantum auf die Seite gebracht worden ist. Dafür muß er folgende Arbeiten leisten: das Abgleichen der Felder mit der Schaufel; das Aussäen; das Jäten; das Schneiden; alle Arbeiten am Dreschplatze, in so fern sie von Menschen verrichtet werden, und endlich das Abtragen auf den Getreideboden.

Anderswo wird nebst der Saat noch eine Portion für Rechnung des Herrn vom Reißhaufen weggenommen, und dann erst der vierte, oder in schlechten Gründen der dritte Theil dem Colon gegeben.

Da das Jäten die beschwerlichste und kostspieligste Arbeit ist, so erkundigte ich mich um die Größe des Aufwandes, den es erheischt. Man sagte mir, daß in den Risare a vicenda im ersten Jahre 4 Tagwerke pr. Pertica; = 35 pr. Joch, in den folgenden zwei Jahren aber nur 1 ½ bis 2 Tagwerke pr. Pertica bedürfe. Der Taglohn einer solchen Jäterinn sind 35 Sold; = 31 Kreuzer.

In den Risare vallive gab man mir folgenden Kostenüberschlag an. Für ein Joch abgleichen und Eindämmen vor der Bewässerung: 1 fl. 50 bis 3 fl. 40 Kreuzer.

Für das Jäten eines Joches, je nachdem das Feld unrein ist: 1 fl. 50 bis 5 fl. 30 Kreuzer.

Die Kosten des Umgrabens habe ich schon namhaft gemacht.

Man ersieht hieraus, daß das Unkraut in den Risare stabili, deßwegen weil sie beständig unter Wasser sind, und jährlich gejätet und nicht so häufig gedüngt werden, nicht in so großer Menge vorhanden ist, wie in den Risare a vicenda.

6. Vom Bergreiße.

Der Bergreiß, chinesische Reiß, Oryza mutica, unterscheidet sich vom gewöhnlichen Reiße, daß er niedriger im Stamme bleibt, und daß seine Körner keine Grannen (Bart) haben.

Es sind ohngefähr 20 Jahre, als man seine Samen zuerst nach Europa brachte, und von der Cultur dieser Pflanze, von der man behauptete, daß sie im Clima von Deutschland reif werden würde, einen bedeutenden Umschwung in der Landwirthschaft erwartete.

Ich erinnere mich noch gut auf die ersten Versuche, die ich im Jahre 1809 mit der neuen Reißart machte, deren Resultat so schlecht ausfiel, daß ich nicht einmal die Blüthe der Pflanze zu sehen bekam. Im Jahre 1813 erhielt ich von Petersburg neuen Samen, den ich in ein trefflich zugerichtetes Gartenbeet säete: die Pflanzen wurden häufig begossen, und auf das beste gepflegt, allein ich erhielt für alle meine Mühe nicht ein einziges reifes Korn. Die Versuche in vielen andern Gegenden von Deutschland, Ungarn und Italien fielen alle mehr oder weniger

18*

schlecht aus, und man überzeugte sich, daß diese Reißart unter den Verhältnissen, unter welchen unsere übrigen Getreidearten gut fortkommen, nicht gedeihe. Man schrieb aber die Ursache nur dem Clima zu, und meinte, daß die Witterung unserer Jahreszeiten ihm nicht zusage, bis man endlich versuchte, ihn gleich dem gemeinen Reiß zu behandeln, und aus seinem Gedeihen im Wasser sich überzeugte, daß er ebenfalls eine Sumpfpflanze, und nur eine Art des gemeinen Reißes sei.

Die Versuche, welche über diesen Gegenstand in Italien angestellt, und durch die Herren Rosa, Gussoni, Lomeni, Ponzilacqua u. a. m. durch Druckschriften bekannt gemacht worden sind, führten allgemach die Überzeugung herbei, daß diese neue Art Reiß nur dann sicher gedeihet, wenn man sie ganz auf dieselbe Art behandelt, wie den gemeinen Wasserreiß, und daß sie dann einige wesentliche Vorzüge vor diesem hat. Nun gab man die kleinen Versuche auf, und began die großen, comparativen, d. h. man säete den neuen Reiß in die für den gemeinen Reiß bestimmten Felder, und behandelte ihn ganz auf dieselbe Art, wie den danebenstehenden gemeinen Reiß, wobei sich natürlich die Eigenthümlichkeiten darstellen mußten, die ihn von dem gemeinen Reiße unterscheiden.

Solche Versuche im Großen stellten, nach dem Berichte von Ponzilacqua (a. a. O. S. 16), die Brüder Grigolati von Verona auf ihren Reißfeldern in Canedole an, wo im Jahre 1826, am 27. Mai 17 Pf. ausgesäet, und am 27. August 260 Pf. geerntet wurden. Im Jahre 1827 wurde der Versuch vergrößert, und im Jahre 1828 waren es bereits 15 Sacchi, die sie in Canedole und Castiglione di Mantova ausgesäet hatten. Als man mir in Mantua von diesen interessanten Versuchen erzählte, beschloß ich sogleich den kleinen Seitenweg von Roverbello über Canedole und Castiglione di Montova zu machen, um mich an Ort und Stelle von der Richtigkeit der Thatsache zu überzeugen, und den Stand der Pflanzen und ihr Aussehen zu beobachten.

Der Boden von Canedole gehört zu den fruchtbarsten der Umgegend; es ist eine tiefe, fruchtbare Erde. Man hat genügend und sehr gutes Wasser zur Bewässerung, und es scheint auch an Dünger nicht zu fehlen, denn es gibt viele natürliche Wiesen, und der Mais, den ich in den Feldern sah, hatte ein kräftiges Aussehen. Hier fand ich ein Feld, wovon etwa 6 Biolche, = 3¼ Joch, mit dem neuen Reiße, der übrige, größere Theil mit dem gemeinen Reiße bestellt war. Die Pflanzen des erstern waren sehr gleichförmig über den ganzen Acker verbreitet; man sah nirgendwo leere Stellen; er war rein vom Unkraute; die Pflanzen ohngefähr 20 bis 24 Zoll hoch; die Rispen voll Körner, deren mehrere an demselben Tage (30. Juli) schon zeitig waren. Der danebenstehende gemeine Reiß stand auch schön, und die Pflanzen waren um ⅓ höher im Wuchse: sie fingen aber erst an zu blühen, und kaum der dritte Theil derselben war im Blühen begriffen.

In Castiglione di Mantova ist der Boden leichter, mehr mit Sand gemischt; allein ich konnte keinen bedeutenden Unterschied des Aussehens des hier ausgesäeten neuen Reißes gegen jenen von Canedole wahrnehmen. In der Zeitigung standen die Pflanzen in beiden Orten auf demselben Puncte.

Als ich nach Verona kam, säumte ich nicht, mich bei den Herren Brüdern Grigolati über die Cultur dieser Reißart näher zu erkundigen, und ich erhielt von denselben mit aller Bereitwilligkeit folgende Nachrichten, die ich mit den eigenen Worten hieher setze, wie sie in einem kleinen Aufsatze enthalten sind, den sie mir als Antwort auf meine Fragen mittheilten.

» Die Vorzüge des neuen Reißes vor dem gewöhnlichen, bestehen darin, daß er um einen Monat früher reift; daß man zur Saat um ⅙ weniger Samen, und zur Bewässerung weniger Wasser bedarf; daß er im sumpfigen und fetten Boden mächtig wächst, und sich anstockt, und daß er vom Roste (Carolo) nicht leidet, welche Krankheit in den drei Jahren, als er in Canedole gebauet wird, noch nicht bemerkt worden ist. Indessen steht zu befürchten, daß er diese ursprünglichen Eigenschaften mit der Acclimatisirung allgemach verlieren dürfte, da man bemerkt, daß seine Stängel jährlich kürzer zu werden scheinen. So ist auch das von der Hülse befreiete Korn durchsichtiger, als das des gemeinen Reißes, und dürfte beim Stampfen zerbrechlicher sein, und dadurch einen minderen Werth als Kaufmannswaare haben; um so mehr, da es scheint, daß er im zerstampften Zustande nach längerer Zeit die hochweiße Farbe verliert, die der gemeine behält, der sich nebstbei an der Oberfläche mit Mehl bedeckt. Der neue Reiß gab im Jahre 1827 vierzehnfältigen Samen, der gemeine nur siebenfältigen, weil er etwas vom Roste gelitten hatte, denn sonst gibt dieser in guten Jahren zehnfältigen Samen. — Heuer (1828) ward der neue Reiß, gemeinschaftlich mit dem gemeinen, am 22. April gesäet, und morgen (4. August) beginnt der Schnitt. Er hat also den Vorzug, daß er jetzt schon der Gefahr des Hagels entrückt wird, welcher der gemeine Reiß noch vier Wochen lang ausgesetzt bleibt.« *)

Durch die Güte der Herren Grigolati ward ich mit Herrn Ponzilacqua bekannt, dessen Schriften die Verbreitung der Cultur des neuen Reißes sehr vieles verdankt, der viele Versuche, wenn gleich nur im Kleinen, damit anstellte, und durch seinen Eifer und sein unermüdetes Bestreben mehrere Gutsbesitzer bewog im Jahre 1827 kleine Stellen ihrer Reißfelder damit zu besäen. Herr Ponzilacqua hat die Resultate aller dieser Versuche in dem mehrmals erwähnten kleinen Werke zusammengestellt, und hat sich dadurch um die Einführung die-

*) Von welch' grossem Vortheile dieses frühere Reifwerden der neuen Reißart sei, gab das nämliche Jahr noch einen Beweis. Während der neue Reiß in der ersten Hälfte des August geerntet ward, und nach einer schriftlichen Mittheilung des Marchese Carlo Pindemonte, zwischen 13 und 14fältigen Samen gab, ward der gewöhnliche Reiß, der am 14. September zwar wohl reif, aber noch nicht geschnitten war, von einem Hagelwetter stark beschädigt, das an diesem Tage einen grossen Theil von Ober-Italien mehr oder weniger hart traf.

ser Reißart in die italienische Landwirthschaft ein sehr großes Verdienst erworben.

Ich schätze mich glücklich die Bekanntschaft jener Männer gemacht zu haben, die als die wesentlichsten Beförderer der neuen Reißart betrachtet werden müssen, und die Felder gesehen zu haben, wo sie zuerst im Großen gebauet wurde, denn ich sehe in dieser Pflanze die Quelle neuen Reichthums, und eines mächtigen Umschwunges in der Landwirthschaft südlicher Länder, wenn gleich Deutschland keinen directen Antheil an diesem Vortheile nehmen kann, wie Jene meinten, die den ersten Samen nach Europa brachten, weil sein Clima zu kalt ist, als daß sich das Wasser gehörig und lang genug erhitzen sollte, innerhalb welchem die Pflanze wächst. Weil aber der neue Reiß in der Umgebung von Mantua im Verlaufe von 3 1/3 Monaten reift, weil er in den kleinen Gefäßen, mit denen Ponzilacqua in Verona durch mehrere Jahre Versuche machte, alljährlich zeitig ward, obgleich das Locale, wo die Gefäße standen, nur wenige Stunden des Tages von der Sonne beschienen wurde, so däucht es mir außer allen Zweifel, daß diese schnell reifende Pflanze nicht bloß in dem Clima von Mantua, sondern überall wird gebauet werden können, wo der gemeine Winterweizen Ende Juni noch reif wird, und daß sie in Ober-Italien den gemeinen Reiß allgemach verdrängen wird, der eine langsam wachsende Pflanze ist, die große Wärme nöthig hat, und dem Roste (Carolo, Brussone, Ruggine heißt diese Krankheit des Reißes bei den Italienern) sehr ausgesetzt ist, der nicht selten den größeren Theil der Hoffnung vernichtet. *)

---

*) Im Jahre 1829 wurden in Görz von dem Herrn Oberst Catinelli, und in Bagnaria von dem Herrn Grafen Josef Strasoldo Versuche mit dem Anbaue dieses frühreifen Reißes gemacht. Die erstern wurden nur in kleinen Gefäßen angestellt, und sind daher weniger belehrend, weil sie nicht comparativ sind; dafür sind die anderen aber, wenigstens in der Hauptsache, völlig befriedigend.

Ein gewöhnliches Reißfeld ward am 29. April 1829 mit gemeinem Reiße besäet; ein kleines Stück davon ward am nämlichen Tage mit Früh-

Einige befürchten, daß der neue Reiß einen geringeren Körnerertrag geben werde, als der gewöhnliche Reiß, weil er eine niedrige und unansehnliche Pflanze ist; allein die bisherigen Erfahrungen haben nur das Gegentheil bewiesen; und ich zweifle keinen Augenblick, daß er im Durchschnitte der Jahre nur vielmehr einen größeren Ertrag abwerfen werde, weil er dem Roste nicht unterworfen ist, und dem Hagel um einen vollen Monat früher, als der gemeine Reiß, entrückt wird.

Endlich glaube ich hier nicht außer Acht lassen zu dürfen, daß durch die Cultur des neuen Reißes, den man Frühreiß, Oryza praecox, nennen sollte, auch die Gesundheit der Arbeiter weniger gefährdet wird, indem durch die Verkürzung der Periode, in der die Arbeiten am Reißfelde Statt haben, auch die Gefahr verkürzt wird, der die Menschen ausgesetzt sind, die sich mit seiner Cultur beschäftigen.

6. Von der Hirse.

In den venezianischen Provinzen hörte ich wenig von der Cultur der Hirse, dafür aber findet man sie in den lombardischen Provinzen desto ausgebreiteter, wo sie gewöhnlich als zweite Frucht in die Stoppeln des Weizens und des Märzleins, und in den bewässerten Provinzen nur selten wo mehr

---

reiße besäet. Die Behandlung beider Reißarten während des Wachsthums war dieselbe. Am 30. August war der Frühreiß zeitig, und am ersten October der gemeine Reiß. Der erstere würde noch einige Tage früher reif geworden sein, wenn er nicht in das kälteste Stück des Feldes wäre gesäet worden, dorthin nämlich, wo das Wasser aus dem Zuleitungsgraben in das Feld eintritt, und wo in gewöhnlichen Jahren der gemeine Reiß nur unvollkommen reif wird, oft gar nicht einmal Ähren ansetzt.

Wenn im Jahre 1829, das durch die lang anhaltende Kälte des Frühlings und die geringe Wärme des Sommers dem Reißbaue so wenig zuträglich war, der Frühreiß in Friaul doch schon Ende August zeitig ward: so kann man darauf Rechnung machen, daß er da in gewöhnlichen Jahren in der Mitte dieses Monats reif wird.

als erste Frucht, nach vorausgegangener Coltura maggenga gesäet wird, was in früheren Jahren in der Provinz Lodi häufig der Fall war, wie ich aus den Catastralacten ersehen habe. Gegenwärtig sieht man nur noch in den trockenen Gegenden die Hirse im April oder Mai säen, um sie als erste Frucht zu ernten, und auch da wird sie immer mehr vom Mais verdrängt.

Man cultivirt die nämliche Art Hirse, wie bei uns. Was ich von der Cultur dieser Pflanze sah und hörte, macht mich glauben, daß man sie in den bewässerten Gegenden nicht wohl versteht, denn ich fand sie allenthalben zu dicht stehen, wobei man wenig Körner gewinnt, und auch an der Menge des Strohes verliert: auch wird sie da weder gejätet, noch geeggt, was man aber in den trockenen Provinzen wohl beobachtet, weßwegen auch der Ertrag hier sicherlich höher als in den bewässerten sein wird, wenn nicht etwa die Magerkeit des Bodens das Gegentheil bewirkt. Das Stroh der dicht stehenden, dünnstängligen Hirse wird, wie bei uns, mehr als es werth ist, zu Viehfutter geschätzt.

Daß die Hirse, als zweite Frucht in die Stoppeln des Winterroggens in den ersten Tagen des Juli gesäet, auch im südlichen Deutschlande noch reif werde, weiß ich aus wiederholten, eigenen Erfahrungen. Wir säen sie aber deßwegen nicht als Nachfrucht, weil ihre Cultur größere Kosten verursacht, als die des Buchweizens, oder irgend einer Futterpflanze, und ihr Naturalertrag an und für sich einen geringeren Geldwerth hat, als es jener einer andern zweiten Frucht ist.

In der Wahl der Nachfrüchte sind die Italiener, wie es mir scheint, nicht sehr glücklich. Der Cinquantin und die Hirse, womit sie ihre Felder besäen, erheischen immer viele Arbeit, und lohnen sie nur in einem kräftigen Boden, der ihnen aber nur selten wo gewährt wird. Der arme Colon in den trocknen Gegenden richtet sein Augenmerk auf nichts, als wie er sich Körner zur Nahrung verschafft, um sich vor Noth zu decken, und will Mais (Cinquantin) auf jedem Acker, er sei gut oder schlecht, erzeugen. Seine Arbeit rechnet er gering, oder gar nicht, weil er damit anderswo auch nicht weiß sich mehr zu erwerben, und sieht darum den schlechtesten Rohertrag als Reinertrag an. Der reiche Pächter in den bewässerten Provinzen hat einen Fruchtwechsel, in dem die Nachfrucht nur einen kleinen Theil seiner Felder einnimmt. Nach Lein säet er Hirse, und hierauf Weizen, wie ich in dem Artikel: Fruchtwechsel, gezeigt habe. Ihm ist es vorzüglich um Stroh zu thun, und er sieht den Körnerertrag nur als Nebensache an, und säet daher die Hirse dichter, als erforderlich und der Körnererzeugung zuträglich ist.

Was man unter solchen Umständen dennoch an Körnern gewinnt, konnte ich nicht erfahren: in den trocknen Provinzen der Lombardie rechnet man aber, nach Dandolo (a. a. O. S. 164) 6 Stara pr. Pertica; = 15,6 Metzen pr. Joch, wobei sich der Aufwand kaum zurückbezahlt.

7. Andere Getreidearten und Hülsenfrüchte.

Der italienische Ackerbau hat nicht die vielfältige Abwechslung der Früchte, die man im südlichen Deutschland antrifft, wo man in den einzelnen Wirthschaften nicht selten, Weizen, Roggen, Gerste, Hafer, Mais, Fisolen, Bohnen, Erbsen, nebst Kartoffeln, Klee, Rüben u. s. w. sieht. Ich habe schon früher gesagt, daß der italienische Colon nur zwei Früchte bauet, oder bauen darf: Weizen und Mais; den erstern für den Herrn, den zweiten für sich. Es ist daher ein ermüdendes Einerlei in manchen venezianischen Provinzen meilenlange Strecken mit Nichts, als mit Mais und Weizen bestellt zu sehen, zwischen denen Reihen von Bäumen gepflanzt sind, die den Reben zur Stütze dienen.

Mit Hafer und Gerste sah ich so wenige Felder besäet, daß man annehmen kann, daß sie gar nicht zum hiesigen Haushalte gehören. Zu was sollen sie auch diese Früchte bauen, da sie ihren Arbeitspferden nirgendwo Hafer, nur Gras und

Heu füttern, und da sie kein Bier bräuen, wie die Deutschen, oder Gerstengrütze essen, wie die Istrianer und Görzer. So sind auch Erbsen und Bohnen nur seltene Gäste in diesen Feldern, und werden nur in Gärten oder kleinen Ackerflecken zum Verkaufe für die benachbarten Städte gezogen. Fisolen aber werden häufig mit Mais gesäet, und geben als Zwischenfrucht einen guten Ertrag, von dem ich einige Daten in dem Artikel: Mais, angegeben habe.

8. Vom Buchweizen.

Buchweizen wird ziemlich viel gebauet, besonders in Friaul und in den trocken gelegenen Provinzen der Lombardie; doch ist die Cultur desselben noch viel zu sehr beschränkt, und der wahre Werth dieser trefflichen Pflanze wird in Italien nicht genügend gekannt, und man versteht ihre Cultur nicht gehörig, und zieht nicht jenen Vortheil von ihr, der sie ihren Nachbarn in den deutschen und schweizerischen Provinzen so schätzbar macht; welch' erstere in Kärnthen, Krain und Steiermark vom Buchweizen als zweiter Frucht, ohne Mühe beinahe, nicht selten mehr Körner bekommen, als die Italiener von einer doppelt so großen Fläche eines Cinquantinfeldes, das sie mit doppelt so großer Kraftanstrengung bearbeiteten.

9. Von den Kartoffeln.

Die Kartoffeln nehmen leider! noch keinen Platz im italienischen Ackerbaue ein, und nur in der Nähe der großen Städte des lombardisch-venezianischen Königreichs bauen die Colonen so viel davon, als sie glauben den deutschen Soldaten verkaufen zu können: sie selbst verschmähen diese Speise noch immer, und können sich nur zur Zeit der höchsten Noth zu ihrem Genuß entschließen. Und doch scheint es mir, daß diese Classe von Menschen mehr als irgend eine andere der Kartoffeln bedürfte, um sich vor

Noth zu schützen, der sie fast alljährlich ausgesetzt sind. Nur in den Bergen der lombardischen und venezianischen Provinzen breitet sich, zufolge den Nachrichten, die man mir hierüber ertheilte, die Cultur der Kartoffeln unter den dortigen Bauern (kleinen, freien Gutsbesitzern, nicht Colonen) immer mehr aus; allein in der Ebene sind alle Kartoffelfelder, die man in den Nothjahren 1816 und 1817 sah, wieder verschwunden, und man ist allenthalben wieder zum Maismuß — Polenta — zurückgekehrt.

In den Zeiten der Noth erschienen viele Schriften über den Nutzen und die Nothwendigkeit die Cultur der Kartoffeln in Italien einzuführen; auch soll man damals in vielen Wirthschaften der Ebene kleine Flecken mit Kartoffeln bestellt gesehen haben, und man erwartete, daß, weil man durch die Noth gedrungen einmal den Anfang gemacht hätte, die Cultur nicht mehr ins Stocken gerathen, vielmehr sich nur von Jahr zu Jahr vermehren würde. — Es geschah aber nur das Gegentheil, und die von Städten entfernten geringen Anfänge der neuen Cultur sind wieder verschwunden! — Das Volk weicht in allen Ländern von seinen Gewohnheiten nicht so leicht ab, als man es sich vorstellt; und man kann es den italienischen Colonen nicht verdanken, daß sie die Polenta den geschmacklosen und gering nährenden Kartoffeln vorziehen, so lange sie die Wahl zwischen beiden Nahrungsmitteln haben. Wenn sie aber in mehreren Monaten des Jahrs nur die Wahl zwischen Mangel und Noth, und einem großen Topfe voll Kartoffeln haben, ist es wahrhaft Mangel an Verstande, und die höchste Indolenz, diesen Freund in der Noth von sich abzuweisen, und ihm im Frühlinge nicht einen kleinen Platz am Acker anzuweisen, damit er ihnen beim Mißrathen des Mais im Winter und Frühling Aushülfe leiste.

Eine Veränderung in der Kost des gemeinen Volkes ist allenthalben schwer zu bewirken, und es sträubt sich mit Recht dagegen, wenn es statt Polenta Kartoffeln essen sollte, und es wäre Narrheit den Mais durch die Kartoffeln völlig substituiren zu wollen; aber die Kartoffeln als Zugabe zur Polenta anzunehmen, würde sich der Arbeiter gewiß gefallen lassen, denn er hätte nun statt einer Speise zwei Gerichte, und könnte sich nach Gefallen mehr oder weniger von der einen oder andern sättigen. Meint man, daß auf diese Weise nichts gewonnen, ja vielmehr die Arbeitskosten nur erhöht würden, weil die Kartoffeln als eine überflüssige Zugabe gegeben worden wären, so irrt man sich gröblich, denn in demselben Verhältnisse, als man von den Kartoffeln zu sich nimmt, verzehrt man weniger vom Mais, und der Zweck, weßwegen die Kartoffeln in den Ackerbau eingeführt werden sollen, wird erreicht, nämlich die Ernährung des Volkes nicht ganz vom Gedeihen einer einzigen Frucht, dem Mais, abhängig zu machen.

Wäre der Ackerbau in Italien nicht ganz der ärmsten und unwissendsten Classe der Menschen überlassen, und gäben sich die dortigen Grundbesitzer nur etwas selbst mit demselben ab, so würde die Einführung der Kartoffeln in den Haushalt zur Ernährung der Menschen und Thiere schon bewirkt worden sein, wie dieß in England, Deutschland, in den Niederlanden und im nördlichen Frankreich geschah, und man würde die Scenen in diesem Garten von Europa nicht gesehen haben, die sich in den Jahren 1816 und 1817 ereigneten. *)

*) »Man sah die armen Familien von Hunger abgemagert; die Plätze und öffentlichen Straßen bedeckt mit den elenden Kleidern und dem Hausgeräthe der Armen, die um leichtes Geld zum Verkaufe ausgestellt waren; allenthalben einen verheerenden Typhus, der sich immer weiter verbreitete; trostlose Mütter ihre ehelichen Kinder in die Findelhäuser bringen, als wären es Bastarde; die Menschen in einer schlechteren Lage als die Thiere, nach Wurzeln graben und den ganzen Tag auf den Feldern nach Kräutern herumirren, um sich derselben zur Speise zu bedienen; Brod mit Eicheln, Baumrinde, Kleien und Weintrestern essen; die eigenen Wohnungen verlassen, und auf das Erbarmen Anderer vertrauen; hin und wieder die Wochen- und Jahrmärkte aufgehoben, um das Zuströmen der von bösartigen Krankheiten angesteckten Menschen zu verhüten; den Wohlhabenden in Furcht seine Hand gegen den Dürftigen auszustrecken und ihm deßwegen seine Hülfe entziehen; außerordentliche Spitäler, die hie und da selbst in den Häusern von Bürgern errichtet wur-

Es werden wohl noch einige Menschenalter vorübergehen, ehe sich der kurzsichtige italienische Colon entschließen wird, aus dem tiefen Gleise zu treten, in dem er seine Wirthschaft nach der Weise der Väter fortführt: allein das Beispiel, das ihm seine nächsten Nachbarn fortwährend vor Augen halten, wird auch ihn mittlerweile dahin bringen, Versuche mit den Kartoffeln zu machen. Von den Bergen herab, wo sie schon einheimisch sind, wird sich ihr Anbau allgemach in die Ebene verbreiten, und die immer zunehmende Bevölkerung der arbeitenden Classe und die Zerstücklung des Bodens werden die Colonen mittlerweile selbst dazu nöthigen, oder die Grundbesitzer zur Überzeugung bringen, daß sie es ihren Colonen zum Gesetze machen müssen, einen bestimm-

---

den; kleine Grundbesitzer, die von den Wucherern zu Grunde gerichtet, ihr kleines väterliches Erbe, die einzige Quelle ihrer Erhaltung, verpfänden und verkaufen; wackere und rechtliche Handwerker in geheim die furchtsame Hand um Almosen ausstrecken, mit Scham bedeckten Gesichte und Augen, denen eine zahlreiche und hungerige Familie die bittersten Thränen zu vergießen zwingt; die Wohlhabenden es nicht einmal wagen von der Stadt sich auf das Land zu begeben; die Bevölkerung der nächsten Orte durch Furcht ohne gegenseitigen Verkehr; völlig vernachläßigt die Arbeiten der Gewerke; auf tausenderlei Art die Scham in Gefahr und bloß gestellt; peinigende Angst und Geheul in den Häusern der Armen; und selbst die öffentlichen Gebete verboten, um das Anhäufen der Elenden in den Kirchen zu verhindern, die in einer so kläglichen Lage nichts thun können, als dem lebendigen Gott ihren Jammer zum Opfer bringen, um sich dadurch wenigstens die Vergütung im künftigen Leben zu verdienen.« (*Dandolo*, Opera postuma. S. 167.)

Solche Noth haben wir in Deutschland, Gottlob! nirgendwo gehabt. Unsere Bauern haben sich mit Milch, Kartoffeln, Hafer, Linsen, Bohnen, beholfen, da Roggen, Weizen und Buchweizen mißriethen, und es zeigte sich damals, wie nützlich es ist eine größere Zahl von Früchten zu bauen, die zu verschiedenen Zeiten gesäet und geerntet werden, und die nicht von einerlei Witterung abhängen, damit, wenn die eine fehlschlägt, die andere sie zum Theile wenigstens ersetze, und uns vor Noth schütze. — Fehlt dem italienischen Colon der Mais, so ist er in den kläglichsten Umständen, und er muß das Wenige, was er hat, verkaufen, oder Schulden machen. — Wie vielen Gefahren ist aber nicht der Mais durch Hagel und Dürre ausgesetzt, wenn wir auch in Italien den Früh- und Spätfrost nicht in Anschlag bringen wollen; und scheint es daher für dieses Land nicht ein dringendes Bedürfniß zu sein, die Cultur der Kartoffeln einzuführen?

ten Theil des Ackers mit Kartoffeln zu bestellen, um sich dadurch der beständigen Unterstützungen und Pachtnachlässe zu entheben, die ihre Grundrente so bedeutend schmälern.

10. Von den Ölgewächsen.

Solche Pflanzen, die man bloß ihrer öhaltigen Körner wegen in den Äckern bauet, findet man in Italien bisher nur sehr wenige, und die Cultur derselben ist noch immer mehr ein Versuch zu nennen, als ein gemeinübliches Verfahren. Von den hieher gehörigen Pflanzen sah ich in dem bewässerten Theil der Lombardie nur allein die Ölrüben bauen, welche die Italiener Ravizzone nennen. Welche Art von Brassica da cultivirt wird, konnte ich an den Pflanzen, die ich sah, nicht erkennen; doch glaübe ich, daß es Winterraps ist, die Kohlsaat der Niederländer und Franzosen.

Aus dem Samen des Leines wird in den untern Gegenden der Lombardie, in den Provinzen Crema, Lodi, Pavia, Cremona viel Öl gepreßt; allein den Lein bauet man des Flachses und nicht des Öls wegen.

Die Cultur der Nußbäume war in alten Zeiten in der Lombardie von großer Bedeutung, und es scheint, daß man damals sehr viel Öl aus den Kernen preßte: jetzt findet man in der Ebene diese Bäume fast verschwunden, und nur in den Hügeln, zwischen dem großen See und Varese, sind sie noch in großer Anzahl vorhanden.

11. Vom Leine.

Der Lein wird in den bewässerten Provinzen der Lombardie in einer sehr bedeutenden Ausdehnung gebauet, und bildet einen wesentlichen Theil der Ausfuhrartikel nach Piacenza, Genua und Piemont. Am häufigsten wird er in den bewässerten Gegenden gebauet, und Lodi und Cremona sind die Hauptplätze seiner Erzeugung; indessen sind auch in den trockenen Provinzen kleinere Leinfelder nicht selten zu sehen, doch wird da nirgendwo so viel Flachs erzeugt, als es das Bedürfniß der gesammten Bevölkerung und die Rücksicht erheischten, ein Material zu haben, daß den Weibern, Kindern und gebrechlichen Menschen, die man beim Ackerbaue nicht verwenden kann, eine nützliche Beschäftigung gewährte.

Man hat Winter- und Märzlein. Den ersteren habe ich außer den Provinzen Pavia und Lodi, selten wo angetroffen, weil er näher, gegen die Berge, in einem minder warmen Clima, durch den Winterfrost leicht zerstört wird.

Wenn der Märzlein in eine Wechselwiese gesäet wird, so pflügt man diese im Herbste auf, und läßt sie in rauher Furche über Winter liegen, eggt hierauf im Frühling das Feld sehr stark, und zerkleinert mit Haue und Hammer die Erdschollen; wird er aber in die Stoppeln des Weizens gesäet, so pflügt man das Feld vor der Saat zwei- bis dreimal (Coltura maggenga), um es recht rein zu machen, und möglichst zu pulvern. Wird Winterlein gesäet, so erhält das Feld die Coltura agostana, und dann säet man oft Klee unter denselben; gewöhnlicher aber wird Hirse nachgesäet. Frischer Dünger wird in der Lombardie zu Flachs nicht angewendet; man säet ihn immer im zweiten oder dritten Jahre nach der Düngung.

Die Saatzeit des Winterleins ist um den 20. September; die des Märzleins um die Mitte des März.

Man säet vom Winterlein ¾, vom Märzlein 1 Staro pr. Pertica; = 2 bis 2 ½ Metzen pr. Joch; und jätet ihn während seines Wachsthums ein- bis zweimal.

Der Winterlein wird Anfangs Juni reif; den Märzlein sah ich am 19.—23. Juni raufen.

Die Pflanzen, die ich sah, waren etwas niedriger, als sie es bei uns sind, und hatten sehr dünne, feine Stängel; sie standen am Felde sehr dicht aneinander.

Wenn der Flachs gerauft ist, stellt man die Pflanzen umgekehrt, die Wurzeln in die Höhe, in kleinen Bündeln, auf dem Felde zum Trocknen, kehrt ihn am folgenden Tage um, und wenn er trocken genug ist, wird er in große Bündel gebunden, und nach Hause geführt, wo man ihn unter Dach stellt, um ihm da nach acht bis zwölf Tagen die Samenkapseln abzuschlagen, welches mit einem hölzernen Hammer geschieht, mit dem man die aufgebundenen, und an der Sonne früher gedörrten kleinen Bündel auf einem hölzernen Blocke schlägt. Der Samen wird durch Sieben von der Spreue, und die Stängel werden mit großer Sorgfalt von allen zwischen vorkommenden Pflanzen gereiniget und nach ihrer Länge sortirt. Nun bindet man mit Stroh die Stängel in Büschel von der Größe, daß man sie mit zwei Händen umfassen kann, und bindet deren 30 bis 42 mit Weidenruthen in einen runden Ballen dergestalt zusammen, daß die Wurzeln allenthalben nach auswärts zu liegen kommen.

Diese Ballen werden nun in das Wasser gelegt, um da einen gewissen Grad der Gährung zu erleiden. Man wählt zu diesem Behufe, entfernt von den Wohnhäusern, eine Stelle, wo man eine Grube ausgräbt, von der Länge und Breite des Bedarfs und von einer Tiefe von 4 ½ Wiener Fuß. In diese Grube leitet man Wasser, welches, wenn es sie erfüllt hat, langsam zu- und abfließt, keinesweges stillstehend, und auch nicht unrein, trüb sein darf. Wäre das Wasser stehend, so würde die obere Lage des Flachses von dem aufgeworfenen Unrathe, und den durch die Gährung ausgeschiedenen Theilen, gefärbt werden. In diese Grube legt man sachte, ohne das Wasser zu trüben, die Pflanzenballen, und wendet sie täglich mit einer eisernen Gabel um. Allgemach senken sich diese Ballen von selbst immer tiefer in das Wasser, und nach 3 Tagen und eben so viel Nächten, manchmal aber erst nach 4 bis 5 Tagen, sinken sie ganz unter. Sobald dieß erfolgt ist, begeben sich die Arbeiter in die Grube, lösen die Bänder auf, waschen die einzelnen Bündel im Wasser aus, und werfen sie auf den Rand der Grube, nachdem der Platz früher mit Stroh belegt worden ist. Sobald alle Flachsbündel aus dem Wasser gebracht worden sind, werden sie in einen oder in mehrere runde Haufen so zusammengelegt, daß wieder die Wurzeln nach auswärts zu liegen kommen. Ein solcher Haufen besteht aus 8 bis 10 Ballen. Die Haufen werden mit Stroh, oder mit Brettern bedeckt, auf die man ein Gewicht legt. In diesen Haufen muß der Lein sich auf einen gewissen Grad erhitzen, den man wohl beobachten muß; denn erhitzt er sich zu wenig, so bleibt der Flachs rauh; erhitzt er sich zu stark, so wird er mürbe, brüchig. Nach Verschiedenheit der Wärme der Luft dauert es zwei bis drei Tage, daß man diese Haufen unangerührt läßt, worauf sie auseinander geworfen, auf Wagen geladen, und auf abgemähte Wiesen, oder andere leere Felder geführt werden. Hier werden die Bünde aufgelöst, und die Stängel in kleine pyramidenförmige Häufchen aufgestellt, die Wurzeln nach abwärts, wo sie 8 bis 10 Tage bleiben, worauf man sie nach Hause führt, um sie zu brechen.

Wenn es während der Zeit, als die Häufchen zum Trocknen am Felde stehen, nicht regnet, so wird der Flachs sehr weiß, im Gegentheile wird er grau, und verliert auch an Gewicht.

Das Brechen geschieht in der Lombardie nicht mit den in Deutschland gewöhnlichen Werkzeugen, sondern man schlägt so lange mit einem Holze, das 1½ Fuß lang und 7 Zoll breit ist, und eine runde Handhabe hat, die man mit beiden Händen hält, auf die Pflanzenstängel, die auf einen flachen Block gelegt und durch eine quer überlaufende Schnur niedergehalten werden, bis die Stängel zerquetscht sind, worauf man die Lage wendet, und das Schlagen so lange fortsetzt, bis die Holztheile vom Baste getrennt sind. Bei jedem Stocke sind zwei Weiber. In einigen Orten hat man leichtere Hämmer, und dann hält man mit der linken Hand das Flachsbüschel, mit der rechten den Hammer.

Die übrigen Arbeiten der Flachsbereitung sind von den in Deutschland üblichen nicht verschieden, weßwegen ich sie übergehe.

Wenn ich hier den Lesern das Detail der Röstung des Flachses, so wie es zwischen Pavia und Lodi üblich ist, und von Moretti (Elementi d'agricoltura. Tom. IV.) mit aller Umständlichkeit beschrieben wird, mittheile, so geschieht es, weil ich glaube, daß diese Methode der gewöhnlichen Wasserröste vorzuziehen ist, wo man den Lein im Wasser selbst in Gährung kommen läßt, was hier nicht geschieht, weßwegen sich hier auch weniger stinkende Ausdünstungen in der Umgebung verbreiten und die Gesundheit der Menschen weniger gefährdet ist.

Der Thauröste muß man es zuschreiben, daß man im südlichen Deutschlande nur grauen Flachs hat, welcher mit dem Cremoneser Flachs gar keinen Vergleich aushält, der weiß von Farbe, mild im Anfühlen und stärker im Faden ist, und daher um 30 bis 40 % mehr im Handel gilt, als der deutsche.

Da in den übrigen Gegenden von Italien, meines Wissens, diese Art von Wasserröste nicht bekannt, sondern allenthalben nur jene üblich ist, wo die Flachs- oder Hanfbüschel gleich unter Wasser gelegt und beschwert werden, und so lange darin bleiben, bis man meint, oder sich durch Proben überzeugt, daß der erforderliche Grad der Gährung eingetreten ist, so dürfte es für viele meiner Leser von Interesse sein, die genauen Versuche Dandolo's zu kennen, dieser über die Zeit angestellt hat, welche der Lein und Hanf bei verschiedener Temperatur der Luft unter Wasser liegen muß, wenn die Pflanzen völlig geröstet sein sollen (Op. post. S. 155).

Wenn die Temperatur des rinnenden Wassers um 2 Uhr Nachmittags 18—19° R. zeigt, so braucht der Lein ohngefähr 60 Stunden, um vollkommen geröstet zu werden.

Wenn das Wasser 16—17° R. Wärme hat, so sind 80 Stunden erforderlich.

Hat es nur 14½—16°, so bedarf man 100 Stunden.

Wenn das Wasser nicht fließt, sondern stehend ist, und im August sich innerhalb der Senkgrube auf 20—26° R. erhebt, so wird der Flachs zwischen 20—24 Stunden mürbe genug.

19 *

Wird der Hanf in eine Grube gelegt, in der das Wasser Zu- und Abfluß hat, und worin die Temperatur desselben um 2 Uhr Nachmittags 16—18° R. zeigt, so braucht er 9 Tage, um vollkommen geröstet zu werden.

Unter gleichen Umständen braucht er aber nur 7 Tage, wenn die Wärme 18—20° R. ist.

Ist das Wasser stehend in der Grube, und erwärmt es sich auf 20—22° R., so wird der Hanf in 6 Tagen mürbe.

Bei 22—24° R. in 5 Tagen.

Bei 24—26° R. in 3½ Tagen.

Über den Ertrag des Leines an Flachs und Samen sagte mir der Pächter Tonnari zu Melegnanello, daß er auf die Pertica 30 bis 35 Pf. Flachs und 3 Stara Leinsamen rechne = 358 bis 418 Pf. Flachs und 8 Metzen Leinsamen pr. Joch. — Vom Winterflachse erhält man manchmal 6 bis 8 Stara Samen. — Dandolo (a. a. O. S. 156) rechnet pr. Joch 359 Pf. Flachs und 11,4 Metzen Samen. Nach seinen Versuchen wiegt der Metzen Samen 73,3 Pf. und gibt ⅕ seines Gewichts an Öl.

Das Erträgniß der Leinfelder wird in der Lombardie sehr häufig am Felde stehend verkauft: eine Methode, die sehr alt ist, weil sie bereits in den Catastralacten vorkommt. Im Jahre 1827 ward in der Umgebung von Pavia die Pertica Lein um 33 — 34 Lire milanesi verkauft = 86 Gulden das Joch. Dafür kostete aber auch der Rubbo Flachs zu 25 Pf. 18 Lire = 100 Pf. W. G. 56½ Gulden. In Venedig kosteten am 9. Mai 1828, 100 Pf. W. G. Flachs von Cremona 35⅓ Gulden, von Brescia 31¼ Gulden.

Vom Hanfe kann ich nichts anführen, denn ich sah keinen. Die Cultur dieser Pflanze ist im lombardisch-venezianischen Königreiche noch nicht üblich, obgleich man in den fruchtbaren Gegenden der Provinz Rovigo höchst wahrscheinlich großen Vortheil von ihr ziehen würde.

12. Von den Futterpflanzen.

So großen Überfluß man in den bewässerten Provinzen an Futter hat, so großen Mangel leidet man daran in den trockenen Provinzen, und die Wuth, den Getreidebau immer mehr und mehr auszudehnen, ohne ihn mit den Hülfsmitteln, Dünger und Arbeitsvieh, in ein richtiges Verhältniß zu stellen, ist allenthalben, besonders aber in den venezianischen Provinzen sichtlich, und eine der wichtigsten Ursachen des geringen Ertrages des Ackerlandes und des elenden Zustandes der Colonen.

Zum Theile rührt dieser wichtige Fehler der italienischen Landwirthschaft von den Verträgen her, unter welchen die Grundbesitzer den Boden an die Colonen verpachten; zum Theile von der Armuth und Unwissenheit der letzteren, die beim Antritte der Wirthschaft nur selten wo eigenes Vieh, gewöhnlich nichts als ihre wenigen Kleider und die Kücheneinrichtung mitbringen, die nur wenige Gulden werth ist.

In vielen Gegenden, und namentlich im Mantuanischen ist dem Colon die Cultur jeder Futterpflanze in den Äckern untersagt, die ausschließlich mit Weizen und Mais bestellt werden müssen, wovon die Grundbesitzer die Hälfte als Pacht beziehen. Sie meinen dadurch den höchsten Pachtertrag zu erzielen, und glauben, daß der Ertrag der Felder immer in gleichem Verhältnisse mit ihrer Ausdehnung stehe. Anderswo begehrt man eine so große fire Abschüttung an Getreide als Pacht-Canon, daß der Colon es nie wagt den üblichen Fruchtwechsel zu ändern und dem Getreidebaue einen Theil der Fläche zu entziehen und zu etwas anderem zu verwenden, das nicht Weizen ist, den er dem Herrn geben muß, oder irgend ein Getreide, das ihm zur Nahrung dient, aus Furcht, entweder gleich im ersten Jahre in Schulden zu gerathen, oder Mangel an Lebensmitteln zu leiden.

So hindern von der einen Seite kurzsichtige Habsucht und von der andern Armuth und Unwissenheit die Einführung einer zweckmäßigeren Wirthschaft, die mehr Vieh hält, dasselbe besser nährt, mehr Dünger macht, und auf einer kleineren Fläche mehr Körner erzeugt, als früher auf einer größeren! —

Sicher ist es, daß die Einführung einer productiveren Wirthschaft mit einer, der Ausdehnung der Äcker angemessenen Menge von Futterpflanzen einige Vorauslagen erheischt. Man muß den Dünger, der zu Getreide bestimmt war, zum Theile zur Futterpflanze verwenden, erzeugt daher im ersten Jahre aus doppelten Ursachen weniger Körner, theils weil der Dünger nicht ganz und gar den Körnern zugewendet wird, und theils, weil ein Theil des Ackerlandes der Körnererzeugung entzogen wird; allein im zweiten Jahre schon ist die Vorauslage mit Wucher ersetzt, und Grundbesitzer und Colon genießen nun fortwährend die Vortheile dieser Umänderung, denn es wird der Erstere nicht eine kleinere, sondern eine größere Anzahl Metzen Getreide oder Eimer Wein als Pacht beziehen, wie früher, und der Letztere wird bei minderer Arbeit mehr erzeugen, besser leben und seltener seinen Herrn um Unterstützung anflehen. Eben so gewiß ist es aber auch, daß diese Vorauslagen der arme Colon nicht machen kann, oder nicht wagt zu machen, weil er entweder die Mittel hiezu nicht hat, oder den künftigen Vortheil nicht klar genug einsieht, und daß eine so große Veränderung der Wirthschaft nur von dem Grundbesitzer ausgehen kann, der dem Colon die Mittel an die Hand geben muß den Futterbau einzuführen, oder der ihn über die daraus hervorgehenden Vortheile gehörig belehret. — Allein, wie soll Der belehren, der selbst unwissend ist, und dessen Kenntnisse der Landwirthschaft sich gewöhnlich darauf beschränken, zu wissen, wie viel man Weizen für den Morgen Ackerland als Pacht bekommt und der auf die Frage, wie viel er bei der Halbentheil-Pachtung von einem Morgen seiner Felder von den verschiedenen Getreidearten oder vom Wein erhält, keinen Bescheid mehr zu geben weiß! —

Obschon die Grundbesitzer nur ihrem eigenen Vortheile gemäß handelten, wenn sie der Einführung und Ausdehnung des Futterbaues Vorschub leisteten, so entschließen sich dennoch nur selten wo Einige dazu; theils, weil sie von der bisher bestimmten, jährlichen Einnahme nichts, auch nur für ein Jahr, entbehren können oder wollen; theils, weil sie es für thöricht halten den Zustand ihrer Colonen verbessern zu wollen, die dadurch hochmüthig werden würden; größtentheils aber, weil sie zu beschränkte Kenntnisse von Ursache und Wirkung haben, um die progressiv fortschreitenden Vortheile, die der Futterbau auf den Ackerbau ausübt, einzusehen. Es ist daher kein Wunder, daß die Cultur der Futterkräuter unter solchen Umständen nur geringe Fortschritte macht, und man muß sich vielmehr nur wundern, daß sie so große schon gemacht hat, als man in den venezianischen sowohl, als lombardischen Provinzen bemerkt.

Die gewöhnlichsten Futterkräuter, die man in den Äckern sieht, sind der rothe Klee und die Luzerne. Außer diesen wird fast allenthalben etwas Mais oder Moorhirse in die Stoppeln des Wintergetreides gesäet, die man theils grün verfüttert, theils für den Winter aufdörrt; allein es ist diese Saat von geringer Bedeutung. Wurzel- und Knollengewächse werden im Kleinen für den Küchengebrauch, aber nicht als Viehfutter gebauet.

Der rothe Klee wird mehr in der Lombardie, die Luzerne mehr in den venezianischen Provinzen cultivirt. So passend der rothe Klee für die bewässerten Felder ist, so wenig eignet er sich für die trocknen Provinzen, für die die Luzerne die schicklichste Futterpflanze ist.

In den bewässerten Provinzen ist der rothe Klee gegenwärtig die gewöhnlichste Pflanze, die in jene Äcker gesäet wird, die man zu Wechselwiesen umstalten will. Hier bemerkt man dann die Erscheinung, von der ich im Artikel: Wiesen, näheren Bericht erstatten werde, daß der rothe Klee im zweiten Jahre seines Wachsthums beim ersten Schnitte noch dicht steht, und einen großen Ertrag abwirft, beim zweiten Schnitte sich vermindert und dem weißen Klee den Platz räumt, der bis zum Herbste sich desselben ganz bemächtiget und den rothen

Klee verdrängt. Im trocknen Lande wird diese Erscheinung nirgendwo beobachtet.

So groß der Ertrag an Futter ist, den der rothe Klee in den bewässerten Feldern der Lombardie gewährt, so mäßig ist er in den trocknen Gegenden, und er kommt jenem bei weiten nicht gleich, den wir im südlichen Deutschlande erhalten, wo dem Klee die feuchte Witterung im April so wohl bekommt, die zu seinem Wachsthume unerläßlich ist, und die ihm in dem hiesigen Clima größtentheils mangelt.

Die Cultur der Luzerne ist in den venezianischen Provinzen, zufolge allen mir gemachten Mittheilungen, in stätem Zunehmen. Ich sah von Verona bis Vicenza, besonders aber um Montebello und Caldiero, sehr schöne Luzernefelder, und hier mögen sie wohl den achten Theil der Ackerfelder einnehmen. Im Paduanischen und in Friaul wird sie zwar nur noch im Kleinen, und mehr Versuchsweise angebauet; es steht aber zu hoffen, daß das gute Beispiel, das die Provinzen Verona und Vicenza durch die ausgedehnte und wohlgelungene Cultur der Luzerne geben, von den übrigen Provinzen allgemach nachgeahmt werden, und daß der Anbau einer Futterpflanze sich immer mehr verbreiten wird, die in Hinsicht der Menge und Güte des Ertrages in einem trocknen warmen Boden von keiner andern übertroffen wird.

Was die Art, den rothen Klee und die Luzerne zu cultiviren und zu benützen, betrifft, so habe ich in Italien nichts beobachtet, was von unserm Verfahren abweichend gewesen wäre, und halte es deßwegen für überflüssig von bekannten Dingen zu sprechen.

B. Von der Cultur der Weinreben.

Nichts überrascht das Auge des Nordländers beim Anblicke der italienischen Fluren so sehr, als die geradlinigen Reihen von Bäumen aller Art, die mitten durch die mit Getreide bestellten Äcker laufen, an welche die zu ihrem Fuße gepflanzten Weinreben sich bis zum Anfang der Äste hinaufwinden, und dann von einem Baume zum andern als Gehänge (Guirlanden) gezogen werden, und frei in der Luft hängend mit ihren Früchten prangen.

So sehr man aber auch anfänglich über das Bild der Fruchtbarkeit entzückt ist, das die Landschaft gewährt, und so malerisch sich auch die mit Reben behangenen Bäume ausnehmen, so ermüdet das Auge doch sehr bald an dem einförmigen Anblicke, der ihm alle Aussicht über die Landschaft benimmt, und sehr bald drängt sich dem Wanderer der Wunsch auf, daß die berebten Felder mehr mit Wiesen und nackten Äckern abwechseln möchten.

Wenn man in den venezianischen Provinzen von irgend einer Anhöhe das Land überschauet, so sieht man nichts als einen unermeßlichen Wald, aus dem man nur mit Mühe die Thürme der vielen darin zerstreueten Ortschaften hervorragen sieht, deren Häuser und Palläste aber von den Bäumen verdeckt werden. Zwar bemerkt man die zunächst gelegenen Felder mit ihren Baumreihen, und die mit hohen Pappeln eingefaßten Wiesen; weiter hinaus aber, so wie der Gesichtswinkel spitziger wird, stellt das Land nichts als einen dichten Wald dar.

Den gleichen Anblick gewähren die lombardischen Provinzen, obschon da in den nicht bewässerten Gegenden nur wenige berebte Äcker vorhanden sind, wo aber die Maulbeerbäume, die hier in Reihen sich durch die Äcker ziehen, die Rebenbäume ersetzen, und in den bewässerten Provinzen, wo keine Weinreben, und nur wenige Maulbeerbäume sind, die hohen Pappeln und Rüstern, womit alle Felder dicht eingefaßt sind, das Land ebenfalls in einen Wald verwandeln.

Auf einem und demselben Felde Getreide und Wein zu erzeugen, ist nur in einem so warmen Clima möglich, wie das von Italien ist, wo diese Art den Boden zu benützen uralt, und von Varro und Cato vor 1900 Jahren schon als landüblich beschrieben worden ist. In einem minder warmen Clima würde der Schatten der Bäume viel nachtheiliger auf das nebenstehende Getreide wirken, oder es würden die Trauben, so hoch über die Erde erhoben, nicht gehörig reif werden.

Der meiste Wein, der in dem lombardisch-venezianischen Königreiche erzeugt wird, wächst in der Ebene, denn der größte Theil dieses Reiches ist nur eine Ebene; ein viel kleinerer Theil wird auf den Ausläufen der Berge erzeugt; die Berge selbst sind zu hoch und zu kalt, um die Trauben zur Zeitigung zu bringen.

In der Ebene wird die Weinrebe nie anders als zwischen Saatfeldern cultivirt, und man nennt solche Äcker, berebte Äcker: Campi arativi vitati oder Campi arborati vitati. In den Hügeln heißen jene Felder Ronchi, wo die Reben in Reihen gepflanzt, und gewöhnlich auf Pfähle, doch zum Theile auch auf Bäume gezogen, und die schmalen Zwischenräume gepflügt und größtentheils auch besäet werden. Den Namen Weingarten, Vigna, erhält das Feld dann, wenn die Reben niedrig gehalten und sammt und sonders auf Pfähle gebunden werden. Die Reben in den Weingärten sind bald in Reihen, Vigne a filari, oder unordentlich gepflanzt, Vigne a rinfusa. Die Reben stehen in den Weingärten immer so dicht aneinander, daß man zwischen ihnen kein Getreide bauet.

Als Stützbäume für die Reben werden in den berebten Äckern allerlei Arten von Bäumen gebraucht. Man sieht die kleinen Ahorn-, Pappeln-, Weiden-, Eschen-, Kirschen-, Maulbeer- und selbst Nußbäume. Es ist aber gewiß nicht einerlei, welcher Art von Bäumen man sich zu diesem Behufe bedient, denn sie üben einen großen Einfluß auf die nebenstehende Saat, und auf die Trauben selbst aus, und man muß sich daher über den Unverstand eines großen Theils der italienischen Landwirthe wundern, daß sie diesen wichtigen Gegenstand so gleichgültig behandeln, und um den Gewinn einiger Baumäste, die sie zu Weinpfählen, oder wohl gar nur zu Brennholz verwenden, sich um das Vielfache an der Getreide- und Weinerzeugung schaden.

Der wahre Zweck dieser Bäume ist kein anderer, als den Reben zur Stütze zu dienen, an deren Stock man die rings um ihn gepflanzten Reben hinauf zieht, und bei der Theilung in seine Hauptäste überbiegt. Fände sich eine Baumart, die einen hinlänglich starken Stamm, und gar keinen, oder nur sehr kleine, kurze Äste bildete, so wäre sie für diese Cultur die geeignetste. Da dieß aber nicht der Fall ist, so muß man jener Baumart den Vorzug geben, die dieser Forderung zunächst entspricht, schmächtig im Stamme bleibt, sich nur wenig beästet, und das Beschneiden der Äste wohl verträgt. Ein solcher Baum ist der kleine Ahorn (Acero und Oppio), der von allen verständigen Landwirthen als der passendste anerkannt und wohl auch am häufigsten zu diesem Behufe verwendet wird, aber leider sieht man große Strecken Landes, wo zum großen Nachtheile der Landwirthschaft große, hochstämmige Bäume zur Stütze der Reben gepflanzt werden, die das Feld in einen Wald verwandeln, und unberechenbaren Schaden verursachen. Am nachtheiligsten und unangenehmsten sind sicherlich die großen Nußbäume zwischen Padua und Vicenza; die großen Kirschenbäume von Monfalcone; die Weidenbäume von Aquileja; vor allen aber die hohen Pappeln von Monselice, die nahe aneinander gepflanzt, und hoch gezogen werden, und denen man nur alle drei Jahre die Seitenäste abhauet.

Es ist kein Zweifel, daß die Grundbesitzer die Nachtheile dieser Bäume einsehen, und es scheint uns daher ein Widerspruch, daß sie ihrem eigenen Vortheile entgegen handeln sollen, wenn sie dieselben nicht abschaffen; allein, wenn man die Verhältnisse untersucht, welche auf die Wahl der Stützbäume und ihre Behandlung Einfluß nehmen, so wird es nicht schwer die Ursache im bestehenden Sisteme, die Felder an die Colonen zu verpachten, zu finden. Bei dieser heillosen Wirthschaft, die dem Gedeihen und einer vernünftigen Behandlung des Weinstockes sich in mehrfacher Hinsicht entgegensetzt, muß der Colon das zur Unterstützung der Weinreben erforderliche Holz selbst beischaffen; da er aber kein Geld hat, und da ihm jede bare Auslage sehr empfindlich fällt, so sucht er entweder gar keine Pfähle zu bedürfen, oder sie von den Stützbäumen zu gewinnen. Daher zieht er die Reben hoch an die Bäume hinauf, und setzt diese nahe aneinander in der Reihe, so daß er die Enden der Reben in der Mitte zwischen zwei Bäumen verbinden kann, wobei er entweder gar keine oder nur wenige Pfähle nöthig hat, die ihm die großen Bäume in ihren starken Ästen in Überfluß geben, und ihn noch nebstbei mit Brennholz versehen. An der Qualität des Weines liegt diesen kurzsichtigen Leuten nichts; sie pflanzen nur solche Trauben, die reichlich tragen, und den nachtheiligen Einflüssen der Witterung am besten widerstehen. Die Hälfte des Weines gehört zwar dem Colon, und wenn der Wein besser wäre, so würde er ihn höher verkaufen können, und mehr Geld einnehmen; allein dann würde man, fürchtet er, weniger erzeugen, weniger selbst consumiren können, und noch überdieß Stützholz kaufen müssen, und Abgang an Brennholz haben: wobei er aber übersieht, daß er mehr und besseres Getreide erzeugen, und daß selbst die gegenwärtigen Trauben einen besseren Wein geben würden, wenn sie nicht so hoch hingen und nicht so sehr beschattet würden.

Wollten die Grundbesitzer diese großen Bäume aus ihren Äckern vertilgt wissen, so müßten sie zu den neuen Pflanzungen die jungen Ahornbäume selbst hergeben, und nicht gestatten, daß andere gepflanzt würden; dann müßten sie für jedes Hundert Weinrebenbäume jährlich eine bestimmte Menge von Pfählen beitragen, und endlich müßten sie darauf sehen, daß Äcker und

Wiesen mit Pappeln und Weiden eingefaßt würden, damit es dem Colon an Brennholz nicht mangle; allein dieß alles ist mit Ausgaben — Vorauslagen — verbunden, und diese scheuen die Grundbesitzer, deren erste Regel es ist, auf die Wirthschaft nichts auszugeben, wozu man nicht durch den ortsüblichen Pachtcontract genöthigt ist.

Die gewöhnliche Entfernung, in der die Reihen der Stützbäume in den Äckern gepflanzt sind, ist in den venezianischen Provinzen, 13 Wiener Klafter. In der Reihe selbst ist ein Baum vom andern 3 Klafter entfernt. Hiernach kommen 117 Bäume auf ein Joch, oder 203 auf die Tornatura metrica. In den lombardischen Provinzen herrscht hierin weniger Regelmäßigkeit: die Bäume sind da kleiner, und stehen dichter aneinander.

Rings um einen solchen Stützbaum sind 6 bis 10 Reben gepflanzt, die erst den Baum hinauf und dann zu beiden Seiten gegen die nächsten Bäume hingezogen und mit den nachbarlichen Reben verbunden werden. Gewöhnlich ist es, daß die Reben in der Mitte zwischen den zwei Bäumen aneinander gebunden werden, und Stricke bilden, die von einem Baume zum andern laufen; nicht selten aber werden diese Reben von der Umbiegung am Kopfe des Baumes weg, rings um denselben, auf Pfähle geheftet, die in einiger Entfernung vom Baume in den Boden gesetzt sind, wodurch die einzelnen Reben mehr Raum und Licht erlangen, und eine Art Laube um den Baum bilden, die einen bedeutend größern Weinertrag abwirft, aber auch mehr Raum einnimmt, und das Getreide mehr in Schatten setzt.

Die Ronchi sind eigentlich auch berebte Äcker, denn zwischen den Reihen der Reben wird der Boden geackert und besäet, wie ich bereits gesagt habe. In Locate an der Straße nach Varese, und in Varese selbst habe ich solche Rebenfelder genauer untersucht. Im ersteren Orte war es ein vom Grafen Castiglione neu angelegter Ronco auf einem niedrigen Hügel in wagerechter Lage. Zwei Reihen Rebenstöcke, Gruppi, jeder von 10 bis

12 Stämmen, die von einander etwa 6 Fuß abstanden, und in der Linie eben so weit von einander entfernt waren, liefen durch den Acker hindurch, und wurden durch Pfähle unterstützt, die Reben wurden so aneinander und übereinander gezogen, daß sie ein niedriges, doppeltes Geländer mit einem Dache bildeten. Ich zählte die Rebenstöcke in einem solchen Ronco, und fand, daß 247 auf der Fläche eines Joches standen, also gerade noch einmal so viel, wie in einem berebten Acker. — Anderswo fand ich nur eine einfache Reihe von Rebenstöcken, die dann durch den Acker ein Geländer bilden. In Varese, auf der schönen Besitzung des Herrn Foscarini, fand ich die Ackerbeete 12 Schritte breit. Längs der Mitte eines solchen Beetes läuft eine Reihe Rebenstöcke, wovon jeder aus 6 bis 7 Stämmen besteht, und 7 bis 8 Fuß weit von einander entfernt ist. Es kommen daher mehr als 250 Rebenstöcke, deren jeder aus 6 bis 7 Stämmen besteht, auf ein Joch. Die Reben werden theils nach der Länge, theils zur Seite ausgebunden, und bilden hier ein Netz über das ganze Feld, das den Mais so sehr in Schatten setzt, daß er sicher nicht die Hälfte der gewöhnlichen Erzeugung abwirft.

So wie die Lage des Bodens steiler wird, muß er in Terrassen gelegt werden, die man mit Mauern, oder auch wohl nur mit Rasen stützt.

Gut cultivirte Ronchi sah ich zwischen Lecco und Bergamo bei Puntita, und an vielen Orten in den Hügeln von Brianza, dann in Tramezzo am Comer See, u. a. m. O.

Ob es in diesem Theile von Italien eigentliche Weingärten, Vigne, gibt, weiß ich nicht zu sagen, denn ich habe keine gesehen: zweifle auch, daß es deren gibt. Indessen ist der Unterschied zwischen den Ronchi in den etwas steileren Hügeln, wo die Reben auf den Terrassen gepflanzt sind, und unseren Weingärten so gering, daß man jene füglich ebenfalls Weingärten nennen kann, obgleich hinter dem Rebengeländer etwas Getreide oder Fisolen gebauet werden.

Noch muß ich bemerken, daß ich nirgendwo im Großen Weinlauben angelegt gesehen habe (Pergolato, a Pergola), eine Cultur-Methode, die ohne Zweifel den höchsten Ertrag abwirft, aber auch große Vorauslagen erheischt, die mit dem Colonensistem unvereinbarlich sind.

So groß die Ausdehnung auch ist, die man der Weincultur im Ober-Italien gibt, und so sehr die baren Geldeinnahmen der kleinen Besitzer und Colonen von der Weinerzeugung abhängen, so wenig verstanden fand ich sie allenthalben. Der Weinbau ist eben so wie der Getreidebau, ganz in den Händen der armen und unwissenden Colonen, die vom Rebenschnitte nur unvollkommene Begriffe haben; die bei neuen Pflanzungen immer nur die ergiebigsten, dafür aber schlechtesten Rebensorten wählen, jede Auslage für Stützholz scheuen, und daher die großen Bäume immer den kleinen vorziehen; die nur selten, oder gar nie den Erdstreifen umgraben, auf dem die Rebenbäume am Ackerbeete stehen, und von denen man daher nicht erwarten darf, daß sie das Mindeste zur Verbesserung und Vervollkommnung der Rebencultur beitragen werden, oder beizutragen im Stande wären.

Um sich zu überzeugen, daß das Urtheil, das ich über die Unwissenheit der italienischen Colonen in der Behandlung der Reben fälle, nicht zu hart sei, untersuche man nur die nächste beste Reihe von Rebenstöcken mit einiger Aufmerksamkeit, und man wird gewöhnlich keine anderen als alt aussehende, krumme, gebogene, elende Pflanzen mit rauher, abgestorbener Rinde finden, voll Auswüchse und Krebsschäden, die ihnen durch den unverständigen Schnitt verursacht worden sind. Wenn man sieht, daß die Stämme, welche von der Natur zu einer großen Ausdehnung bestimmt waren, auf niederes, trocknes Holz herabgebracht worden sind, mehr geeignet als Brennstoff zu dienen, als zur Traubenerzeugung, so kann man nur den Unverstand dieser Menschen beklagen, die sich um den größten Theil des Ertrages dieser fruchtbaren Pflanze bringen, weil sie von der Natur derselben, den Regeln des Schnittes nach der Verschiedenheit

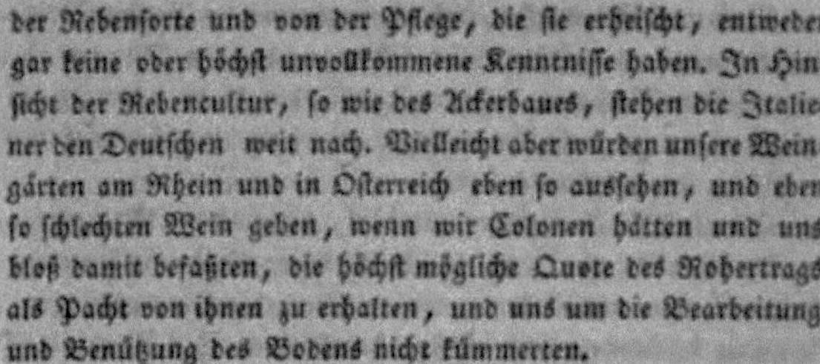

der Rebensorte und von der Pflege, die sie erheischt, entweder gar keine oder höchst unvollkommene Kenntnisse haben. In Hinsicht der Rebencultur, so wie des Ackerbaues, stehen die Italiener den Deutschen weit nach. Vielleicht aber würden unsere Weingärten am Rhein und in Österreich eben so aussehen, und eben so schlechten Wein geben, wenn wir Colonen hätten und uns bloß damit befaßten, die höchst mögliche Quote des Rohertrags als Pacht von ihnen zu erhalten, und uns um die Bearbeitung und Benützung des Bodens nicht kümmerten.

Was die Qualität des Weins betrifft, so ist sie sehr verschieden, je nachdem es Boden- oder Hügelwein ist. Bodenwein, d. h. Wein, der in der Ebene in berebten Äckern erzeugt worden ist, erlangt aus sehr leicht begreiflichen Gründen nicht jene Süßigkeit, die sich in der Folge in Geist verwandelt, wie Hügelwein. Wenn man aber die Wärme des Clima, und an vielen Orten die passende Bodenmischung betrachtet, so muß der herbe, saure, geistlose Wein auffallen, der den Fremden in den ersten Gasthäusern, von Venedig angefangen bis Pavia, zum Trinken vorgesetzt wird, der so schlecht ist, daß man von Jugend auf an ein solches schlechtes Getränk gewohnt sein muß, um es erträglich oder gar gut zu finden. Die Ronchi liefern zwar bessern Wein, und in einigen Gegenden mögen sie wohl auch gut sein, wie ich mich z. B. erinnere, in Vicenza, vorzüglich aber in Valleggio am Mincio welchen getrunken zu haben; allein im Ganzen ist auch der Hügelwein nur wenig besser, und der Wein der schönen Hügel der Brianza ist ein elender Krätzer gegen die herrlichen Weine von Istrien.

Die Ursache, warum man in Ober-Italien im großen Durchschnitte nur schlechten Wein findet, liegt einzig und allein in dem Umstande, daß man sich um die Auswahl der Rebensorten gar nicht kümmert, und es ganz und gar dem Colon überläßt, welche Sorte er nachpflanzen will, der sich aber immer sträuben wird eine solche zu pflanzen, die er selbst entweder gar nicht oder nicht in genügender Menge hat, für deren Beischaffung er eine

Aussage machen müßte, und von der er noch überdieß fürchtet, daß sie einen geringeren Ertrag gewährt. Zum Beweise dieser Behauptung führe ich folgende Thatsache an. Vor der Einverleibung der venezianischen Provinzen mit Österreich war der Wein am linken Ufer des Isonzo, im Gebiete von Monfalcone, so schlecht, herb und sauer, wie er es noch um Treviso und Padua ist. Seit dieser Zeit aber haben sich die Grundbesitzer überzeugt, daß, wenn sie mit den Istrianer Weinen in Triest concurriren wollen, sie ihre Weine wesentlich verbessern müssen, und haben zu diesem Behufe angefangen die schlechten Traubensorten auszurotten und bessere an ihre Stelle zu setzen; und nun genießt ihr Wein eines guten Rufes, und einige derselben, wenn gleich nur Bodenweine, werden um Preise verkauft, die nur wenig mehr von denen der Hügelweine verschieden sind. Aus saurem, wässerigem Traubensafte läßt sich auch in Italien kein guter Wein machen! —

Noch trägt zur minderen Güte der italienischen Weine auch die Art bedeutend bei, wie in Italien der Wein gemacht und aufbewahrt wird. — Zuvörderst muß ich bemerken, daß die Italiener im Allgemeinen nur rothe Weine trinken, und daß sie jenen Weinsorten den Vorzug geben, die recht dunkel von Farbe sind, weßwegen man auch in Italien den rothen Wein Vin nero nennt. Um rothen Wein zu machen, muß man aber den Traubensaft sammt den Schalen der Beeren gähren lassen, und je dunkler gefärbt die Beeren sind, und je länger man diese mit den Schalen gähren läßt, je dunkler gefärbt wird der Wein. Zu diesem Behufe werden die Trauben, sobald sie abgelesen sind, in einen kleinen Bottich stark zusammengedrückt, und dann in das Preßhaus — Follatojo — des Grundbesitzers gebracht, und da in große Bottiche geschüttet, worin sie zu gähren bestimmt sind. In Hinsicht der Behandlung der Trauben in dem Bottiche herrscht eine große Verschiedenheit. Die Einen lassen die Trauben durch 8 bis 10 Tage ruhig darin und decken den Bottich nicht zu. Nach dieser Zeit öffnen sie das Zapfenloch und lassen die Flüssigkeit heraus rinnen, worauf ein Mann mit blossen Füßen hinein steigt und die noch ganz gebliebenen Trauben zertritt, deren Flüssigkeit während dieser Operation immer nach unten abfliest. Wenn alles zertreten ist, wird der Zapfen wieder vorgeschlagen und die abgeronnene Flüssigkeit wieder in den Bottich zurückgegossen, worin sie gewöhnlich noch 48 Stunden lang gährt. Die Anderen drücken die Trauben im Bottiche täglich nieder und stampfen sie; noch Andere thun dieß alle zweiten, dritten Tag. In der Umgebung von Florenz läßt man die Trauben über einen Monat, ja bis sechs Wochen im Bottiche und stampft sie täglich. — Welche Versuche man im lombardisch-venezianischen Königreiche über die Vortheile gemacht hat, die Gährung der zerdrückten Trauben in geschlossenen Bottichen vor sich gehen zu lassen, weiß ich nicht: ich kenne nur die, welche von einigen scharfsinnigen Freunden der Landwirthschaft zu Ronchi, bei Monfalcone, und von dem Canonicus, Herrn Stancovich zu Barbana in Istrien gemacht worden sind. In beiden Fällen entsprach die Qualität des Weines ihren Erwartungen, denn er war ungezweifelt milder, und ich zweifle nicht, daß sie auch an Quantität gewonnen haben werden, denn die Verdünstung aus dem weiten, offenen Bottiche muß sehr groß sein. Die Versuche des Letzteren, die er selbst in einem kleinen, sehr interessanten Werke beschrieben hat, und die ich zum Theile mit eigenen Augen gesehen habe, sind darum merkwürdig, weil er durch Versuche nachweiset, daß man nicht nur ohne Gefahr, sondern mit großem Nutzen die Gährung der vollkommen zerdrückten Trauben in dem fest zugespündeten Fasse vor sich gehen lassen kann, ohne Furcht, daß die Fässer zerspringen, oder daß der Wein durch die Schälen der Beeren einen Nachtheil an seiner Güte oder Haltbarkeit erlitte. Da diese Methode das bedeutende Inventar an Bottichen überflüssig macht, so hoffe ich, daß sie in Italien leichten Eingang finden wird.

Wenn man die Gährung im Bottiche für beendet hält, was man daran erkennt, wenn das starke Brausen in demselben aufgehört hat, so wird der klare Wein abgezogen, in den sich sogleich der Herr und sein Colon theilen. Die Trestern, d. h. die Schalen und Stängel, gehören insbesondere dem Colon, der nicht säumt Wasser darauf zu gießen, und die Mischung neuerdings der Gährung zu überlassen. Der Nachwein, Vin piccolo, Scavezzo, den er auf diese Art erhält, ist für ihn von großer Bedeutung, und für seinen Tisch während des ganzen Winters und eines Theils des Frühlings bestimmt, bis wohin er verzehrt ist und auch verzehrt sein muß, weil er seiner Gehaltlosigkeit wegen in der warmen Witterung verdirbt.

Der Wein wird auf diese Art nur unvollkommen aus den Trauben gebracht, und man weiß aus Erfahrung, daß 10 % in den Trestern zurückbleiben. Die Vorliebe der Italiener für den rothen Wein kommt daher ihren Colonen wohl zu Statten, denn die Trester des weißen Weines, die zwar auch ihnen gehören, enthalten nur wenig Gehalt, weil der weiße Wein durch Pressen bereitet wird, und geben daher nur wenig Nachwein.

So wie der Wein aus dem Bottiche in die Fässer abgezogen ist, fängt man auch schon an ihn zu trinken. Er ist nur wenig süß, und verliert diese wenige Süße bis zu Ende Novembers ganz: nun ist er säuerlich, herb, gering geistig und erhält sich in diesem Zustande, bis die Wärme des Sommers kommt. In dieser Jahreszeit gehen viele der leichten, säuerlichen Weine zu Grunde, die nun sauer werden, oder wohl gar umschlagen. Werden solche Weine bis zum Sommer nicht ausgetrunken, so müssen sie um jeden Preis verkauft werden; daher die Erscheinung des dem Fremden unerklärlich niedrigen Preises, um welchen einige Weine in den Schenkhäusern zu Ende des Frühlings verkauft werden; die stärkeren Weine, Vini di conserva, werden aber erst mit Anfang März etwas lieblicher zu trinken, und dauern dann bis weit über die Lese hinaus.

Man hat in Italien keinen alten Wein, und wenn man bei einigen Gutsbesitzern solchen antrifft, so gehört dieß zu den

20 *

Seltenheiten und Privatliebhabereien. Aller Wein wird Jahr für Jahr ausgetrunken, und dieser Umstand ist für die Landwirthe von einem sehr großen Vortheile, denn er setzt sie in den Stand ihr Weinerzeugniß entweder gleich nach der Lese, oder bis zu Anfang des Sommers an die Wirthe selbst verkaufen zu können, und nicht erst den Weinhändlern geben zu müssen, wie dieß in Deutschland der Fall ist, wo man den Wein im ersten Jahre oft völlig ungenießbar findet, der nach einigen Jahren zum angenehmsten Getränke sich umstaltet. Man findet daher in Italien keine Weinhändler, und die Wirthe oder Jene, welche das Product in andere Länder führen, kaufen ihren Bedarf unmittelbar von den Landwirthen. Ein Wein, der älter als 18 Monate ist, wenn er auch noch keine Spur von Essigsäure zeigte, hat in Italien statt eines höhern, nur einen geringeren Kaufpreis, weil der neue Wein milder, angenehmer, mehr dem Geschmacke des Volkes zusagend und auch wohlfeiler ist. Es bringt daher in diesem Lande niemals Rechnung den Wein in wohlfeilen Jahren aufzukaufen oder den selbst erzeugten zurückzuhalten, um ihn in der Folge in Mißjahren theuer zu verkaufen, weil eine solche Unternehmung wegen der mehr gleichförmigen und weniger großen Verschiedenheit der jährlichen Erzeugung, und wegen der Unhaltbarkeit des leichten Weines, der bis zum Sommer verzehrt sein muß, zu gewagt wäre. Hätte man in Italien Keller, worin man den Wein vor der Wärme schützen könnte, so würde sich der Preis das ganze Jahr über ziemlich gleichförmig auf derselben Höhe erhalten, und im Sommer nicht bedeutend theurer werden; auch würde man nicht so oft genöthigt sein, Ende Sommers sauere Weine trinken zu müssen, wie dieß alljährlich Statt hat; so aber drängen sich nach der Lese die Verkäufer, besonders jene des schwachen Weines, und halten den Preis niedrig, der sich erst im Sommer erhebt, wenn die leichten Weine verzehrt, oder sauer worden sind, um nach der Lese wieder zu fallen.

Hieraus erklärt sich, daß ohngeachtet des Mangels aller Vorräthe für die Zukunft, die Weinpreise von einem Jahre zum andern keine bedeutenden Sprünge machen, und in fruchtbaren Jahren nur wenig niedriger als in Mißjahren sind, wenn ihrer nicht mehrere auf einander folgen. Folgende Übersicht des Martinipreises des Weines und Weizens in der Stadt Monfalcone im Küstenlande während einer eilfjährigen Periode mag hierüber zum Beweise dienen.

Jahr.	Preis einer Orna Wein.	Preis eines Staro Weizen.	Beschaffenheit der Lese.
	Gulden.		
1818	8	6	Gut.
1819	9	5	Gut.
1820	10	6	Mittelmäßig.
1821	12	5 ¼	Schlecht.
1822	10	4 ½	Mittelmäßig.
1823	6	3 ½	Sehr gut.
1824	7	3 ½	Gut.
1825	10	3	Mittelmäßig.
1826	9	4	Gut.
1827	10	6	Schlecht.
1828	8	6	Sehr gut.

Die Orna ist gleich 2,275 Eimer; der Staro, 1,455 Metzen. Im Durschnitte dieser eilf Jahre war der Mittelpreis:
eines Eimers Wein: 3 fl. 57 kr.
eines Metzen Weizen: 3 fl. 17 ½ kr.

Im Jahre 1824, dem Normal-Jahre für die Catastralpreise, war
ein Eimer Wein 2 fl. 30⅗ kr.
ein Metzen Weizen 2 fl. 17½ kr.

Das Verhältniß zwischen dem Geldwerthe eines Eimers Wein zu einem Metzen Weizen war im Durchschnitte der eilf

Jahre wie 100 zu 83, im Jahre 1824 wie 100 zu 91; es war also der Wein in diesem letzteren Jahre um 8 % gegen Weizen niedriger, als im Durchschnitte der eilf Jahre.

Obgleich der Wein in den Jahren 1823, 24, 25 und 26 sehr gerieth, so war sein Fallen im Preise, wie man aus der Tabelle sieht, nur unbedeutend, und beträgt im Mittel nur 8 %, während der mittlere Weizenpreis dieser vier Jahre um 26 % niedriger gegen den Gesammtdurchschnittspreis der eilf Jahre ist.

Über das Erträgniß der berebten Äcker an Wein war es mir nicht möglich in den lombardischen Provinzen bestimmte Daten zu erhalten. Nichts scheint leichter, als gerade über diesen Gegenstand sich die bestimmtesten Nachrichten verschaffen zu können; denn da alles berebte Ackerland von den Colonen bearbeitet, und der Wein im Preßhause des Herrn bereitet, in der Folge zwischen ihm und den Colonen getheilt wird, so findet man in den Vormerkbüchern der erstern den Antheil angemerkt, den er von jedem einzelnen Colon erhielt, und man braucht dann nur die Fläche des berebten Landes zu wissen, um durch eine einfache Division den Weinertrag für ein bestimmtes Ackermaß zu berechnen. Allein bald konnte ich den Grundbesitzer nicht treffen, dessen Wirthschaft ich besah; bald hatte dieser die Register nicht zur Hand; bald kannte er nicht das Flächenmaß, bald war unter dem Empfang eines Colones Wein aus den berebten Äckern mit jenen der Ronchi gemengt u. s. w., so daß ich, außer den Rechnungen von Monza gar kein Datum mitbrachte, auf das ich einiges Zutrauen hätte setzen können.

Nicht besser ging es mir in den venezianischen Provinzen, wo mir zwar die Beamten des Catasters ihre Meinung über den Ertrag dieser Culturart mittheilten, die aber auch nur auf die mündlichen Angaben der Gemeinde-Ausschüsse gegründet, und nicht das Ergebniß der Berechnungen von Wirthschaftsregistern ist, weßwegen ich ihr keinen großen Werth beilege, obgleich sie mir den örtlichen Verhältnissen angemessen dünkte.

Desto größer aber sind die Hülfsmittel, die mir zu Gebote stehen den Ertrag der berebten Äcker in der schönen Ebene zwischen Monfalcone, Palma nuova und Görz mit aller möglichen Genauigkeit zu bestimmen, und da diese Gegend von den venezianischen Provinzen Udine, Treviso, Padua, Vicenza und Verona in Hinsicht der climatischen und auf die Lage und Mischung des Bodens sich beziehenden Verhältnisse nicht wesentlich verschieden ist, so glaube ich, daß das, was ich hier als Resultat genauer Erhebungen aus den Wirthschaftsregistern der Grundbesitzer angebe, füglich als für die übrigen Provinzen ebenfalls geltend betrachtet werden kann. Es wäre mir ein Leichtes gewesen ähnliche Daten für viele andere Gemeinden hier anzuführen; allein es würde dadurch die Sache nicht wesentlich an Bestimmtheit gewonnen haben, da jedes einzelne Datum eine kleine Abweichung zeigt, weil die örtlichen Verhältnisse nirgendwo ganz gleich übereinstimmen. Indessen kann ich versichern, daß die nachfolgenden Erträgnisse für die angegebene Mischung und Tiefe des Bodens als Durchschnittserträgnisse ganzer Gegenden angesehen werden können, da sie das Ergebniß einer zwanzigjährigen Periode sind.

Tabellarische

des Naturalertrages an Wein der bereb-

Steuer-Bezirk.	Gemeinde.	Acker-Classe.	Bodenmischung.
Monfalcone.	Ronchi.	I.	Lehmboden, tiefer.
		II.	Sandiger Lehmboden, tief.
		III.	idem seichter.
		IV.	idem sehr seicht.
	Cassegliano.	I.	Lehmboden mit Schotter, ziemlich tief.
		II.	idem seichter.
		III.	idem sehr seicht.
	Pieris.	I.	Sandiger Lehmboden, tief.
		II.	idem seichter.
		III.	Sandboden, seicht.
Gradisca.	Meriano.	I.	Thonboden, tief.
		II.	Sandiger Thonboden, tief.
		III.	Letten, tief.
		IV.	Sandboden mit Schotter, seicht.
	Romans.	I.	Thonboden, tief.
		II.	Sandiger Thonboden, tief.
		III.	Sandboden, tief.
		IV.	Sandboden mit Schotter, seicht.
	Versa.	I.	Thonboden, tief.
		II.	Sandiger Thonboden, tief.
		III.	idem seicht.
Cormons.	Cormons.	I.	Thonboden, tief.
		II.	idem seichter.
		III.	Sand- und Lettenboden, tief.
		IV.	Letten- und Schotterboden, seicht.
	Medea.	I.	Thonboden, tief.
		II.	idem seichter.
		III.	Sand mit Schotter, seicht.
	Viscone.	I.	Sandboden mit Schotter, ziemlich tief.
		II.	idem seichter.
		III.	Schotterboden, seicht.

Übersicht

ten Äcker in den nachbenannten Gemeinden.

Anzahl der Bäume auf einem Joche.	100 Bäume geben Eimer Wein.	Ein Joch gibt Eimer Wein.	Durchschnittserträgniß von Eimern Wein: von 100 Bäumen in allen Classen.	eines Joches aller Classen.	Anmerkungen.
127	5,26	6,67	4,05	4,59	Der Weinertrag ist mit Zuschlag des Preßweines und mit Abschlag von Trebern und Verdünstung berechnet.
114	4,05	5,41			
101	4,11	4,15			
102	2,08	2,12			
131	3,68	4,82	2,97	3,58	
130	2,95	3,54			
105	2,28	2,39			
110	6,13	6,73	5,34	5,44	
110	5,61	6,18			
80	4,27	3,41			
253	3,21	8,12	2,16	5,18	
237	2,59	6,13			
252	1,64	4,13			
191	1,22	2,33			
159	3,55	5,64	3,04	4,27	
152	4,47	6,79			
105	2,97	3,11			
131	1,18	1,54			
138	4,85	6,69	3,69	5,93	
166	4,11	6,82			
203	2,12	4,29			
253	3,21	8,11	2,31	5,22	
237	2,59	6,13			
191	2,24	4,27			
191	1,22	2,33			
161	5,05	8,08	3,42	5,81	
194	3,16	6,13			
158	2,04	3,22			
174	3,18	5,53	2,38	3,[illegible]	
165	2,33	3,85			
166	1,64	2,56			

Die folgende Übersicht zeigt das Erträgniß der berebten Äcker an Wein in einigen Gemeinden der venezianischen Provinzen, so wie er mir von den Schätzungs-Commissären angegeben worden ist.

Tabellarische Übersicht

des Ertrages der berebten Äcker an Wein in nachfolgenden Gemeinden.

Provinz.	Bezirk.	Gemeinde.	Äcker-Classe.	Beschaffenheit des Bodens.	Anzahl der Stützbäume pr. Joch.	Art der Stützbäume.	Erträgniß in Eimern von 100 Bäumen.	Erträgniß in Eimern von einem Joche.
Verona.	Verona.	Chievo.	1ste.	Leichter Sand, 2 Fuß tief.		Weiden, Pappeln.	—	3,15
			Letzte.	Sand, mit Steingeröll.		Deßgleichen.	—	1,18
Vicenza.	Vicenza.	Vicenza.	1ste.	Lehmiger, tiefer Boden.	Von 134 bis 162	Hohe Nußbäume.	—	8,94
			2te.	Von der ersten kaum verschieden.			—	7,45
			3te.	Wenigerbindig, und seichter.			—	7,45
			4te.	Leichter Sand.			—	4,47
Padua.	Conselve.	Cartura.	1ste.	Mäßig gebundener, tiefer Boden.	122	Hohe Pappeln und Weiden.	5,34	6,51
			Letzte.	Loser Sand.		Deßgl.	1,78	2,17
Udine.	Udine.	Colloredo.	1ste.	Seicht, sandig, mit Geröll.		Pappeln, kleine Ahorne.	—	2,71
			Letzte.	Mehr Geröll.		Deßgl.	—	2,03

Über den Ertrag der Ronchi in der Lombardie habe ich ebenfalls nur unvollkommene Nachrichten mir verschaffen können. Sie bestehen in Folgendem:

In Locate, Besitzung des Grafen Castiglione, gab mir der Fattore an, daß er von einem neu angelegten schönen Ronco, dessen ich bereits erwähnte, 1800 Pf. Mail. G. Trauben pr. Pertica erwarte. Da er 175 Pf. Trauben für eine Brenta Wein rechnet, so sind 179 Pf. Wiener Gew. für einen Eimer nöthig, und das Joch gibt 20 Eimer Wein.

Über das Verhältniß der Trauben zum Wein sind mir verschiedene Angaben mitgetheilt worden, die von einander bedeutend abweichen. Der Wirthschaftsverwalter Baffa zu Monza rechnet 140 Pf. Mail. für eine Brenta Wein = 143 Pf. Wiener, für einen Eimer, und im Küstenlande rechnet man 200 Pf. Trauben für einen Eimer Wein, welch' letztere Angabe mit der ersten von Locate übereinstimmt, wenn man die 10 % Wein, die bei der gemeinen hier üblichen Art Wein zu machen, in den Schalen bleiben, auch zur Weinmasse rechnet.

Die Ronchi des Herrn Foscarini bei Varese geben, nach der Versicherung seines Fattore, 2 bis 3 Brente Wein pr. Pertica = 23 ½ bis 35 ⅓ Eimer.

Die Ronchi des Grafen Sommariva in Cadenabbia und Tramezzina an den Ufern des Comer-Sees, geben nach der Versicherung des Wirthschaftsaufsehers und Gärtners eben so viel, wie die in Varese.

Größere Gewißheiten gewähren die Nachrichten, die ich mir über den Ertrag dieser Culturart im Görzerkreise verschafft habe, wo die Hügel zwischen dem Isonzo und Judri größtentheils in solche Felder umstaltet sind, die aber von den anderswo gelegenen, sehr wesentlich in der Anlage und Form verschieden sind, so, daß sie mehr wirklichen Weingärten ähnlich sind, während die lombardischen mehr den berebten Äckern gleichen.

Die Görzer Ronchi, die immer nur auf steilen Hügeln vorkommen, sind so angelegt, daß der Boden in Terrassen abgetheilt ist, die eine Breite von 9 Fuß ohngefähr, und nach Verschiedenheit der Steile des Hügels, eine Böschung — Rivale — von ohngefähr 8 Fuß Höhe haben, die mit Gras bewachsen ist. Vorne am äußeren Rande der Terrasse ist eine doppelte, oft auch wohl nur eine einfache Reihe von Weinreben gepflanzt, die niedrig gehalten und auf Pfähle ausgebunden werden, zwischen denen aber auch manche Bäume vorkommen, die man zur Unterstützung der Reben verwendet.

Man rechnet auf ein geviertes Joch 16 Terrassen, wornach die ganze Länge derselben 640 Klafter beträgt.

Der hinter den Reben gelegene Theil der Terrassenfläche wird geackert, und theils mit Gerste, größtentheils aber mit Fisolen besäet.

Die Ronchi werden wenig gedüngt, und wenn die Reben erwachsen sind, so werden sie nicht einmal jährlich behauet. Nach Verlauf von vier Jahren nach dem Pflanzen wird von der hinteren Wand, von der Böschung, Erde abgenommen, und damit die Terrasse erhöht; im siebenten und zehnten Jahre geschieht dieß Zubauen neuerdings, und wird dann alle zehn Jahre wiederholt, so lange die Reben dauern. Nur die schmale Fläche hinter den Reben wird jährlich umgeackert. Der Boden der Terrasse müßte durch dieses Erdengeben bedeutend erhöht, und die Reben vergraben werden, wenn nicht der Regen die Erde immer wieder abschwemmte, und dadurch dem Übermaße von Erdenaufhäufung vorbeugte.

Den mittleren Ertrag einer zwanzigjährigen Periode der Görzer Ronchi zeigt folgende Übersicht.

Tabellarische Übersicht

des Natural-Ertrages an Wein der Weingärten mit Getreidebau und Graswuchs oder sogenannten Ronchi.

Steuer-Bezirk.	Gemeinde.	Classe.	Bodenmischung.	Quadrat-Klafter, welche die Weinreben in einem Joche einnehmen.	Diese Area gibt Eimer Wein.	Durchschnitts-Erträgniß eines Joches aller Classen.	Anmerkungen.
Quisca.	S. Floreano.	I.	Mergelboden.	640	6,59	4,71	Der Weinertrag ist mit Zuschlag der Preßweine und mit Abschlag von Trebern und Verdünstung berechnet.
		II.		640	5,65		
		III.		640	4,71		
		IV.		640	3,78		
		V.		640	1,83		
	S. Mauro.	I.		640	7,45	5,86	
		II.		640	6,40		
		III.		640	5,33		
		IV.		640	4,15		
Cormons.	Cormons.	I.		800	13,75	9,45	
		II.		758	9,74		
		III.		758	8,01		
		IV.		758	6,30		

Der Rohertrag dieser Art Weingärten ist anscheinend klein; wenn man aber betrachtet, daß ein Joch Ronco von 1600 Quadrat-Klaftern, aus 333 □ Kl. Ackerland, 687 □ Kl. Wiesenland, denn der Rivale trägt Gras, und daher nur aus 640 □ Kl. Rebenland besteht, so wundert man sich vielmehr nur, wie ein Boden, der so wenig Cultur erhält, so viel abzutragen vermögend ist; denn außer den wenigen Furchen, die hinter den Rebenreihen jährlich gepflügt werden, bestehen die Handarbeiten in einem Ronco, dessen Reben erwachsen sind, einzig allein darin, daß alle zehn Jahre von der Hinterwand etwas Erde abgenommen, und zum Ersatz der abgeschwemmten über die Terrasse gebreitet, und daß die Reben jährlich beschnitten und ausgebunden werden.

Die Anschaffung der wenigen kleinen Pfähle, die man zu Stützen braucht, ist die einzige bare Auslage, die man machen muß.

C. Von der Cultur der Oliven.

Zerstreuete Olivenbäume findet man allenthalben in den Hügeln zwischen dem Garda-See und dem großen See; Olivengärten aber nur an den Ufern des Garda-, Iseo-, Como- und großen Sees.

Die Cultur dieses Baumes in der Nähe von Lugano und Como ist sehr alt, wie aus Documenten hervorgeht (Atti della Società patriotica di Milano. Tom. III.), zufolge welchen im sechsten und siebenten Jahrhunderte Ölgärten in Campione am See von Lugano der Kirche des heil. Ambrosius in Mailand geschenkt worden. Später schenkte Kaiser Lothar das ihm gehörige Allodialgut, Corte di Limonta am See von Como, der nämlichen Kirche. — Allein ohngeachtet, daß man die Cultur der Oliven in diesen Gegenden seit länger denn tausend Jahren betreibt, hat sie doch nie einen bedeutenden Umfang erhalten, und sie ist nach allen dießfalls von mir angestellten Erhebungen gegenwärtig nur im Abnehmen, da man sich überzeugt, daß die Weinrebe und der Maulbeerbaum unter den gegebenen örtlichen Verhältnissen einen größern Vortheil abwirft. Nur in den Umgebungen des Garda-Sees, und insbesondere der Stadt Salò findet man noch größere Olivenpflanzungen, die mich veranlaßten von Desenzano über die anmuthigen, mit Wein bepflanzten Hügel dahin zu fahren, und mich selbst zu überzeugen, welcher Unterschied zwischen den dortigen Oliven und jenen obwalte, womit die Küsten von Istrien bedeckt sind.

In Salò fand ich an dem Grundbesitzer, Herrn Forsetti, einen gefälligen Begleiter, der mich in die benachbarte Gemeinde, Guardone di sopra, führte, wo die ausgedehnteste, und wie er sagte, bestgeordnete Olivencultur betrieben wird. — Ich fand da die Olivenpflanzungen an einem steilen Hügel am

Abhange des hohen Gebirges, das den See umgibt. Die Neigung ist gegen Süden. Der Boden ist aufgeackert, und zwischen den Oliven sind sehr häufig Weinpflanzungen angebracht. Mehr als ⅔ aller Bäume war älter als 60 Jahre. Sie sind höher, wie die Bäume in Istrien, haben eine gute Form in der Beästung, nur schienen sie mir weniger belaubt zu sein, was vielleicht auch davon herrühren mag, daß die Äste durch den Schnitt weiter von einander gehalten werden. Man sieht kein todtes Holz an ihnen, denn sie werden jährlich ausgeputzt, und wie Herr Forsetti sagte, auch in den letztjährigen Trieben beschnitten, was aber von keiner großen Bedeutung sein kann, wohl auch unnothwendig wäre, da die Vegetation dieser Bäume nur eine sehr schwache Kraft äußerte. Kein einziger erwachsener Baum hat einen gesunden Stamm. Es ist ein Jammer die ungeheuren Zerstörungen in der Rinde und im Holze des Stammes zu sehen, welchen die Brand- und Krebsgeschwüre darin anrichten, die dadurch sehr sichtlich werden, daß sich hier die Leute die unnütze Mühe geben die todten Theile der Pflanze sorgfältig herauszumeiseln. Die erste Ursache des allgemein verbreiteten Brandes mag wohl in den Verletzungen liegen, welche die Bäume durch die Sorglosigkeit der Arbeiter erhalten: indessen würden diese Verletzungen vernarben, und nicht so üble Folgen nach sich ziehen, wenn die Bäume mehr Nahrung bekämen und mehr Lebenskraft hätten. In diesem elenden, dürren, aus halbverwitterten Kalkfelsen bestehenden Boden, der nur höchst kärglich gedüngt wird, wachsen die Oliven aber nur kümmerlich, und leichte Verletzungen sind die Quellen von unheilbaren Schäden. Der höhere Wuchs der hiesigen Olivenbäume im Gegensatze jener von Istrien mag der günstigen Lage zuzuschreiben sein, in der sie hier vor den kalten, trocknen Winden geschützt sind, die ihnen in Istrien so oft verderblich werden, indem sie die letztjährigen Zweige tödten.

Über den Ertrag der Oliven konnte ich in Italien nichts erfahren; nur im Allgemeinen sagte man mir, daß er gering und sehr gefährdet sei, und daß die Fruchtknoten nach der Blüthe leicht abfallen.

Um aber meine Leser über diesen Gegenstand nicht ganz in Unwissenheit zu lassen, will ich sie mit der Olivencultur in Istrien bekannt machen, die von einer sehr bedeutenden Ausdehnung ist, und über die ich mir in einer Reihe von Jahren ziemlich genaue Kenntnisse zu verschaffen Gelegenheit hatte.

Der Olivenbaum ist rings um die Küste von Istrien gepflanzt. In der Nähe des berühmten Timavus, in Nabresina, sind die ersten Ölgärten. Im Gebiete der Stadt Triest ist die Olivencultur unbedeutend: in Capodistria fängt sie aber an sich zu vergrößern, und in Pirano sind ganze Berge mit Oliven bedeckt. Weiter gegen Süden über Umago, Citta nuova sind immer viele Ölbäume, doch sieht man da, außer in Daila, einem Gute des Grafen Grisoni, wohl viele in den Äckern und Weingärten zerstreute Oliven, aber nicht eigentliche Olivengärten. Nun kommt man nach Rovigno, dessen ganzes, großes Gebiet nur ein Olivengarten ist, der zur Zeit der Blüthe im Mai, und zur Zeit der Reife seiner Früchte, im November, einen herrlichen Anblick gewährt. In Fasana und Peroi ist die Olivencultur noch bedeutend; dann wird sie aber immer geringer, bis zum Vorgebirge von Pola, wo sie ganz verschwindet. Die steile Küste gegen den Quarnerischen Meerbusen ist bis zum Arsa nur spärlich mit Oliven bepflanzt, deren Zahl sich aber über Albona, Fiannona, bis Lovrana wieder bedeutend vermehrt. An der nördlichen Spitze des Quarners verschwinden endlich die Oliven. — Im Inneren der Halbinsel findet man nur in den Bezirken: Pinguente, Montona und Buje bedeutendere Olivenpflanzungen. Auf der Insel Veglia ist die Ölcultur von keiner Bedeutung, dafür ist sie desto ausgedehnter in der Insel Cherso, wo die Umgebungen der Städte Cherso und Lossin grande mit Oliven bedeckt sind.

Die geografische Lage der Gegend, innerhalb welcher die Olivencultur betrieben wird, ist folgende:

Name des Ortes.	Breitengrad.	Längengrad, östlich von Paris.
Nabresina . .	45° 45′ 57″	11° 17′ 42″
Rovigno . .	45° 4′ 56″	11° 17′ 42″
Cherso . . .	44° 57′ 44″	12° 3′ 60″
Lussin piccolo.	44° 32′ 1″	12° 7′ 42″
Fiume . . .	45° 19′ 39″	12° 6′ 22″

Schon aus den Breitengraden läßt sich schließen, daß das Land längs des Meeres eines sehr milden Clima's sich erfreuen müsse; und so ist es auch. Es fällt da nur äußerst selten Schnee, und wenn solches geschieht, so schmilzt er gleich wieder; die Kälte erreicht im Winter selten 5 Grade, und der heftige Nordostwind, der in Triest und Fiume während des Winters mit unglaublicher Wuth bläst, ist in Rovigno kaum mehr merklich.

Der Boden, auf dem die Oliven vorkommen, ist bis zum Flusse Quieto ein sandiger Mergelschiefer, jenseits dieses Flusses ein dürrer, wasserloser Kalkfelsen mit einer seichten Schichte rother, thoniger Erde.

Ob die Olivencultur in Istrien im Zu- oder Abnehmen begriffen sei, ist mir nicht möglich zu entscheiden. Man sieht zwar in der Nähe von Pirano große Strecken baumloser Terrassen, die in früherer Zeit mit Oliven bepflanzt waren; man sieht aber auch eine große Menge neuer Anpflanzungen. Hält man diese gegeneinander, so ist es wahrscheinlicher, daß die gegenwärtige Zahl der Oliven größer ist, als die vor 40 Jahren.

Leider sind die Oliven in Istrien eben so krüpplig und schadhaft, wie am Garda-See, und ich kann mich nicht erinnern einen erwachsenen Ölbaum gesehen zu haben, dessen Stamm vollkommen gesund und tadellos gewesen wäre. Da man mir erzählt, daß in den südlicheren Gegenden der Ölbaum ein mehrhundertjähriges Alter erreicht, und daß der Stamm von sechzigjährigen Bäumen rein und gesund sei, so glaube ich, daß sich die ihm zufällig beigefügten Verwundungen da leichter vernarben, und daß in Istrien die Heilung zu langsam vor sich geht, das Holz zu lange der Verwitterung ausgesetzt bleibt, und Krebsschäden, Holzfäulniß, die Folge davon sind. Darum gewährt der Anblick der Ölbäume bei uns kein Vergnügen, denn sie sind alle krüpplig, zerspalten, zerfressen, und voll Löcher; nothwendige Folgen der rohen Behandlung, welcher diese Bäume von Jugend auf ausgesetzt sind.

In der folgenden Übersicht ist das wirkliche Erträgniß der Oliven zusammengestellt, welches einzelne Landwirthe in den nachbenannten Gemeinden in einem Durchschnitte vieler Jahre erhalten haben.

Tabellarische

des Ertrages der Olivenbäume in

Namen			Lage und Beschaffenheit des Bodens.
des Gerichts-Bezirkes.	der Gemeinde.	des Besitzers.	
Capodistria.	Lazzaretto.	Graf Totto.	Niedere Hügel. Sandmergel, Schiefer. Ziemlich steile Lage, dem Abschwemmen unterworfen.
Citta nuova.	Citta nuova und Verteneglio.	Graf Grisoni.	Ebene Lage, am Ufer des Meeres. Erichter, auf Kalkfelsen ruhender, rother Thon.
Pirano.	Pirano.	Die ganze Gemeinde.	Niedrige, aber steile Hügel mit Stützmauern. Schiefermergel. Der größte Theil ist gegen Süden abhängig.
Rovigno.	Rovigno.	Gebrüder Facchinetti. Math. Sponza. Nic. Sponza. Franz Benussi. Andreas Constantini.	Niedrige Hügel in der Nähe des Meeres. Sehr mildes Clima im Winter. Kalkfelsen mit einer seichten Schichte rother Thonerde.
Buje.	Grisignana.	Sechzehn Grundbesitzer.	In der Mitte der Halbinsel. Hohe Lage, niedere Hügel. Schiefermergel.

Darstellung

den nachbenannten Orten von Istrien.

Classe.	Anzahl der Bäume: gesammte, die jungen und hinfälligen mitgerechnet.	Anzahl der Bäume: der fruchttragenden allein.	Jährliches Durchschnittsertrágniß in Pfunden Oel: gesammtes.	Jährliches Durchschnittsertrágniß in Pfunden Oel: eines fruchttragenden Baumes.	Jährliches Durchschnittsertrágniß in Pfunden Oel: eines fruchttragenden Baumes, ohne Unterschied der Classen.	Anmerkungen.
I.	2774	985	2972	1,66	1,48	Die Bäume kommen sowohl in Oelgärten vor, als auch gemischt mit andern Culturarten.
II.		1001		1,32		
III.		18		0,92		
I.	2425	2178	10950	1,75	1,29	Die in Classen getheilten Oliven befinden sich im Acker- und Weinlande.
II.	1775	1526		1,23		
III.	217	135		0,85		
Ölgärten.	5932	4633		1,25		
I.	245555	33164	320670	1,85	1,48	Der größte Theil der Oliven kommt in Oelgärten vor. In der gemischten Cultur geben die Bäume in der gleichnamigen Classe mit den Oelgärten gleichen Ertrag.
II.		68821		1,65		
III.		82630		1,39		
IV.		30818		0,92		
I.	Nicht gezählt.	78	9140	3,25	1,97	Wie in Pirano.
II.		1016		2,82		
III.		1778		2,05		
IV.		1522		1,39		
V.		241		0,81		
I.	273	233	3596	1,36	1,14	Oelgärten, theilweise mit Reben bepflanzt.
II.	1350	1078		1,00		
I.	2036	1654		1,60		Nacktes und derebtes Ackerland.
II.	272	169		1,00		

Man ersieht aus diesen Angaben, daß der Naturalertrag der Olivenbäume in Istrien nur gering ist. Die Ursachen hievon liegen im Clima, im Boden und in der Behandlung.

Das Clima ist den Ölbäumen nicht vollkommen angemessen; denn obgleich die Hitze des Sommers in Istrien groß ist, so ist aber auch die Kälte, die der Nordostwind, dem die Halbinsel sehr ausgesetzt ist, im Winter und zu allen Jahreszeiten herbeiführt, der Blüthe, der Frucht und nicht selten selbst den Zweigen des Baumes gefährlich.

Der Boden ist nur allein in der Umgebung von Pirano den Oliven zusagend, sonst ist er überall seicht, und nur mit Mühe finden die Wurzeln Raum zwischen den Felsenstücken und in den Spalten derselben, um sich darin zur Noth verbreiten zu können. Da nun die Mächtigkeit und Höhe des Wachsthums von der Verbreitung der Wurzeln und der Menge der Nahrung abhängt, die diese erhalten, so ist es begreiflich, daß die Bäume hier, wo sie gleichsam in schmale, steinerne Behälter eingeschlossen sind, niedrig bleiben müssen, und ihr Stamm nicht dick werden kann.

Die Behandlung der Bäume trägt aber wohl am meisten zum geringen Ertrag der Ölbäume bei. Der kurzsichtige Landwirth sucht hier, so wie bei allen Culturarten, seinen Vortheil nur in der Menge der Bäume, in der Ausdehnung der Felder, und glaubt, daß er in demselben Verhältnisse, als er mehr Bäume hat, auch mehr Öl gewinnen werde; er übersieht aber hiebei, daß die einzelnen Pflanzen nur im Verhältnisse der zweckmäßigen Pflege und der Menge der Nahrung, die ihnen gewährt wird, einen höheren Ertrag abwerfen, und daß es ihm größtentheils mehr Vortheil bringen würde, wenn er mit den Mitteln, die ihm zu Gebote stehen, nur die Hälfte oder zwei Drittheile seiner Äcker besäete, oder nur die Hälfte seiner Ölbäume behielte, die andere verkaufte, weil er nur die Hälfte zu düngen und gut zu pflegen im Stande ist. *)

*) Welchen mächtigen Einfluß die Düngung überhaupt hat, und in welchem Verhältnisse das Erträgniß der Ölbäume durch die Vermehrung des

In Apulien und Calabrien, so wie in Morea, sollen die Ölbäume ein sehr großes Erträgniß geben. Sie sind da so groß, wie unsere fünfzigjährigen Eichen. Das größte Erträgniß der Ölbäume in Istrien, von dem ich verläßliche Nachricht habe, ist jenes des Doctors Marco Constantino, in Rovigno, der im Jahre 1821 von 4 Olivenbäumen 1⅓ Barille Öl erhielt.

Ein etwas gehäufter Metzen Olivenbeeren wiegt im frischen Zustande im Durchschnitte 74 Pf.

Werden die Beeren gleich gepreßt, so geben sie, nach einer großen Menge von Versuchen, die im Jahre 1822 dießfalls angestellt wurden, im Durchschnitte folgenden Ertrag: 3556 Pf. frische, oder zwei bis drei Wochen alte Beeren gaben an reinem Öl: 364¼ Pf.; an schwarzem Öl (Morchia) 22⅚ Pf., und an Trestern (Polpame) 1602½. — Hundert Pfund Beeren geben reines Öl 10¼ Pf., schwarzes Öl ⅔, und Trestern 45 Pf.

Die Beeren geben nicht jährlich dasselbe Erträgniß an Öl;

Düngers erhöht wird, mögen die folgenden, höchst interessanten Erfahrungen von Gasparin beweisen, die er in einer kleinen Abhandlung: Mémoire sur la culture de l'Olivier dans le midi de France, in der Bibliothèque universelle. Genève. 1822. mitgetheilt hat.

„Ein Ölgarten von 1600 jungen Oliven, der nicht gedüngt ward, gab in siebenjährigem Durchschnitte, 657 Wiener Pf. Öl. Ein Baum 0,41 Pf.“

„Eine gleiche Anzahl junger Bäume, die alle drei Jahre eine Düngung von 870 Zentner Pferdemist erhielt, gab 1499 Pf. Öl. Ein Baum 0,93 Pf.“

„Die letztern Bäume gaben jährlich mehr gegen die ersteren: 842 Pf. Öl, das macht in drei Jahren 2526 Pf. Öl. 100 Pf. Dünger sind daher gleich im Werthe 3 Pf. Öl; oder mit andern Worten: 3 Pf. Öl sind durch 100 Pf. Dünger über das gewöhnliche Erträgniß der Bäume hervorgebracht worden.“

„Das Product der großen Bäume wurde durch den Dünger in demselben Verhältnisse erhöht. Wenn dreißigjährige, seit langer Zeit nicht gedüngte Bäume, im Durchschnitte 3,25 Pf. Öl ertrugen, so gaben jene, die alle drei Jahre 500 Pf. oder jährlich 166 Pf. Dünger erhielten, 8,14 Pf. Öl: wornach 100 Pf. Dünger das Ölerträgniß ebenfalls beinahe um 3 Pf. vermehrten.“

„Man hat Beispiele, daß fünfzehnjährige Bäume, die alljährlich das Stück mit 130 Pf. Dünger versehen wurden, 4,36 Pf. Öl gaben.“

es ist dieß verschieden, je nachdem die Witterung die Entwicklung der Beeren mehr oder weniger begünstigte; je nachdem der Boden dieser Frucht mehr oder weniger zusagend ist; je nachdem er besser oder schlechter gedüngt und cultivirt worden ist, und je nachdem die Beeren nach dem Pflücken gleich gepreßt werden, oder kürzere oder längere Zeit aufgehoben werden müssen, bis die Reihe, sie zu pressen, an sie kommt. Auch ist es für den Ölertrag nicht einerlei, ob sie während dieser Zeit auf einem Boden aufgeschüttet oder in einem Bottiche liegen. In einigen Fällen haben 100 Pf. frische Oliven 17 Pf., in andern nur die Hälfte dieses Gewichtes gegeben: wobei ich bemerken muß, daß von der größeren oder geringeren Sorgfalt, die man beim Pressen selbst anwendet, der größere oder kleinere Ölertrag auch zum Theile abhängig ist.

Da eine Brenta Ölbeeren, nachdem sie mehrere Wochen nach dem Pflücken aufgeschüttet oder im Bottiche gelegen hatte, beim Pressen mehr Öl gibt, als eine Brenta frisch gepflückter Beeren, so halten sehr viele Landwirthe dafür, daß es nicht vortheilhaft sei, die Beeren sogleich zu pressen, sondern daß man besser thue, sie erst im Bottiche etwas gähren zu lassen, während welchem sich die Öltheile mehr entwickeln, und sie dann zu pressen: allein diese Leute übersehen, daß wenn sie hundert Brente in die Bottiche schütten, sie nach einem oder mehreren Monaten nicht mehr hundert Brente, sondern eine bedeutend kleinere Zahl derselben zurückerhalten, und daß sich das Gewicht der Beerenmasse auffallend vermindert. Versuche, die zur Absicht hatten, den Verlust zu erheben, der dem Landwirthe zugeht, wenn er aus Mangel an Preßwerkzeugen seine Beeren einige Zeit lang aufbewahren muß, die Herr Pietro Valle in Piemonte in Istrien anstellte, haben folgende Resultate gegeben:

100 Pf. frische Oliven geben Öl 9,75 Pf.

Eine Brenta Beeren (= 0,67 Metzen) wiegt 50 Pf.

100 Pf. von denselben Olivenbeeren, nachdem sie 30 Tage in einem Bottiche gelegen waren, geben Öl 11,05 Pf.

Eine Brenta dieser Beeren wog 57 Pf.

In einem Bottiche wurden 100 Pf. frische Oliven durch 30 Tage stehen gelassen; als man sie nach dieser Zeit wieder wog, hatten sie nur mehr 85,56 Pf., sie verloren daher binnen dieser Periode 14,64 Pf.

100 Pf. gegohrne Oliven sind daher gleich 114,64 Pf. frischer Oliven; und wenn 100 Pf. frischer Oliven Öl geben: 9,75 Pf., so würden 114,64 Pf. der nämlichen Oliven Öl geben: 11,17 Pf.; weil aber 100 Pf. gegohrne nur 11,05 Pf. Öl geben, so zeigt es sich, daß während der Gährung 100 Pf. Olivenbeeren 0,12 Pf, Öl verloren haben, was freilich sehr wenig ist, weil die Beeren nur 30 Tage im Bottiche standen, sicher aber mehr betragen würde, wenn das Pressen länger hinaus wäre verschoben worden.

Ein anderer Versuch, welchen Herr Suppanzig zu Salimbergo unweit Görz anstellte, gab eine bedeutend größere Verschiedenheit.

100 Pf. Beeren, die auf einem Boden 30 Tage ausgeschüttet lagen, gaben Öl: 17,12 Pf.

100 Pf. der nämlichen Beeren wurden in einem Bottiche eben so lang aufbewahrt, und gaben nur mehr 15,47 Pf. Öl. Hier ist die Differenz auf 100 Pf. Beeren: 1,65 Pf. Öl, und zeigt, wie nachtheilig den Beeren die Gährung sei.

Es erhellet aus diesen Versuchen, welch' großen Ölverlust jene Landwirthe erleiden, die wegen einer falschen Theorie ihre Beeren, anstatt sie schleunig zur Presse zu schicken, erst zu Hause gähren lassen, oder wegen Mangel an Pressen gehindert sind, sie pressen zu lassen, und sie wegen Mangel an Raum in ihren kleinen Häusern nicht auf Böden oder Schilfrohrflechten aufschütten, sondern in Fässern und Bottichen, hoch aufgeschichtet, aufbewahren müssen, und oft erst im März oder gar im Mai an die Reihe zum Pressen kommen.

Der geringe Rohertrag, den der Olivenbaum in Istrien gibt, und die großen Cultur-, Ernte- und Preßkosten, die er erheischt, sind die Ursache, daß diese Culturart seit der Zeit, als der Preis des Öls so sehr gesunken ist, keinen oder einen sehr geringen Vortheil abwirft. Bei dem Preise von 30—40 bis 50 Gulden, die für einen Zentner Öl noch vor 10 bis 20 Jahren gezahlt wurden, zeigte sich, wenn gleich kein großer, doch immer einiger Überschuß über die aufgewendeten Auslagen; seit aber nach dem Jahre 1820 der Preis allgemach auf 18 bis 20 Gulden herabgekommen ist (im Jahre 1828 stand der Zentner Öl gar nur auf 12 Gulden), wird die Olivencultur nur noch fortgetrieben, weil die Bäume schon da sind, und man die Hoffnung noch nicht aufgibt, daß sich die Preise des Öls wieder erhöhen werden.

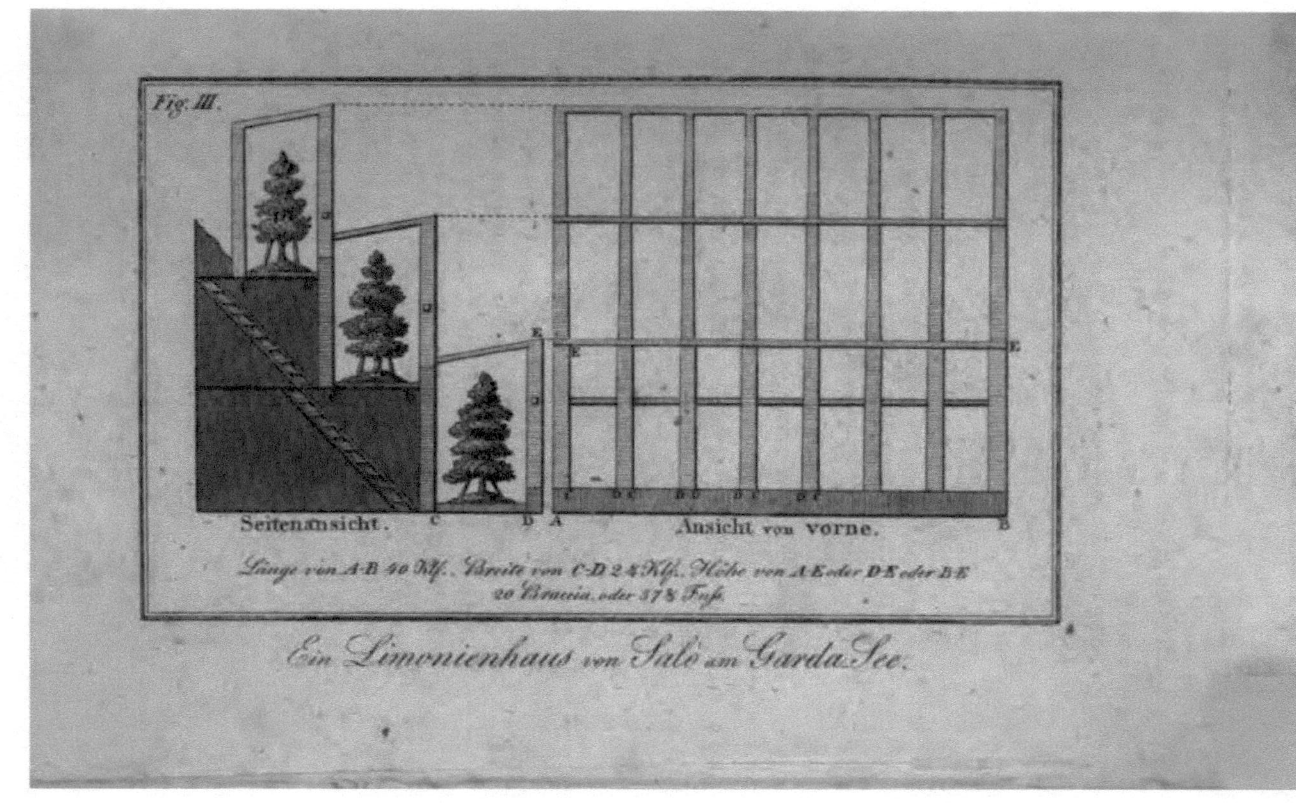

Ein Limonienhaus von Salò am Garda See.

D. Von der Cultur der Limonien-, Frucht- und Kastanienbäume.

Ich hatte von Jugend auf gehört und gelesen, daß an den Ufern des Garda-Sees Limonien- und Pomeranzenbäume im Freien wachsen, und weil ich diese angebliche Thatsache mit der hohen nördlichen Breite, und mit der Nähe der hohen Alpen nicht zusammenreimen konnte, so war ich begierig diese Bäume und die Lage, in der sie gedeihen, selbst zu sehen, und mich über ihre Cultur und ihren Ertrag zu erkundigen. — Ich ward unangenehm enttäuscht, als ich sah, daß diese Bäume, so wie bei uns, in eigens dafür gebauten Häusern stehen, und daß der ganze Unterschied darin besteht, daß hier diese Cultur im Großen betrieben wird, und daß man die gegen Süden gekehrte Wand des Gewächshauses nicht mit Gläsern, sondern mit hölzernen Balken deckt.

Man bauet zu diesem Behufe gemauerte Behältnisse, wovon eines Fig. III. dargestellt ist. Diese Gewächshäuser sind den Sommer über offen, und erhalten Anfangs November die Bretterverkleidung, welche vor Ende März nicht weggenommen wird. Sind die Wintertage schön und warm, so werden die Fensterbalken geöffnet; sind sie kalt, so bleiben sie verschlossen. Steigt die Kälte bis zum Gefrierpuncte, was die Leute nicht am Thermometer, sondern auf einer zwischen den Bäumen aufgehangenen, mit Wasser gefüllten Flasche erkennen wollen, deren Inhalt aber, beiläufig gesagt, wohl nur erst bei 3 bis 4° Kälte frieren wird, so wird der Ofen geheizt, wenn einer da ist, im entgegengesetzten Falle wird freies Feuer angezündet.

Das Limonienhaus, dessen Abbildung beiliegt, gehört den Brüdern Vianelli in Salò. Es ist das größte in der Nähe dieser Stadt, und enthält in jeder Reihe zwanzig Bäume. Die Länge dieses Hauses ist 100 Schritte, die Breite jeder

Abtheilung 6 Schritte. Ein Baum ist von dem andern 5 bis 6 Schritte entfernt. Die Äste sowohl, als auch der Stamm bei jungen Bäumen wird mit hohen, starken Pfählen unterstützt. Die in diesem Hause befindlichen Bäume standen jetzt (1828) 19 Jahre darin, und hatten 6 bis 7 Zoll Durchmesser, und mochten 4 Klafter Höhe haben. Sie trugen, wie man mir sagte, schon bedeutend nach 4 bis 5 Jahren der Übersetzung in das Haus.

Erwachsene Bäume sollen 1000 bis 1200, und in außerordentlichen Fällen noch mehr Früchte geben; doch meint man, daß man im Durchschnitte einem erwachsenen Baume nur 800 Stücke Früchte, Kaufmannswaare, zumuthen dürfe, und daß der Rest Ausschuß seie, den man nur zu einem sehr geringen Geldwerth veranschlagen dürfe. Ich sah die Bäume am 31. Juli nicht stark mit Früchten behangen: indessen konnte die Ernte doch reichlich ausfallen, denn diese Bäume blühen bekanntlich theilweise das ganze Jahr, und man sieht Blumen und Früchte von jedem Alter an denselben. So sah ich Früchte, die noch von der Blüthe des Juni 1827 herrührten.

Die jungen Stämme werden in Geschirren gezogen, und wenn sie 10 bis 12 Jahre alt sind, in die Häuser versetzt.

Der Boden, in dem die Bäume wachsen, ist sandige Gartenerde, die man alljährlich mit wohl abgefaultem Dünger überstreuet.

Solcher Limonienhäuser gibt es von Saló bis zum Dorfe Limoni sehr viele. Manche haben 4 bis 5 Reihen Bäume übereinander; ich sah aber auch mehrere mit einer einzigen Reihe. — Sie bilden gegenwärtig die wesentlichste Quelle der Einnahmen der Bewohner des Sees von dieser Seite, denn nach einer mir gemachten Berechnung sollen in der angegebenen Strecke 15 bis 16000 Limonienbäume sein, und die Familie der Grafen Bettoni von Brescia allein deren 1037 haben.

Da man das Hundert Limonien gegenwärtig zu 3 fl. 30 kr. verkauft, so erhellet, daß ein Limonienhaus mit 60 Bäumen, deren jeder 800 Früchte erträgt, einen rohen Geldertrag von 1680 Gulden gewähret, wovon außer den Zinsen des Anlag-Capitals, nur sehr geringe Abzüge für die Unterhaltung des Gebäudes, und so zu sagen, gar keine für Cultur in Abzug kommen. Es erklärt sich hieraus, daß man von dem Ertrage dieses Hauses sehr gemächlich leben kann.

So wenig am Garda- als am Comer-See oder dem großen See wachsen diese Früchte im Freien, denn auf den Borromäischen Inseln, wo die Terrassenmauern der Gärten sammt und sonders mit diesen Bäumen bedeckt sind, die man spalierförmig ausbindet, werden sie den Winter über mit Brettern verkleidet, und auf der untersten Terrasse von Isola bella ist sogar eine Vorrichtung, daß man den gedeckten Raum heizen kann. — Der Winter ist hier in der Nähe des Simplon, der mit ewigem Schnee bedeckt ist, manchmal sehr kalt, und Schnee fällt häufig in diesen Gegenden, wenn er gleich bald wieder wegschmilzt.

Istrien und Dalmazien könnte von der Anlage solcher Limonienhäuser bedeutenden Vortheil ziehen. Es wäre dieß ein Mittel für bürgerliche Familien ihr kleines Capital gut anzulegen, und eine kleine Beschäftigung das ganze Jahr für sich zu haben, ohne fremder Arbeiter zu bedürfen.

Von Obst- und Kastanienbäumen kann ich nur wenig sagen, denn ich sah nur sehr wenige dieser Bäume. Die wenigen Obstgärten in der Nähe der Sommerwohnungen der Grundbesitzer sind mit so wenigen und gewöhnlich so schlecht gehaltenen Obstbäumen bestellt, daß es nicht der Mühe lohnt davon zu reden. Nur allein in der Umgebung von Monselice und Arcqua sah ich den Obstbau mit dem Ackerbaue verbunden, denn es lauft durch die Mitte des Ackerbeetes eine Reihe von Pfirsich- oder Apfelbäumen, die zwar nichts weniger als einen besonders schönen Wuchs und kräftigen Trieb gezeigt hätten, indessen keineswegs elend aussahen, und auch ziemlich reichliche Früchte aufgesetzt hatten.

Kastanien sollen in den hohen Hügeln und Bergen der

venezianischen sowohl, als lombardischen Provinzen häufig gebauet werden, und einen wesentlichen Artikel der Nahrung für den Landmann bilden. In den Hügeln der Brianza und den Umgebungen der Seen habe ich nur selten wo Kastanienbäume gesehen, und habe mich dadurch überzeugt, daß man auch da den Vortheil dieser Frucht noch nicht erkennt, und den Anbau dieses wichtigen europäischen Brodbaumes vernachläßiget. Wären die nackten Hügel von Istrien nur zum hundertsten Theil mit diesem vortrefflichen Baume bepflanzt, man würde in dieser Provinz nicht so viel Elend, und so oft sich wiederholende wirkliche Noth unter den kleinen Grundbesitzern sehen! Zwar ist die Cultur dieses Baumes da nicht unbekannt, und von Lovrana am Quarnerischen Meerbusen kommen die berühmten Maroni, die man mit Recht als die süßesten ihrer Art schätzt; auch erkennt man die Vortheile, die diese Bäume gewähren, und wünscht sich welche; entschließt sich aber nicht sie zu pflanzen, aus Furcht, daß sie durch das allenthalben weidende Vieh zerstört werden würden; was auch gewöhnlich der Fall ist. Die heillose, barbarische Weidewirthschaft ist das wesentlichste, ich möchte sagen, das einzige Hinderniß des Aufkommens irgend einer bessern Cultur in Istrien, weil sie mit dem Anbaue der perennirenden Futtergewächse und der Pflanzung fruchttragender Bäume unvereinbarlich ist.

Inhalt
des ersten Theils.

Bei

Wilhelm Braumüller,

k. k. Hof- und akadem. Buchhändler in Wien,

erscheint im

October l. J. das erste Heft

einer

Vierteljahresschrift

für

die wissenschaftliche Veterinärkunde.

Herausgegeben

von den Mitgliedern des Wiener k. k. Thierarznei-Institutes

unter der Redaction der Prof.

Dr. Müller und **Dr. Röll.**

Diese Vierteljahresschrift, welche insbesonders als Organ für österreichische Veterinäre dienen soll, wird **Originalaufsätze** aus dem Gebiete der gesammten rationellen Thierzucht der wissenschaftlichen Veterinär-Medizin in ihrem ganzen Umfange enthalten. Sie wird **kurze Uebersichten** über die Veterinär-Ergebnisse des österr. Kaiserstaates, kurzgefaßte kritische **Auszüge** der wichtigeren, in anderen Zeitschriften enthaltenen Aufsätze, kritische **Besprechungen** der größeren selbstständigen, auf dem Gebiete der Veterinärwissenschaft erscheinenden Werke, und kleinere, für Veterinäre wissenswerthe **Notizen** bringen.

Bei dem Umstande, als bis nun **keine, die Veterinärwissenschaft behandelnde Zeitschrift in Oesterreich besteht,** dürfte das Erscheinen der Vierteljahresschrift, für welche bereits zahlreiche Kräfte gewonnen wurden, von den Herren Veterinären als **ein zeitgemäßes** begrüßt werden.

Der Preis **für den Jahrgang von 4 Heften,** deren jedes in der Stärke von ungefähr 10 Bogen erscheinen wird, **beträgt 5 fl. C. M.**

Daselbst ist erschienen:

Bruckmüller, Dr. A., Correpetitor am k. k. Thierarznei-Institute in Wien, **Grundzüge der allgemeinen und speciellen Botanik für Thierärzte.** 1851. Gr. 8. geheftet. Preis: 48 kr. C. M.

Graf, Leopold, gew. k. k. Professor der Zootomie, Zoophysiologie und des Exterieurs am k. k. Thierarznei-Institute rc., **Handbuch der Zoophysiologie nutzbarer Haussäugethiere,** als Leitfaden zu Vorlesungen. 1851. Zweite Auflage. Gr. 8. Geheftet. Preis: 2 fl. 30 kr. C. M.

Röll, Dr. M. F., k. k. Professor rc., und **Dr. F. C. Schneider,** Docent der Chemie an der Wiener Hochschule. **Die Grundzüge der Naturlehre und Chemie,** mit besonderer Berücksichtigung der Bedürfnisse des ärztlichen Studiums bearbeitet. 1851. 2 Bände. Gr. 8. Geh. Preis: 5 fl. C. M.

Gedruckt bei J. P. Sollinger's Witwe.

Landwirthschaft

in Ober-Italien.

Von

Dr. Johann Burger.

Zweiter Band.

Wien, 1851.

Wilhelm Braumüller,

k. k. Hofbuchhändler.

Zu

Wilhelm Braumüller's

k. k. Hof- und akademischer Buchhandlung in Wien

ist erschienen:

Der Pflug der Anhäufler und der Wühler.

Von

Carl Ritter von Kleyle,

k. k. Ministerialrath im Ministerium für Landescultur und Bergwesen.

Mit drei Zeichnungen.

(Neue unveränderte Ausgabe.)

1851. fl. 1 C. M.

Daselbst erscheint:

Oesterreichische

Vierteljahresschrift für Forstwesen.

Herausgegeben

von mehreren Forstmännern und Freunden des Forstwesens,

unter der Redaction

des Forstrathes **L. Grabner.**

In Heften à 5—6 Bogen, groß 8. Die 4 Hefte des Jahrganges bilden einen Band; Pränumerationspreis pr. **Band 3 fl. Conv. Münze.**

Diese Zeitschrift bezweckt, mit vorzugsweiser Benützung des bei dem hohen k. k. Ministerium für Landescultur und Bergwesen einfließenden, von demselben bereits geneigtest zugesicherten Materiales, die Zustände der Forstwirthschaft in allen Theilen des Kaiserreiches darzulegen, wie auch die Fortschritte im Bereiche der Forstgesetzgebung mitzutheilen; ferner Berichte und Aufsätze über alle Zweige des Forsthaushaltes zu bringen, von den Leistungen der in den einzelnen Kronländern bestehenden Forstvereine fortlaufend Nachricht zu geben, endlich auf alle beachtenswerthen Erscheinungen der forstlichen Literatur und Journalistik aufmerksam zu machen. — Bei dieser **vorwaltenden Richtung zur Vertretung der forstlichen Interessen des gesammten Kaiserreiches**, wird diese Zeitschrift aber nicht unterlassen, auch den forstlichen Zuständen und Leistungen des Auslandes die gebührende Aufmerksamkeit zu widmen, sohin nach Zulässigkeit des Raumes, das diesfalls Wesentlichste mitzutheilen stets bemüht sein.

Die

Landwirthschaft

in Ober-Italien,

geschildert

auf einer Reise von Triest über Venedig nach Mailand, und von da in alle Gegenden der Lombardie.

Mit historischen, statistischen, geographischen und vorzüglich landwirthschaftlichen Bemerkungen.

Von

Dr. Johann Burger,

k. k. Gubernialrathe zu Triest, Mitgliede mehrerer gelehrten Gesellschaften zur Beförderung der Landwirthschaft.

Zweiter Band.

Mit zwei Kupfertafeln.

Neue Ausgabe.

Wien, 1851.

Wilhelm Braumüller,

k. k. Hofbuchhändler.

Beschreibung der Landwirthschaft
von
Ober-Italien.
(Fortsetzung.)

E. Über die Seidenerzeugung und die Cultur der Maulbeerbäume.

Wenn man nach der Lombardie kommt, und allenthalben die Zeichen allgemein verbreiteten Reichthums sieht: prächtige Straßen, eine Menge Canäle, die schönsten steinernen Brücken, prachtvolle Kirchen, Landpalläste, eine ungemein große Anzahl von stadtähnlichen Flecken mit großen, schönen Landhäusern, in denen die reichen und großen Gutsbesitzer wohnen, mit vielen andern gut gebauten, zum Theil schönen Häusern, in denen alle Gewerbe der Nothwendigkeit und des Luxus betrieben werden, und in solchen Flecken viele wohlgekleidete Menschen sich bewegen; so drängt sich dem Fremden die Frage sehr natürlich auf: Welche außerordentliche Einnahme hat dieses Land, daß es außer dem, daß es eine große Bevölkerung ernährt, noch so viel erübrigen kann, alle diese, theils öffentlichen, theils Privatbauten zu bestreiten, und den Wohlstand und Reichthum hervorzubringen, der im Haushalte der Einwohner überall sichtlich ist? Ist es ein bedeutender Handel, den es treibt; sind es Bergwerke, die es ausbeutet; sind es Fabriken; oder hat es einen so fruchtbaren Boden, wie es jener von Egypten oder vom

Bannate ist? — Es hat aber, als Binnenland keinen andern Handel, als den, welcher mit dem Verkaufe der überflüssigen Landesproducte, und dem Ankaufe der aus der Fremde zugeführten Bedürfnisse verbunden ist; Bergwerke hat es nicht: denn jene wenigen, welche in der Nähe von Brescia vorkommen, gehören nicht zur alten Lombardie; Fabriken hat es gar wenige: es erzeugt nicht seinen eigenen Bedarf an Tuch und Baumwollenzeugen, und gibt für diese zwei Artikel bedeutende Summen aus; und was seinen Boden betrifft, so ist der gröste Theil desselben zwar allerdings fruchtbar, allein keineswegs von der Art, daß er ohne Dünger und viele Mühe reichliche Ernten gäbe. Und doch ist es nur der Ackerbau, der diesen Reichthum hervorbringt; aber freilich ist es nicht der gemeine Ackerbau, der nur Weizen und Roggen erzeugt, der in Sicilien so gut als am baltischen Meere betrieben wird, und der unter den gegenwärtigen Verhältnissen nur in außerordentlichen Mißjahren einige Speculanten bereichert; sondern ein sehr industriöser, der in den niedrigen Gegenden auf der Bewässerung des Bodens, und in den höher gelegenen, oder auch niedrigen, aber nicht bewässerungsfähigen, auf der Seidenerzeugung beruht.

Ich werde in dem folgenden Abschnitte über das erstaunenswürdigste Werk, was die Industrie und ein durch Jahrhunderte fortgesetzter Fleiß der Landwirthe je hervorgebracht hat, die lombardische Bewässerung, weitläufiger sprechen; hier habe ich bloß zum Ziele, meine Landsleute mit dem ungemein großen Nutzen bekannt zu machen, den die Lombardie aus dem Seidenbaue bezieht; ihnen zu erzählen, was die Seide einbringt; wie man daselbst den Maulbeerbaum pflegt, und welchen Ertrag er da abwirft; um sie auf diesen höchst wichtigen Gegenstand aufmerksam zu machen, und in ihnen nicht sowohl die Lust, als vielmehr den festen Willen zu erregen, die Cultur des Maulbeerbaumes bei sich einzuführen, der in unserm Clima sehr wohl fortkommt, dessen Pflanzung geringe, unbedeutende Vorauslagen erheischt, der so schnellwächsig ist, daß Jeder, der sich mit der Cultur desselben befaßt, in wenigen Jahren auch schon die Früchte, die Blätter nämlich, davon ernten kann, und dessen Ertrag viel weniger gefährdet und von einem größeren Geldwerthe ist, als jener der Obstbäume.

Von der Menge der Seide, welche von der Lombardie in das Ausland verkauft wird, und dem Geldwerthe derselben.

Der verstorbene Graf Dandolo hat sich um sein Vaterland durch seine Schriften über den Seidenbau ein sehr wesentliches Verdienst erworben. Er war es, der zuerst seine Landsleute mit allen, auf die Pflege der Raupen sich beziehenden Verhältnissen, so wie mit den dießfälligen Ausgaben und Einnahmen vollkommen bekannt machte, und aus den Zollregistern die überraschend große Summe nachwies, die an den Gränzen des früher bestandenen Königreichs Italien als Geldwerth der ausgeführten Seidenwaaren aller Art angegeben worden war. Nach seinen Angaben wurde an roher und gesponnener Seide ausgeführt:

Im	Jahre	1807	für	den	Werth	von 19,890,000	Gulden	C. G.
»	»	1808	»	»	»	» 19,890,000	»	»
»	»	1809	»	»	»	» 21,816,666	»	»
»	»	1810	»	»	»	» 30,200,000	»	»
»	»	1811	»	»	»	» 18,380,000	»	»
»	»	1812	»	»	»	» 23,323,333	»	»
»	»	1813	»	»	»	» 27,176,666	»	»
						160,676,665	»	»

Mittlerer Durchschnitt dieser sieben Jahre 22,953,809 fl. C. G. Hierzu rechnet er noch eine jährliche Ausfuhr von 10 bis 11½ Millionen Gulden an gefärbter Seide, Stoffen, Bändern u. s. w., wornach sich die bare Einnahme des Königreichs für Seide und aus Seide erzeugten Stoffen auf 33 bis 34½ Millionen Gulden belaufen hat.

1 *

Hierbei ist aber nicht zu übersehen, daß Dandolo von dem Königreiche Italien spricht, welches außer den Ländern, die gegenwärtig das lombardisch-venezianische Königreich bilden, noch aus den päpstlichen Provinzen: Ferrara und Bologna, aus den Herzogthümern Parma, Piacenza und Modena, und aus einem Theile des südlichen Tirols bestand.

Wenn man aus der folgenden Übersicht entnimmt, daß jetzt das Gebiet des mailändischen Guberniums allein so viele Seide ausführt, als vor sechzehn Jahren das ganze Königreich Italien; so ist dieß der sprechendste Beweis der raschen und ungeheuren Zunahme der Seidencultur in der Lombardie.

Ich habe Gelegenheit gehabt die von der Zolldirection in Mailand verfaßten tabellarischen Übersichten der im Jahre 1824 Statt gehabten Ein- und Ausfuhr aller Waaren in und aus dem Bezirke des mailändischen Guberniums zu sehen, und habe mir daraus folgenden Auszug gemacht.

Gattung der Waare.	Metrisches Gewicht.	Einfuhr.		Ausfuhr.		Geldwerth der Waare, der Einfuhr.		Geldwerth der Waare, der Ausfuhr.	
						Lire austriache.	Cent.	Lire austriache.	Cent.
Galetten.	Zentn.	118	80	1,179	40	83,738	60	817,507	90
Rohe Seide.	Pfund	30,548	20	312,899	60	1,619,054	60	17,532,377	60
Gesponnene Seide.	"	93	—	634,593	10	5,998	50	41,883,144	60
Andere Seidensorten.	"	690	40	9,113	30	7,269	16	764,380	4
						1,716,860	86	60,997,410	14
Seidenmanufacturen.	"	—	—	22,919	10	—	—	3,491,896	50
Summe der Ausfuhr . . .								64,489,306	64
Wird hievon die Einfuhr abgezogen mit .								1,716,860	86
So beträgt die Ausfuhr mehr . .								62,772,445	78
in Gulden								20,857,748	35 kr.

In dieser Tafel erscheint aber bloß die aus dem Gebiete des mailändischen Guberniums in das Ausland verführte Seide, und es ist darunter nicht die aus dem Venediger Gubernialgebiet unmittelbar dahin geschickte begriffen; auch erscheint darin nicht die Seide, welche nach Wien und in die Provinzen des österreichischen Staates, theils als roher Stoff, zum Behufe für die Manufacturen, und theils als verarbeitete Waare verkauft worden ist. Auch darf nicht übersehen werden, daß hier bloß die bei den Gränzzollämtern angegebenen Quantitäten, und die von den Kaufleuten angegebenen Werthe figuriren, und daß man einen sehr bedeutenden aliquoten Theil des Ganzen für Contrebande und zu gering angegebene Werthe hinzufügen müßte, wenn man den wirklichen Geldwerth der aus der Lombardie ausgeführten Seide bestimmen wollte. *)

Da ich gegenwärtig gar keinen Anhaltspunct habe, weder die Größe der Ausfuhr der Seide in die deutschen Provinzen des Reichs, noch den muthmaßlichen Entgang durch die Contrebande zu berechnen; so muß ich mich enthalten über die wirkliche Geldsumme, welche die Lombardie für die Seide einnimmt, etwas festzusetzen: es ist aber klar, daß sie mehr als 20,857,748 Gulden, vielleicht wohl 25 Millionen Gulden beträgt.

Bedenkt man, daß diese Summe alljährlich, seit einer langen Reihe von Jahren schon eingenommen wird, und daß man für Käse, Reiß und anderes Getreide auch mehr als eine Million Gulden einnimmt; daß die Einfuhrs-Artikel jene der Ausfuhr um 10 Millionen Gulden übersteigen, und daß sich der Über-

*) In der Provinz Friaul rechnet man nach einer Mittheilung des Delegaten, Grafen Stratico, daß jährlich 6600 metrische Zentner = 11,787 Zentner W. G. Galetten erzeugt würden.

Wenn 8 Pf. Galetten ein Pf. Seide geben, so beträgt das ganze Erzeugniß: 147,337 Pf. W. G. Seide.

Wird das Pfund W. G. roher Seide von Friaul nach der Börsenliste von Venedig, Mai 1828, auf 9 fl. 10 kr. gerechnet, so beträgt dieser Artikel, bloß allein für Friaul, die Summe von 1,413,035 Gulden.

schuß der Bilanz über den kleinen Raum von 355⅔ □ Meilen zertheilt, denn das ist der gesammte Flächeninhalt der Provinzen des gegenwärtigen mailändischen Guberniums, von denen noch überdieß mehrere nur auf einem kleinen Theile ihrer Gründe Maulbeerbäume ziehen, wie z. B. die Provinzen Sondrio, Bergamo, Como, wo man auf den hohen Bergen keine Seide erzeugt; so wird es begreiflich, wie sich bei der sparsamen Lebensweise der Einwohner die Menge des Geldes allgemach so anhäufen mußte, daß man zufrieden ist, wenn man dasselbe, bei dem Ankaufe liegender Gründe, zu 3 bis 3½ pr. % benützt.

Ehe ich aber zeige, wie viel von dieser Gesammtsumme den einzelnen Grundbesitzern zukommt, däucht es mir zweckmäßig zu sein, vorerst zu erzählen, wie die Maulbeerbäume gezogen werden, welchen Ertrag sie nach Verhältniß ihres Alters, und ihres Durchmessers und der Art sie zu pflegen und ihnen das Laub abzunehmen, abwerfen, und um welchen Preis die Galetten und die rohe Seide verkauft werden.

Von der Cultur der Maulbeerbäume.

Die Maulbeerbäume werden in der Lombardie nur selten von denen, welche sie in die Gründe verpflanzen, auch gesäet, gepfropft, und so lange gepflegt, bis sie erwachsen genug sind in die Felder übersetzt zu werden. Es ist dieß gegenwärtig ein Geschäft der Gärtner, die sich nicht selten wieder in zwei Abtheilungen scheiden, wovon die einen bloß Samenbrete haben, und die Pflänzchen nur zwei Jahre lang im Grunde stehen lassen, und sie dann hundertweise (das Hundert sonst zu 3 Lire = 52 kr., jetzt aber um die Hälfte wohlfeiler) an die andern verkaufen, die sie sogleich pfropfen, oder erst versetzen, und dann im folgenden Jahre pfropfen.

In den Umgebungen von Mailand, vor den Thoren Portello und Borgo degli Ortolani werden die Felder als

Gärten benützt. Man sieht große Beete von allerlei Gemüse- und Wurzelwerk, sehr rein gehalten, stark gedüngt, und sobald es Noth thut, gewässert; denn alles Land in der Nähe der Hauptstadt ist bewässerungsfähig. Unter diesen Gartengewächsen sieht man dann in einer sehr großen Menge von Beeten Millionen von solchen jungen Bäumchen stehen, und da man nur die vorigjährigen bemerkt, die dießjährigen noch gar nicht sieht, so kann man sich dadurch von dem jährlichen Nachsetzen und der zunehmenden Ausdehnung der Maulbeercultur einigermaßen eine Idee machen. Mancher Gärtner hat 2 bis 300 □ Klafter zweijähriger Bäumchen. Bei einigen Gärtnern fand ich Samen- und Pflanzschulen: bei andern wieder nur Pflanzschulen allein.

Auch bei Privaten fand ich oft wohlgeordnete Samen- und Pflanzschulen, wie z. B. bei dem Fiscaladjuncten Olivi in Treviso; bei dem Grafen Barni zu Roncadello bei Lodi; in Monza u. s. w.

Man kann zu zwei verschiedenen Zeiten den Samen der Maulbeerbäume säen, nämlich gleich, nachdem der Same mit der Frucht zeitig, und durch Zerdrücken und Waschen mittelst Sieben von seiner Umgebung geschieden worden ist, oder im Frühling des folgenden Jahres.

Gewöhnlich ist allenthalben nur die zweite Saatzeit, obwohl Alle gestehen, daß man ein Jahr bei der ersten Methode gewinnt, und aus mehreren Versuchen erhellet, daß der Frost des Winters den jungen Pflanzen nicht schadet. Man fürchtet aber mehr die Trockniß des Sommers, die große Hitze, und die Insecten, und will die Sommersaat gar nicht wagen, weil man mit der Frühlingssaat sicherer fährt.

Das Samenbeet muß im vergangenen Jahre gedüngt worden sein, und wird vor der Saat tief umgegraben, und dann geebnet: hierauf wird der Same in Furchen, die 6 Zoll von einander entfernt sind, schütter eingestreut, mit Erde leicht verhüllt, und mit Stroh oder Heu dünn bedeckt, um die Erde vor dem Vertrocknen zu schützen und das Keimen der Saat zu begünstigen. Wenn der Regen fehlt, wird fleißig gegossen.

Die Pflänzchen müssen gejätet, und leicht behackt, und wo sie zu dicht stehen, verdünnt werden. Sie wachsen im ersten Jahre nur wenig, bleiben klein und unansehnlich. Im zweiten Jahre werden sie übersetzt, und auf ein Auge zurückgeschnitten. Im dritten Jahre, im April, wird der ganze Trieb wieder bis auf das vorletzte Auge weggeschnitten, und der Stumpfen gepfropft, was unter günstigen Umständen öfters schon im zweiten Jahre in der Samenschule geschieht, wenn man, wie Viele thun, und wie Verri räth (Saggi di agricolt. prat. sulla coltivazione dei gelsi, e delle viti, del Conte Carlo Verri. IV. Ediz. Milano, 1825), die Pflänzchen im zweiten Frühling nicht übersetzt, sondern sie jetzt pfropft, und dann im dritten Jahre übersetzt, bei welcher Gelegenheit ihnen unter einem die Pfahlwurzel weggeschnitten wird.

Das Pfropfen geschieht hier größtentheils à la flûte, was wir im deutschen Röhren nennen, doch wird auch hin und wieder copulirt. Nur bei erwachsenen Bäumen wird in den Spalt oder hinter die Rinde gepfropft. Ich sah am 17. Mai bei Herrn Olivi in Treviso viele Tausend kleiner Bäumchen, die im April gepfropft worden waren, und jetzt Triebe von 4 bis 5 Zoll hatten. Die Pfropfreiser machen in demselben Jahre noch Triebe von 4 bis 5 Schuh Höhe. Im vierten Jahre im Frühling werden sie zu jener Höhe abgestutzt, die man der Krone geben will; die neuen Triebe bilden die künftigen Haupräste, welche im fünften Jahre durch den Schnitt die becherartige Form erhalten, die als die angemessenste für Obst- und Maulbeerbäume anerkannt ist.

Im fünften Jahre, das heißt nach vollendetem vierten Jahre, werden die Bäumchen aus den Pflanzschulen genommen und verkauft, oder in die Felder übersetzt; denn sie werden nun zu groß, und haben in dem engen Raume der Pflanzschule nicht mehr Platz.

Der schnelle und kräftige Wachsthum der jungen Bäume hängt vorzüglich von der Zubereitung der Pflanzschule ab. Wer dieselbe 1½ Fuß tief umgraben und mit animalischen Abfällen aller Art reichlich düngen ließ, darf sicher sein, daß ihm diese Auslage durch den beschleunigten Wachsthum und das schöne Aussehen der Bäume reichlich ersetzt wird. Ich habe im Juni 1828 Bäume gesehen, die 4 Zoll Durchmesser hatten, und erst im März 1826 gepfropft und im Jahre 1827 übersetzt worden waren.

Hier muß ich einer Spielerei erwähnen, auf die man in einigen wenigen Gegenden der Lombardie ein Gewicht zu legen scheint, und deren auch Verri in seiner Abhandlung beifällig gedenkt: nämlich die Maulbeerbäume nach Art der Weinreben durch Ableger fortzupflanzen. Ich sah das Verfahren zuerst in Locate, einer Besitzung des Grafen Alfonso Castiglioni, und der Gärtner nannte es alla bergamasca; warum, weiß ich nicht, denn in Bergamo hörte ich nichts von dieser Vermehrungsart. Es besteht darin, daß man in das hiezu bestimmte Gartenbeet, in 9 Fuß weit von einander abstehende Reihen, so tief als möglich an der Wurzel gepfropfte Maulbeerbäumchen, 3 Fuß von einander einsetzt. Nach ein Paar Jahren wird der Stamm am Boden, doch immer über der Pfropfstelle weggeschnitten, und treibt nun eine Menge Äste aus, wovon man im folgenden Jahre die schönsten zu beiden Seiten sanft niederlegt, mit Erde bedeckt, und am Ende mit einem Auge zur Erde hervorragen läßt. Dieß Auge macht gleich im nämlichen Jahre noch einen Trieb von 5 bis 6 Schuh Höhe, der einen bis anderthalb Zoll dick wird. Solche Triebe läßt man noch zwei Jahre an der Stelle, worauf sie ausgegraben und versetzt werden. Der Mutterstock wird nun wieder bloß gelegt, und ganz kahl beschnitten, wie früher. So dauert diese Vermehrungsart so lange fort, bis der Mutterstock stirbt, was man in Locate noch nicht erfahren hat, weil man erst seit wenigen Jahren diese Vermehrungsart da eingeführt hat.

Obgleich dieß Verfahren beim ersten Anblick viel Anziehendes hat, und nützlich zu sein scheint, indem man das Pfropfen erspart, und Maulbeerbäume gewinnt, die in allen ihren Theilen, sammt der Wurzel veredelt sind, und obgleich man dadurch mit wenig Mühe schon im ersten Jahre Triebe von 5 bis 6 Schuhe, und nach drei Jahren vollkommen starke Bäume zum Übersetzen in die Felder erhält, so scheint es doch wegen des großen Raumes, den es erheischt, und der kleinen Ausbeute, die es gewährt, im Großen nicht vortheilhaft zu sein.

Die Maulbeerbäume werden gepfropft, damit sie viel Laub tragen: denn der gemeine weiße Maulbeerbaum (Morus alba, Gelso selvatico) mit unregelmäßig herzförmigen, ausgezackten Blättern und stachlichten Ästen gibt zwar den Raupen eine sehr treffliche, ja nach allen Erfahrungen, die beste und zuträglichste Nahrung, bei welcher sie das feinste Gespinnst erzeugen; allein es ist das Erzeugniß dieser Bäume an Blättern so gering, daß man zu viele Bäume haben und zu großen Aufwand machen müßte, um sich genügend Blätter für eine große Raupenzucht zu verschaffen, weßwegen man andere Arten von Maulbeerbäumen auf diese pfropft, die herzförmige, große und dunkelgrüne Blätter haben, und sich fast doppelt so stark belauben, als die gemeine, wilde Sorte. Diese edlen Maulbeersorten zerfallen aber wieder in viele Unterarten, je nachdem das Blatt mehr oder weniger dick, groß und heller oder dunkler gefärbt ist. *)

Woher diese besseren Sorten (Gelso gentile) rühren, weiß Niemand; wahrscheinlich sind sie mit den gemeinen zugleich nach Europa gebracht worden, gleich der, die gegenwärtig viel Aufsehen macht, und unter dem Namen: Morus chinensis, M. macrophylla, sich rasch in der Lombardie verbreitet. Herr

*) Über die Arten der Maulbeerbäume überhaupt, und die verschiedenen in Italien cultivirten Abarten insbesondere gewährt die neueste Schrift des Prof. Moretti vollkommene Aufklärung: Sui gelsi e sui bachi da seta, istruzione compilata dai Dottori *G. Moretti* e *Carlo Chiolini*. Milano, 1829.

D. Josef Moretti, Professor der Botanik und Landwirthschaft an der Universität zu Pavia, gab von dieser neuen Art zuerst in der Bibbl. ital.; Jahrgang 1825, Nachricht; später ließ einer seiner Schüler über diese Baumart und eine Art von Seidenwürmern, die sich dreimal nach einander im nämlichen Jahre einspinnt, eine kleine Abhandlung drucken (Sopra una nuova Specie di gelso, coltivato nell' I. R. Orto agrario dell' università di Pavia, e sopra una varietà di bachi, dai quali possonsi ottenere più annue raccolte, da Francesco Gera. Pavia, 1826). Ich sah die drei Maulbeerbäume, von deren Samen und Zweigen alle die vielen Tausende von Nachkommen herrühren, die man in der Lombardie in Gärten, und zum Theile schon in Feldern ausgesetzt findet. Sie stehen im Garten, welcher zu landwirthschaftlichen Versuchen bestimmt ist, an einem unschicklichen Orte, sind von andern Bäumen umgeben, zum Theile von den Ästen derselben durchzogen, schlecht gepflegt und völlig vernachlässiget. Die auffallenden Eigenthümlichkeiten, wodurch sich diese Maulbeerart von der gemeinen weißen, edlen auszeichnet, bestehen darin, daß die Frucht nicht weiß, sondern schwarz ist, daß der weibliche Baum, den ich im Garten sah, viel kleinere Blätter hat, als die daneben stehenden zwei männlichen, und daß aus dem Samen dieses Baumes mit dem Mutterstocke ähnliche Bäume zum Vorschein kommen, was bekanntlich bei dem gepfropften Maulbeerbaume, so wie bei den gepfropften Obstsorten nicht der Fall ist. Übrigens hat er eirunde, am Grunde herzförmige, große Blätter, die auf beiden Seiten glatt sind, und sägeartig ausgezackte Ränder haben.

Ob diese neue Art mehr, oder so viel Blätter gibt, als der gepfropfte weiße, gemeine, ist noch nicht erhoben, wohl aber scheint aus zweijährigen Versuchen hervorzugehen, daß die Seide, welche aus diesen Blättern erhalten wird, merklich feiner ist, als die, welche die Raupen liefern, wenn sie mit den Blättern der gepfropften Bäume gefüttert werden, wie aus den Seidenproben erhellet, die ich bei Herrn Professor Moretti sah, und die er von den gewöhnlichen Seidenraupen nach Verschiedenheit der Nahrung erhalten hatte, die man ihnen vorlegte.

Die feinste Seide erhielt er von wilden, d. h. ungepfropften Bäumen; die zweit feinste bekam er von der neuen Art Bäume; die dritte Sorte vom gepfropften weißen Maulbeerbaume, und die letzte endlich vom schwarzen Maulbeerbaume.

Sollte es sich bewähren, daß die Blätter der neuen Baumart eine feinere Seide hervorbringen, als die der gepfropften, und gibt dieser Baum eben so viel Blätter, als in gleichen Jahren der gemeine, so würde sein Nutzen sehr bedeutend sein, und er müßte allgemein eingeführt werden; denn man gewänne nebst der größten Feinheit der Seide auch noch ein Jahr in seiner Erziehung, weil man ihn nicht zu pfropfen braucht. Leider braucht man aber zu solchen vergleichenden Versuchen viele Jahre, vielleicht ein Jahrhundert, bis man sich von den Eigenthümlichkeiten dieses Baumes genügende Kenntnisse erworben hat, um mit Sicherheit bestimmen zu können, in wie ferne er dem weißen gepfropften vorgezogen oder nachgesetzt zu werden verdient! —

Die Fortpflanzung der Maulbeerbäume durch Schnittlinge scheint in Italien unbekannt zu sein, denn die Schriftsteller schweigen hievon, und bei keinem Landwirthe oder Gärtner sah ich sie angewendet, und doch dünkt mich, daß sie große Aufmerksamkeit verdiene, wäre es auch nur, daß man hiebei das Pfropfen erspart, wenn man veredelte Reiser einlegt.

Das Aussetzen der Bäume in die Felder geschieht immer im März. Man macht schon im Herbste große Gruben, und füllt sie jetzt im Grunde mit vegetabilischem Dünger, und oben über mit guter Erde, die mit abgefaultem Stalldünger zum Theile gemischt ist. Man ist allenthalben von der Nothwendigkeit so sehr überzeugt, den jungen Bäumen einen guten Standort zu bereiten, in dem sie anfänglich ihre Wurzeln verbreiten, daß man es in dieser Hinsicht selten wo fehlen läßt, besonders da, wo der sandige und steinige Boden an und für sich zu wenig

Nahrungstheile in sich hat, und daher mit denselben versehen werden muß.

Nur selten wo sieht man Pfähle zugleich mit den jungen Bäumen aussetzen, und sie daran befestigen, obgleich dieß zur Sicherheit der Bäume und zum schönen geraden Wachsthum derselben wesentlich beitragen würde. Es mögen mancherlei Ursachen sein, daß man hier die Pfähle minder nothwendig hält, als anderswo: z. B. daß die Winde selten und nie heftig wehen, daß das Vieh in den Äckern oder an den Rainen nur an Stricken herumgeführt wird, daß die Pfähle von hartem Holz sehr theuer, und Weiden- und Pappelpfähle von gar keiner Dauer sind u. s. w., demohngeachtet scheint es mir, nach den Vergleichungen, die ich über das Gedeihen der angebundenen und frei stehenden Bäume anstellen konnte, außer allem Zweifel zu sein, daß die Kosten des Pfahls durch die größere Sicherheit des Baumes, und sein schöneres, und auch schnelleres Wachsthum reichlich ersetzt werden.

Wenn man nur selten wo die jungen Bäume an Pfähle angebunden sieht, so bemerkt man aber dafür desto häufiger, jedoch nicht allgemein, daß man die jungen Bäume mit einem aus Stroh geflochtenen Seile vom Boden an, bis zur Krone umwickelt, und sie in diesem Zustande erhält, bis sie 6 Zoll Durchmesser haben. Auf mein Befragen, welchen Nutzen dieß haben sollte, gaben mir die Einen an, sie wollten die Bäume dadurch vor der Kälte; die Andern, sie wollten sie vor der großen Hitze schützen. Es ist aber in diesem Theile von Italien nie so kalt und auch nicht so heiß, daß der Baum darunter leiden könnte; auch würde das Einwickeln des Stammes nicht verhindern, daß der Frost die Äste tödtete, oder die Hitze die Blätter verdorren machte, wenn der Baum wirklich so empfindlich für Kälte und Wärme wäre. Es liegt demnach eine andere Ursache diesem Verfahren zum Grunde, und diese meine ich, wenn mich nicht Alles trügt, darin suchen zu sollen, daß man in früheren Jahren diese Bäume durch das Strohband gegen den Zahn der Hasen, vielleicht auch gegen den der Schafe, die man damals mehr, als jetzt hielt, zu schützen für nöthig fand und es auch sonst den Bäumen zuträglich hielt, weil man nach Abnahme der Hülle die Rinde glatt und schön, und nicht mit Moospflanzen bedeckt fand. Jetzt sind Hasen und Schafe, wenn auch nicht ganz, doch größtentheils aus jenen Gegenden entschwunden, wo Seidenzucht im Großen getrieben wird; allein das Verfahren, die Bäume einzuwickeln, ist geblieben, und obgleich man nirgendwo aus Überzeugung den Nutzen desselben kennt, so traut man sich doch nicht es aufzugeben, weil man sieht, daß mit demselben schöne Bäume gezogen werden, und weil es bisher fast allgemein üblich war. Ich sage: fast allgemein, denn völlig allgemein ist es nicht mehr, und man sieht nicht selten bedeutend große neue Pflanzungen, wo die Bäume nicht eingefatscht sind. Am allgemeinsten ist diese Methode, zum Beweise der Richtigkeit meiner Vermuthung, in jenen Gegenden, von welchen die Seidencultur in Ober-Italien ausgegangen ist: im Gebiete von Verona und Bergamo. Nur selten sieht man dieß Verfahren in Friaul, und völlig unbekannt ist es im Görzerkreise.

Je länger man die ausgesetzten Bäume nicht entblättert, je schneller wachsen und um so kräftiger werden sie.

Die Maulbeerbäume werden bei Käufen und Verkäufen, so wie bei Verpachtungen, wo allezeit ein förmliches Grund-Inventar über die gegenwärtige Anzahl und Größe aller Bäume, von was Art sie immer sein mögen, so wie aller Reben, aufgenommen wird, von den lombardischen Schätzmännern (Agrimensori periti) folgendermaßen mitgetheilt:

Von 1 bis 2 Oncie Durchmesser, heißt er Palo;
» 2 — 3 » » » » » Palone;
» 3 — 4 » » » » » Cantilo;
» 4 — 5 » » » » » Cantilone;
» 5 — 6 » » » » » Terzero;
» 6 — 7 » » » » » Somero.

Bäume, die dicker sind, benennet man nach der Zahl der

Oncie, einen Somero von 8, 9 oder 10 Oncie. Eine Oncia di Milano ist fast gleich 2 Wiener Zollen.

Außer den hochstämmigen Maulbeerbäumen sieht man in der Lombardie auch eine, sich von Jahr zu Jahr vergrößernde Menge von niedrig gehaltenen Bäumen, die sie fälschlich Hecken — Siepi — nennen, denn sie bilden nirgendwo eine Hecke, sondern erhalten einen Schnitt, wie Zwergobst. Der Vortheil solcher Bäume soll darin bestehen, daß sie früher Blätter austreiben, und von dem Spätfrost weniger leiden, wie die hochstämmigen. Übrigens däucht mir, daß ein gegebener Raum viel weniger Blätter abwerfen müsse, wenn er mit Zwerg-, als wenn er mit hochstämmigen Bäumen bedeckt ist.

Die Maulbeerbäume als Stocktriebholz — Bosco ceduo — zu benützen, d. h. ihnen alljährig, oder alle zweite, dritte Jahr, die Wurzelschößlinge wegzuschneiden, habe ich nirgendwo gesehen, auch nirgendwo sprechen davon gehört.

Von dem Ertrage der Maulbeerbäume.

Der Ertrag der einzelnen Maulbeerbäume an Blättern wird in der Lombardie von gemeinen Bauern so gut, und vielleicht besser als von den Periti abgeschätzt; denn da es in diesem Lande allgemein üblich ist den Laubertrag der Bäume zu schätzen, und einen bestimmten Preis für den Zentner zu bedingen; so wird sehr häufig das abgepflückte Laub einzelner Bäume gewogen, und darnach die Zahlung berichtigt, wodurch man sich einen sehr richtigen Blick in Hinsicht der Abschätzung der Bäume erwirbt. Ich habe sehr häufig Gelegenheit gehabt die Gewandtheit der Schätzmänner sowohl, als der Landwirthe in Abschätzung der Bäume zu bewundern, und wenn ich sie um die Ursache fragte, warum sie oft zweien sich ziemlich ähnlichen Bäumen ein ungleiches Erträgniß beimassen, so gaben sie mir immer so einleuchtende Gründe an, daß sie mich völlig zufrieden stellten.

Diese Kenntniß ist aber auch nothwendig, wenn man mit der Ernährung der Raupen nicht in große Verlegenheit kommen und am Ende der Fütterungszeit vielleicht um so theuren Preis fremdes Laub ankaufen soll, daß darüber der ganze Nutzen der Unternehmung zu Grunde gehet. Hier weiß Jedermann, wie viel er Laub für eine Unze Raupensamen bedarf; er kennt den Stand seiner Bäume, und weiß, wie viel er Laub im großen Durchschnitte, wenn kein Hagel oder Reif kommt, erhalten wird, und wie viel er Raupeneier ausschliefen lassen darf.

Das Erträgniß der Maulbeerbäume hängt bei gleichen übrigen durch Boden und Clima bedingten Verhältnissen, von der Art ab, wie man sie beschneidet. In dieser Hinsicht findet man im lombardisch-venezianischen Königreiche drei unter sich sehr verschiedene Methoden.

Die erste und allgemeinste, die ich die lombardische nennen will, da sie in diesem Lande die üblichste ist, besteht darin, daß man den Bäumen alle vierte Jahr nach dem Entlauben alle Äste abhauet, und ihnen nichts als den Stümmel der Hauptäste läßt. Im ersten Jahre nach dieser Operation wird das Laub von den neu ausgetriebenen Bäumen nicht abgestreift; im zweiten Jahre aber geschieht es, und im vierten Jahre haben sie wieder Äste von 3 Zoll Durchmesser, und sehen, wenn sie anders gesund sind, so buschig aus, als wären sie nie entästet worden.

Die zweite Methode will ich die friaulische heißen, weil sie, außer dieser Provinz, nur noch im Trevisanischen üblich ist. Sie besteht darin, daß man den Bäumen alljährlich alle jährigen Zweige mit Ausnahme eines kurzen Stümmels weghaut, und die Zweige mit den Blättern nach Hause führt, wodurch sich der Baum in der Beästung zwar alljährlich etwas vergrößert, aber nur kurze einjährige, blatttragende Zweige hat.

Die dritte Methode nenne ich die bergamaskische, weil sie nur in dieser Provinz allgemein üblich ist. Sie besteht darin, daß man die Maulbeerbäume, wie die Obstbäume behandelt, ihnen nur die dürren oder zu dicht stehenden Äste wegnimmt, und die langen Ruthen, die Enden der Hauptäste, zurückschneidet.

Es ist nicht schwer in Voraus zu beurtheilen, welche dieser Methoden die natürlichste sei, und welche den höchsten Ertrag abwerfen werde. Allein so hartnäckig hängt der gemeine Mensch am Hergebrachten, und so groß ist seine Indolenz sich um das, was einige Stunden von ihm entfernt geschieht, nicht zu kümmern, daß die letzte Methode nur äußerst langsame Fortschritte in den Umgebungen von Brescia und den Hügeln der Brianza macht und man tausend nichtige Vorwände aufsucht, das bisherige Verfahren als nothwendig für die Ortsverhältnisse darzustellen.

Wenn man den Lombarden erzählt, daß ihre Nachbarn in der Provinz Bergamo die Bäume nie verstümmeln, daß diese da groß und gesund sind, und immer doppelt so großen Blätterertrag geben, als in der Lombardie, so wagen sie es zwar nicht diese Thatsache zu läugnen; allein sie behaupten, daß diese Methode nur allein in dem tiefen und fruchtbaren Boden von Bergamo Nutzen bringe, und daß in der Lombardie alle Maulbeerbäume, wenn man sie nicht alle vier Jahre ihrer Äste beraubt, absterben würden; wobei sie aber übersehen, daß das nicht seltene Absterben der Bäume nur in der Lombardie, nicht aber in Bergamo bemerkt wird, und daß es daher nur eine Folge ihrer barbarischen Methode, die Bäume so oft und so grausam zu verstümmeln, sein müsse. Eben so wenig als in der Provinz Bergamo aller Boden tief und gut, und dem Gedeihen der Maulbeerbäume zusagend ist, eben so wenig ist aller Boden der Provinzen: Mailand, Lodi, Pavia u. s. w. schlecht. Weil aber von Lecco an bis nach Vaprio in jeder denkbaren Mischung und Tiefe des Bodens die Bäume nach Bergamasker Art behandelt, einen größeren Ertrag abwerfen, und eine mindere Sterblichkeit zeigen, als in den lombardischen Provinzen, so ist es wohl keinem Zweifel unterworfen, daß die Ursache dieser Verschiedenheit nur allein im Schnitte liege.

Ich finde bei der lombardischen Methode nur allein den Vortheil, daß das Abstreifen der Blätter von kurzen Ästen weniger Mühe macht, und mit geringerer Gefahr für den Arbeiter verbunden ist: allein der erstere ist sehr unbedeutend, und der letztere läßt sich durch Vorsicht, oder dadurch, daß sich der Arbeiter anbindet, erreichen. Es ist daher unklug, sich einer unstatthaften Idee, oder einer kleinen Gemächlichkeit wegen, um einen großen Theil des Blätterertrages zu bringen, und es nicht einmal der Mühe werth zu achten vergleichende Versuche über diese zwei verschiedenen Methoden anzustellen, um sich von dem Vortheile oder Nachtheile derselben zu überzeugen. Ein Haupt-Motiv, daß das alle vier Jahre wiederkehrende Verstümmeln der Bäume von den Colonen als absolut nothwendig behauptet wird, liegt zuverlässig auch darin, weil ihnen das Beschneiden wesentlichen Vortheil gewährt; denn je geringer der Schatten ist, den die Bäume auf das Feld werfen, je größeren Vortheil gewährt es ihnen, weil das Erträgniß der Felder den Colonen, jenes der Bäume den Herren gehört; auch eignet sich der Colon das Holz der entästeten Bäume zu, und geht der Baum zu Grunde, so zieht er davon nur Nutzen, nicht Schaden.

Für die friaulische Methode weiß ich keinen andern Grund, als daß die Blättergewinnung äußerst bequem und wohlfeil ist. Statt daß man in der Lombardie mehrere Männer zum Entlauben der Bäume nöthig hat, da man im großen Durchschnitte nicht mehr als 120 Pf. Mail. = 160 Pf. W. G. Blätter als das Tagwerk eines Laubsammlers rechnen kann, ist hier die leichte Arbeit eines Mannes von wenigen Stunden genügend, der mit einem Beile die jährigen Triebe mehrerer Bäume abhaut, und am Boden in Bündel zusammenbindet, die er am Wagen nach Hause führt, wo er von den dickeren Ästen die dünneren abbricht, und das Laub sammt den feineren Ästen den Raupen vorlegt; wobei sich noch überdieß das Lager der Raupen viel leichter reinigen läßt.

Da die friaulische Methode offenbar den kleinsten Arbeitsaufwand erheischt, und einem Lande zusagt, das nicht so im Übermaß, wie die lombardischen Provinzen, bevölkert ist, so dürfte sie für die gegebenen Verhältnisse vielleicht vortheilhafter wie jede andere sein; nur bedarf sie, um das gleiche Gewicht Seide hervorzubringen, in dem Verhältnisse mehr Bäume zum Entlauben, als man bei dem jährigen Abschneiden aller Äste von jedem Baume weniger Laub gewinnt, wie bei den anderen zwei Methoden, und als die Bäume hinfälliger sind, wie bei der Bergamasker Behandlungsart.

Über den wirklichen Blätterertrag der Maulbeerbäume unter bestimmten Verhältnissen findet man bei den italienischen Schriftstellern nichts aufgezeichnet. Verri schweigt ganz hierüber, und Dandolo gibt nur unvollkommene und allgemeine Nachrichten über den Blätterertrag seiner Bäume, ohne sich über den Ertrag einzelner Bäume zu erklären. Alles, was mir über diesen Gegenstand zur Kenntniß gekommen ist, sind zwei Beobachtungen, die der Erzpriester: Gerolamo Bruni im II. Band der Atti della Società patriotica di Milano S. 36, Jahrgang 1783, erzählt. Der Zweck seiner Abhandlung ist zu zeigen, daß die Maulbeerbäume, die er im Jahre 1755 pflanzte und im folgenden Jahre pfropfte, im Jahre 1781, also nach 25 Jahren, jeder 400 Pf. W. G. Blätter, frei von allen Zweigen, gaben, und daß ein anderer Baum, den er im Jahre 1761 federdick pflanzte, und im folgenden Jahre pfropfte, im Jahre 1770, als er das erstemal entlaubt wurde, schon 54,4 Pf. W. G. und im Jahre 1781, folglich 19 Jahre nach dem Pfropfen, 439 Pf. W. G. Blätter ertrug. Er war während dieser Zeit, d. h. vom Jahre 1770 bis zum Jahre 1781, immer entlaubt und mehrmal etwas beschnitten worden.

Die Nachrichten, welche A. Young über den Artikel: Seidenbau, im III. Theile seiner Reisen durch Frankreich und einen

2*

Theil von Italien in den Jahren 1787 bis 1790 (deutsche Übersetzung. Berlin 1795) mittheilt, sind voll Unrichtigkeiten und ganz unbrauchbar. Er muß die Leute nicht verstanden oder ihre Nachrichten falsch aufgeschrieben haben.

Die von mir über den Blätterertrag der Bäume in verschiedenen Gegenden des lombardisch-venezianischen Königreiches gesammelten Angaben habe ich in folgender Tafel zusammengestellt, aus der man den positiven Blätterertrag der Bäume nach Verschiedenheit ihres Durchmessers ersieht, den sie unter bestimmten, vom Boden und der Art sie zu beschneiden, abhängenden Verhältnissen gewähren.

Übersicht

des jährlichen Durchschnittsertrags der Maulbeerbäume an Blättern nach Verschiedenheit des Durchmessers ihres Stammes, und der Methode sie zu entblättern.

In Wiener Maß und Gewicht.

Methode der Entblätterung und Angabe des Ortes.	Durchmesser der Bäume in Zollen.											
	4	5	6	7	8	9	10	11	12	13	14	15
	Pfunde.											
Bergamaskische.												
Bergamo.	—	27,2	40,8	—	—	—	—	—	—	—	—	[illegible]
Lorate (Como).	—	—	—	40,8	—	—	—	—	—	—	—	—
Varese, 15jährige Bäume.	—	23,0	—	—	47,6	—	—	—	—	—	—	—
Lombardische.												
Mailand. Sehr guter Boden.	—	—	—	—	—	32,6	40,8	—	61,2	—	68	84,4
—— Guter Boden.	—	—	27,2	—	—	—	—	—	43,5	47,6	—	—
—— Etwas schlechterer Boden.	—	—	21,7	34,0	—	—	—	—	—	—	—	—
Monza. Sorgfältige Cultur, mittlerer Boden.	—	27,2	—	40,8	—	—	—	—	—	—	—	—
Friaulische.												
Udine.	—	19,31	25,56	22,—	24,43	30,16	—	40,8	—	—	—	—

Bäume von 2 Schuh Durchmesser, völlig frisch und gut gelegen, wurden in Bergamo auf 150 bis 180 Pf. Mail. Gewicht geschätzt (= 204 bis 244 Pf. W. G.).

Im großen Durchschnitte werden die Maulbeerblätter den Colonen überlassen, die dann die Galetten mit dem Grundherrn theilen. Der Colon gibt die eine Hälfte des Raupensamens, und leistet alle Arbeit bei der Pflege der Würmer; der Herr gibt die andere Hälfte des Samens und die Blätter. Reichen die am eigenen Felde sich befindlichen Bäume nicht hin; oder ist das Laub durch Hagel oder Reif verderbt geworden, und muß Laub zugekauft werden, so muß nicht, wie billig wäre, der Grundherr das fehlende Laub herbeischaffen, sondern es muß auch der Colon die Hälfte der Ankaufskosten tragen. In den Pachtcontracten behält sich der Grundherr allenthalben die Maulbeerbäume vor, um immer freie Hand zu haben, darüber disponiren zu können, wenn es ihm mehr Vortheil bringt das Laub zu verkaufen, als in den Theilungsvertrag mit seinem Colon einzugehen.

In der Umgebung von Bergamo gibt der Grundherr dem Colon nur eine sehr beschränkte Menge Blätter. Gewöhnlich haben diese nicht mehr Raum in ihren Wohnungen, als um 2 Unzen Raupensamen ausschliefen zu lassen. In diesem Falle, und auch dann, wenn sie doppelt und dreimal so viel Samen ansetzen, gibt er ihnen für eine jede Unze Samen nur 60 Pesi = 870 Pf. W. G. Blätter. Weil man aber für eine Unze Samen 100 Pesi Blätter = 1451 Pf. W. G. erforderlich hält, so muß der Colon die fehlenden 40 Pesi vom Herrn kaufen, und ihm die Hälfte des cursirenden Blätterwerthes dafür zahlen. Als Grund dieses Verfahrens geben die Grundbesitzer an, daß sie auf diese Art einen Theil des Blätterwerthes sicher bezahlt erhalten, während die Einnahme für den andern gefährdet ist, und von dem Glücke und der Geschicklichkeit des Colons abhängt.

Wenn die Maulbeerblätter verkauft werden, so läßt man gewöhnlich durch die Periti zu Anfang des Frühlings oder auch wohl später, im Falle eines außerordentlichen Bedarfes, den muthmaßlichen Ertrag der einzelnen Bäume abschätzen, und verständiget sich über den Preis des Gewichtes.

Keine Waare ist so sehr den größten Preisveränderungen ausgesetzt, als die Maulbeerblätter. In den ersten Wochen des Lebens der Seidenraupen bedürfen diese wenig Nahrung, und wenn auch jetzt die Maulbeerbäume ihre Blätter noch nicht ganz entwickelt haben, so ist doch allgemein ein Überfluß von Futter vorhanden. In den letzten zwei Wochen aber, wo die Raupen unglaublich viel fressen, erhebt sich überall der Preis, und steigt wohl auf eine unverhältnißmäßige Höhe, wenn der Hagel eine Gegend verheert, und die ihres Laubes beraubten Raupenzüchter ihren Bedarf in der Nachbarschaft ankaufen müssen. Eben so gäh fällt er wieder, wenn die Raupen anfangen sich einzuspinnen.

In Varese wird mit den Blättern ein sehr bedeutender Handel getrieben, und manche Landwirthe beziehen von ihren Bäumen einen unglaublichen Gewinn. Die Blätter werden nicht zu Markte gebracht, sondern der, welcher kaufen will, wendet sich an einen Mäkler, der ihm einen Verkäufer zuweiset. Man schätzt das Gewicht der Blätter am Baume und behandelt den Preis; der Käufer nimmt dann selbst die Blätter ab. Heuer (1828) wurde der Zentner Blätter am theuersten (24. Mai) um 20 Lire, und am wohlfeilsten (13. Juni) zu 15 Lire verkauft; d. i.: 3 fl. 15 kr. bis 4 fl. 20 kr. der Zentner W. G.

In Bergamo mußten die Coloni ihren Herren 30 Soldi pr. Peso zahlen. 1 Peso in Bergamo = 10 Libbre a 30 Oncie = 14,51 Pf. W. G. Zu 30 Soldi gerechnet, beträgt der Wiener Zentner 3 fl. 2 kr. In der letzten Periode ward aber in Bergamo der Peso nur mehr zu 20 Sold gezahlt; wornach sich der Zentner auf 2 fl. berechnet.

In Tramezzina, am See von Como, ward heuer der Zentner Blätter um 15—20 Lire mil. verkauft; so wie in Varese.

Der Ingenieur Millesi in Bergamo sagte mir, daß 100 Pf., zu 30 Oncie, zu 10—30 Lire di Milano verkauft werden: das wäre in W. Gew. und Geld: 100 Pf. zu 2 bis 6 fl.

In Mailand versicherten mich die Kunstverständigen, daß bei Käufen und Verkäufen der Grundstücke 100 Pf. um 6—7 Lire (= 1 fl. 18 kr. — 1 fl. 31 kr. der Wiener Zentner) veranschlagt würden.

In der Umgebung von Mailand war der Preis des Laubes, am 4. Juni d. J., der Zentner Mail. Gewicht 14 bis 15 Lire = der Wiener Zentner 3 fl. 9 kr. Zwei Wochen früher war er 6 bis 7 Lire (= 1 fl. 18 kr. bis 1 fl. 31 kr.) der Zentner W. G.

Wer selbst keine Bäume hat, und doch Seidenraupen ziehen will, oder wer deren nicht genug selbst besitzt, ist in Zeiten besorgt sich den erforderlichen Bedarf an Blättern dadurch zu versichern, daß er im März und April ganze Bäume zum Entblättern pachtet, weil er auf diese Weise am wohlfeilsten das Laub erhält. Wenn aber durch Reif oder Hagel das Futter für die Raupen zerstört wird, muß Blätter zukaufen, und sich jenen Preis gefallen lassen, den die größere oder kleinere Concurrenz hervorbringt. Nicht selten wird dadurch der Preis so hoch getrieben, daß der ganze Nutzen der Unternehmung darüber verloren geht; ja man hat wohl Beispiele, daß die Ausgabe für den Blätterankauf größer war, als die Einnahme für die Galetten.

In der Lombardie, so wie im Bergamaskischen wird das Laub am Baume von den Ästen abgestreift, indem der Arbeiter jeden Ast am dickeren Orte umgreift, und in einem Zuge alle Blätter bis zur Spitze abstreift, und endlich den dießjährigen Trieb selbst abbricht, wenn er bei dem Zuge nicht mitgegangen wäre: in Friaul aber werden, wie ich bereits gemeldet habe, alle jährigen Äste abgeschnitten, und zu Hause von dem dickeren Holze abgebrochen, und den Raupen vorgelegt, was die Arbeit ungemein abkürzt, und die Reinigung des Lagers bedeutend erleichtert, da man die Raupen, welche die auf den feinen Ästen hängenden Blätter bedecken, leicht überträgt.

Vom Geldwerthe der rohen und gesponnenen Seide.

Der Preis der Galetten war in diesem Jahre zur Zeit des Einspinnens um 25 % höher, als im vergangenen Jahre, und fast allgemein, sowohl im Mailändischen, als in Bergamo und Varese, wurde das Wiener Pfund um 52,5 bis 54,7 Kreuzer verkauft. (In Bergamo kostete der Peso 43 Lire, im Mailändischen die Libbra 4 Lire 4 Soldi = 84 Soldi.) Später ging die Mailänder Libbra auf 3 Lire 10 Soldi herunter; = 45,58 Kreuzer das Wiener Pfund. Da man zur nämlicher Zeit in der Umgebung von Udine, so wie in Görz, das Wiener Pfund um 30 bis 32 Kreuzer zahlte, so erhellet, welchen Gewinnst Jene machen, die an diesen vom großen Seidenmarkte entfernten Orten Galetten kaufen.

Es ist interessant zu sehen, zu welchen Preisen die Galetten in Varese in früheren Jahren verkauft worden sind.

Dandolo gibt an (Opera postuma. S. 73), daß er ein Pfund Peso grosso verkauft habe:

Im J. 1800	zu Soldi	51		Im J. 1810	zu Soldi	63
» » 1801	» »	56		» » 1811	» »	54
» » 1802	» »	57½		» » 1812	» »	44
» » 1803	» »	62		» » 1813	» »	51
» » 1804	» »	59		» » 1814	» »	78
» » 1805	» »	66		» » 1815	» »	80
» » 1806	» »	50		» » 1816	» »	105
» » 1807	» »	58		» » 1817	» »	121¼
» » 1808	» »	50		» » 1818	» »	110
» » 1809	» »	48½		» » 1819	» »	106

Das Mittel dieser 20 Jahre ist 2 Lire 16¼ Soldi = 36,8 kr. das Wiener Pfund. Die ungeheuren Preise der letzten vier Jahre sind bloß Handelsspeculationen zuzuschreiben, und waren vorübergehend.

Von den Seidenspinnereien.

Die Galetten werden von den Inhabern der Seidenspinnereien — Filande — gekauft, welche die abgesponnene Seide dann entweder an verschiedene, mit Seiden handelnde Kaufleute in der Provinz, oder auch wohl unmittelbar nach Frankreich, England oder Deutschland verkaufen.

Es gibt allenthalben eine große Menge von Filande, und es ist ein fröhlicher Anblick, wenn man in einen großen bedeckten Gang zu ebener Erde eintritt, und in zwei Reihen die an kleinen Kesseln sitzenden Spinnerinnen — Maestre — jede mit ihrer Haspendreherinn — Inserviente — unter fröhlichem Gespräch oder Gesang arbeiten sieht. Es sind gewöhnlich junge, nicht selten hübsche und geputzte Mädchen, die im Sommer von Morgens 4 Uhr bis Abends 8 Uhr arbeiten, und nur Mittags eine Stunde Rast machen, während welcher sie ihren Reiß essen.

In Varese bekam eine Spinnerinn 26½ Soldi, und ihre Gehülfinn 10 Soldi nebst Reiß Mittags; anderswo bekamen sie 23 Soldi, dafür aber auch ein Abendmahl. Zu Ende Juni und Anfangs Juli bringt eine Spinnerinn des Tags 25, später 16 Oncie Seide auf. Es ist eine Arbeit, bei der sie ihre Finger den ganzen Tag abwechselnd in heißes Wasser von 70—75° R., und zur Abkühlung wieder in kaltes danebenstehendes Wasser tauchen, und mit großer Aufmerksamkeit Acht haben müssen, daß der Faden, der auf einmal gesponnen wird, und aus 3—4 bis 6 Galettenfäden zusammengesetzt ist, gleichförmig und ununterbrochen dieselbe Zahl dieser Fäden erhalte.

Ich habe gehört, daß man in Roveredo eine Filanda von 200 Kesseln habe: ich habe aber keine größere, als die des Kaufmanns Carissimi in Bergamo mit 60 Kesseln gesehen, die durch einen gemeinschaftlichen Kessel erwärmt wurden, aus welchem die Dämpfe des kochenden Wassers durch Röhren in die kleinen geleitet werden.

In Varese sah ich die Filande der Herren Rubbioni mit 48, Giudici mit 42 und Castiglioni mit 36 Kesseln. Ersterer hat 40,000, der zweite 36,000 Pf. Mail. Gewicht Galetten gekauft, die sie bis Ende September abspinnen wollen.

Die Kunst oder vielmehr Fertigkeit des Abspinnens ist von großer Bedeutung, denn es hängt größtentheils von der Spinnerinn ab, daß man mehr oder weniger Seide von den Galetten bekommt. Im Großen rechnet man, daß 5½ Libbre, Peso grosso, Galetten, eine Libbra sottile Seide geben, d. h., daß 100 Pf. Wiener Gewicht Galetten 7,79 Pf. Seide geben. Indessen weiß ich aus andern Erfahrungen, daß 100 Pf. Galetten auch 11,59 Pf. Seide, und anderswo wieder zwar nur 8,07 Pf. Seide, aber daneben eine große Menge Strusa gegeben haben.

Es gehört zu den Eigenthümlichkeiten des Gebietes der Provinz Verona, daß man daselbst keine großen Filande antrifft, sondern daß da Jedermann im eigenen Hause seine Galetten abspinnt. Ich sah daher in der Stadt Verona in vielen Häusern Seide abspinnen. Daß dieser Gebrauch der Seidenerzeugung nicht zuträglich sein könne, weil sich die Spinnerinnen nie jene große Fertigkeit erwerben können, die zu diesem Geschäfte erforderlich ist, scheint mir außer allem Zweifel zu sein, und wurde mir auch von Unparteiischen bestätiget.

Die feinste Seide wird in der Umgebung der Stadt Bergamo, und dann in der Provinz Como, in der Umgebung von Varese und in den Hügeln von Brianza erzeugt.

Je nachdem man mehr oder weniger Galettenfäden in einen Faden beim Abspinnen vereinigt, je nachdem wird diese feiner oder gröber. Die feinste Seide besteht aus 3, die gröbste aus 5, auch wohl aus 6 Galettenfäden.

Um die Qualität der Seide, ihren Titolo, zu bestimmen,

wird von den Seidensträhnen eine bestimmte Länge eines Fadens mittelst eines kleinen Haspels abgewunden und gewogen. Die feinste Seide aus 3 Fäden kostete in Varese am 2. Juli 1828 24 Lire das kleine Pfund; das Wiener Pfund 12 fl. 9 k.; die Seide mit 4 Fäden kostete 23 Lire und mit 5 Fäden 22 Lire.

Wenn die Besitzer der Filande das Pfund Galetten zu 52 Kreuzer zahlten, und für die feinste Seide nur 24 Lire erhielten, so war ihr Gewinnst dieses Jahr ziemlich gering; denn angenommen, daß 100 Pf. Galetten 8 Pf. Seide geben, und daß eine Spinnerinn im großen Durchschnitte 1 Pf. W. G. Seide aufbringt, so kostet das Abspinnen von einem Pfunde 40 Kreuzer und von 8 Pfund 5 fl. 20 kr., 100 Pf. Galetten kosten 86 fl. 40 kr., dazu 5 fl. 20 kr. für das Spinnen = 92 fl.; 8 Pf. Seide à 12 fl. 9 kr. = 97 fl. 12 kr.; bleiben demnach nur 5 fl. 12 kr. übrig, oder mit andern Worten: es bringt das ausgelegte Capital 5,6 % für die kurze Zeit ein, als es im Umlauf sich befindet; wobei man aber nicht vergessen muß, die Zinsen des Gebäudecapitals ebenfalls in Rechnung zu bringen.

Ausdehnung und zunehmende Vergrößerung der Seidenerzeugung.

Die Seidenerzeugung ist in Italien ein Gegenstand, mit dem sich alle Classen von Menschen beschäftigen: die wenigen auf dem Lande wohnenden Edelleute sowohl, als ihre Verwalter; Bürger; Bauern (Massari) und Häusler (Pigionanti). Der Vortheil, der aus diesem Zweige der Landwirthschaft hervorgeht, war von jeher sehr bedeutend, und wurde in den letzteren Jahren durch die Preise, zu welchen die Seide vom Jahre 1814 an stieg, fast auf das Doppelte erhöht; und da zu gleicher Zeit der Graf Vincenz Dandolo durch seine Schriften seine Landsleute auf die Vortheile einer vernünftigeren Behandlung der Seidenwürmer aufmerksam machte, und die große bare Geldeinnahme nachwies, die der Staat, und die einzelnen Bürger desselben hievon bezogen: so erhielt die Cultur der Maulbeerbäume einen Umschwung, von dem man sich kaum eine Idee machen kann, wenn man nicht das Land selbst und die große Menge jener Maulbeerbäume sieht, die in den letzten dreizehn Jahren gepflanzt worden sind.

Vorzüglich ist es in der Lombardie, daß die Pflanzungen der Maulbeerbäume von Jahr zu Jahr sich auffallend vergrößern, so daß man ohne Übertreibung sagen kann, daß vielleicht ¾ aller vorhandenen Bäume nicht älter als 30, und daß von diesen die Hälfte, folglich 37 % aller Bäume, nicht älter als 15 Jahre seien.

Die größte Menge der Maulbeerbäume findet man in den trocknen, nicht bewässerungsfähigen Ebenen; von Mailand nach Varese; von Mailand nach Como; zwischen Lecco und Bergamo und in der Umgebung von Bergamo, bis zum Adda, wo man den Weinbau fast allenthalben aufgegeben, und dafür die Maulbeerbäume als Nebenfrucht in die Äcker gesetzt hat.

Die Aussicht, die man von der Anhöhe der Stadt Bergamo genießt, ist eine der schönsten, die man in der Lombardie findet. Man sieht die Berge von Brescia, von Bergamo, und die weite Ebene der Lombardie. Das Land, welches der Stadt zunächst liegt, ist wie ein Obstgarten anzusehen: nur sind statt der Obstbäume bloß Maulbeerbäume, die aber hier eben so viel, vielleicht noch mehr, wie die Obstbäume eintragen, denn wenn ein zehnjähriger Obstbaum vielleicht nur einige wenige Pfunde Obst einträgt, so ist der Blätterertrag eines Maulbeerbaumes schon 25—30 Pf., und wenn man rechnet, daß 100 Pf. Mail. Gew. Blätter im Durchschnitte 15 Lire kosten, so beträgt die Einnahme eines Baumes von 25 Pf. Blätter 3¾ Lire = 54 Pf. W. G. 1 fl. 5 kr., und da ein zwanzigjähriger hier mehr als das Doppelte an Blättern abwirft, so ersieht man, daß 7½, ja wohl auch 10 Lire das gewöhnliche Erträgniß eines solchen Baumes ist.

In den bewässerten Provinzen der Lombardie, in der Niederung des Herzogthums Mailand, in den Provinzen Pavia und Lodi, ist die Seidenzucht von geringer Ausdehnung: doch fand ich auch hier viele neue Maulbeerpflanzungen, und ich zweifle keinen Augenblick, daß sie sich binnen wenigen Jahren auf das Doppelte des gegenwärtigen Standes erheben werden.

Zwischen Pizzighettone und Cremona und weiter bis Mantua, werden die Maulbeerbäume bald häufig, bald gering, bald verständig, bald unverständig cultivirt: im Ganzen aber wird daselbst dieser Erwerbszweig noch viel zu sehr vernachlässiget, und es zeigt sich auch hierin die geringe Industrie der Einwohner, die mit jener der Lombarden in keiner Hinsicht zu vergleichen ist.

Die größte Menge von Maulbeerbäumen findet man aber in dem unfruchtbaren und steinigen Boden der Provinz Verona, und namentlich von Verona bis Desenzano und von Castelnuovo über Valleggio nach Roverbello. Die Oberfläche des Bodens besteht bloß aus Rollsteinen, womit die von den Alpen niederstürzenden Flüsse in den verflossenen Jahrtausenden die Erde bedeckten, in der jetzt die Cultur der Getreidearten nur kärglich die Mühe lohnt, in der aber die Maulbeerbäume, die einen sandigen Boden lieben, fröhlich wachsen, wenn es ihnen anders nicht an Pflege mangelt. Schade, daß man in dieser Provinz das Vorurtheil hegt, daß die gepfropften Maulbeerbäume im steinigen Boden bald zu Grunde gehen, und daß die vielen frischen, gesunden und alten gepfropften Maulbeerbäume, die man hin und wieder in dieser Provinz antrifft, den großen Troß der Landwirthe noch nicht eines Bessern zu belehren vermochten.

So wie man über die Gränze dieser Provinz hinaus kommt, hört auch die Cultur der Maulbeerbäume auf, und in den Provinzen Vicenza, Padua und Treviso trifft man ihrer nur eine geringe Anzahl, in weiten Strecken derselben gar keine an; nur in der Provinz Friaul waren sie von jeher einheimisch, und obgleich sie sich in derselben bei weiten nicht in dem Maße vermehrt haben, wie in den lombardischen Provin-

Man rechnet auf eine Quadrat-Elle (Mail. Maß) ein Mailänder Pfund Galetten.

Diese Tafeln sind mit Stricken aneinander gebunden, und an den Oberboden befestigt, von dem die höchste Tafel nur 2 Schuh entfernt ist, eben so weit ist die unterste vom Boden abstehend.

Die Fenster sind mit Papier, statt Glas, gegen den Luftzug verwahrt, und haben gegen die Hitze, statt der hölzernen Balken, eine Strohdecke. Die Thür besteht aus einem Stücke alter Leinwand.

Innerhalb dieser Stuben herrscht eine vollkommene Finsterniß, und man muß mit Lampen Fütterung und Reinigung der Würmer vornehmen. Wo in der Küche auch Raupen gehalten werden, da wird zwar noch immer darin gekocht, nur sorgt man, daß nach der Bereitung der Speise das Feuer gleich wieder weggeschafft wird.

Hier bei den Colonen des Grafen Castiglioni fand ich allenthalben Weingeistthermometer, welche bloß allein die 4 Grade von 16 bis 20° R. anzeigen. Als ich am 9. Juni da war, zeigte der Thermometer 16—17½° R. Es ist wohl gut, daß sie mittelst dieses sehr einfachen Werkzeuges den Wärmegrad kennen lernen, der in der Stube herrscht; allein es ermangelt diesen guten Leuten an Mitteln die Temperatur zu reguliren, wenn sie zu hoch oder zu niedrig wird.

Von 120 bis 150 Pf. Mail. Gewicht Galetten ist das gewöhnliche Erzeugniß eines Colon in Mozzate und Locate. Wird hievon das Mittel = 135 Pf. angenommen, so beträgt die ihm davon gebührende Hälfte 67½ Pf., zu 4 Lire = 270 Lire = 79 fl. 47 kr., eine, für diese Classe Menschen, und für die kurze Zeit der Mühe, allerdings sehr bedeutende Summe.

Seidenraupensamen, oder Eier.

Noch muß ich hier in Erinnerung bringen, daß man in manchen Gegenden eine sehr bedeutende Einnahme aus dem

Seidenraupensamen bezieht, und daß man daher einen großen Theil der Galetten in solche Verhältnisse setzt, daß die Schmetterlinge ausschliefen.

Eine solche Industrie sah ich in der Wirthschaft des Hrn. Foscarini in der Nähe von Varese betreiben, der so viel Schmetterlinge ausschliefen ließ, um 200 Oncie Eier zu bekommen.

Auch Dandolo will heuer 200 Oncie Wurmsamen erzeugen, wovon er aber für sich und seine Colonen nur 52 Oncie braucht. Sein Vater trieb diesen Handel wahrhaft ins Große, und erzeugte bis 2500 Oncie = 121,51 W. Pfund.

Heuer kostete die Oncia 4½ Lire = das W. Loth 51,3 Kreuzer.

Zum Schlusse dieser Abhandlung glaube ich meinen Lesern ein angenehmes Geschenk zu machen, wenn ich ihnen die Resultate der Erfahrungen Dandolo's über die Seidenwürmerzucht in einer Reihe von Übersichten aus seinem großen Werke: Dell' arte di governare i bachi da seta, Milano 1819, mittheile, in denen die verschiedenen Größen-Verhältnisse auf Wiener Maß und Gewicht reducirt, dargestellt sind, die zwischen den Eiern und Raupen, zwischen diesen und ihrem Futterbedarfe in den verschiedenen Perioden ihres Lebens, ihrer Zunahme an Gewicht und Größe, und ihrem Erzeugnisse an Gespinnst, Statt haben.

Übersicht

der Thatsachen, welche auf die Eier der Seidenraupen und ihr Ausbrüten Bezug haben.

1) Ein Loth Raupeneier von der größten Art, die sich viermal häutet, enthält Stücke 24074.

Da ohngefähr 110 Stücke dieser Galetten ein Pfund wiegen, so würde 1 Loth Samen 218,4 Pf. Galetten geben, wenn jedes Ei eine Raupe, und jede Raupe eine Galette lieferte.

3*

die durch einen gemeinschaftlichen Kessel erwärmt wurden, aus welchem die Dämpfe des kochenden Wassers durch Röhren in die kleinen geleitet werden.

In Varese sah ich die Filande der Herren Rubbioni mit 48, Giudici mit 42 und Castiglioni mit 36 Kesseln. Ersterer hat 40,000, der zweite 36,000 Pf. Mail. Gewicht Galetten gekauft, die sie bis Ende September abspinnen wollen.

Die Kunst oder vielmehr Fertigkeit des Abspinnens ist von großer Bedeutung, denn es hängt größtentheils von der Spinnerinn ab, daß man mehr oder weniger Seide von den Galetten bekommt. Im Großen rechnet man, daß 5½ Libbre, Peso grosso, Galetten, eine Libbra sottile Seide geben, d. h., daß 100 Pf. Wiener Gewicht Galetten 7,79 Pf. Seide geben. Indessen weiß ich aus andern Erfahrungen, daß 100 Pf. Galetten auch 11,59 Pf. Seide, und anderswo wieder zwar nur 8,07 Pf. Seide, aber daneben eine große Menge Strusa gegeben haben.

Es gehört zu den Eigenthümlichkeiten des Gebietes der Provinz Verona, daß man daselbst keine großen Filande antrifft, sondern daß da Jedermann im eigenen Hause seine Galetten abspinnt. Ich sah daher in der Stadt Verona in vielen Häusern Seide abspinnen. Daß dieser Gebrauch der Seidenerzeugung nicht zuträglich sein könne, weil sich die Spinnerinnen nie jene große Fertigkeit erwerben können, die zu diesem Geschäfte erforderlich ist, scheint mir außer allem Zweifel zu sein, und wurde mir auch von Unparteiischen bestätiget.

Die feinste Seide wird in der Umgebung der Stadt Bergamo, und dann in der Provinz Como, in der Umgebung von Varese und in den Hügeln von Brianza erzeugt.

Je nachdem man mehr oder weniger Galettenfäden in einen Faden beim Abspinnen vereinigt, je nachdem wird diese feiner oder gröber. Die feinste Seide besteht aus 3, die gröbste aus 5, auch wohl aus 6 Galettenfäden.

Um die Qualität der Seide, ihren Titolo, zu bestimmen,

wird von den Seidensträhnen eine bestimmte Länge eines Fadens mittelst eines kleinen Haspels abgewunden und gewogen. Die feinste Seide aus 3 Fäden kostete in Varese am 2. Juli 1828 24 Lire das kleine Pfund; das Wiener Pfund 12 fl. 9 k.; die Seide mit 4 Fäden kostete 23 Lire und mit 5 Fäden 22 Lire.

Wenn die Besitzer der Filande das Pfund Galetten zu 52 Kreuzer zahlten, und für die feinste Seide nur 24 Lire erhielten, so war ihr Gewinnst dieses Jahr ziemlich gering; denn angenommen, daß 100 Pf. Galetten 8 Pf. Seide geben, und daß eine Spinnerinn im großen Durchschnitte 1 Pf. W. G. Seide aufbringt, so kostet das Abspinnen von einem Pfunde 40 Kreuzer und von 8 Pfund 5 fl. 20 kr., 100 Pf. Galetten kosten 86 fl. 40 kr., dazu 5 fl. 20 kr. für das Spinnen = 92 fl.; 8 Pf. Seide à 12 fl. 9 kr. = 97 fl. 12 kr.; bleiben demnach nur 5 fl. 12 kr. übrig, oder mit andern Worten: es bringt das ausgelegte Capital 5,6 % für die kurze Zeit ein, als es im Umlauf sich befindet; wobei man aber nicht vergessen muß, die Zinsen des Gebäudecapitals ebenfalls in Rechnung zu bringen.

Ausdehnung und zunehmende Vergrößerung der Seidenerzeugung.

Die Seidenerzeugung ist in Italien ein Gegenstand, mit dem sich alle Classen von Menschen beschäftigen: die wenigen auf dem Lande wohnenden Edelleute sowohl, als ihre Verwalter; Bürger; Bauern (Massari) und Häusler (Pigionanti). Der Vortheil, der aus diesem Zweige der Landwirthschaft hervorgeht, war von jeher sehr bedeutend, und wurde in den letzteren Jahren durch die Preise, zu welchen die Seide vom Jahre 1814 an stieg, fast auf das Doppelte erhöht; und da zu gleicher Zeit der Graf Vincenz Dandolo durch seine Schriften seine Landsleute auf die Vortheile einer vernünftigeren Behandlung der Seidenwürmer aufmerksam machte, und die große bare Geldeinnahme nachwies, die der Staat, und die einzelnen Bürger desselben hievon bezogen: so erhielt die Cultur der Maulbeerbäume einen Umschwung, von dem man sich kaum eine Idee machen kann, wenn man nicht das Land selbst und die große Menge jener Maulbeerbäume sieht, die in den letzten dreizehn Jahren gepflanzt worden sind.

Vorzüglich ist es in der Lombardie, daß die Pflanzungen der Maulbeerbäume von Jahr zu Jahr sich auffallend vergrößern, so daß man ohne Übertreibung sagen kann, daß vielleicht ¾ aller vorhandenen Bäume nicht älter als 30, und daß von diesen die Hälfte, folglich 37 % aller Bäume, nicht älter als 15 Jahre seien.

Die größte Menge der Maulbeerbäume findet man in den trocknen, nicht bewässerungsfähigen Ebenen; von Mailand nach Varese; von Mailand nach Como; zwischen Lecco und Bergamo und in der Umgebung von Bergamo, bis zum Adda, wo man den Weinbau fast allenthalben aufgegeben, und dafür die Maulbeerbäume als Nebenfrucht in die Äcker gesetzt hat.

Die Aussicht, die man von der Anhöhe der Stadt Bergamo genießt, ist eine der schönsten, die man in der Lombardie findet. Man sieht die Berge von Brescia, von Bergamo, und die weite Ebene der Lombardie. Das Land, welches der Stadt zunächst liegt, ist wie ein Obstgarten anzusehen: nur sind statt der Obstbäume bloß Maulbeerbäume, die aber hier eben so viel, vielleicht noch mehr, wie die Obstbäume eintragen, denn wenn ein zehnjähriger Obstbaum vielleicht nur einige wenige Pfunde Obst einträgt, so ist der Blätterertrag eines Maulbeerbaumes schon 25—30 Pf., und wenn man rechnet, daß 100 Pf. Mail. Gew. Blätter im Durchschnitte 15 Lire kosten, so beträgt die Einnahme eines Baumes von 25 Pf. Blätter 3¾ Lire = 34 Pf. W. G. 1 fl. 5 kr., und da ein zwanzigjähriger hier mehr als das Doppelte an Blättern abwirft, so ersieht man, daß 7½, ja wohl auch 10 Lire das gewöhnliche Erträgniß eines solchen Baumes ist.

In den bewässerten Provinzen der Lombardie, in der Niederung des Herzogthums Mailand, in den Provinzen Pavia und Lodi, ist die Seidenzucht von geringer Ausdehnung: doch fand ich auch hier viele neue Maulbeerpflanzungen, und ich zweifle keinen Augenblick, daß sie sich binnen wenigen Jahren auf das Doppelte des gegenwärtigen Standes erheben werden.

Zwischen Pizzighettone und Cremona und weiter bis Mantua, werden die Maulbeerbäume bald häufig, bald gering, bald verständig, bald unverständig cultivirt: im Ganzen aber wird daselbst dieser Erwerbszweig noch viel zu sehr vernachlässiget, und es zeigt sich auch hierin die geringe Industrie der Einwohner, die mit jener der Lombarden in keiner Hinsicht zu vergleichen ist.

Die größte Menge von Maulbeerbäumen findet man aber in dem unfruchtbaren und steinigen Boden der Provinz Verona, und namentlich von Verona bis Desenzano und von Castelnuovo über Valleggio nach Roverbello. Die Oberfläche des Bodens besteht bloß aus Rollsteinen, womit die von den Alpen niederstürzenden Flüsse in den verflossenen Jahrtausenden die Erde bedeckten, in der jetzt die Cultur der Getreidearten nur kärglich die Mühe lohnt, in der aber die Maulbeerbäume, die einen sandigen Boden lieben, fröhlich wachsen, wenn es ihnen anders nicht an Pflege mangelt. Schade, daß man in dieser Provinz das Vorurtheil hegt, daß die gepfropften Maulbeerbäume im steinigen Boden bald zu Grunde gehen, und daß die vielen frischen, gesunden und alten gepfropften Maulbeerbäume, die man hin und wieder in dieser Provinz antrifft, den großen Troß der Landwirthe noch nicht eines Bessern zu belehren vermochten.

So wie man über die Gränze dieser Provinz hinaus kommt, hört auch die Cultur der Maulbeerbäume auf, und in den Provinzen Vicenza, Padua und Treviso trifft man ihrer nur eine geringe Anzahl, in weiten Strecken derselben gar keine an; nur in der Provinz Friaul waren sie von jeher einheimisch, und obgleich sie sich in derselben bei weiten nicht in dem Maße vermehrt haben, wie in den lombardischen Provinzen, so sind ihrer doch immer eine bedeutende Menge, wie ich gleich Anfangs dieser Abhandlung zu bemerken Gelegenheit gehabt habe.

Es erhellet aus dieser Darstellung der Ausdehnung und gegenwärtigen Größe der Cultur der Maulbeerbäume, daß bei dem Umstande, daß der größte Theil der Bäume noch im jugendlichen Zustande sich befindet, und daher von Jahr zu Jahr ein größeres Blättererträgniß abwerfen wird, die Seidenerzeugung auch Jahr für Jahr zunehmen, und daß, wenn nicht durch einen außerordentlichen Umstand die Nachfrage um Seide erhöht wird, der Preis derselben Jahr für Jahr herabgehen werde, wobei aber der Nutzen der Landwirthe aus diesem Zweige der Landwirthschaft vielleicht gleich groß bleiben wird, wenn im Verhältniß des gesunkenen Preises die vermehrte Menge des Erzeugnisses den Ausfall deckt.

Bare Geldeinnahme der Grundbesitzer aus der Seidenzucht.

Wie groß die bare Geldeinnahme sei, welche die Grundeigenthümer und Colonen aus dem Ertrage der Maulbeerbäume beziehen, erhellet aus einigen Vormerkungen, die Dandolo in seinen Schriften (Opera postuma. S. 102) hinterlassen hat, und aus anderen, die ich erhoben habe.

Dandolo sagt, daß ihm sein Massaro: Pietro Bernascari, von Malnate, der 132 Pertiche Land bewirthschaftet (= 15 Joch), 311½ Libbre = 423,98 Pf. Galetten zur Theilung gebracht habe.

Der Massaro: Enrico Mongiardino von Varano, der 100 Pertiche (= 11,37 Joch) bewirthschaftet, brachte 268½ Libbre Galetten = 365,16 Pf. W. Gew.

Der Massaro: Giuseppe Bascon, der eine gleich große Fläche Grundes bewirthschaftet, erzeugte 183½ Libbre Galetten = 249,56 Pf. W. Gew.

Die Brüder Zanzi zu Buffalora in Varano, die

70 Pertiche Land bewirthschaften = 7,959 Joch, erzeugten 202 Libbre Galetten = 274,94 Pf.

Die heurige Erzeugniß Dandolo's an Galetten bestand, zu Folge der Angabe des Wirthschaftsverwalters, in den eigenen zwei Wirthschaften . . . . Libbre: 368
Die Hälfte der Erzeugniß der Colonen » 1332
Libbre: 1700 oder 2312 Pf. Wiener Gewicht.

Ein Massaro des Herrn Foscarini in der Nähe von Varese hatte aus 6 Oncie Wurmsamen 404 Pf. Galetten erhalten, wovon seine Hälfte, zu $3\frac{1}{2}$ Lire berechnet: 707 Lire ausmacht; = 549 Pf. W. G., deren Werth zur Hälfte 208 fl. 33 kr. beträgt.

Dieser nämliche Foscarini erhielt in diesem Jahre 3200 Pf. Galetten, die, zu $3\frac{3}{4}$ Lire, 12.000 Lire, folglich für seinen Antheil 6000 Lire ausmachen; = 4052 Pf. W. G. Der Antheil des Herrn beträgt 1770 fl.

Eine ungemein große Einnahme mit so geringen Vorauslagen erworben!

Zucht der Seidenraupen im Großen.

Dandolo hatte in seinem Werke: **Dell' arte di governare i bachi da seta. Milano 1819**, die Vortheile einer großen fabriksmäßigen Erzeugung der Galetten nachzuweisen sich bemüht, und hatte zu diesem Behufe in Varese ein solches Locale errichtet, und die Seidenerzeugung bis zu seinem Tode darin betrieben.

Es hatte für mich ein großes Interesse, zu sehen, in welchem Zustande sich die von ihm erbaute große Bigattiera jetzt befindet, und welche Meinung man von den Anstalten Dandolo's in seinem eigenen Hause nach neun Jahren hegt. Ich verfügte mich daher zu diesem Behufe in seine Besitzung, und ließ mich von dem Wirthschaftsbeamten des gegenwärtigen Besitzers, seines Sohnes, der aber nicht zu Hause war, herumführen. Es war mir unangenehm zu sehen, daß man seit dem Tode des Grafen die große Bigattiera nicht mehr benützt hatte, weil im letzten Jahre sich Krankheiten unter den Raupen gezeigt, und den ganzen Seidenertrag zerstört hatten. Statt den Ursachen nachzuforschen, die dieses Unglück herbeiführten, statt die offenbaren Gebrechen, die dieses Gebäude an sich hat, zu verbessern, fand man es gerathener und vortheilhafter, aber wahrlich nicht ehrenvoller, die ganze Anstalt aufzugeben, und dadurch gewissermaßen den Ruf des Erbauers zu compromittiren.

Dandolo hat diese Bigattiera in dem oben bemerkten Werke beschrieben, worauf ich meine Leser verweise, und hier bloß bemerke, daß sie viele und große Mängel hat, worunter der wichtigste wohl der ist, daß sie gegen die Hitze viel zu wenig geschützt ist, indem die Tafeln, worauf die Raupen ausgebreitet lagen, bis hart unter das Dach reichten, und daß dieses unter den Ziegeln nur eine einfache Bretterverschallung hat, folglich die oberen Schichten der Raupen einer ungemein großen Hitze ausgesetzt waren. Nun ist aber die Hitze, wie Alle behaupten, den Raupen viel nachtheiliger, als die kühle Temperatur, die man zur Noth durch Ofen und Kamine wohl erhöhen kann, und es mußte daher die drückende Hitze in der Nähe des Daches hier den Raupen um so mehr schaden, da die erwärmten Ziegel noch lange nach Untergang der Sonne die erhaltene Hitze ausströmen.

Bei dieser Gelegenheit fiel es mir ein, daß es vielleicht für das Gedeihen der Seidenwürmerzucht von großem Vortheile sein dürfte, wenn man sich eines Kälte verursachenden, oder Wärme verschluckenden Mittels, zur Zeit der Hitze und Gewitter, wenn die Luft mit Electricität überladen und schwül ist, bediente. Das Aufspritzen des Wassers im Zimmer gibt zu wenig aus: allein Eis in die Bigattiera gebracht, und auf mehreren Puncten aufgestellt, dürfte vielleicht ein wirksameres Mittel sein, das auf alle Fälle versucht zu werden verdient.

Außer dieser großen Bigattiera in Varese ist noch eine mittelgroße in Quistello in der Provinz Mantova, die der Graf Cocastelli vor einigen Jahren ganz neu aufbauen und in der er 20 Oncie Samen ausschliefen ließ. Weil aber im vergangenen Jahre (1827) die Würmer krank wurden, so getraute er sich heuer nicht mehr die Versuche fortzusetzen. Mir schien er von den Vortheilen dieser Methode nicht vollkommen überzeugt, und von den Vorurtheilen der gemeinen Bauern nicht frei zu sein. Wahrscheinlich wird die Bigattiera nicht mehr benützt.

Er bekam 5 Pesi Galetten pr. Oncia; seine Colonen erzeugen deren nur zwei.

Wartung der Seidenraupen in den Häusern der Bauern.

Da es mich in Italien mehr interessirte zu sehen, wie die Bauern in dem beschränkten Locale, das ihnen gegeben ist, die Seidenwürmerzucht betreiben, als wie sie in den geräumigen Häusern der Wohlhabenden, oder in eigens zu diesem Behufe errichteten Gebäuden betrieben wird; so benützte ich einen Ausflug, den ich nach Mozzate machte, um daselbst in den Häusern der Colonen des Grafen Alfons Castiglioni die einfachen Vorrichtungen anzusehen, welche man da für die Seidenwürmerzucht genügend erachtet.

In kleinen Häusern wird das einzige Zimmer, das der Colon hat, und worin auch sein Herd mit dem Polentakessel sich befindet, den Würmern eingeräumt: oder man gibt ihnen auch wohl die Küche sammt der Nebenkammer, und behilft sich während der letzten drei Wochen, wo beide Zimmer mit den Raupen erfüllt sind, so gut es angeht. Die Tafeln, worauf die Raupen liegen, sind von Schilfrohr, 2½ Fuß breit, und 2½ bis 3 Klafter lang.

Bei einem Colon fand ich in zwei neben einander befindlichen Stuben 17 Tafeln, jede zu 16′ Länge und 2½′ Breite.

Man rechnet auf eine Quadrat-Elle (Mail. Maß) ein Mailänder Pfund Galetten.

Diese Tafeln sind mit Stricken aneinander gebunden, und an den Oberboden befestigt, von dem die höchste Tafel nur 2 Schuh entfernt ist, eben so weit ist die unterste vom Boden abstehend.

Die Fenster sind mit Papier, statt Glas, gegen den Luftzug verwahrt, und haben gegen die Hitze, statt der hölzernen Balken, eine Strohdecke. Die Thür besteht aus einem Stücke alter Leinwand.

Innerhalb dieser Stuben herrscht eine vollkommene Finsterniß, und man muß mit Lampen Fütterung und Reinigung der Würmer vornehmen. Wo in der Küche auch Raupen gehalten werden, da wird zwar noch immer darin gekocht, nur sorgt man, daß nach der Bereitung der Speise das Feuer gleich wieder weggeschafft wird.

Hier bei den Colonen des Grafen Castiglioni fand ich allenthalben Weingeistthermometer, welche bloß allein die 4 Grade von 16 bis 20° R. anzeigen. Als ich am 9. Juni da war, zeigte der Thermometer 16—17½° R. Es ist wohl gut, daß sie mittelst dieses sehr einfachen Werkzeuges den Wärmegrad kennen lernen, der in der Stube herrscht; allein es ermangelt diesen guten Leuten an Mitteln die Temperatur zu reguliren, wenn sie zu hoch oder zu niedrig wird.

Von 120 bis 150 Pf. Mail. Gewicht Galetten ist das gewöhnliche Erzeugniß eines Colon in Mozzate und Locate. Wird hievon das Mittel = 135 Pf. angenommen, so beträgt die ihm davon gebührende Hälfte 67½ Pf., zu 4 Lire = 270 Lire = 79 fl. 47 kr., eine, für diese Classe Menschen, und für die kurze Zeit der Mühe, allerdings sehr bedeutende Summe.

Seidenraupensamen, oder Eier.

Noch muß ich hier in Erinnerung bringen, daß man in manchen Gegenden eine sehr bedeutende Einnahme aus dem

Seidenraupensamen bezieht, und daß man daher einen großen Theil der Galetten in solche Verhältnisse setzt, daß die Schmetterlinge ausschliefen.

Eine solche Industrie sah ich in der Wirthschaft des Hrn. Foscarini in der Nähe von Varese betreiben, der so viel Schmetterlinge ausschliefen ließ, um 200 Oncie Eier zu bekommen.

Auch Dandolo will heuer 200 Oncie Wurmsamen erzeugen, wovon er aber für sich und seine Colonen nur 52 Oncie braucht. Sein Vater trieb diesen Handel wahrhaft ins Große, und erzeugte bis 2500 Oncie = 121,51 W. Pfund.

Heuer kostete die Oncia 4½ Lire = das W. Loth 51,3 Kreuzer.

Zum Schlusse dieser Abhandlung glaube ich meinen Lesern ein angenehmes Geschenk zu machen, wenn ich ihnen die Resultate der Erfahrungen Dandolo's über die Seidenwürmerzucht in einer Reihe von Übersichten aus seinem großen Werke: **Dell' arte di governare i bachi da seta, Milano 1819,** mittheile, in denen die verschiedenen Größen-Verhältnisse auf Wiener Maß und Gewicht reducirt, dargestellt sind, die zwischen den Eiern und Raupen, zwischen diesen und ihrem Futterbedarfe in den verschiedenen Perioden ihres Lebens, ihrer Zunahme an Gewicht und Größe, und ihrem Erzeugnisse an Gespinnst, Statt haben.

Übersicht

der Thatsachen, welche auf die Eier der Seidenraupen und ihr Ausbrüten Bezug haben.

1) Ein Loth Raupeneier von der größten Art, die sich viermal häutet, enthält Stücke 24074.

Da ohngefähr 110 Stücke dieser Galetten ein Pfund wiegen, so würde 1 Loth Samen 218,4 Pf. Galetten geben, wenn jedes Ei eine Raupe, und jede Raupe eine Galette lieferte.

3 *

2) Ein Loth Raupeneier, von der gewöhnlichen Art, die sich viermal häutet, enthält Stücke 25185.

Da 262 Stücke dieser Galetten ein Pfund wiegen, so würde ein Loth Raupensamen, 96,1 Pf. Galetten geben, wenn jedes Ei eine Raupe, und jede Raupe eine Galette lieferte.

3) Ein Loth Raupeneier von der Art, die sich nur dreimal häutet, enthält Stücke: 31004, und da 440 dieser Galetten ein Pfund wiegen, so würde ein Loth Same 70,4 Pf. Galetten geben.

Wenn man diese Verhältnisse kennt, und dann weiß, wie viel Pfunde Galetten man von einem Loth Samen in einem gegebenen Falle wirklich erhalten hat, so erhellet, von welchem Werthe das Verfahren war, das man bei der Wartung der Raupen beobachtete.

Der Raupensamen verliert an Gewicht von dem Zeitpuncte an, als er gelegt worden, bis zur Zeit, als man ihn zum Ausbrüten verwenden will, folglich durch 9 Monate, nur 1%.

Von dem Zeitpuncte an, als man den Raupensamen (Nr. 2) in das warme Zimmer bringt, bis zu den ersten Kennzeichen des Ausschliefens der Schmetterlinge, verliert er: 0,081.

Die Schalen der Raupeneier, nachdem die Raupen ausgekrochen sind, betragen vom ganzen Gewichte: 0,201.

Zieht man von dem ursprünglichen Gewichte der Eier die vorstehenden Abzüge ab, so ergibt sich, daß die in einem Lothe Samen enthaltenen Raupen nach dem Ausbrüten nur 0,708 Loth, oder daß 35572 frisch ausgeschlofene Raupen nur erst ein Loth wiegen.

Die aus einem Loth Samen hervorgekrochenen 25185 Raupen haben am ersten Tag ihres Lebens auf einer Fläche von 200 □ Zoll hinlänglich Raum, um darauf gefüttert zu werden.

Von dem Raume, den die Seidenraupen in den verschiedenen Perioden ihres Lebens bedürfen.

Die von einem Loth Eier ausgekrochenen Raupen bedürfen Raum:

im ersten	Zeitalter von	2,28	□ Fuß.
» zweiten	» » »	4,56	» »
» dritten	» » »	10,83	» »
» vierten	» » »	25,65	» »
» fünften	» » »	57,—	» »

Von der Menge der Blätter, welche die Raupen in den verschiedenen Perioden ihres Lebens verzehren.

Zufolge genauer Beobachtungen verzehrten die aus einem Loth Eier ausgekrochenen Raupen 939 Pfund Blätter, die aber, nachdem sie gereiniget worden, nur mehr 794,5 Pfund wogen.

Davon verzehrten sie

im ersten	Zeitalter	3,5	Pfund.
» zweiten	» »	10,5	»
» dritten	» »	35,—	»
» vierten	» »	105,—	»
» fünften	» »	640,5	»
		794,5	Pfund.

Die mangelnden 144,5 Pfund sind aber nicht bloß auf Rechnung der Abfälle bei der Reinigung der Blätter zu bringen; ein Theil des Verlustes rührt auch von der Verdünstung der Blätter her.

Die Abfälle wiegen	83,1	Pfund.
Die Verdünstung beträgt	61,4	»
	144,5	Pfund.
Hiezu die Blätter . .	794,3	»
	939	Pfund.

Von den obgesagten 794,5 Pf. Blättern erhält man an

Abfällen: 434,8 Pf., davon entfallen auf die verschiedenen Perioden folgende Quantitäten:

Auf die erste	Periode	0,9	Pfund.
» » zweite	»	2,7	»
» » dritte	»	11,3	»
» » vierte	»	34,9	»
» » fünfte	»	384,9	»
		434,7	Pfund.

Diese Abfälle bestehen aus Koth und Überbleibseln der Blätter. Der erstere beträgt 0,24; d. h. 105,5 Pf.

Wird das Gewicht der Excremente von 105,5 Pf. von dem gesammten Gewichte der Abfälle von 434,8 Pf. abgeschlagen, so zeigt sich, daß in demselben 329,3 Pf. vegetabilische Körper: Stängel, Rippen, Blätterstückchen u. s. w. vorhanden sind, die von den Raupen nicht verzehrt worden sind.

Werden diese von dem Gewichte der den Raupen vorgelegten gereinigten Blätter von 794,5 Pf. in Abschlag gebracht, so zeigt sich, daß die Raupen nicht mehr, als 465,2 Blätter verzehrt haben.

Da man aus der Erfahrung weiß, daß man 13,4 Pf. Blätter, so wie sie vom Baume kommen, bedarf, um 1 Pf. Galetten zu erhalten, so braucht man 939 Pf. Blätter, um 70 Pf. Galetten zu erhalten, die man im Durchschnitte von einem Loth Raupeneier bekommt.

Zieht man aber das, was bei der Reinigung der Blätter abfällt, so wie das, was verdünstet, ab, so ergibt sich, daß 11,35 Pf. Blätter ein Pf. Galetten liefern; und wenn man auch die Abfälle in Abschlag bringt, so sieht man, daß 6,64 Pf. wirklich verzehrter Blätter ein Pf. Galetten geben, oder daß 465,2 Pf. wirklich verzehrter Blätter 70 Pf. Galetten hervorbrachten.

Da aber von dem Gewichte von 794,5 Pf. den Raupen vorgelegten Blättern, nur 434,7 Pf. Abfälle und 70 Pf. Galetten, zusammen 504,7 Pf. an festen Substanzen aus dem Zimmer gebracht worden sind, so erhellet, daß 289,8 Pf. in Dunst und Luftgestalt entwichen sind = 0,36; und da sich zeigt, daß

³/₄ dieser 289,8 Pf. sich im Verlaufe der letzten sechs Tage der fünften Periode verflüchtigen, so ersieht man, daß in diesen Tagen, in einem Zimmer, worin man Seidenraupen hält, auf ein Loth Raupeneier täglich 25 bis 40 Pf. fester Substanzen in Dunst und Luftgestalt entweichen.

Wenn daher in einem Zimmer die Raupen von mehreren Lothen Eier gepflegt werden, so begreift man leicht, wie groß die Masse solcher Effluvien, und wie nothwendig die Sorgfalt sei, dieselben möglichst schnell aus dem Zimmer zu bringen, da sie höchst wahrscheinlich die wesentlichste Ursache der großen Sterblichkeit der Raupen in der letzten Lebensperiode sind.

Von der Zu- und Abnahme der Raupen an Gewicht und Größe.

100 Raupen, die so eben aus den Eiern ausgekrochen sind, wiegen ohngefähr .	0,648	Gran.
Nach dem ersten Schlafe wiegen dieselben	9,720	»
» » zweiten » » »	60,912	»
» » dritten » » »	259,200	»
» » vierten » » »	1051,704	»
» » fünften, » wenn sie zur größten Dicke gelangt sind . . .	6156,000	»

In ohngefähr 30 Tagen hat daher die Seidenraupe ihr Körpergewicht 9500mal vermehrt.

Die kaum ausgeschloffene Raupe hat eine Länge von ohngefähr	1,882	Linien.
Nach dem ersten Schlafe	7,528	»
» » zweiten »	11,292	»
» » dritten »	22,584	»
» » vierten »	37,640	»
» » fünften » werden manche lang bis	75,280	»

In 28 Tagen ist dieses Thier zu seiner größten Länge gekommen, und hat sich 40mal vergrößert.

100 Seidenraupen von der größten Art, wenn sie zur Reife gekommen, wiegen nicht mehr, wie oben angezeigt worden ist, 6156 Gran, sondern nur mehr .	5028,480	Gran.
100 Puppen wiegen	2527,000	»
100 weibliche Schmetterlinge . . .	1937,520	»
100 männliche Schmetterlinge . .	1101,600	»
100 weibliche Schmetterlinge, nachdem sie die Eier gelegt	635,040	»
100 weibliche todte Schmetterlinge, die Eier gelegt hatten, und nun völlig trocken sind	226,800	»

Im Verlaufe anderer 28 Tage ist die Seidenraupe auf das Dreißigstel ihres Gewichtes geschwunden.

Auch die Länge der Raupe vom Zeitpunct ihrer größten Länge bis dahin, daß sie sich verpuppte, hat um ⅔ abgenommen.

Es gibt indessen eine Zeit, wo der weibliche Schmetterling an Gewicht zunimmt, und dieß geschieht während und gleich nach der Begattung, und rührt von der Flüssigkeit her, die das Männchen in den Leib des Weibchens spritzt. 100 weibliche Schmetterlinge, die vor der Begattung 1937,520 Gran wiegen, haben dann gleich nach diesem Acte: 2073,600 Gran.

Während der letzten 28 Tage seines Lebens, d. h. von dem Zeitpuncte, als die Raupe zur Reife gelangt ist, bis dahin, daß sie als Schmetterling stirbt und Tag für Tag an Gewicht abnimmt, frißt das Thier nichts, lebt bloß von der eigenen Substanz, und verrichtet dennoch die wichtigsten Geschäfte seines Lebens.

Von den Galetten mit den darin enthaltenen lebenden oder todten Puppen.

Sobald die Galetten vollkommen gebildet worden sind, verlieren sie in den ersten vier Tagen ohngefähr ¼ % = 0,0675 täglich. In den folgenden Tagen verlieren sie noch etwas mehr.

1000 Gewichtstheile Galetten im vollkommenen Zustande bestehen aus lebenden Puppen . .	842
aus Häuten, welche die Würmer ablegen, wenn sie sich verpuppen	4,5
aus Seidenfäden oder der leeren Galette . .	153,5
	1000,—

In einer gesunden Galette ist daher mehr als der siebente, ja $^{2}/_{13}$tel des ganzen Gewichtes an Seide enthalten; dessen ohngeachtet ist es nur zu gewiß, daß die Seidenspinnereien im Durchschnitte nicht mehr als den 12ten Theil = 0,83333 an gesponnener Seide von den Galetten erhalten, und daß sie nur selten höher, etwa auf 12⅓ Theil kommen.

Von dem Verhältnisse zwischen den Galetten und der gesponnenen Seide.

Das Verhältniß zwischen den Galetten und der gesponnenen Seide kann, nachdem die erstern mehr oder minder vollkommen gerathen sind, oder mehr oder minder geschickt gesponnen wurden, abweichen; doch scheint das Verhältniß, daß 100 Pf. Galetten 8⅓ Pf. gesponnene Seide geben, das angemessenste zu sein.

Das Verhältniß zwischen dem Gewichte der Galetten, die versponnen werden, und jenem der Galetten, die nicht versponnen werden können, weil sie mangelhaft sind (Straccie), ist im Durchschnitte wie 19 zu 1, oder wie 100 zu 5,268.

Weil aber 100 Pf. Galetten mit Puppen, 15 Pf. Galetten ohne Puppen gleich sind, und 100 Pf. der ersteren an gesponnener Seide und Straccie nur 13,596 Pf. liefern, so zeigt sich ein Abgang von 1,140 Pf., der aus dem Häutchen, das die innere Fläche der Galette umgibt, und aus einer gummiähnlichen Substanz besteht, die sich während des Spinnens in Wasser auflöst.

Das Verhältniß zwischen der Seide, die man von den guten Galetten erhält, und den Straccie oder der Strufa ist, wie 1000 : 0,363, d. h. 100 Gewichtstheile leerer Galetten geben

an gesponnener Seide . . . 55,55.
» Straccie . . . . 36,68.
» Abfällen und Verlust . . 7,77.

Im Allgemeinen kann man rechnen, daß 100 Pf. Galetten ohngefähr 1 Pf. Doppelgaletten enthalten, d. h. solche Galetten, die von zwei Raupen gearbeitet worden sind, und die um die Hälfte weniger gelten, als die einfachen Galetten.

Ein Seidenfaden, der von den Galetten abgezogen wird, deren Raupen sich nur dreimal häuten, muß 801 Schuh lang sein, bis er einen Gran wiegt.

Die Galette einer solchen Raupe gibt 1,4929 Gran Seide, wenn nämlich im Durchschnitte 440 Galetten ein Pfund wiegen, und 100 Pf. Galetten 8,333 Pf. Seide liefern, und der Seidenfaden, den jede Galette liefert, wird daher 1195,81' lang sein, = 200 Klafter. Ein Pfund Galetten liefert 88000 Klafter.

733 Schuh Länge des Seidenfadens der Raupen von der gewöhnlichen Art, die sich viermal häutet, wiegen einen Gran.

Die Galette einer solchen Raupe gibt 2,462 Gran gesponnene Seide, wenn 262 Galetten ein Pfund wiegen, und 100 Pf. Galetten 8,333 Pf. Seide liefern.

Eine derlei Galette gibt einen Seidenfaden von 1806,72' = 301° Länge.

Ein Pfund Galetten gibt einen Seidenfaden von 78862 Klafter Länge.

668 Schuh Länge des Seidenfadens der Raupen der großen Art, die sich viermal häutet, wiegen einen Gran.

Die Galette einer solchen Raupe gibt 5,971 Gran gesponnene Seide, wenn 110,2 Galetten ein Pfund wiegen, und 100 Pf. Galetten 8,333 Pf. gesponnene Seide liefern.

Eine derlei Galette gibt daher einen Seidenfaden von

5988′ = 664° Länge. Ein Pfund Galetten gibt einen Seidenfaden von 73040 Klafter Länge.

Unter dieser Seide ist jene nicht begriffen, die man von den Galetten abnimmt, ehe man sie spinnt, und auch nicht jene, die der Seidenspinner nicht abziehen kann, und die als Straccia behandelt wird.

Die Galetten, in welchen sich die Schmetterlinge entwickelt haben, müssen deßwegen, weil sie von den Thieren durchbohrt sind, und der Zusammenhang des Fadens unterbrochen ist, eine geringere Menge gesponnener Seide liefern. Ein Pfund dieser leeren Galetten enthält aber mehr Seidentheile.

Von 1000 Gewichtstheilen Galetten, aus denen die Schmetterlinge ausgekrochen sind, bleiben übrig:

leere Galetten	170
an Wurmhäuten bei der Verpuppung . .	5½
» Puppenhäuten	7½
	183

Es haben daher diese Galetten ein größeres Gewicht an Seidentheilen um 0,017, als jene, in denen die Puppen lebten.

Bis jetzt ist immer nur von solchen Galetten gehandelt worden, in denen frische, gesunde Raupen sich befinden. Es ist aber nothwendig, daß man das Verhältniß zwischen den Bestandtheilen der Galetten auch kenne, in denen sich todte Puppen befinden.

Wenn die Seidenraupen sich im kranken Zustande einspinnen, so haben die davon entstehenden Galetten das Eigenthümliche, daß sie specifisch leichter sind, als jene, die von gesunden Raupen herrühren, was dem Umstande zugeschrieben werden muß, daß die sich einspinnenden kranken Raupen gegen die gesunden weniger wiegen, und abgemagert sind, daß die Raupe beim Verpuppen abstirbt, und daß die thierische Materie verdünstet.

Die hieher gehörenden Galetten müssen nach der Natur der Krankheit, von der die Raupen befallen waren, je nachdem sie an Calcinaccio oder Negrone, Mal di Segno, gelitten haben, in zwei Classen getheilt, und ferners in solche unterschieden werden, an denen man entweder von außen nichts sieht, wodurch man sie von jenen der gesunden Raupen unterscheiden könnte, oder in solche, bei welchen man von außen Flecken bemerkt.

I. Galetten von Raupen, deren Puppen todt und mit einem weißen Pulver bedeckt sind (Calcinaccio).

100 Gewichtstheile dieser Galetten enthalten:

Puppen, die mit einer trocknen, salzigen Substanz beweißt sind	64,2
Reine Galetten	35,8
	100

Ein gleiches Gewicht von Galetten, die von gesunden Raupen gesponnen worden sind, liefert nur 15 Theile leere Galetten, und da beiderlei Galetten dieselbe Menge von gesponnener Seide liefern, so erhellet, daß man von den ersteren 2⅓mal mehr Seide erhält, als von den letzteren; denn 15 verhalten sich zu 35, wie 1 zu 2⅓. — 100 Pfund solche Galetten geben

an gesponnener Seide	: 20,357 Pf.
an Straccie und anderen Substanzen, die sich verlieren	: 15,357 »
	35,714 Pf.

während man von den gesunden Galetten nur erhält

an gesponnener Seide	8,333 Pf.
an Straccie . . .	6,263 »

Es wäre daher ein größerer Vortheil für den Käufer, wenn er Galetten mit kranken Puppen um denselben Preis nach dem Gewichte kaufte, als solche mit gesunden Puppen, da er von den ersteren 2⅓mal mehr Seide erhält, als von den letztern; wenn sie sich leichter abspinnen ließen, und nicht so häufig aus dem Wasserbecken sprängen, weil sie gar zu leicht sind.

808 Galetten dieser Art wiegen erst ein Pfund, während von den mit gesunden Puppen 262 Stücke schon ein Pfund wiegen.

II. Galetten von Raupen, deren Puppen todt, schwarz und verdorrt sind (Negrone, Mal di Segno), die von außen keine Flecken haben.

100 Gewichtstheile dieser Galetten enthalten Puppen	60
Reine Galetten	40
	100

Obschon hier in einem gegebenen Gewichte Galetten noch mehr Seidensubstanz vorhanden ist, wie in dem vorhergehenden Falle, so gelten dieselben doch viel weniger, weil die ganze Galette mehr oder weniger verdorben ist, und die Seidenspinnerinn nie weiß, wie viel sie davon wird abspinnen können. Oft bekommt sie von einem Pfunde solcher Galetten kaum die Hälfte von dem an Seide, was sie von dem gleichen Gewichte gesunder Galetten erhalten hat.

Obgleich man in einem solchen Falle viele Straccie bekommt, so wird man doch dadurch nicht entschädigt, weßwegen man mit Recht für ein Pfund derselben weniger zahlt, als für ein Pfund gesunder Galetten.

734 Stücke wiegen ein Pfund.

III. Galetten von Raupen, deren Puppen todt, schwarz, aber nicht verdorrt sind, und die von außen manchmal Flecken bekommen.

Von diesen Galetten kann man die Puppen nicht absondern, die fast immer in eine schwarze Seife verwandelt sind, und fest an dem Innern der Galetten anhängen.

Ein Theil dieser Galetten läßt sich spinnen; oft verderben die Flecke nicht im mindesten die Seide, allein die Spinnerinn weiß nie, was sie von derselben erhalten wird, und schätzt sie daher sehr gering.

631 Stücke wiegen ein Pfund.

Hauptübersicht
der hier angegebenen Verhältnisse.

100 Pfund Blätter, so wie sie vom Baume kommen, geben an Galetten	7,692	Pfund.
100 » Galetten mit lebenden Puppen geben leere Galetten . .	15,—	»
100 » Blätter geben daher an leeren Galetten	1,153	»
100 » leere Galetten geben an gesponnener Seide . . .	55,555	»
100 » Galetten mit Puppen geben an gesponnener Seide . .	8,333	»
100 » Blätter geben an gesponnener Seide	0,6588	»
150 » Blätter geben an gesponnener Seide	1,—	»

Über die Samenerzeugung.

Von 262 gesunden, guten Galetten, die ein Pfund wiegen, wird vorausgesetzt, daß sie gleich viel männliche und weibliche Schmetterlinge liefern werden.

Jeder der 131 weiblichen, befruchteten Schmetterlinge wiegt 20,736 Gran, alle zusammen 2716 Gran.

Nach drei bis fünf Tagen hat jeder Schmetterling ohngefähr 510 Eier gelegt, die nicht völlig 5 Gran wiegen, da 105 einen Gran wiegen.

131 Schmetterlinge legen daher 66810 Eier, die 636 Gran = 2,65 Loth wiegen.

Nach Verlauf von vier Tagen wieget ein weiblicher Schmetterling nur 6,48 Gran, alle 131 daher nur 85888 Gran, und da die Eier nur 636 Gran wiegen, die mit den lebenden Schmetterlingen zusammen 1494 Gran betragen, so erhellet, daß sie binnen dieser Zeit 1221 Gran an flüssigen, trockenen und luftförmigen Stoffen verloren haben.

Wenn die aus einem Pfunde Galetten erhaltenen Eier jedes eine Galette gäbe, so erhielte man 255 Pfund Galetten.

Da man aber, selbst bei sehr guter Behandlung der Raupen, von einem Lothe Eier nur 70 Pf. Galetten erhält, folglich von 2,65 Loth Samen 185,5 Pf., so gehet hieraus hervor, daß 0,27 der Raupen vor dem Einspinnen stirbt, oder vor und während der Verpuppung erkranket, und daher specifisch leichtere Galetten liefert.

Von der Dauer der verschiedenen Perioden des Lebens der Seidenraupen.

Dandolo gibt in dem Werke, wovon ich hier einige Resultate anführe, die täglichen Veränderungen an, die sich bei den Raupen während ihrer Lebensperiode wahrnehmen lassen. Nach seinen Beobachtungen ist die Dauer der verschiedenen Lebensperioden folgende:

Erste	Periode	5	Tage.
Zweite	»	4	»
Dritte	»	6	»
Vierte	»	7	»
Fünfte	»	10	»
		32	Tage.

Hier sind aber die Tage nicht in Rechnung gebracht, welche erforderlich sind, um die Eier zu bebrüten, oder die sie im warmen Zimmer zubringen, wo man sie auskriechen läßt. Eben so bringen sie in der letzten Periode auch noch einige Tage mit dem Einspinnen zu.

Es ist einleuchtend, daß die Dauer der verschiedenen Lebensperioden von der Witterung gar sehr abhängt, wenn man in den Zimmern keine Vorrichtung hat, die Wärme der Temperatur zu erhöhen oder zu vermindern, je nachdem es die Natur der Raupen erheischt. Die oben angegebene Zahl Tage trifft nur zu, wenn die Temperatur nach den Vorschriften Dandolo's geregelt wird.

In kühlen Jahrgängen dauert in Ober-Italien der Lebensproceß der Seidenraupen nicht selten 45 bis 53 Tage.

In Deutschland verdienen die sogenannten chinesischen Seidenraupen, welche glänzendweiße, aber etwas kleinere Galetten liefern, ganz besonders cultivirt zu werden, weil sie in kürzerer Zeit ihre Lebensperioden vollenden, von stärkerer Natur sind, den Krankheiten weniger unterliegen, weniger Nahrung bedürfen, und im Verhältniß zum Gewichte des Futters zwar weniger Seide liefern, die aber dafür mehr Geldwerth hat: in Italien werden sie aber kein Glück machen, da hundert Pfund Galetten der gemeinen Raupen mehr Seide liefern, als ein gleiches Gewicht Galetten der chinesischen, da die weiße Seide nicht verhältnißmäßig theurer bezahlt wird, da man den geringern Futteraufwand bei den letztern nicht achtet, und das günstige Clima weniger Gefahr für das Leben der Raupen befürchten läßt, wie in Deutschland.

F. Von der Anlage, Pflege und dem Ertrage der Wiesen.

a. Die Bewässerung der Wiesen.

Nichts erregt so sehr das Erstaunen eines reisenden Landwirthes, als die Größe und Ausdehnung, die man der Bewässerung der Felder in der Lombardie gegeben sieht. Es sind nicht einzelne Wiesen, nicht die Wiesen einzelner Gemeinden; es sind die Felder ganzer Provinzen, Äcker und Wiesen, die bewässert werden, und das reizende Schauspiel der höchsten Fruchtbarkeit gewähren. Wann die heiße Sonne und lang anhaltende Trockniß in den nicht bewässerten Gegenden alle Pflanzen welken macht, oder wohl gar tödtet, sieht man in diesen Gegenden, denen die Wärme wohl bekommt, weil sie Wasser zur Genüge durch Kunst zugeführt bekommen, die üppigste Vegetation. Der Sommer des Jahres 1828 war in ganz Italien einer der trockensten, so wie er jenseits der Alpen einer der nässesten war. Die Sommerfrüchte mißriethen in Italien überall, wo keine Bewässerung Statt findet; ja im Mantuanischen sah ich im dortigen trocknen, leichten Boden, Ende Juli, den Mais am Stängel ganz vertrocknet mit weißen Blättern, und die Wiesen wie verbrannt, während Mais und Wiesen in den Provinzen Lodi, Pavia und Mantua, in so weit die Bewässerung reicht, von einer unübertrefflichen Schönheit waren, und die reichste Ernte gewährten. Der Überfluß des Wassers, den man da den Feldern zu geben im Stande ist, in Verbindung mit der Wärme des Clima und der reichlichen Düngung, welche der große Viehstand gewährt, bewirken, daß die lombardischen Wiesen die schönsten und ergiebigsten sind, die man in der Welt sehen kann, und weßwegen es allein schon sich verlohnte, daß jeder Landwirth, der die Kosten dieser Reise zu bestreiten im Stande ist, sich dahin verfügte, um diese Felder und Bewässerungs-Anstalten zu bewundern, und sich von den großen Wirkungen des Wassers zu überzeugen, um dann zu Hause so viel davon in Anwendung zu bringen, als die örtliche Lage ihm gestattet. Wenn wir in Deutschland auch nicht das unglaublich große Erzeugniß der lombardischen Wiesen hervorbrächten, weil uns das italienische Clima mangelt, so würden wir doch immer mit verhältnißmäßig geringen Auslagen, die sich sehr hoch verzinsten, den Ertrag unserer Wiesen bedeutend vergrößern, und mittels der dadurch bewirkten Vermehrung des Viehstandes und daraus hervorgehenden höheren Körnererzeugniß unseren reinen Wirthschaftsertrag sehr ansehnlich erhöhen.

Wenn die Bewässerung in der Lombardie zu einem so großen Umfange gediehen ist, als man sonst nirgendwo in der Welt sieht, so trugen sicherlich die ebene Lage dieses Landes, und die vielen Wässer, die es durchströmen, mächtig dazu bei, und gaben Veranlassung, daß man diese Anstalten, die wahrscheinlich seit den Zeiten der früheren Cultur unter den Römern noch hin und wieder bestanden, und während den Einfällen der Barbaren nicht ganz verfallen waren, im Mittelalter allgemach vergrößerte, und als man sich von dem auffallenden Nutzen derselben überzeugte, so brachte man sie im Verlaufe von tausend Jahren endlich zu jenem Grad des Umfanges und der Vollkommenheit, in dem wir sie gegenwärtig bewundern. Indessen darf der Scharfsinn, der Muth, und die Industrie des Volkes und der patriotische Eifer der Regierung nicht übersehen werden, welche die Möglichkeit zur Wirklichkeit umschufen, und Werke in Ausführung brachten, welche alle landwirthschaftlichen Verbesserungen, die man irgendwo sieht, weit hinter sich lassen.

Um meine Leser mit diesem wichtigen Gegenstande, so sehr es mein Zweck erlaubt, näher bekannt zu machen, will ich nach einer vorläufigen Aufzählung der Flüsse, Bäche und Canäle, deren Wässer zur Befruchtung der lombardischen Felder benützt werden, die Geschichte der Bewässerung kurz erzählen, dann von ihrer gegenwärtigen Ausdehnung, von der Eintheilung der Wiesen, von der verschiedenen Art die Bewässerung anzulegen, vom Bedarfe und Werthe des Wassers, von der Wiesencultur und endlich von dem Ertrage der Wiesen das anführen, was ich selbst im Lande sah, und von den verständigsten Landwirthen hörte, oder in Hinsicht des geschichtlichen Theiles in den besten Werken las.

1. Von den Flüssen, Bächen und Canälen, die zur Bewässerung benützt werden.

Alle Wässer, welche die weite Ebene der Lombardie bewässern, strömen von den Anhöhen der Alpen herunter, und ergießen sich mit kleinen Ausnahmen in die großen Seen, die höher liegen, als die Ebene. In diesen weiten Wasserbehältern erstirbt die Wuth der Wildbäche, und setzt sich das Geröll ab, das sie von den Bergen herabgeführt haben. Darum ist die Lombardie den Verwüstungen nur weniger Wildbäche ausgesetzt, und hat den Vortheil, daß der größte Theil dieser weiten Fläche von den klaren Wässern der Seen befruchtet wird. Das gähe Zuströmen des Wassers in die Seen hat auf sein Ausströmen nicht dieselbe Wirkung, wie bei einem Wildbache; denn da es fast immer nur ein oder der andere Bach ist, der durch ein Gewitter angeschwollen, sich mit Ungestüm in den See ergießt, so werden die Wässer desselben erst auf die ganze Oberfläche vertheilt, um dann im ganz ruhigen Zustande abzufließen; während bei den Wildbächen die Wuth des von den Flächen der Berge niederstürzenden Wassers nirgendwo gebrochen wird, und ungebändigt die tiefer liegenden Ebenen verheeret, wie dieß z. B. beim Lambro und Serio in der Lombardie, und bei allen Bächen und Strömen der venezianischen Provinzen der Fall ist. Daher rührt es, daß der Wasserstand des Ticino, des Adda, des Oglio, nur langsam steigt und fällt, während der Piave,

4*

der Taglian-ento und der Isonzo oft in wenigen Stu
den zu einer furchtbaren Höhe anschwellen, und weithin d
anstoßenden Ebenen überfluthen.

Den lombardischen Seen muß es vorzüglich zugeschrieb
werden, daß die Ebene von den Wässern der benachbart
Alpen nicht verwüstet wird, daß sie der Segen des Landes, u
nicht die Geißel desselben sind, wie in den venezianischen P
vinzen.

Folgende Flüsse und Bäche strömen von den Bergen d
Hochlandes herab, um sich in den Po zu ergießen, nachdem
früher die kleinen Bäche der Hügel und der Ebenen aufgeno
men haben, die hier nicht aufgezählt sind.

Der Ticino; er ist der Ausfluß des Lago maggior
und mündet sich gleich unter Pavia in den Po.

Der Olóna kommt von den Bergen ober Varese, u
fließt nach Mailand, wo er seinen Namen, in dem Zusamme
treffen mit andern Wässern, für eine Weile verliert, und i
erst in der Nähe von Binasco wieder annimmt, wo sich sei
Wässer aus dem Naviglio di Pavia scheiden, und üb
Corte Olona dem Po zueilen.

Der Seveso, ein kleiner Bach, der von Barlassin
kommt, und sich vor Mailand mit dem Canal di Martesan
vereinigt.

Der Lambro kommt aus dem Val d'Assina, durc
strömt Monza, durchkreuzt bei Crescenzago den Can
di Martesana, und vereinigt sich bei Melegnano m
dem Wasser des Muzza, worauf er über S. Angelo na
Corte d'Este läuft, wo er in den Po fällt.

Bei S. Angelo vereinigt sich der Lambro mit eine
andern Flusse, der von Mailand kommt, und auch Lamb
heißt, welcher gleich außer der Stadt aus dem Navigli
grande ausgeleitet worden ist, und hierauf den Navigli
di Pavia durchkreuzt hat.

Der Bach von Vimercate kommt aus den Hügel

der Brianza herab, und vereinigt sich bei Cornegliano mit dem Muzza.

Der Adda ist der Ausfluß des Lago di Como bei Lecco, er ist nach dem Ticino der größte Fluß; mündet sich bei Cremona in den Po.

Der Brembo kommt aus dem Val Brembana und mündet sich bei Vaprio in den Adda.

Der Serio kommt aus dem Val Seriana, läuft Crema vorbei, und vereinigt seine Wässer mit denen des Adda bei Bocca di Serio, oder Pizzighettone.

Der Oglio kommt aus dem Lago d' Iseo, und geht über Portevico in das Mantuanische, wo er sich mit dem Po vereinigt.

Außer mehreren kleinern, von dem Adda und dem Brembo abgeleiteten, sind folgende größere Canäle in der Lombardie die merkwürdigsten:

Naviglio grande.

Sein Wasser ist bei Tornavento aus dem Ticino geleitet. Bei Abbiategrasso theilt er sich in zwei Arme; der eine geht mit der früheren Richtung parallel bis Bereguardo gegen Pavia; der andere bis zur Stadt Mailand.

Länge des Canals von Tornavento bis Abbiategrasso 16 Miglia.
» » » » Abbiategrasso nach Bereguardo 10 »
» » » » Abbiategrasso nach Mailand . 12 »

Breite des Canals: 47 Schuh Wiener Maß.

Naviglio de' Pechi oder di Martesana.

Sein Wasser ist aus dem Adda oder Vaprio abgeleitet, und wird über Gorgonzola nach Mailand geführt. Ihn durchkreuzen der Bach von Vimercate und der Lambro. Außer Mailand nimmt er den Seveso auf. Länge 20 Miglia.

Aus dem Zusammenflusse der Wässer des Naviglio grande und di Martesana, so wie des Flusses Olona wird gebildet der

Naviglio di Pavia.

Ein mächtiger Canal, der von Mailand bis in den Ticino schiffbar ist. Länge 17½ Miglia.

Der Canal Vettabbia empfängt sein Wasser ebenfalls aus dem Zusammenflusse der beiden Navigli und dem Olona. Er ist es, der den Unrath der Stadt Mailand vorzüglich aufnimmt und auf die benachbarten Felder bringt. Er ist 12 ital. Meilen lang, und ergießt sich unter Melegnano in den Lambro.

Der Canal Muzza. Gleich unter Cassano wird aus dem Adda wieder ein großer Canal ausgeleitet, der nach einigen Stunden Laufes den Bach von Vimercate aufnimmt und durch ihn verstärkt nach Melegnano kommt, wo er sich mit dem Lambro vereinigt. Ehe er aber nach diesem letzten Orte kommt, wird der größere Theil seines Wassers in den eigentlichen Canal Muzza geleitet, und mitten durch die Provinz Lodi geführt, deren Felder durch ihn bewässert werden. Unter Castiglione fließt das überbleibende Wasser wieder in den Adda zurück. Seine Länge von Cassano bis Castiglione beträgt 30 ital. Meilen.

Der Fosso bergamasco, oder Canale di Treviglio.

Auch dieser Canal empfängt sein Wasser aus dem Adda, gleich da, wo sich der Brembo in diesen Fluß mündet. Der Canal fließt von N. W. nach S. O. und vereinigt hier den Adda mit dem Serio. Er ist bestimmt das Gebiet von Treviglio und die Ghiara d'Adda zu bewässern. Länge 11 italienische Meilen, Breite 47 Schuh, Tiefe 3 Schuh.

In der Provinz Mantua sind mehrere Canäle aus dem Mincio zur Bewässerung des Landes abgeleitet. Der bedeutendste ist der Canale Mandrillo, der bestimmt ist, die Reißfelder von Ostiglia zu bewässern.

2. Geschichte der lombardischen Bewässerung.

Mit dem Verfalle der Macht der deutschen Kaiser aus dem Hause Sachsen erhoben sich die lombardischen Städte, die den Nachkommen Carls des Großen unterthänig waren, in eben so viele Freistaaten, die sich häufig unter einander bekriegten, und es bald mit der Partei des jeweiligen Kaisers, bald mit der entgegengesetzten hielten. Mailand ward in kurzer Zeit ein bedeutender Staat, und erregte die Furcht der benachbarten Republiken, die sich mit Kaiser Friedrich dem Ersten verbanden, und die Stadt im Jahre 1162 von Grund aus zerstörten. Allein das Kriegsglück wandt sich, und Friedrich ward von den Mailändern und ihren Bundesgenossen im Jahre 1176 geschlagen, und gezwungen mit ihnen Friede zu machen, und Mailand erhob sich stärker als jemals.

Die Energie und Betriebsamkeit, welche dieser kleine Freistaat entwickelte, zeigte sich nicht sowohl in seinen kriegerischen Unternehmungen, als nach Beendigung derselben, in seinen innern Einrichtungen, worunter vorzüglich die im Jahre 1178 begonnene, bloß zur Bewässerung der Felder bestimmte Anlegung des Naviglio grande war.

Anfänglich führte man diesen Canal nur bis Abbiategrasso, oder vielmehr man stellte den in früheren Jahrhunderten von den Bürgern von Pavia gegrabenen, und in der Folge wieder verfallenen Canal her; 80 Jahre später aber, d. i. im Jahre 1257, ward er bis zur Stadt Mailand verlängert. Nach diesem Jahre fing man an ihn zu erweitern, damit er nicht bloß ausschließlich zur Bewässerung, sondern auch zur Wasserstraße dienen möge, und im Jahre 1271 ward er auch schon beschifft.

Die Fruchtbarkeit, die dieser Canal über das benachbarte Land verbreitete, war so groß, und der aus einer solchen Unternehmung hervorgehende Nutzen so einleuchtend, daß man schon im Jahre 1220 den Canal di Muzza anzulegen begann.

Im Jahre 1269 ward der uralte Canal di Vettabbia, dessen schon im Jahre 1037 Erwähnung gethan wird (Giulini, Storia di Milano T. IV.) vergrößert und verlängert.

Im Jahre 1305 ward der Canal di Treviglio oder Fosso bergamasco angelegt.

Im Jahre 1460 ließ der Herzog Franz Sforza den Canal di Martesana graben. Sein Zweck war hiebei weniger eine Wasserverbindung zwischen dem Adda und der Stadt Mailand herzustellen, als der Bewässerung des Landes einen größeren Umfang zu geben; denn nur an zwei Tagen der Woche war die Schiffahrt im Canale erlaubt, und fünf Tage lang ward er zur Bewässerung benützt.

Der Naviglio di Pavia ward nach dieser Epoche angelegt, und zu verschiedenen Zeiten immer weiter fortgesetzt. Ein Beweis, daß man diesen Canal erst anlegte, als die Umgebung von Mailand schon bewässert wurde, sind ein Paar kleine Canäle, die nicht weit von der Stadt, quer und unter dem Naviglio durchgeführt sind; folglich schon bestanden hatten, als man diesen errichtete. Diese Durchführung ist aber auch bei dem Naviglio grande zwischen Mailand und Corsico zu sehen, welcher Theil des Canals bekanntlich auch erst in spätern Jahrhunderten ausgegraben worden ist. Erst in unsern Tagen ward der wichtigste Theil dieses Canals, nämlich seine Verbindung mit dem Ticino mittelst fünf Schleusen, die das Wasser dieses Flusses 50 Schuh hoch steigen machen, vollendet, und Mailand mit dem Meere in Verbindung gesetzt. Es ist dieß eine der schönsten und solidesten Arbeiten, die man sehen kann; ein Denkmal der Weisheit des Fürsten und des Reichthums des Landes, das ein solches ungeheures Werk in wenigen Jahren zu Stande brachte.

Wenn man sich im 11ten und 12ten Jahrhunderte entschloß große Canäle bloß zum Behufe der Bewässerung anzulegen, so ist dieß ein Beweis, daß die Überzeugung von ihrem Nutzen auch schon allgemein war, und daß die Kunst der Bewässerung, der gleichförmigen Vertheilung des Wassers über die Felder, unter dem Volke schon sehr verbreitet gewesen sein müsse. Es ist daher mehr als wahrscheinlich, daß man bewässerte Wiesen in bedeutender Menge schon im 10ten Jahrhundert anlegte.

Im 11ten Jahrhundert machten sich die Mönche von Chiaravalle und Vicoboldone um die Bewässerung sehr verdient, und es scheinen vorzüglich die erstern diese Kunst in ein Sistem gebracht zu haben, da sie sich in einem Kaufcontracte, der vom Jahre 1138 vorhanden ist, schon ausbedingten: ut monasterium possit ex Vectabia trahere lectum (einen Canal) ubi ipsum monasterium voluerit, et si fuerit opus liceat facere eidem monasterio fossata super terram ipsius Joannis (des Verkäufers) ab una parte viae et ab alia — etc. possit firmare et habere clusam (Schleuse) in prato ipsius Joannis.

Ein ähnlicher Contract ist vom folgenden Jahre und noch verschiedene andere bis zum Anfang des 13ten Jahrhunderts vorhanden. Das ganze Wasser des Vettabbia gehörte mittlerweile ihnen, und sie wurden in dessen Besitz durch ein Diplom Friedrichs II. bestätigt. Der Ruf der Geschicklichkeit dieser Mönche in der Kunst der Bewässerung war sehr groß, denn sie wurden, nebst den obengenannten andern Mönchen, der Berathung beigezogen, die der Machthaber von Mailand, Napoleone della Torre, im Jahre 1269 anordnete, wie dem Wasser des Stadtgrabens von Mailand ein schicklicher Abzug zu verschaffen sei, und schon früher hatte sich der Kanzler des Kaisers Friedrich des Ersten, Rinaldo, nachmaliger Erzbischof von Kölln, bei ihnen Raths erholt, wie der klägliche Zustand seiner Länder zu verbessern sei.

Ihre Hauptbemühungen gingen auf die Bewässerung, und diese verstanden sie so gut, daß sie ihr überflüssiges Wasser verkauften, und den Nutzbrauch und Besitz eines Theiles davon nach Stunden, Tagen und Wochen bestimmten. In 200 Jahren kamen sie zum Besitz von 60,000 Pertiche meist bewäsferten Landes. Man hat Ursache zu glauben, daß das Verfahren bei der Bewässerung im 13ten Jahrhunderte nicht wesentlich von dem gegenwärtigen verschieden war; denn in den Documenten des Archivs des Klosters aus jener Periode findet man schon die Benennungen: Chiuse (Schleusen); incastri (die Säulen, zwischen welchen die Schwellbretter höher und niederer gestellt werden); bocchilli, foratori (Öffnungen in den Canälen) u. s. w. Mehr hierüber in dem II. Band der Atti della Società patriot. di Milano, in welchen der Abt dieses Klosters, Angelo Fumagalli, eine Geschichte der Bewässerung mittheilt, und die Verdienste seines Klosters geltend macht.

Der Canal Muzza ist schon mit solcher Vollkommenheit angelegt, daß der gelehrte Frisi (Nuova Raccolta d'autori che trattano del moto delle acque, 1768. T. VII.) von ihm sagt: daß er mit der höchsten Kunst angelegt, und ein vollkommenes Meisterwerk sei. Noch mehr Erstaunen erregt der Canal di Martesena, der sein Wasser, wie ich bereits sagte, ober Vaprio aus dem Adda erhält, der hier durch eine steinerne, auf Felsen ruhende Wehre gestauet wird. Das Wasser des Canals läuft dann fünf italienische Meilen lang von einer festen, steinernen Mauer eingeschlossen, 12½ Wiener Klafter über dem Bette des Adda, und mit diesem parallel. Zu Gorgonzola geht der Canal über den reißenden Lambro auf einer Brücke von drei steinernen Bogen. Zu Crescenzago durchkreuzt ihn der Lambro; er läuft nämlich in den Canal und verläßt ihn wieder. Um nun zu verhindern, daß zur Zeit, wenn der Fluß angeschwollen ist, die Dämme des Canals nicht zerrissen werden, oder das Wasser überfließe; so befinden sich oben, unterhalb und gegenüber der Vereinigung 19 Scaricatori im Canal. Diese Scaricatori sind Canäle, die aus dem Hauptcanal dessen Wasser aufnehmen, wenn ihre Thore geöffnet werden, und die es in verschiedenen Entfernungen wieder in den Lambro zurückführen.

Schleusen (Conche) sind neuen Ursprungs; denn erst im

Jahre 1481 wurden die ersten Schleusen am Canal di Brenta zwischen Venedig und Padua angebracht. Darum sieht man auch an den alten lombardischen Canälen keine Schleusen, weder am großen Naviglio, noch an dem di Martesena, noch am Muzza-Canal; nur erst im Jahre 1497 wurden zur Verbindung der beiden ersteren Canäle bei Mailand sechs Schleusen von Leonardo da Vinci gebauet.

3. Ausdehnung der Bewässerung.

Die Bewässerung der Felder hat in der Lombardie dieß und jenseits des Po in den frühesten Zeiten schon eine sehr bedeutende Ausdehnung erhalten, die zweifelsohne Folge eines uralten Gesetzes in diesem Lande ist, das alle Wässer als ein Eigenthum des Landesfürsten erklärt, und nur ihm allein das Recht einräumt über dasselbe dergestalt zu verfügen, daß Jeder, der von ihm entweder aus einem Flusse, Bache, oder einem von der Regierung gegrabenen Canal Wasser kauft, dasselbe überall hin über die Gründe Anderer führen darf, wenn er den Eigenthümern derselben den Werth des durch die Wasserführung ihnen entzogenen Grundes ersetzt. Nur durch Gärten oder Lustörter, oder unter einem schon bestehenden Canal, darf man eine solche Wasserleitung nicht führen.

Mittlerweile wurde allen Wasserleitungen, sie mochten das Wasser unmittelbar oder mittelbar von der Regierung gekauft haben, dasselbe Recht ertheilt, und nun kauften Einige von der Regierung eine große Quantität Wasser, die sie in einem Canal weit hinein in das Land leiteten, und es theilweise wieder an die benachbarten Gutsbesitzer verkauften.

Endlich wurde das gleiche Recht auch Jenen zugestanden, die auf ihren Gründen Quellen hatten, oder sie in der Folge fanden. Auch diese führen das Wasser derselben durch andere Gründe und verkaufen es entweder, oder bewässern damit entlegene eigene Grundstücke, wovon ich ein sehr merkwürdiges

Beispiel unweit Legnano sah, wo die Straße von Mailand nach Gallarate über den Olona führt. Von hier bis Mailand führte ein Privatmann: Diotti, das Wasser einer Quelle 15 ital. Meilen weit, um einige Gründe zu Hause wässern zu können. Er ist, wie man mir erzählte, und wie auch vorauszusehen war, darüber zu Grunde gegangen, allein er hat das sprechendste Beispiel für die Freiheit der Wasserführung aufgestellt.

Pietro Verri, in seiner Storia di Milano, sagt, daß die auf die Benützung des Wassers sich beziehenden Verordnungen schon von der Republik Mailand im Jahre 1216 in eine Sammlung gebracht worden seien. Auf Befehl Carls V. wurden diese Verordnungen durchgesehen und aufs neue gesammelt, und die Constitutiones Dominii Mediolanensis Decretis et Senatus Consultis. 1747, gelten noch heute.

In dem ehemaligen venezianischen Staate ist der Grundsatz zwar ebenfalls aufgestellt, daß die Regierung über alle Wässer zu verfügen habe; allein die Ausleitung des Wassers ist da viel größeren Hindernissen ausgesetzt, daß es wahrscheinlich diesem Umstande zuzuschreiben ist, daß man daselbst im Verhältnisse zu Piemont und dem Mailändischen nur wenig Wässerungen antrifft.

In dem ehemaligen Herzogthum Mantua ist ein abgeschmacktes Gesetz noch immer nicht aufgehoben, welches der Ausdehnung der Bewässerung ein nicht unbedeutendes Hinderniß entgegensetzt. Man darf da mit dem Wasser, das man von der Regierung gekauft hat, nur eine bestimmte Oberfläche bewässern, und darf über den Abfluß nicht disponiren, den sie selbst wieder verkaufen will, und sich dadurch in eine Menge von Processen wegen zu wenig erhaltenen Wassers, wegen nicht gehörig bewirkten Abflusses desselben u. s. w. einläßt. Da sind die Gesetze von Mailand viel einfacher und die Industrie der Menschen spornender. Es wird an den Privaten eine gegebene Menge Wasser verkauft, ohne daß sich die Regierung darum kümmert, ob er viel oder wenig Land damit bewässert, und wie er des Wassers, das er nicht mehr bedarf, wieder los werden will.

Der Mangel eines den Ackerbau schützenden Gesetzcodex ist die Ursache, daß man in Deutschland die Bewässerung fast ganz vernachlässiget sieht; daß die Wiesen in trocknen Sommern in der Nähe von Bächen und Flüssen, ja selbst, wenn das Wasser mitten durchfließt, verdorren, weil man kein Wasser aus denselben nehmen kann, ohne sich einen Schwarm von Müllern über den Hals zu ziehen, oder sich von den Flußangränzern vor Gericht geladen zu sehen, um Sicherheit zu stellen für all' den Schaden, der möglicherweise aus einer solchen Bewässerungsanstalt entstehen könnte. Ich möchte zwar nicht, daß es Jedermann erlaubt würde ohne Rücksicht auf bestehende Rechte, und ohne die gehörige, bei Wasserbauten vorzüglich nothwendige Fürsicht, Wehren und Schleusen in die Flüsse zu machen, und nach Belieben Wasser zum eigenen Vortheile daraus abzuleiten; allein ich wünschte, daß es klare Gesetze gäbe, vermöge welcher bestimmt wäre, wo das Recht auf das Wasser eines Baches oder Flusses für eine Mühle beginnt, und wie viel Wasser ihm gebührt; wie weit zurück, den Fluß hinauf, eine Wasserschwelle für den Schaden verantwortlich ist, der bei hohem Wasser daraus hervorgehen kann; und daß es erlaubt würde durch die Gründe der Nachbarn einen Wassercanal zu ziehen, wenn man ihnen den doppelten Werth des Bodens bezahlt, der durch den Wassergraben, und den neben diesem erforderlichen Weg eingenommen wird.

Die Bewässerung der Felder hat von ihrem Mittelpuncte, Mailand, aus, im Verlaufe der Zeit eine sehr bedeutende Ausdehnung erhalten, und dehnt sich auch in unseren Zeiten noch immer mehr aus.

Es fängt die Bewässerung an für den Reisenden, der von Brescia nach Mailand geht, merklich zu werden, sobald er den Adda bei Cassano passirt ist. Er sieht dann fortwährend bewässerte Felder auf der Straße nach Mailand, und wohin er sich von der Hauptstadt auch immer wenden mag, nach Lodi, Pavia, Abbiategrasso; überall sieht er bewässerte Wiesen und Äcker. Der Strich Bodens, der von dem Adda und dem Ticino, und einer Linie, die ein Paar ital. Meilen nördlich der beiden Navigli von Westen nach Osten, von Buffalora nach Vaprio gezogen wird, ist mit geringen Ausnahmen, alles Land bewässert. Jenseit des Adda ist der Bezirk von Treviglio, und außer diesem große, unregelmäßig begränzte Strecken in den Provinzen Cremona und Mantua bewässert. Das, was in den vormals venezianischen Provinzen Bergamo, Brescia, so wie in Verona und Vicenza gesehen wird, ist zu unbedeutend, als daß es erwähnt zu werden verdiente.

Der wahre Mittelpunct der Bewässerung ist das Land von Abbiategrasso, über Mailand längs des Vettabbia nach Lodi, und von dort längs des Canales Muzza über Melegnanello, Vittadone nach Pizzighettone. Der Weg von Lodi nach diesen Ortschaften gewährt eben so viel Unterricht als Vergnügen; denn nicht leicht kann man längs einer Straße die Leitung und Zertheilung des Wassers aus den größeren in die kleineren Canäle, ihre Führung in verschiedenen Höhen über dem Boden, ihre Durchkreuzung, so genau betrachten und übersehen, als hier; und schwerlich gibt es eine Gegend in der Welt, die sich schönerer Wiesen rühmen könnte, als diese. Bei Caviago und weiter hinab, sind drei große Canäle neben einander, nur wenige Klafter von einander entfernt, doch jeder in einem anderen Horizonte, die nach mancherlei Gegenden ihr Wasser abgeben, oft von quer kommenden anderen Canälen überschritten werden, deren Wässer bald in steinernen, bald in hölzernen Rinnen, größtentheils aber in ausgemauerten Gängen darüber geführt werden. Das Land ist völlig eben, in große Stücke eingetheilt, die mit hohen Ulmen, Rüstern, Pappeln, auch wohl Eichen eingefaßt sind; zwischen denen eine dichte Weidenpflanzung Statt hat. Die zertheilten Wässer des Muzza sammeln sich mittlerweile in zwei Canälen, die sich von der oberen Ebene in die untere, 8 Klafter hoch, durch zwei, nicht weit von einander entfernte, schief gelegene, gemauerte, und mit Absätzen versehene Canäle hinabstürzen, und unten in einen Fluß sich sammeln, der gleich wieder seine Wässer zur Befeuchtung der umliegenden Felder hergibt.

„Das Wasser, welches die Canäle aus dem Ticino und dem Adda herbeiführen, würde eine so große Strecke Landes nicht zu bewässern im Stande sein, wenn nicht eine Menge kleiner Bäche ebenfalls zu diesem Behufe verwendet würde, die ihr überflüssiges Wasser in die Canäle abführen; aus welchem Umstande die wunderbare Erscheinung zu erklären ist, daß z. B. der Naviglio di Pavia am Ende seiner Laufbahn nicht merklich weniger Wasser hat, als bei seinem Anfange bei Mailand, obschon er während seines Laufes von der Hauptstadt bis Binasco eine große Menge der bedeutendsten Wasserabzüge durch Ausleitungen erlitten hat.

4. Eintheilung der Wiesen.

Die Wiesen werden eingetheilt in trockne und bewässerte, und diese letzteren werden in der Lombardie in bewässerte Wiesen schlechthin — Prati adacquatorj — und in Winterwiesen — Prati marcitorj, Prati a marcita — unterschieden. Die erstere Art der bewässerten Wiesen wird nur vom 25. März bis 8. September bewässert; die andere aber das ganze Jahr, und insbesondere während der Wintermonate.

Trockne Wiesen findet man in der Lombardie nur in den trocknen, höher gelegenen, hügligen oder bergigen Gegenden. In der Ebene, in so ferne sie nicht bewässerungsfähig ist, sieht man nur selten wo Wiesen, weil sie bei der Hitze des Sommers austrocknen, und einen schlechtern und geringeren Ertrag geben, als Futterpflanzen: Luzerner oder rother Klee.

Wo Bewässerungs-Vorrichtungen getroffen sind, hängt es von der Menge des Wassers ab, über die man zu verfügen hat, ob man sich begnügen muß den Sommer über bloß die Wiesen, oder auch die Gärten und Äcker zu bewässern, oder ob man nebst diesen, alle, oder einen Theil der Wiesen auch im Winter bewässern kann.

Bei kargem Wasserzuflusse werden bloß die Sommerwiesen; bei reichlicherem, wenn gleich nicht beständigem, Wasserzuflusse auch die Felder bewässert. Nur bei reichlichem und beständigem Wasserzuflusse kann man Winterwiesen anlegen.

Auf der Bewässerung der Felder beruht es, daß man in der Lombardie, die ein kühles und feuchtes Clima fordernde und daher nur in den gebirgigen Gegenden des südlichen Deutschlands, so wie in den Ebenen des nördlichen Deutschlands und in England übliche **Wechselwirthschaft** eingeführt sieht, bei welcher das Land, wenn es zwei bis drei Ernten abgetragen hat, drei und mehrere Jahre zu Wiesen liegen bleibt, welche Felder man hier Aratorj adacquatori a vicenda heißt, und von deren Vortheilen und hohem Ertrage ich im Verfolge dieses Abschnittes sprechen werde.

5. Von der verschiedenen Art die Felder zu bewässern.

Wenn es sich darum handelt ein gegebenes Feld, das bisher trocken gelegen ist, in eine **bewässerte, beständige Wiese**, oder in ein **bewässertes Wechselfeld** umzustalten, so wird hier dieselbe Art der Wasserführung und Ausleitung beobachtet, die man auch in anderen Ländern sieht.

Es wird der Zuleitungsgraben auf der höchsten Stelle des Feldes fortgeführt, und durch von Zeit zu Zeit angebrachte Schleusen wird das Wasser zum Übergehen genöthiget, das sich dann auf eine oder auf beiden Seiten des Canals über die benachbarten, etwas abhängigen Wiesen oder Felder ergießt, wenn der Zuleitungsgraben fast horizontal liegt, d. h. nur ein sehr geringes Gefäll hat; oder es wird durch kleine Öffnungen, die in den Rand des Canals angebracht sind, ausgeleitet; und in einem kleinen Graben, wenn es eine Wiese ist, oder in der

Furche des Ackers fortgeleitet, und dann in einer näheren oder weiteren Distanz durch ein Vorsteckbrett zum Übergehen oder Aufstauen genöthiget. Nur darin sind die lombardischen bewässerten Wiesen von den übrigen mir bekannten unterschieden, daß die Wasserführung allenthalben mit der größten Umsicht und den gegebenen örtlichen Verhältnissen völlig entsprechend angelegt ist; daß man zur Vertheilung des Wassers am Felde selbst keine Schwellbretter nöthig hat; daß die Wassergebäude solid und gewöhnlich gemauert, oder auch wohl von gehauenen Steinen gemacht sind; daß die Wiesen und Äcker in eine dem Falle des Wassers angemessene Ebene gebracht sind, und daß man daher bei einer etwas bedeutenden Unebenheit des Bodens, oder größerem Abhange desselben das Feld oder die Wiese in mehrere Flächen abtheilt, die sich gegenseitig das Wasser mittheilen, das sie nicht mehr bedürfen. — Allenthalben ist es nur die Methode der Überrieselung, und nicht der Überstauung, die man bei den Wiesen anwendet, und nur bei den Reißfeldern stauet man das Wasser auf, so daß es einige Zoll hoch über den Boden stehet, läßt aber fortwährend frisches Wasser zufließen, wofür am untersten Orte eben so viel anderes abfließt, das den langsamen Gang durch das ganze Feld gemacht hat, weil sonst das Wasser faulen und die Pflanzen zu Grunde gehen würden, nicht gerechnet den noch größeren Schaden, daß die Ausdünstungen dieses Sumpfes tödtliche Krankheiten unter den Menschen hervorbringen würden.

Es ist aber die Bewässerung der W i n t e r w i e s e n von jenen der Sommerwiesen und bewässerten Felder merklich verschieden, weßwegen ich es nöthig erachte, diesen Gegenstand hier etwas näher anzugeben.

Die Winterwiesen — Prati a marcita — sind bestimmt, den Melkkühen von der Mitte des Hornung an frisches Gras zu liefern. Es muß daher die Vegetation auf denselben im fortwährenden Gange erhalten, und es muß alles aufgeboten werden ihr Stocken zu verhindern.

Wenn das Clima der Lombardie so mild wäre, wie jenes von Sicilien, so bedürfte es keiner besonderen Kunst auf den gewöhnlich bewässerten Wiesen auch im Winter hinlänglich Gras hervorzubringen: allein es ist keinesweges so mild, daß kein Schnee fiele, daß dieser nicht manchmal mehrere Tage liegen bliebe, daß es nicht fröre, und daß das stehende Wasser nicht oft mit einer Eisrinde bedeckt würde. Es war daher keine geringe Aufgabe einem ungünstigen Clima entgegen, und unter Schnee, Frost und Eis die Wiese grünend zu erhalten.

Man gelangte durch ein sehr einfaches Mittel zu diesem Ziele. Die Beobachtung, daß auf solchen Stellen der Sommerwiesen, die zufällig den Winter über mit einer genügenden Menge Wasser, nicht zu langsam, überrieselt wurden, der Wachsthum der Pflanzen durch Reif und Schnee und geringen Frost nicht unterbrochen ward, gab den Fingerzeig zum Verfahren, und bald hatte der Verstand und die Kunst des Menschen eine Erscheinung hervorgebracht, die aller Welt unmöglich däuchte, weil sie den Gesetzen der Natur entgegengesetzt zu sein schien.

Die Erfindung des Verfahrens solche Wiesen anzulegen, gehört den Lombarden; auch findet man, meines Wissens, außer dem Thale des Po, nirgendwo Winterwiesen, selbst nicht unter viel günstigeren climatischen Verhältnissen. Nach den interessanten, über diesen Gegenstand angestellten Untersuchungen des Herrn Domenico Berra, der eine erschöpfende Abhandlung über die Geschichte, Anlegung und Behandlung der Winterwiesen geschrieben hat (Dei prati del basso Milanese, detti a marcita, di Domenico Berra. Milano 1822), sind es die Zisterzienser Mönche von Chiaravalle und die Umiliati von Vicoboldone zuerst gewesen, welche das Wasser des Vettabbia in der Nähe der Hauptstadt zu diesem Behufe gebrauchten. Das älteste Document, das dieser Wiesen erwähnt, ist ein vom Dottore Tesseri verfaßter Kaufcontract zwischen Francesco Croce und dem Abate commendatario della Prepositura di Vicoboldone vom 25. April 1566 über ein

Stück Grund, das der erstere dem letzteren verkaufte, worin folgende Stelle vorkommt: Item jus irrigandi dictum poetium (pezzo, Stück) terrae ex et de aquis Vettabiae omnibus singulis quindecim diebus semel, et jus dictum pratum marcendi ex et de dictis aquis omni anno juxta solitum. **Marcire** heißt eine Wiese den Winter über bewässern, **pratum marcitorium**, und auf italienisch **Marcita, prato a marcita, prato marcitorio**, sind Winterwiesen. *)

Die Mönche der reichen Certosa erbten die Besitzungen der Umiliati in Carpiano an dem Vettabbia, und ließen sich, gleich ihren Vorgängern, die Vermehrung der Winterwiesen sehr angelegen sein, so daß sie zur Zeit des Censo, 1726, in der Gemeinde Carpiano allein schon 486 Pertiche und 2 Tavole derselben besassen. Zur nämlichen Zeit fand man im Umfange des städtischen Gebietes von Mailand (Corpi santi genannt) 5356 Pertiche 13 Tavole Winterwiesen, deren Zahl gegenwärtig wohl auf 7000 Pertiche gestiegen sein mag.

Die Bewässerung der Winterwiesen ist von jener der Sommerwiesen darin unterschieden, daß die ersteren eines beständigen und ununterbrochenen Wasserzuflusses nöthig haben; daß das Wasser, in dem es sich über die Oberfläche der Wiese verbreitet, in einer etwas geschwinderen Bewegung sich befindet, und daß daher die Ausleitungsgräben viel näher aneinander gerückt sein müssen, damit die erforderliche Menge Wasser allenthalben hingebracht, und die Wiese fortwährend in allen ihren Theilen mit demselben überronnen werde, und nirgendwo auf derselben staue.

---

*) Über die Etymologie des Wortes: *Marcire*, *Marcita*, *Marcitorium*, sind die Italiener noch immer nicht einig. Mir däucht es natürlich, daß die Alten dadurch eine Wiese anzeigen wollten, die schon im März gemähet wird. Daß man das Wort mit einem c und nicht mit einem z geschrieben findet, däucht mir kein Grund diesem Worte eine andere Bedeutung unterlegen zu wollen, die keinen Sinn hat, denn es fault (marcire) doch nicht die Wiese, die mit dem üppigsten Graswuchse prangt.

Es werden daher die Äcker oder Wiesen, die man zu Marcite umstalten will, durch mehrmaliges Pflügen, wobei die Erde immer gegen die Mitte aufgehäuft wird, in breite Beete gebracht, deren Richtung der Neigung des Bodens entspricht. Auf dem Rücken des Beetes, der etwa 3—4 Zoll höher ist, als der obere Rand des Abzuggrabens, wird der Wassergraben (Roggetta) angebracht, der das Wasser aus dem Zuleitungscanal (Roggia — Roggia adacquatoria) empfängt, und über die beiden Flügel des Beetes verbreitet, und die Furchen der Beete sind die Abzugsgräben (Rigagnoli, Scolatori), die das Wasser in einen andern Canal leiten, aus dem es wieder zur Bewässerung einer tieferen Fläche ausgeleitet wird.

Die Breite dieser Beete ist gewöhnlich 6—8 Wiener Klafter; eine Seite, oder ein Flügel — Ala — eines solchen Beetes ist 3—4 Klafter breit.

Die Länge solcher Beete ist sehr verschieden, und hängt von der Neigung des Bodens ab. Je weniger er geneigt ist, je länger kann ein solches Beet sein, und umgekehrt. Denn da das Wasser, das längs dem Rücken des Beetes läuft, bestimmt ist, gleichförmig zu beiden Seiten des Wassergrabens überzugehen, und sich über die abhängende Fläche der Beetflügel zu verbreiten, so würden die Seiten dieses Wassergrabens an seinem unteren Ende zu hoch aufgedämmt werden müssen, wenn man das Beet bei einer bedeutenden Neigung des Bodens zu lang machte. In einem solchen Falle wird dann entweder der Ableitungsgraben von der Furche auf die Höhe des Beetes geleitet, und zum Zuleitungsgraben, oder man stauet das Wasser im Verlaufe des Zuleitungsgrabens auf verschiedenen Puncten, wodurch man verschiedene Wasserhöhen erreicht; oder man zieht quer über die Beete einen Graben, in dem die Abzugscanäle ihr Wasser entleeren, aus dem man dann dasselbe in die tiefer gelegenen Flächen neu ausleitet.

Es ist nicht mein Zweck hier ein vollkommenes Detail des Verfahrens bei der Anlage solcher Wiesen zu liefern; theils, weil es zu wenig Interesse für meine Landsleute hat, die nie solche Wiesen auf ihren Gütern anlegen können, und theils auch, weil die, welche sich gründlichere Kenntnisse über diesen Gegenstand erwerben wollen, in dem obenangeführten Werke des Herrn Berra eine vollkommenere Anleitung erhalten, als ich hier zu liefern im Stande bin. Zu meiner Absicht genügt es, aus diesem Werke die bildliche Darstellung der verschiedenen Arten der Wasserleitungen in den Winterwiesen, mit der hiezu gehörigen Erklärung meinen Lesern mitzutheilen, die ich für hinlänglich halte, Jedem, der etwas mit Wiesenwässerungen bekannt ist, ein völlig klares Bild der lombardischen Bewässerung zu geben.

Siehe im Anhange die Figuren I, II und III, nebst ihrer Erklärung aus Berra's Werk.

Das, was mir in den bewässerten Wiesen der Lombardie auffiel, war der Abgang aller Vorsteckbretter in den Wasserleitungen auf der Wiese selbst. Schleusen, Wasserschwellen — Incastri, Chiuse — sind nur in den Zuführungsgräben; auf der Wiese sind die Wasserführungen so trefflich und verständig eingerichtet, daß sich das Wasser allenthalben über dieselben verbreitet, ohne daß, wie bei uns, eine Menge von solchen Schwellen vonnöthen wäre, mittelst welcher man das Wasser über die verschiedenen Theile der Wiesen verbreitet. Bei Winterwiesen ist dieß eine absolute Nothwendigkeit, denn diese müssen fortwährend mit fließendem Wasser bedeckt sein, weil sonst bei kaltem Wetter jene Stellen, die nicht damit bedeckt, oder zu wenig damit bedeckt sind, oder wo das Wasser zu langsam flösse, frieren, und das Gras zu Grunde gehen würde. Allein auch in Sommerwiesen findet man nur höchst selten solche Schwellen, und man zieht es vor, lieber bei der Anlage der Bewässerungsanstalt eine größere Auslage für Canäle und Ebenlegung des Bodens zu machen, als alljährlich den Unterhalt solcher Vorrichtungen zu bestreiten, die so schnell zu Grunde gehen, und zu ihrer Regulirung so viel Zeit und Geldaufwand erheischen.

Die Anlegung von bewässerten Wiesen wird in der Lombardie von einer eigenen Classe Menschen geleitet, die da unter dem Namen »Campari« bekannt ist. Sie besorgen auf größeren Wirthschaften die richtige Vertheilung des Wassers, öffnen und sperren die Schleusen, die das Wasser zu- und abführen, bessern die Mängel aus, die sich in den Wasserführungen ergeben, und erwerben sich bei diesem Geschäfte jene practischen Kenntnisse, wie das Wasser über eine gegebene Fläche am vortheilhaftesten zu vertheilen, und wie die Bewässerung mit den geringsten Kosten zu bewerkstelligen sei, so daß man allenthalben nur ihnen, und nicht Geometern, die Leitung der Arbeiten bei neuen Anlagen überläßt.

6. Vom Bedarfe und Werthe des Wassers.

Da, wo man den Werth des Wassers kennen gelernt hat, wird es auch sehr hoch geschätzt, und man erkennt den Werth desselben, wenn man den Pachtzins übrigens gleicher Gründe vergleicht, wovon die einen mit einer genügenden Menge eigenen Wassers versehen sind, die andern es kaufen müssen. Ist die Wiese trocken, so erhält man etwa 6 bis 10 Lire für die Pertica; ist sie aber bewässerungsfähig, so bekommt man 12 bis 40 Lire Pacht, je nachdem man über weniger oder mehr Wasser verfügen kann.

Das Wasser ist in der Lombardie ein Gegenstand des Kaufs und Verkaufs. Es gibt Menschen, deren einzige, sehr bedeutende Einnahme in dem Wasserverkaufe besteht. Sie sind Besitzer von einer gegebenen Menge Wassers, das sie aus einer der großen Wasserleitungen, Naviglj, beziehen, und dem Staate abgekauft haben: oder sie haben mehrere unbedeutende Quellen und Wasserabflüsse — Scolatoj — zusammengekauft, und in einen Canal vereinigt, den sie nur so weit führen, bis das darin enthaltene Wasser Gefäll genug findet, um zur Bewässerung gebraucht werden zu können.

Die meisten Grundbesitzer sind zugleich auch entweder ganz, oder theilweise Eigenthümer der Wassercanäle, aus denen sie zunächst das Wasser beziehen; doch gibt es deren viele, die deßwegen, weil sie ihre bewässerten Felder vergrößerten, nicht genug Wasser haben, und das mangelnde kaufen müssen.

Die Vertheilung des Wassers geschieht überall nach festgesetzten Terminen, auf deren Einhaltung genau gesehen wird, und weil man sie häufig zu überschreiten sich bemüht, eine reichliche Quelle von Streit und Processen sind. Jedem ist Tag und Stunde anberaumt, wann er eine bestimmte Schleuse zu öffnen und wieder zu verschließen hat, und die Campari sind wachsam, daß sie vom Nachbar nicht überlistet werden.

Die Menge des Wassers zur Bewässerung wird in der Lombardie nach Oncie gerechnet. Eine Oncia Wasser ist all' uso **Magistrale Milanese**, die Menge desselben, die aus einer Öffnung hervordringt, die 3 Oncie (1 Oncia = 1,882 Wiener Zoll) breit, 4 Oncie hoch, und über der Öffnung 2 Oncie hoch mit Wasser bedeckt ist; folglich vom Grunde der Öffnung bis zum Spiegel des Wassers 6 Oncie Höhe hat. Die Öffnung hat demnach 42,5 □ Zoll Wiener Maß, und über der Öffnung, die das Wasser durchläßt, sind 3,75 Zoll hoch rinnendes Wasser.

Eine solche Oncia Wasser gibt nach den dießfälligen Versuchen in einer Minute 2,18555 kubische Meter Wasser, womit man in 24 Stunden ohngefähr 43 Pertiche (4,889 Joch) einer sandigen und nicht sehr regelmäßigen Wiese, oder 36 Pertiche Ackerland (4,093 Joch) zu bewässern im Stande ist.

Für die Winterwiesen braucht man aber viel mehr Wasser, und 1 Oncia desselben bewässert nicht mehr als 8 Pertiche, = 0,909 Joch, wenn die Zuleitungscanäle von einem Ende des Stückes zum andern gehen. Wenn es aber inzwischen gestauet, oder durch einen Quergraben aufgefangen, und neu ausgeleitet wird, so langt man damit für 12,15 bis 20 Pertiche = 1,36 — 2,274 Joch aus.

Nachdem das Wasser eine Handelswaare geworden, so war es natürlich, daß man auf ein Mittel sann es zu messen, um den Preis genau der Menge anzupassen. Das älteste und natürlichste war, daß man in den Hauptcanal eine Öffnung von einer bestimmten Weite und Tiefe machte: allein da eine solche Öffnung zu leicht verändert werden konnte, auch die Wassermenge zu sehr von der zufälligen und wechselnden Höhe des Wasserstandes im Canal abhing, und man daher nie ganz sicher war die gewünschte Menge des Wassers zu erhalten, und bald mehr, und bald weniger ausfloß, als man contrahirt hatte, so ersann man eine andere, eben so einfache als sinnreiche Methode das Wasser in einer bestimmten Menge aus den Hauptcanälen abzuleiten.

Um meinen Lesern einen deutlichen Begriff von dieser Vorrichtung zu geben, theile ich ihnen aus dem Werke des Ingegnere Franc. Bern. Ferrari: Descrizione del modo con cui sono formate le bocche che estraggono l'acque dalli Naviglj di Milano, 1830. 2da Ediz., die Zeichnung einer solchen Schleuse sammt ihrer Erklärung mit, Siehe Fig. IV.

Der Geldwerth des Wassers wechselt, je nachdem man dasselbe zur Bewässerung von Gärten, Wiesen oder Feldern verwendet; je nachdem es entweder unmittelbar aus einem großen Canal, oder einem Bache herrührt, oder schon über mehrere Felder geflossen ist. Je mehr die Producte des bewässerten Bodens werth sind, je mehr das Wasser pflanzennährende Bestandtheile mit sich führt; je theurer kann es bezahlt werden. In der Umgebung von Mailand wird daher das Wasser aus dem Vettabbia um vieles höher bezahlt, wie jedes andere, und überall schätzt man das Abflußwasser höher zur Bewässerung, als das unmittelbar aus dem Bache oder Canal gezogene.

Man zahlt für eine Oncia Wasser beständigen Zuflusses gegenwärtig in der Umgebung von Mailand, worunter ich aber das Wasser des Vettabbia nicht rechne, 6 bis 800 Lire jährlichen Pacht. Für den Winter allein aber zahlt man nur 60 bis 70 Lire. Beim Kaufe hat man in günstigen Lagen für eine

Onela Wasser wohl manchmal 20,000 Lire gezahlt. Breislak, Descrizione geologica della Provinzia di Milano.

Der hohe Geldwerth des Wassers war die veranlassende Ursache, daß man anfing das unnütz dahin fließende Wasser der Quellen zur Bewässerung zu verwenden. Zu diesem Behufe sieht man an vielen Orten, wo sich Quellen zeigten, dieselben aufgedeckt, indem eine weite Strecke des Erdreichs ausgegraben und der freie Ausfluß des Wassers dadurch befördert wird. Man gräbt dann da, wo man das Wasser hervorquellen sieht, durchlöcherte Fässer in die Erde, die mit ihrem oberen offenen Rande an die Oberfläche des Bodens reichen, und das Ausströmen des Wassers aus der untern Schichte des Bodens in diese Tonnen befördern sollen; was aber sicher völlig überflüssig ist, indem die durchweichte Erde ohnedieß dem Emporsteigen des Wassers kein Hinderniß entgegensetzt.

Solche Quellen sieht man bei Rosexio an der Straße, die von Mailand nach Saronno führt: auch in Casaretto und Crescenzago bei Mailand sah ich solche. Ihr Wasser führt zwar keine befruchtenden Theile mit sich, und ist im Sommer kälter, wie das Wasser der Bäche und Canäle, daher für Sommerwiesen von geringerem Werthe, dafür aber für die Winterwiesen von desto größerem; denn da das unter dem Boden daher fließende Wasser immer denselben Temperaturgrad hat, so verhindert es im Winter bei sehr kalten Tagen am wirksamsten die Bildung des Eises und das Stocken der Vegetation. Das Wasser solcher Quellen hat auch in sehr kalten Wintertagen da, wo es zum Vorschein kommt, noch immer 10 bis 11° R. Wärme, und wenn es auch noch einige Grade Wärme verliert, bis es auf die Wiese kommt, so ist doch noch genug darin enthalten, um das Frieren zu verhindern.

Endlich muß ich hier auch noch der Wasserräder erwähnen, deren ich in der Nähe von Verona mehrere sah, die aus der Etsch auf einer bedeutende Höhe das Wasser heben. Es sind aber diese Vorrichtungen in Deutschland gemeiner, wie im

Italien, und ihre nähere Beschreibung hat daher für meine Leser zu wenig Interesse: überdieß sind ihrer so wenige, daß sie auf die Cultur des Landes keinen merklichen Einfluß haben.

---

b. Die Cultur der Wiesen.

Um diesen Gegenstand, der für den Landwirth von der größten Wichtigkeit ist, gehörig zu beleuchten, daß man ihn wenigstens in seinem Umrisse genau erkenne, weil der Zweck des Werkes nicht erlaubt, in ein zu großes Detail einzugehen, will ich ihn in drei Abschnitte theilen, und von der Cultur der drei verschiedenen Arten von Wiesen, die man in der Lombardie sieht, der Wechselwiesen, der beständigen Sommerwiesen und der Winterwiesen abgesondert das Merkwürdigste anführen.

1. Von den Wechselwiesen.

Wechselwiesen — Prati a vicenda — auf lombardisch, Spianata, auch wohl Erbatico — sind solche Wiesen, die nicht zum beständigen Graswuchse bestimmt sind, sondern abwechselnd mehrere Jahre auch zur Körnererzeugung verwendet werden, wie ich bereits zu sagen Gelegenheit gehabt habe.

Diese Wiesen sind die häufigsten in der Lombardie, und der glücklichen Verbindung des Gras- und Körnerbaues, die auf demselben Felde in einer schicklichen Abwechslung wiederkehren, ist der zahlreiche Viehstand, das reiche Milcherträgniß und die große Körnererzeugung der bewässerten Gegenden zuzuschreiben.

Nur durch reichliche Bewässerung ist es möglich in den warmen und trocknen Sommern, welche diesen Gegenden eigen sind, Wechselwiesen zu haben, die man nur in den Bergen von Kärnten, Ober-Steiermark und Salzburg antrifft, wo sie Egarten heißen, und wo die starke Düngung, und die kühlen, feuchten Sommer diese Culturart begünstigen.

Wer in der Lombardie reichlich ertragende Wechselwiesen haben will, trägt Sorge, daß er den Acker ein Jahr früher, ehe er ihn liegen läßt, mit einer Frucht bestellt, die eine vollkommene Reinigung und Lockerung des Bodens erfordert, oder zuläßt. Man fängt daher den Fruchtwechsel entweder mit Mais, Hirse oder Lein an, und säet im zweiten Jahre Weizen, oder säet auch wohl im ersten Jahre Lein, und zur Nachfrucht Hirse, dann im zweiten Jahre Mais, und erst im dritten Jahre Weizen, um dann das Feld drei andere Jahre lang zur Wiese liegen zu lassen. Eine oder auch wohl beide dem Weizen vorausgehende Pflanzensaaten erhalten aber regelmäßig eine brachähnliche Vorbereitung des Bodens; — Coltura maggenga, wenn sie im Frühling, und Coltura agostana, wenn sie im Spätsommer Statt hat, von der ich an seinem Orte gesprochen habe.

Alle Landwirthe sind der Meinung, daß wenn die Wechselwiese einen guten Ertrag abwerfen soll, der Boden nicht nur allein wohl gedüngt, sondern auch von allem Unkraut möglichst gereiniget werden müsse. Man sieht daher nicht sowohl da, wo Klee oder Grassamen in das Feld gesäet werden, das zu Futter bestimmt ist, — als auch da, wo das Hervorkommen solcher Pflanzen der Natur überlassen wird, die sorgfältige Vorbereitung des Bodens gleichförmig beobachtet.

Neu angelegte Winterwiesen werden überall mit englischem Reigras — Lolium perenne — besäet. Auf Wechselwiesen wurde sonst das Hervorkommen der Futterpflanzen der Natur überlassen, die hier nicht säumet die Felder sehr bald mit weißem Klee zu überziehen; welches Verfahren aber, wie ich mich überzeugte, immer mehr beschränkt wird, weil man sich überzeugt, daß das Hervorkommen und die allgemeine Verbreitung der Futterpflanzen über den Boden nach weggebrachter Vorfrucht und in dem darauf folgenden Frühlinge ein zu geringes Futterträgniß abwirft, und es daher räthlicher findet auf den Weizenacker gemeinen rothen Klee zu säen, der aber nur im Herbste des ersten und im Frühlinge des folgenden Jahres das

Feld einnimmt, hierauf allgemach verschwindet und dem weißen Klee Platz macht, der beim zweiten Schnitte schon die Hälfte des Feldes bedeckt und bis zum Herbste den rothen Klee ganz verdrängt hat.

Für Viele ist es sehr auffallend, daß in den Wechselwiesen der Lombardie, dort, wo der Boden nicht zu seicht und die Erde nicht gar zu bündig ist, wo die Äcker reichlich gedüngt, und nicht zu sparsam bewässert werden, die Felder sich von selbst mit allerlei Gräsern, und vorzüglich mit weißem Klee, Trifolium repens, auf lombardisch, Trifoglio ladino, überziehen; allein da ich dieselbe Erscheinung auch in den Egartwiesen der obgenannten deutschen Länder sah, so überzeugte ich mich, daß gleiche Ursachen bei gleichen Verhältnissen überall gleiche Wirkungen hervorbringen, und daß, wenn in den Egartwiesen der kältern Länder die Bewässerung fehlt, das regnerische und kühle Clima genug Feuchtigkeit zum Gedeihen des weißen Kleees liefert, wenn nur die Äcker hinlänglich stark gedüngt sind.

Daß der weiße Klee in den Feldern die ganze Oberfläche überzieht, glaubte man dadurch zu erklären, daß der Wind den reif gewordenen Samen dieser Pflanze fortwährend über alle Theile des benachbarten Landes verbreitet, und daß sich die aus ihm aufkeimenden Pflanzen sogleich des Bodens bemächtigen, und alle nebenstehenden verdrängen, sobald das Feld nicht bearbeitet wird; mir scheint es aber, daß man diese Erscheinung ungezwungen dadurch erklärt, daß man annimmt, daß die Pflanzen des weißen Klees während der Jahre des Getreidebaues nur unterdrückt, nicht aber vertilgt werden konnten, und sogleich kräftig zu wachsen beginnen, so wie der Boden stark gedüngt, fleißig bewässert und nicht mehr geackert wird.

Ich habe mich von der Thatsache dieser Erscheinung auf dem Gute Moggio, Gemeinde San Novo, in der Nähe des Naviglio grande, und dann zu Ronchero, zwischen Pavia und Lodi überzeugt. Im erstern Orte sah ich am 12. Juni den Klee das zweitemal mähen, der jetzt größtentheils aus weißem Klee bestand, nachdem beim ersten Schnitte, nach der Versicherung der arbeitenden Menschen und des Fattore, nur bloß rother Klee sichtlich war, dessen Same im vergangenen Jahre (1827) in das Weizenfeld gesäet worden war. Im zweiten Orte betrachtete ich am 22. Juni 1828 mit großer Aufmerksamkeit und Verwunderung ein Feld, das jetzt mit weißem Klee wie überdeckt war, in welchem im Frühlinge des vergangenen Jahres rother Klee unter Ölkohl (Colzat) gesäet worden war. Schon im vergangenen Jahre war das Feld nach abgeernteter Kohlsaat viermal, und im laufenden schon dreimal abgeweidet worden, und jetzt war der weiße Klee schon so weit wieder bewachsen, um binnen acht Tagen den Kühen neuerdings zur Weide zu dienen.

Wenn das Feld nicht bewässert wird, so dauert der rothe Klee, wie überall, durch 2—3 Jahre, und geht dann allmählig aus und macht andern Pflanzen Platz: sobald aber das Feld bewässert wird, geht er hier schon zu Anfang des zweiten Jahres aus, und wird dann vom weißen Klee ersetzt. Ob das überall so der Fall sein würde, auch da, wo kein weißer Klee in der Umgebung wächst, oder nicht in großer Menge vorhanden ist, traue ich mich nicht zu behaupten; sicher aber ist es eine sehr unzeitige Furcht, die gegenwärtig noch manche Gutsbesitzer hegen, der rothe Klee möchte ihren guten Wechselwiesen schädlich sein, und das Aufkommen des weißen Klees hindern, da man sich durch hundertfältige Versuche überzeugt hat, daß der rothe Klee in bewässerten Feldern dem weißen Klee sehr bald unterliegt.

Jetzt ist nur der Reißbau noch einigen Pächtern aus demselben eitlen Grunde verboten; denn ich sah die schönsten Wechselwiesen in solchen Wirthschaften, wo der Reiß mit in den Fruchtwechsel aufgenommen ist.

In den meisten Fällen läßt man solches Feld drei Jahre lang zu Wiesen liegen; in seltenen Fällen aber auch vier Jahre. Während dieser Zeit wird es in einigen Gegenden alljährlich, in andern aber alle zweite Jahre gedüngt. Zu diesem Behufe wird der Dünger im Verlaufe des Sommers aus den Ställen auf die Wiesen geführt, und in länglich viereckige Haufen gebracht, in denen er gährt, und sich stark zersetzt, so daß er dann im Winter, wenn er auseinander geführt und über die Wiesen verbreitet wird, mit Leichtigkeit zertheilt werden kann.

Größtentheils ist es der Stalldünger, der zu diesem Behufe verwendet wird; man gebraucht aber auch alle anderen Arten positiv düngender oder düngervermittelnder Substanzen. Zu den erstern gehört die Jauche aus den Gruben, die neben den Ställen der Schweine sich befinden; die Ölkuchen; der Ruß; und fruchtbare, d. h. mit Humus gemengte Erde, die man manchmal bei Bodenebnungen abgräbt. Zu den letztern gehören die Asche, die frische sowohl, als ausgelaugte, und der Bauschutt.

Von diesem letzteren sah ich in der Provinz Lodi einen großen Gebrauch machen: man führte von Lodi vecchio weit und breit solchen Bauschutt, der aber mit vieler Gartenerde gemischt war, in die Felder.

Ehe man die Wiesen im Frühlinge bewässert, werden sie von allem, was dem Graswuchse hinderlich sein könnte, gereinigt und geebnet, damit das Wasser sich allenthalben hin verbreite, und nirgendwo stecke. Alle über Winter entstandenen Maulwurfhügel werden geebnet, und alle Unebenheiten, welche der Tritt der weidenden Thiere und die Wagen verursacht haben, entweder erniedriget, oder erhöht. Zu diesem Behufe sind die Arbeiter mit hölzernen, mit Eisen beschlagenen Schuhen und mit einer Schaufel versehen; die Erhöhungen werden mit den Füßen niedergetreten, und die Vertiefungen durch eine oder mehrere Stiche mit der Schaufel aufgehoben.

Es leuchtet von selbst ein, daß der Ertrag solcher Wiesen, die so stark bedüngt und auf das sorgsamste gewässert werden, in einem Clima, wo die Vegetation nur kurze Zeit im Jahre stockt, sehr groß sein müsse. Es ist aber schwer sich hierüber aufzuklären, da diese Wechselwiesen nach der Sitte des Landes zum Theile abgeweidet, und zum Theile nur, und gewöhnlich abwechselnd mit der Weide gemähet werden.

In Vittadone, Provinz Lodi, in einem fruchtbaren gut bewässerten Boden, und in einer gut betriebenen Wirthschaft, gab mir der Pächter, ein verständiger, wohl unterrichteter Mann, folgenden Ertrag seiner besten Wechselwiesen an. Eine Pertica gibt im ersten Jahre in 3 Mahden, 8 Fasci Heu, und eine Weide im Herbste; im zweiten Jahre gibt die Wiese dasselbe Erträgniß; im dritten Jahre etwa 7 Fasci. Das W. Joch berechnet sich bei 8 Fasci auf 95 Zentner Heu.

So groß dieses Erträgniß aber auch immer sein mag, so halte ich es nicht für übertrieben, denn man muß den dichten Pflanzenwuchs auf diesen Wiesen sehen, um sich von ihrem Ertrage einen vorläufigen Begriff zu machen: auch wurde ich in dieser Meinung durch die im Jahre 1726 vorgenommene Catastralschätzung bestärkt, wo der Commissär für die erste Classe solcher Wechselwiesen in Vittadone im ersten Jahre 6, im zweiten Jahre 6, und im dritten Jahre 5½ Fasci; dann für die zweite Classe dieser Wiesen für 3 Jahre 16 Fasci, und für die dritte Classe 13½ Fasci angenommen, und für die benachbarte Gemeinde Melegnanello, 18,16½ und 13½ Fasci pr. Pertica, als dreijährigen Ertrag festgesetzt hat. *)

Wenn man weiß, wie niedrig man bei Gelegenheit der Catastralschätzung den Ertrag veranschlagt, und die seit 100 Jahren vergrößerte Bewässerung und den vermehrten Viehstand in Rechnung bringt, so erklärt sich der vom Pächter angegebene Ertrag sehr ungezwungen.

2. Von den beständigen Wiesen.

Der bewässerten Wiesen, die nicht in den Fruchtwechsel aufgenommen sind, werden in der Lombardie von Tag zu Tag

*) Dandolo (Opera postuma S. 123) rechnet, daß ihm seine Wiesen in Varese im Durchschnitte auf 3 Mahden etwas mehr als 6 Zentner pr. Pertica = 7182 Pf. pr. Joch geben. Sie werden gedüngt, können aber nicht regelmäßig bewässert werden.

weniger. Man überzeugt sich immer mehr, daß es größeren Vortheil bringt, den durch die Bewässerung, die Düngung und die Graswurzeln bereicherten Boden einige Jahre zur Körnererzeugung zu verwenden, als ihn fortwährend zu Gras liegen zu lassen.

Der Anblick der beständigen Sommerwiesen ist von dem der Wechselwiesen darin unterschieden, daß man die Kleearten nur in sehr geringer Zahl darin vorfindet, wofür die eigentlichen Grasarten mit denselben andern Pflanzen vorkommen, die man auch in unsern und allen europäischen Wiesen antrifft. Dann sieht man auch häufig, jedoch nicht allenthalben, die Ränder der Zuleitungsgräben mit der Bandweide, Salix viminalis, eingefaßt, die man von Zeit zu Zeit wenige Zoll ober dem Boden abschneidet, und aus deren Verkauf an die Korbflechter man einen nicht unwichtigen Ertrag bezieht, wie ich sogleich näher angeben werde.

Die Cultur ist dieselbe, wie bei den Wechselwiesen, ihre Benützung aber ist immer nur auf die Gewinnung des Heues gerichtet; und sie werden daher nicht, wie diese, den Sommer über abgeweidet, sondern dienen bloß im Herbste nach der letzten Mahd dem Viehe zur Weide.

Sie werden vom 25. März bis 8. September bewässert. Die Art der Bewässerung ist dieselbe, wie bei den Wechselwiesen: das Feld ist in ebene gering geneigte Beete getheilt: in die Furchen, die diese Beete theilen, wird das Wasser aus dem Zuleitungscanal gelassen, stauet am Ende desselben an, und tritt zur Seite über die Oberfläche des Beetes.

3. Von den Winterwiesen.

Jene Wiesen, die beständigen und genügenden Wasserzufluß haben, können zu Winterwiesen benützt werden, wie ich bereits oben sagte, wenn ihre Oberfläche früher in eine solche Gestalt gebracht worden ist, daß sich das Wasser mit Leichtigkeit, und ohne irgendwo zu stocken, über die ganze Wiese bewegt.

Es muß daher der Boden, der zu Winterwiesen gestaltet werden soll, aufgebrochen, gepflügt, die Grasnarbe zerstört, und die Oberfläche so zugerichtet werden, daß das Wasser mit Leichtigkeit und in genügender Menge darüber fließe. Sie werden allenthalben mit Reigras besäet, das Viele ganz allein ausstreuen, Andere mit etwas rothem Klee, auch wohl mit anderen Grassamen, oder dem Kehricht des Heubodens versetzen.

In den jungen Winterwiesen ist die prävalirende Pflanze immer das Lolium perenne, wohl $^{7}/_{10}$ des Ganzen; dann kommt Bromus mollis, rother Klee; nicht selten sind auch Arten von Ranunculus und hin und wieder Sauerampferstöcke. So wie die Wiesen älter werden, auch wohl in den spätern Mahden eines jeden Jahres, kommen Kleearten zum Vorscheine.

Obgleich man sich bemüht die Wechselwiesen sowohl, als die beständigen Sommerwiesen so oft als möglich zu düngen, so geschieht es doch nicht selten, daß man die Letzteren gar nicht oder nur selten düngt, und es vortheilhafter findet den Dünger den Äckern zuzuwenden: allein eine Winterwiese nicht alljährig zu düngen, wird allgemein als ein wesentlicher Fehler betrachtet. Ein so theures Grundstück wie eine Winterwiese ist, kann nämlich nur dann sich entsprechend verzinsen und die aufgewendete Mühe lohnen, wenn es einen diesen Auslagen angemessenen rohen Ertrag abwirft, dessen Größe immer, bei gleichen übrigen Verhältnissen, von der Größe der Düngung abhängt; auch bedürfen die Pflanzen, wenn sie in einer, ihr Wachsthum so wenig fördernden Temperatur gedeihen sollen, wie sie im Spätherbste und Winter Statt findet, mehr als gewöhnliche Nahrung. Man sieht daher allenthalben in den Winterwiesen Düngerhaufen, die im Sommer vorbereitet werden, um im Herbste auseinander geführt und so gleichförmig als möglich über die Oberfläche der Wiesen verbreitet zu werden.

Zu Ende September führen Jene, welche in der Mitte December solche Wiesen mähen wollen, den Dünger auseinander, und beginnen gleich darauf die Bewässerung; Jene aber, die erst Ende Octobers, oder gar im November zu wässern beginnen, können erst im Hornung die erste, und dann im März und April die zweite und dritte Mahd vornehmen.

Der Dünger muß wohl abgefault sein, damit er sich so klein als möglich zertheilen lasse, und um dieß möglichst zu bewirken, wird der anfänglich durch Mistgabeln zerstreute Dünger mit einer Buschegge überfahren. Wer im Herbste nicht genügend animalischen Dünger hat, alle seine Winterwiesen zu bedüngen, streuet im Frühlinge über den nicht gedüngten Theil Asche oder Ölkuchen.

Der Dünger wird mit Schlitten auseinander geführt, weil die Räder der gewöhnlichen Wagen die Wiesen durch ihre Furchen verderben würden. Diesen Nachtheilen beugt man aber eben so sicher durch breitfelgige Räder vor, die ich schon mehrfältig in Anwendung sah.

Die Winterwiesen werden anfänglich mäßig bewässert, damit sich der Dünger allgemach auflöse, und sich dem Boden einverleibe: auch wird ihnen das Wasser an schönen und sonnigen Tagen ganz genommen. Später wird ihnen mehr Wasser gegeben, und am meisten bedürfen sie desselben, wenn die Temperatur unter den Gefrierpunct fällt. An solchen Tagen fordern die Wiesen die größte Aufmerksamkeit, daß das Wasser in möglichst großer Menge über sie dahin laufe, und nirgendwo stocke, wodurch allein der Bildung des Eises am wirksamsten vorgebeugt wird. Ist die Kälte so stark, daß sie eine bedeutende Eisrinde bildet, so muß das Zufließen des Wassers schnell gehemmt werden. Auf diese Weise ist eine dünne Eisdecke in der Höhe, und der Boden eisfrei, und wenn die große Kälte nicht zu lange dauert, so lös't das später wieder zugelassene Wasser die Eisdecke auf, und es bleibt das Gras unversehrt. Ist aber die Kälte gar zu groß, und frieret der Boden, so wird dadurch auch das auf der Wiese befindliche Gras zerstört, und man verliert eine Mahd. Doch sind solche Fälle selten, und man macht sich auch nicht viel aus denselben.

Da die Käseerzeugung den wesentlichsten Theil der baren Einnahme ausmacht, so mußte es den Landwirthen sehr daran gelegen sein den Kühen den größten Theil des Jahres saftiges Futter zu geben, weil von demselben die Menge und Güte der Milch vorzüglich abhängt. Dieß bestimmte sie die Winterwiesen anzulegen. Was wir im Norden von Europa nur durch Wurzelgewächse und nahrhafte Getränke und in beiden Fällen nur mit großem Aufwande erreichen, das erzielt der Lombarde mit seinen Winterwiesen viel vollkommener, die ihn 9 bis 10 Monate lang mit Milchgras und Weide versehen.

Über den Ertrag solcher Winterwiesen sagt Berra in dem obenangeführten Werke S. 137, daß er sich zum Behufe einer genauen Rechnung über den Futterbedarf eine Brückenwage habe machen lassen, und daß er alles grüne Futter, das ihm eine bestimmte Fläche solcher Wiesen das ganze Jahr über abgeworfen, habe wiegen lassen, und daß er sich dadurch in den Stand gesetzt habe, den Ertrag solcher Wiesen, sowohl, wenn sie bloß zu Grünfutter eingemäht, als wenn sie zum Theile auch zu Heu verwendet werden, mit Bestimmtheit zu erheben.

Wenn das Gras dieser Wiesen grün verfüttert wird, so geben sie das größte Product. Man fängt sie Mitte Hornung an zu mähen, und mäht sie dann im Verlaufe von 7 Monaten fünf-, auch wohl sechsmal, worauf sie erst noch beweidet werden.

Folgendes ist nach Berra das Erträgniß einer Pertica an Gras:

Im Hornung	Pfunde 1049.
» März	» 1573.
» Mai	» 1639.
» Juli	» 918.
» September. . . .	» 786.
	Pfunde 5965.

Ein Wiener Joch gibt diesem zu Folge 714 Zentner Gras. Wollte man das Gras auf Heu reduciren, und ¾ davon für Wasser abziehen, das beim Trocknen verdünstet, so bleiben

6 *

178 Zentner Heu. Weil aber das im Hornung, März und September gewachsene Gras viel mehr Wasser hat, als das im Sommer gewachsene, und weil überhaupt solches Gras nie zu jener Ausbildung gelangt, wie jenes, welches auf Wiesen wächst, deren Erzeugniß zu Heu bestimmt ist, so darf man, meint Berra, nur ⅘ des Productes als Heu annehmen, wornach das Erträgniß eines Joches 142 Zentner Heu beträgt.

Wird das im Hornung und März gewachsene Gras grün gefüttert, und das nachfolgende zu Heu gedörrt, so rechnet Berra 850 Pfund Heu pr. Pertica = 100 Zentner Heu pr. Joch.

Nach den genauen Berechnungen über Einnahmen und Ausgaben zeigt sich, daß, wenn der Wiener Zentner Heu zu 1 fl. 5 kr., und 100 Pf. Gras zu 13 Kreuzer veranschlagt werden, die Pertica einer solchen Winterwiese nach der verschiedenen Art, sie entweder ganz zu Gras, oder zum Theile zu Heu selbst zu benützen, oder sie an die Kühwirthe, Bergamini, wovon ich in der Folge sprechen werde, zu verpachten, ohne den Werth des Düngers, der gewonnen wird, 36½ bis 39¼ Lire, und mit dem Werthe des Düngers von 11 Lire 17 Soldi, einen reinen Ertrag von 48⅓ bis 51 Lire pr. Pertica, = 125 bis 132 Gulden für das Joch einbringe, ohne noch erst den Nutzen in Anschlag zu bringen, den die Bandweiden abwerfen, womit die Wassergräben eingefaßt sind, die Berra mindestens auch noch zu 3 Lire pr. Pertica anschlägt; 7⅔ Gulden jährlich für das Joch.

Nach einer anderen Rechnung, die Berra in dem angeführten Werke S. 150 mittheilt, hält er 135 Pertiche = 15⅓ Joch, Winterwiesen für genügend 50 Kühe durch sieben Monate mit Grünfutter zu versehen, und 100 Pertiche = 11⅓ Joch, um das Heu für die drei Wintermonate zu liefern.

Es ist also kein Wunder, wenn man die Pertica solcher Wiesen bis zu 1000 Lire verkaufen sieht.

In früheren Jahren dünkte mir dieser hohe Ertrag der Winterwiesen übertrieben (siehe mein Lehrbuch der Landwirthschaft, zweite Auflage, II. Theil S. 112); jetzt aber, seit ich diese Wiesen selbst gesehen, und den berühmten Verfasser des Werkes »Dei prati del basso Milanese,« Herrn Berra, kennen gelernt, und mich von seiner Genauigkeit im Beobachten überzeugt habe, bin ich von seinen Angaben vollkommen überzeugt, um so mehr, da sie auch mit den Mittheilungen übereinstimmen, die mir von andern verständigen Landwirthen gemacht worden sind.

Schließlich will ich hier noch eine Beobachtung meinen Lesern mittheilen, die ich über den Ertrag solcher Wiesen selbst gemacht habe.

Auf einem Spaziergange vor der Porta Vercellina am 28. Mai, fand ich auf einer der vielen Marcite, die bis zur Stadtmauer reichen, das Gras in Häufel gebracht. Ich maß die Fläche der Wiese, und zählte die Häufel. Die Wiese hatte 2 3/4 Joch, und es waren darauf 50 Reihen Häufel, deren eines von dem andern in der Breite, 2,4 Klafter, in der Linie aber 3,3 Klafter entfernt war. Es befanden sich 575 Häufel auf der Wiese. Diese Häufel waren sehr groß. Ich schätzte eines zu 25 Pf. Heu, wornach sich für das Joch 52,3 Zentner Heu berechnen. Das war eine einzige Mahd.

Anlage zur Bewässerung der Winterwiesen. *)

Fig. I. II. III.

Erklärung.

Fig. I.

Das Wasser tritt in den Hauptzuführungsgraben AB bei A ein, und in der Voraussetzung, daß eine Schleuse in B ange-

*) Aus Berra's Werke: Dei prati del basso Milanese. Milano. 1828. Eine Zeichnung für die Anlage gewöhnlicher bewässerter Wiesen, oder bewäs-

bracht sei, fließt es in die Bewässerungsgräben a a a, aus denen es zu beiden Seiten, nach ihrer ganzen Länge über die Beete oder schiefen Flächen b b b übergeht, weil es in 1 2 3 im Fortströmen aufgehalten wird. Es sammelt sich hierauf in die Abzugsgräben c c, aus denen es in die untern Bewässerungsgräben d d kommt, über deren Ränder es, so wie über die oberen, fließt, und die Flächen e e e, d. h. den unteren Theil dieser Wiesenbeete bewässert. Es fällt nun in die Abzugsgräben f f, die in den großen, gemeinschaftlichen Abzugscanal GH münden. Die Dreiecke a c a oder jener Theil der Wiese längs des Hauptzuführungsgrabens, der von den Bewässerungsgräben kein Wasser erhalten kann, wird durch jenes bewässert, das man aus dem Hauptcanal dadurch überfließen macht, daß man ein Stück Brett bei der Mündung des Bewässerungsgrabens anbringt, welches dazu dient, das Wasser im Hauptcanal etwas höher zu spannen. Die unteren Dreiecke f d f werden durch das wenige Wasser befeuchtet, welches aus dem Ende der Bewässerungscanäle d d übergeht.

Es ist einleuchtend, daß in dieser Figur die Ränder der Bewässerungscanäle a 1 a 2 nach ihrer ganzen Länge völlig horizontal haben gemacht werden müssen, wenn die Wiese allenthalben gleichförmig soll bewässert werden. Der Bewässerungscanal a 3 ist aber durch zwei Schleusen g g, oder auch nur Verengungen des Raumes, in drei Theile getheilt, deren jeder eine verschiedene Höhe des Wasserspiegels hat, so wie ihn die Neigung des Bodens fordert. Das Wasser, welches reichlicher zufließt, als zur Bewässerung des oberen Theiles der Beete erforderlich ist, tritt durch die kleine Öffnung, die im Vorsteckbrette angebracht ist, oder durch die Verengung des Bewässerungscanals selbst, in die unteren Theile des Canals, und bildet dadurch drei Ebenen, wovon

serungsfähiger Äcker, in denen der Getreidebau mit Graswuchs abwechselt, befindet sich in der trefflichen Schrift des Hrn. Anton v. Wittmann: „Unterricht über die Bewässerung der Wiesen und Felder nach lombardischer Weise. Wien. 1810.“

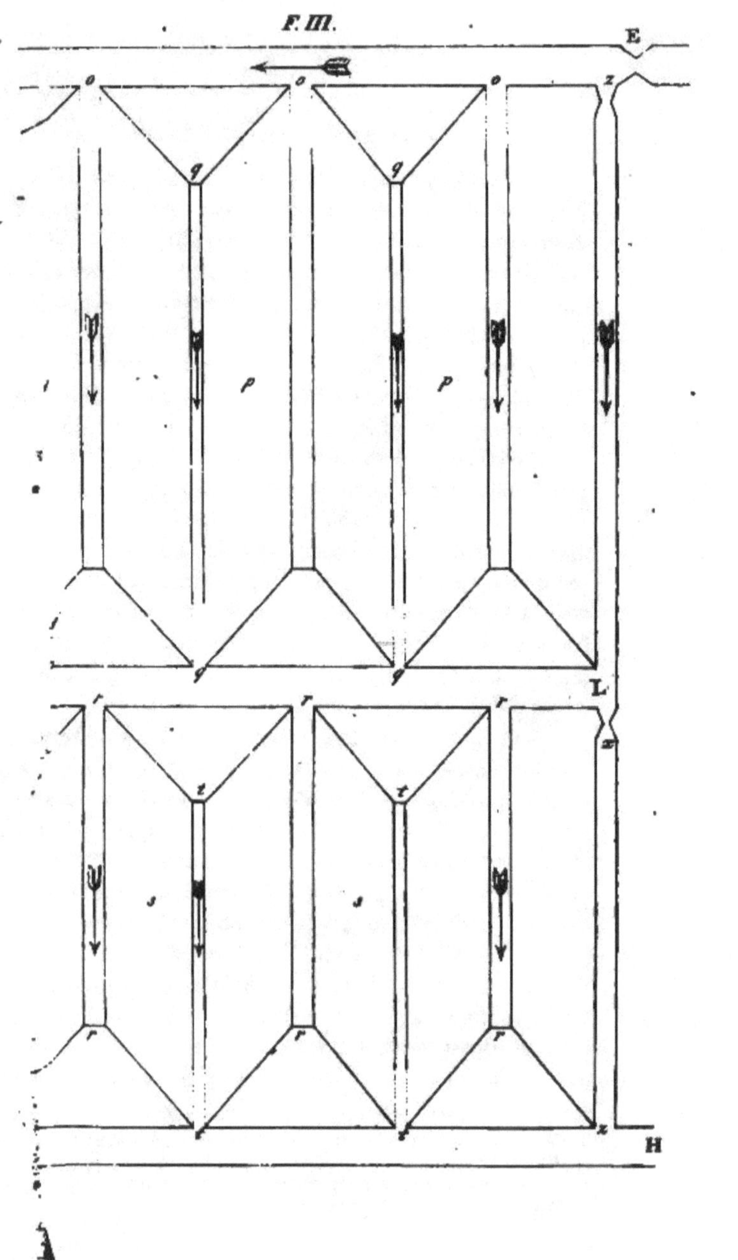
F. III.
E
o
o
o
z
q
q
p
p
q
q
L
r
r
r
x
t
t
s
s
r
r
r
z
H

die zweite niederer, wie die erste, und die dritte niederer, wie die zweite ist.

Fig. II.

Das Wasser tritt in den Hauptzuführungsgraben CD bei C ein, und fließt in die Bewässerungsgräben h h, sobald die Schleuse D gesperrt wird. Der Unterschied dieser Figur gegen die vorhergehende besteht darin, daß die Abzugsgräben i i das Wasser gerade in die Bewässerungsgräben l l führen, ohne quer durch das Beet gezogen worden zu sein. So wird auch der obere Theil der Wiese längs des Hauptzuführungsgrabens durch einen kleinen Abzugsgraben bewässert, der mit dem Hauptzuführungsgraben parallel gezogen ist, der das nöthige Wasser aus demselben mittels einer in ihm gemachten kleinen Öffnung erhält. Endlich wird man eine Veränderung in den Schleusen, oder vielmehr Verengungen m m des Bewässerungscanals h 4 bemerken, indem die Verbindung des Wassers von einem Theile dieses Canals zum andern, nicht wie in Fig. I. mittels der geraden Öffnungen g g, sondern durch den schmalen, krummen Canal n n geschieht.

Fig. III.

Das Wasser tritt in den Hauptzuführungsgraben EF bei E ein, läuft durch die Bewässerungsgräben o o o, bewässert die geneigten Flächen p p p, sammelt sich hierauf in den Abzugsgräben q q q und ergießt sich in den Canal IL, aus dem es sich, wenn man den Abfluß in x durch eine Schleuse sperrt, in die Bewässerungsgräben r r r ergießt, und die niedriger gelegene Wiese, oder die Beete s s s bewässert, worauf es erst mittelst der Abzugsgräben t t t in den großen Abzugscanal GH geleitet wird. Um die Bewässerung des untern Theils der Wiese zu erleichtern, ist der Canal z von vielem Vortheil, mittels welches man, wenn es erforderlich ist, die Menge des Wassers in dem Graben IL vermehren kann. Wenn man bei übermäßig zuströmendem Wasser die Schleuse in x öffnet, so wird diesem Abzug verschafft, und dadurch eine gleichförmige Bewässerung der ganzen Wiese bewirket.

Die punctirten Stellen der Bewässerungsgräben aa, hh, oo da, wo sie aus dem Hauptzuführungscanal hervorkommen, bezeichnen die Örter, wo zur Bequemlichkeit der Überfahrt mit den Wagen, hölzerne gedeckte Rinnen angebracht sind, und die gleich bezeichneten Stellen ff, qq, tt der Abzugsgräben bezeichnen die Örter, wo für denselben Zweck die Überfahrt durch eine breitere Vertiefung des Bodens Statt hat.

Ein lombardisches Wasserthor mit der Vorrichtung, das zur Bewässerung der Felder bestimmte Wasser zu messen.

Fig. IV.

Erklärung.

In der Richtung des Ufers sind zwei rechtwinklichte Säulen von Steinen AT, die senkrecht im Boden befestiget sind, und so weit von einander abstehen, als es die Breite der Wassermündung erheischt. Zwischen den Säulen ist das Schutzbrett, in der Lombardie Paradora genannt, das innerhalb den Rinnen dieser Säulen auf und ab bewegt werden kann. Am Boden der Säulen ist in T der Grundstein, der mit dem Boden des Canals in gleichem Horizonte steht. An diese Schleuse ist ein gedeckter Canal angehängt — Tromba coperta, Calice, oder Castello, der aus zwei parallelen Mauern OP besteht, die 10 Braccia lang sind. Der Raum MO ist 5 Oncie von der Öffnung MM entfernt, d. h. so viele Oncie breit. Die Höhe des gemauerten Canals richtet sich nach dem Bedürfniß. Auf den Wänden desselben ruht das Gewölbe E, das ihn ganz deckt. Vom Bodensteine T wird ein horizontaler Boden TH bis zum Ende dieser Wände gelegt, und in H eine Quermauer gemacht HG, die 8 Oncie hoch ist. In G wird die in Voraus festgesetzte Mündung für das Ausströmen des Wassers angebracht, die aus einem Stücke Stein besteht, dessen innere Lichte in der Höhe dem Raume GF gleich ist, der immer aus 4 Oncie besteht; die Breite QQ ist gleich der Mündung MM und ist verschieden nach der Menge des Wassers, die man ableiten will. Die innere Lichte dieses mit Eisen verkleideten Regulators heißt Modulo oder Modello. Der Boden dieses Wasserganges TH ist gemauert und entweder horizontal von T nach H, oder auch wohl aufsteigend nach der Linie TG gezogen; im letzten Falle bildet das Ende dieses Bodens die Quermauer GH. Hinter dem Thore liegt nach der Quere des Canals ein Stück Stein N in einer Höhe von 12 Oncie über den Grundstein T in gleicher Linie mit dem obern Rand F des Regulators, auf dem eine Mauer ruht, die den hohlen Raum des Gewölbes nach vorne schließt, und der Luft nur in B einen schmalen offenen Zugang zur geschlossenen Tromba gestattet. Unter dem Gewölbe wird dann ein Oberboden CD entweder von flachen Steinen, oder von gut gefügten Brettern gemacht, der über der Höhe des Bodens 14 Oncie genau horizontal, und allenthalben gleich dick angebracht ist, so daß die Räume FD, NC nicht mehr als 2 Oncie betragen. Dieser Oberboden heißt der todte Himmel — Cielo morto. — Endlich wird auch über den Regulator eine Mauer aufgeführt, die den ganzen hohlen Raum des Gewölbes schließt.

An den gedeckten Canal und den Regulator stößt ein anderer offener Canal — Tromba scoperta, — der ebenfalls gemauert und 9 Braccia lang ist. Seine Wände RS sind senkrecht, und von der inneren Lichte des Regulators in R, 2 Oncie entfernt. Die Richtung desselben ist etwas schief aus einandergehend, so das sie in S um 3 Oncie weit von einander abstehen. Der Boden dieses Canals liegt in I eine Oncia tiefer, als der untere Rand des Regulators, und neigt sich bis zu seinem Ende in L noch um eine Oncia. Über dieses Ziel hinaus tritt dann das Wasser in die Verfügung der Nutznießer desselben über.

Erklärung der Wirkung und des Gebrauchs dieser Vorrichtung.

Wenn das Schutzbrett der Schleuse aufgezogen wird, so stürzt sich das Wasser in den Raum des gedeckten Canals mit einer Schnelligkeit, die der Höhe desselben über der Mündung, d. h. dem Drucke, den es ausübt, gleich ist. Es findet aber ein Hinderniß an der Quermauer, die 8 Oncie unter dem Lichte des Regulators über den Boden hoch ist, und die Gewalt des Wassers bricht und bändigt. Es muß sich erhöhen, um bei der Mündung des Regulators ausströmen zu können. So wie der ganze Raum des gedeckten Canals bis unter den todten Himmel mit Wasser erfüllt ist, so kann keine Bewegung desselben mehr Statt haben, und es bleibt ihm kein anderer Raum sich zu erheben, als in der schmalen Spalte B.

Aus diesen geht hervor, daß, wenn man eine gegebene bestimmte Menge Wasser aus dem großen Wassercanal mittels einer solchen Schleuse ablassen, oder vielmehr, wenn man einen gleichförmig starken Ausfluß von Wasser aus der Mündung des Regulators bewerkstelligen will, man das Schutzbrett so hoch oder niedrig stellen muß, daß das Wasser in dem Raume B, das zur Scale für die Messung des Druckes auf die Einmündung dient, immer gleich hoch stehe. Je größer die Wassermenge ist, die ober der Einmündung auf das einströmende Wasser drückt, je niedriger muß das Schutzbrett gestellt werden; und umgekehrt, je kleiner der Wasserstand ist, je mehr muß es aufgezogen werden, um das Wasser im geschlossenen Canal in B auf dieselbe Höhe zu drücken, oder es mit derselben Gewalt aus der Mündung des Regulators ausströmen zu machen.

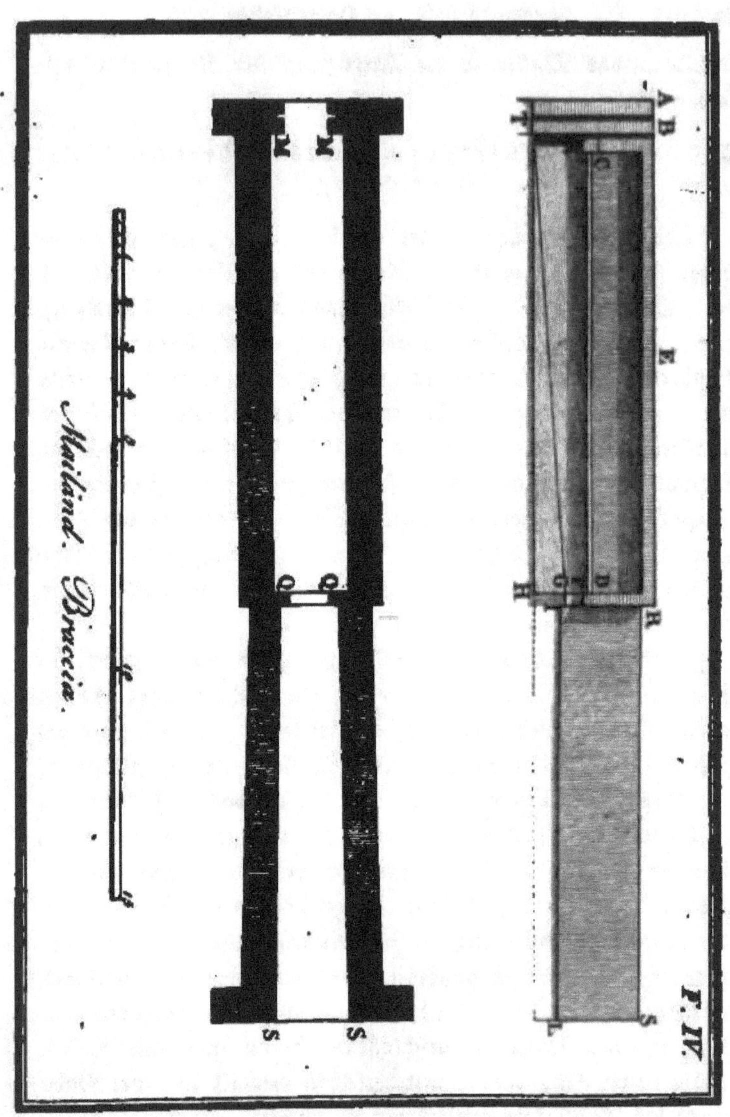
Mailand. Braccia.
F. IV.

G. Von der Menge, dem Geldwerthe und der Benützung der Hausthiere, und insbesondere der Kühe.

1. Von der Menge der Hausthiere und ihrem Verhältnisse zur Oberfläche des Bodens.

Wie groß die Menge der Thiere in der Lombardie in früheren Zeiten gewesen sei, wird nirgendwo angegeben; denn erst seit 25 Jahren wird der Nutzen statistischer Darstellungen von den Regierungen eingesehen; indessen habe ich ein Datum in einem Werke des Grafen Verri (Dell' annona S. 126) angetroffen, aus welchem die ungemein schnelle Verbesserung des Landbaues und Ausdehnung der Bewässerung in der Lombardie hervorgeht. Er gibt nämlich die Zahl der Käsefabriken — Casoni —, der Kühe und Käselaibe an, wie sie in den Jahren 1753 und 1768 angetroffen wurden, deren Vergleichung mit der gegenwärtigen Zahl der Kühe ein überraschendes und erfreuliches Bild darstellt.

Provinz.	Käsefabriken.		Kühe.		Käselaibe.	
	1753	1768	1753	1768	1753	1768
Ducato di Milano . . .	97	179	5333	9189	25124	40926
Principato di Pavia. . .	76	102	4115	6912	21201	24992
Contado di Lodi	194	210	11428	21615	56248	59422
Zusammen	367	491	20876	37716	102573	125340

Dagegen vergleiche man den Viehstand, wie er im Jahre 1823 erhoben ward.

Übersicht

der Zahl des Horn- und Schafviehes in den lombardischen Provinzen im Jahre 1823.

Provinz.	Ochsen.	Kühe.	Stiere.	Jungvieh.	Schafe.
Mailand . . .	16753	40089	517	4929	4669
Bergamo . . .	14216	49301	590	12237	80579
Brescia . . .	33374	15837	278	7795	23365
Pavia	6069	21698	584	4213	489
Como	17683	52311	282	15771	54070
Mantua . . .	30624	10885	223	12116	12735
Lodi und Crema .	10142	26189	790	6405	2803
Sondrio . . .	1835	46499	470	9201	45600
Cremona . . .	15880	8979	171	12884	2169
Zusammen	146576	271788	3905	85551	226479

In der ersten Tabelle ist die Anzahl der Kühe, die in dem **Contado** di Lodi im Jahre 1768 vorhanden gewesen sein soll, zuverlässig irrig; denn während sie in der Provinz Pavia nur um etwas mehr als 50% gestiegen ist, wäre sie in Lodi fast um das Doppelte gestiegen, was zwar hätte Statt haben können, wenn es mit der Käseerzeugung übereinstimmte. Weil sich diese aber im Jahre 1768 gegen 1753 nur um 5% erhöhet hat: so ist es nicht wahrscheinlich, daß die Vermehrung der Kühe in einem andern Verhältnisse Statt gehabt habe.

Wie sich die Menge des Hornviehes und der Schafe gegen den Flächeninhalt des Bodens verhalte, und insbesondere, wie viele Kühe überall vorhanden seien, zeigt die nachfolgende Tafel, in welcher berechnet ist, wie viel auf eine geografische gevierte Meile in jeder Provinz Kühe, Hornvieh aller Art und Schafe entfallen.

Auf eine geografische gevierte Meile kommen:			
In der Provinz	Kühe.	Hornvieh aller Art sammt den Kühen.	Schafe.
Mailand	1295	2013	150
Bergamo.	701	1100	1161
Brescia	289	1044	425
Pavia	1278	1923	29
Como	1137	1870	1175
Mantua	281	1391	329
Lodi und Crema . .	1322	2198	141
Sondrio	457	623	708
Cremona	691	1652	94

Im Durchschnitte des ganzen Landes, dessen Flächeninhalt 354 $^{9}/_{10}$ gevierte Meilen beträgt, kommen auf jede Meile 1403 Stück Hornvieh, und 693 Schafe.

2. Von den Arbeitsthieren, ihrer Art und ihrem Geldwerthe.

In dem lombardisch-venezianischen Königreiche sind es vorzüglich die Ochsen, welche im Zuge vor Wagen und Pflug gespannt werden. Pferde sieht man nur in den Provinzen Lodi und Pavia, wo sie in einigen Wirthschaften zu allen Arbeiten verwendet und keine Ochsen gehalten, wogegen sie wieder in anderen niemals in den Pflug gespannt, sondern bloß zu den übrigen Arbeiten gebraucht werden, wie z. B. zu Roncaro in der Provinz Pavia, wo man auf 3064 Pertiche (348 Joch) Ackerland 18 Ochsen und eben so viele Pferde hält.

Indessen findet man allenthalben in größeren Wirthschaften einige Pferde, die zu allerlei Arbeiten im Haushalte, nur nicht zum Pflügen verwendet werden.

Was die Körperform der Pferde, ihre Rasse betrifft, so ist es ein Mittelschlag, den man gewöhnlich bei den Landwirthen antrifft, im Durchschnitte 14 Faust hoch (56 Zoll Wiener Maß), mehr schmächtig, als breit in Brust und Kreuz, und, bei der schlechten Nahrung, die diese Thiere erhalten, sind sie auch nur schwächlich. Es ist nämlich allgemeine Sitte in Italien den für den Betrieb der Landwirthschaft bestimmten Pferden kein Getreide zu geben, und sie bloß mit Gras und schlechtem Heu zu füttern; weßwegen sie auch nicht geeignet sind anstrengende Arbeiten anhaltend zu verrichten, und untauglich für den Pflug sind.

Die Ochsen sind das allgemeine Arbeitsvieh in Italien, und hierin thut man in einem Lande sehr wohl, das eine so große Bevölkerung, so viel Ackerland, und so wenig Wiesen mit saurem Heu hat, das nur allein für Pferde verwendet werden kann.

Man findet im Durchschnitte sowohl in den venezianischen, als in den lombardischen Provinzen schöne Ochsen, groß, und gut gebaut, und von weißer oder grauer Farbe. In den hügligen und gebirgigen Gegenden sind sie kleiner und schmächtiger, als in den bewässerten wiesenreichen Gegenden, wo sie oft eine überraschende Größe erlangen. Sie haben viele Ähnlichkeit mit den untersteierischen Ochsen aus dem Pößnitzthale, und halten das Mittel zwischen den ungarischen und obersteierischen.

Die venezianischen Provinzen erziehen viele Ochsen und versehen damit zum Theile ihre Nachbarn im österreichischen Küstenlande und in der Lombardie, welche letztere auch aus Parma, Piacenza, Modena und Piemont Ochsen zukaufen, da die trocknen Provinzen zu wenig Futter haben, um eine dem Bedarfe zusagende Viehzucht betreiben zu können, und die bewässerten Provinzen ihren großen Futtervorrath in die Kühe verwenden, um Käse zu machen.

Über den Geldwerth und das körperliche Gewicht der lombardischen Ochsen geben folgende zwei Daten einiges Licht. Ein Paar fünfjährige Ochsen, die der Pächter Moretti von Roncaro heuer in Crema gekauft hatte, kostete ihm 60 Ducaten. Für seine übrigen 8- bis 10jährigen Ochsen, meinte er, für das Paar 60 bis 65 Ducaten bekommen zu können. Sie mögen 10 Zentner Wiener Gewicht in den vier Vierteln schwer sein.

Herr Berra hatte die Gefälligkeit in meiner Gegenwart auf seiner Besitzung in Crescenzago bei Mailand ein Paar seiner Ochsen zu wägen, die ausgemustert, und seit zwei Monaten mit Heu und etwas Kleien gefüttert worden waren. Der eine wog 1363, der andere 1400 Pfund Wiener Gewicht.

Daß solche Thiere überhaupt von großer Rasse sein müssen, erhellet aus dem Gewichte eines vier Tage alten Kalbes, das vor mir gewogen ward, und 130 Pfund W. Gewicht schwer war.

Die Ochsen ziehen mit einem hölzernen Joche, das ihnen über den Nacken gelegt wird. Man spannt größtentheils vier große Ochsen in den Pflug; nicht selten sah ich noch zwei junge hinzugefügt. Längs des Po, in der Nähe von Ostiglia sieht man durchgehends 6, auch wohl 8 Ochsen im Pfluge. Wenn man diesen Landwirthen bemerkt, daß eine solche Anzahl von Zugthieren der Arbeit weder zuträglich, noch ein solcher Kräftenaufwand nothwendig sei: so behaupten Alle, daß man mit einer geringeren Zahl von Zugvieh diese schwere Arbeit zu vollführen nicht im Stande sein würde; woran sie wohl auch so lange Recht haben mögen, als sie ihren Pflügen nicht eine zweckmäßigere Form geben, wovon ich an seinem Orte Meldung gemacht habe. Allein auch abgesehen von der großen und schädlichen Reibung, die ihre Pflüge an vielen Theilen erleiden, wodurch ein größerer Kraftaufwand nothwendig wird, ist es doch eine Verschwendung von Kraft, in dem leichten mürben Boden, der in der Lombardie der vorherrschende ist, und bei der geringen Tiefe, zu welcher man die Erde wendet, so viele Thiere anzuspannen. Wenn sich ein dortiger Landwirth entschließen wollte, mit einem

Kraftmesser zu untersuchen, welche Kraft zur Fortziehung des Pfluges bei dem gewöhnlichen Pflügen erforderlich ist, so würde er sich überzeugen, daß er entweder weniger Vieh nothwendig hat, oder den Pflug tiefer gehen lassen kann.

Indessen gibt es aber auch wieder Gegenden, wo man nur mit einem einzigen Ochsen das Feld stürzt, wie ich z. B. bei Busto Arsizio sah, wo man am 30. Juni zu Hirse und Cinquantin pflügte, und bei dem letzteren den Dünger mit der Hand in die seichte Furche zu den Körnern legte.

3. Von der Zahl und dem Geldwerthe des in die Lombardie eingeführten Hornviehes.

Wie groß die Menge des in die Provinzen des mailändischen Guberniums eingeführten Hornviehes sei, erhellet aus folgender Übersicht, die aus den öffentlichen Zollregistern entnommen ist, und von Herrn Berra in einer seiner letzteren Schriften *) angeführt wird.

Jahr.	Ochsen und Terzen.	Kalben.	Stiere.	Kühe.	Kälber.	Zusammen.
1815	7397	8444	560	15519	19439	51359
1816	6944	11997	707	15233	20048	54929
1817	10074	7513	502	11289	9707	39085
1818	9800	16402	554	14100	15020	55856
1819	10109	8215	666	15237	19561	53788

Für die folgenden fünf Jahre ist der Geldwerth beigesetzt; allein die Unterscheidung der Arten ist weniger genau, und mehrere Arten sind in einer Rubrik vereinigt.

*) Sull' attuale avvilimento del prezzo dei grani e suggerimenti agrarj per porvi riparo. Milano 1823. S. 64.

Übersicht

des in die Lombardie in den nachfolgenden Jahren eingeführten Hornviehes nach Art, Zahl und Geldwerth.

In Gulden Conv. Geld.

Art des Viehes.	1820.		1821.		1822.	
	Menge.	Geldwerth.	Menge.	Geldwerth.	Menge.	Geldwerth.
Ochsen und Stiere.	7616	661071	9710	834201	8916	742931
Kühe und Jungvieh über 1 Jahr.	12446	424475	19330	682949	18874	706807
Kälber unter 1 Jahr.	12002	154026	13983	179448	15606	203658
Zusammen	32064	1239572	43023	1696598	43396	1653396
	1823.		1824.			
Ochsen und Stiere.	9802	836612	10673			
Kühe und Jungvieh über 1 Jahr.	15820	592097	16174			
Kälber unter 1 Jahr.	12641	164965	10491			
Zusammen	38263	1593674	37338	3425160		

Ich fürchte, daß bei dem Jahre 1824, wo ich aus Berra's Schrift die Anzahl des eingeführten Hornviehes genommen, den Geldwerth des eingeführten Viehes aber selbst aus den officiellen Acten extrahirt habe, ein Verstoß von meiner Seite untergelaufen ist, indem dieselbe Stückzahl im Jahre 1824 nicht doppelt so viel kosten konnte, wie im Jahre 1823, und daß unter der allgemeinen Benennung: Vieh, die eingeführten Schafe und Schweine mit dem Hornvieh begriffen sind.

Weil in den Jahren 1815 bis 1819 das eingetriebene Vieh nicht unter den gleichen Rubriken erscheint, wie in den nachfolgenden Jahren 1820 bis 1824: so ist es unmöglich über die Zu- oder Abnahme dieser Einfuhr mit Bestimmtheit etwas anzugeben; doch scheint es, daß die Einfuhr der Ochsen fast immer auf demselben Puncte geblieben sei, die Einfuhr der Kühe und Kälber aber sich bedeutend vermindert habe.

Der bei den Gränzzollämtern angegebene Geldwerth des im Jahre 1824 in die Lombardie eingetriebenen Viehes aller Art betrug 3,425,160 Gulden; der Geldwerth des ausgetriebenen aber nur 242,706 Gulden, folglich mehr die Einfuhr um 3,182,454 Gulden. Für Häute und Pelzwaaren wurden um 678,951 Gulden ausgeführt.

Für 100 Ochsen, die man vom Auslande bezieht, sind es fast regelmäßig 150 Kühe, die man einführt, eines Vorurtheiles wegen, von dem ich im folgenden Absatz Meldung machen werde.

4. Von den Kühen, ihrer Rasse, ihrem Geldwerthe und Milchertrage.

In den bewässerten Gegenden der Lombardie ist die Milcherzeugung der wesentlichste Wirthschaftszweig, weßwegen die Kühe unter dem Nutzviehe den ersten Rang einnehmen.

Die Zahl der Kühe ist in der Lombardie sehr groß, wie man schon aus der großen Menge der jährlich vom Auslande eingeführten schließen kann, und wie man aus der (zum Absatz 1) gelieferten Übersicht ersieht.

Von den bewässerten Provinzen hat Lodi die meisten Kühe, dann folgt Mailand, und endlich Pavia. Von den trockenen Provinzen ist Como am meisten mit Kühen, und überhaupt mit Vieh versehen. Hier, so wie überhaupt in den trocknen Provinzen dienen die Kühe bloß zum Hausbedarf, und zur Zucht, und da jeder der kleinen Coloni eine oder zwei Kühe hält, so erklärt sich der große Viehstand.

In den bewässerten Provinzen sind aber nur verhältnißmäßig wenige Wirthschaften, weil jede einzelne groß ist, und, da man doch mehr Kühe in denselben auf der Fläche einer gevierten Meile antrifft, als selbst in der Provinz Como: so ergibt sich hieraus, daß die Anzahl der Kühe in den einzelnen Wirthschaften sehr groß sein muß. Ich traf Wirthschaften mit 50, 60 bis 90 Kühen. Die meisten Kühe fand ich auf einer Besitzung, die dem Grafen Calderara in Melegnanello, Provinz Lodi, gehört. Der Pächter hatte 91 Kühe und 2 Stiere. Sein Nachbar, der Pächter des Grafen Castiglione in Vittadone hatte 58 Kühe und einen Stier. Der erstere hatte genügend Milch, um alle Tage aus der eigenen Erzeugung einen Käselaib zu machen; der zweite bekommt aber noch von dem Gute des Grafen Crivelli die Milch von 24 Kühen, die er dann mit jener, welche ihm seine Kühe liefern, zusammen in den Kessel gießen läßt. So fand ich es in Tavezzano, Provinz Lodi, wo der Pächter des Herrn Pirola die Milch von 27 Kühen, die er im Stalle hält, seinem Nachbar Frarri schickt, der deren 63 hat; und so fand ich es überall, wo der eigene Viehstand nicht 80 Kühe groß ist.

Da man nur große, 30 bis 70 Pfund mailändisches Gewicht schwere Käselaibe macht (= 40½ bis 94½ Pfund Wiener Gewicht), und mit Recht dafür hält, daß kleinere Formen nicht jenen Geschmack bekommen, der den Lodisaner, oder wie man ihn gewöhnlicher nennt, Parmesankäse auszeichnet, und daß er auch zu schnell vertrocknen würde: so sieht man ein, daß man viele Milch braucht, um so schwere Käselaibe zu bekommen.

Nur in sehr wenigen Wirthschaften der bewässerten Provinzen findet man Viehzucht getrieben. Fast allenthalben wird der jährliche Abgang des ausgemerzten Viehes durch Ankauf ersetzt. Theils meint man, daß es nicht Vortheil bringe, selbst Vieh nachzuziehen; theils aber ist man der Meinung, daß das in der eigenen Wirthschaft aufgezogene Vieh nicht so milchreich sei, als das von den Schweizern gekaufte. — Was den ersten Punct betrifft, so mag er vielleicht richtig gewesen sein, so lange der Preis des Käses höher, und der Preis des schweizerischen Viehes niedriger stand, wie jetzt. Nun ist aber, und seit mehreren Jahren schon, der Preis des Käses bedeutend niedriger, wie vor

7*

20 Jahren, und der Preis der Kühe ist derselbe, oder nur wenig niedriger; wornach es nicht Schaden, sondern nur Nutzen bringen kann, seinen Bedarf an Vieh selbst zu erziehen.

Was den zweiten Grund betrifft, so ist er durch keinen vergleichenden, mir bekannten Versuch erwiesen worden, und beruht ganz auf einem Vorurtheile, das aber jetzt allgemein zu schwinden beginnt; weil ich wirklich mehrere Landwirthe antraf, die ihren ganzen bedeutenden Jahresbedarf durch die eigene Nachzucht ersetzten; worunter ich Herrn Berra in Crescenzago, und den Grafen Barni in Roncadello an die Spitze setzen muß. Der Erstere hat zur Belehrung seiner Landsleute eine kleine, sehr interessante Schrift herausgegeben, deren Titel ich oben (Absatz 3) angegeben habe, worin er durch genau angestellte Versuche nachweiset, daß sich das zur Erziehung der Kühe verwendete Futter eben so hoch rentirt, als wenn es zur Milcherzeugung wäre verfüttert worden, so wie daß die im Hause bei der Stallfütterung mit Milch, Leinsamen, und später mit Gras und Heu aufgezogenen Kühe nicht weniger Milch geben, als die schweizerischen, und mancherlei Vorzüge vor diesen haben.

Ich glaube, daß es meinen Lesern nicht unangenehm sein wird, wenn ich ihnen das Resultat der Gewichtszunahme der zu diesem Versuche verwendeten Thiere aus Berra's Schrift mittheile.

Herr Berra wog am 28. März 1826 vier Kälber, die fünf Tage alt waren, und wog sie im folgenden Jahre am nämlichen Monatstage wieder, und fand folgende Differenz:

Art.	1826.		1827.	
	Metr. Pf.	Wien. Pf.	Metr. Pf.	Wien. Pf.
Männliches Kalb	58	103	385	687
Weibliches Kalb A.	59	105	274	489
detto B.	39	69	265	473
detto C.	37	66	260	464
Zusammen	193	343	1184	2113

Es zeigt sich aus der Rechnung, daß diese vier Kälber im Verlaufe eines Jahres sich um mehr als das Sechsfache dem Gewichte nach vergrößert haben = 100 : 613; und aus dem Futteraufwande, dessen Detail ich weglasse, ging hervor, daß sich derselbe sammt den Kosten der Wartung durch die Gewichtszunahme der Thiere eben so gut bezahlte, wie bei der Verfütterung in die Melkkühe.

Der Gebrauch, die älteren nicht mehr genug Milch gebenden oder sonst eines Fehlers wegen untauglichen Kühe nicht durch eigene Nachzucht, sondern durch den Ankauf junger Kühe zu ersetzen, rührt, nach meinem Erachten, von den herumziehenden Kühbesitzern her, die man in der Lombardie: Bergamini, in Brescia aber: Malghesi nennet, von denen ich später sprechen werde. Daß diesen die Nachzucht nicht Vortheil bringen kann, ist einleuchtend; denn diese wandernden Käsefabrikanten befinden sich unter ganz andern Verhältnissen, als die ansässigen Landwirthe; allein so groß ist die Macht des Vorurtheiles und der blinden Nachahmung, daß auch die Letzteren wähnen, sie könnten nur dann gute Käse machen, wenn sie das bei den Ersteren, ihren muthmaßlichen Lehrern, beobachtete Verfahren blindlings nachahmten.

Die Schweizer haben einen sehr bedeutenden Nutzen von diesem Glauben ihrer Nachbarn; denn sie verkaufen ihnen 15 bis 16000 Stück Kühe und Kalbinnen alljährlich, und beziehen dafür anderthalb Millionen Gulden.

Während der ersten Hälfte des Octobers ist in Lugano, einer Stadt im Canton Ticino, beständiger Kühmarkt, den die Lombarden häufig besuchen, um sich daselbst ihren Bedarf anzukaufen. Auch bringen die Schweizer während dieses Monates in die benachbarten Städte der Lombardie ihr Vieh auf die Märkte zum Verkauf.

Junge Kühe, die etwa 4 Jahre alt, und mit dem zweiten Kalbe hoch trächtig sind, werden am meisten gesucht, und verhältnißmäßig am besten bezahlt. Eine Kuh, die mehr als 6 Kälber gehabt hat, ist nicht mehr Marktwaare.

Ich habe mich des Kaufwerthes dieser Kühe wegen allenthalben genau erkundigt. Folgendes ist das Ergebniß meiner Forschungen:

Eine junge Kuh, die mit dem zweiten Kalbe trächtig ist, kostet 21 bis 22 Ducaten; die mit dem dritten und vierten Kalbe trächtig ist, 24, und wenn sie besonders groß und schön ist, auch 26 Ducaten.

Der Verkäufer muß gutstehen, daß sie aus allen vier Zitzen Milch gibt.

Eine Kuh, die für schön gehalten werden soll, muß schwarzbraun sein, und weiße Hörner mit schwarzen Spitzen haben. Die Rasse dieser Kühe hat einen langen Körper, über dem Rücken einen weißen, oder wenigstens lichter gefärbten Streif, und wird nach 8 bis 10 Jahren bedeutend groß und schwer; wovon ich mich durch das Messen des Umfanges und der Länge dieser Thiere sowohl, als durch das Wägen auf der Brückenwage überzeugte.

Herr Berra hatte die Gefälligkeit, fünf von seinen Kühen sammt dem Stiere zu wägen, und ihre Länge vom Schulterpuncte bis zum Ende des Körpers, und ihren Umfang hinter den vordern Füßen zu messen. Die folgende Tafel zeigt die Ergebnisse dieses Versuches:

Name des Thieres.	Alter.	Umfang.	Länge.	Gewicht.
	Jahre.	Wiener Zolle.		Wien. Pfd.
Juliana . . .	7	74 26/100	56 45/100	1088 [illegible]/10
Cobell . . .	9	75 20/	54 46/	1128 1/
Bellacora . .	7	73 31/	62 64/	1071
Casera . . .	5	75 20/	53 64/	1169 1/
Pernis . . .	5	75 20/	51 70/	1053 1/
Stier . . .	3	51 70/ *)	80 84/	1329 4/

*) Ich glaube, daß hier ein Schreibfehler obwaltet. In der vor mir liegenden Note schrieb Herr Berra selbst: Circonferenza. Oncie: 27 1/2. — Lunghezza, Oncie 43. — Peso metrico, Quintali: 7, 45.

Diese Thiere sind von Schweizer Abkunft, doch schon in der zweiten Generation in Crescenzago geboren, d. h. die Großältern waren noch Original-Schweizer. Die gegenwärtige Zucht unterscheidet sich aber noch nicht im geringsten von den in der Schweiz gebornen Thieren.

Die Kühe dauern, nach der Angabe der Landwirthe, 7 bis 8 Jahre, und lassen hierauf zu sehr im Milchertrage nach, als daß sie die Kosten der Fütterung noch genügend lohnten. Sie werden nun an die Fleischer oder solche Leute verkauft, die sie früher noch etwas mästen, ehe sie geschlachtet werden. Ausgemerzte Kühe werden wohlfeil verkauft. Es ist ein allgemeines Sprichwort, daß man für eine alte Kuh so viele Scudi bekommt, als man Ducaten für die junge gegeben hat.

Der Ertrag der Kühe an Milch hängt von so vielen Umständen ab, daß man nicht wohl einen Durchschnitt annehmen kann, ohne derselben zu erwähnen. Wo die Kühe reichlich genährt werden, und schon im Hornung grünes Gras von den Winterwiesen — Marcite — bekommen, und bis Ende November auf den Wiesen weiden, da geben sie, bei gleichen übrigen Umständen, den größten Ertrag, wie dieß in der Umgebung von Mailand der Fall ist, wo es, nach Herrn Berra's Versicherung, große, besonders stark genährte Kühe gibt, die in den 4 bis 5 Sommermonaten täglich 35 bis 38 Boccali (19 bis 21 W. Maß), und im Durchschnitte des ganzen Jahres täglich 24 Boccali (13⅓ W. Maß) Milch geben sollen. Indessen rechnet Herr Berra in seiner eigenen Wirthschaft, die aus 52 Melkkühen ohne die Nachzucht und die Stiere besteht, bei sorgfältiger Wartung der Kühe, für 300 Tage, wo sie im Verlaufe eines Jahres Milch geben, nur 12 Boccali (6⅔ W. Maß) täglichen Milchertrag, mithin für das ganze Jahr 3600 Boccali (2000 W. Maß).

Obgleich ich mich in vielen Wirthschaften, die ich besuchte, allenthalben um den jährlichen Milchertrag der Kühe erkundigte: so konnte ich doch nur in einer einzigen eine förmliche Vormerkung hierüber antreffen; in den übrigen wußte man mir bloß die Käseerzeugung anzugeben, aus der ich aber auf die Milcherzeugung zu folgern mich nicht getraute, weil der verkaufte Käse ein verschiedenes Alter hat, und weil die Anzahl der Kühe fortwährend wechselt. Ich mußte mich daher begnügen, in den übrigen Fällen die Anzahl der gegenwärtigen Kühe und den Milchertrag desselben Tages, an dem ich gegenwärtig war, vorzumerken, um von dem Ertrage dieses Tages, mit Hülfe der zuerst erwähnten Milchertrags-Vormerkung, auf den Jahresertrag zu schließen.

Diese genau geführte Rechnung rührt von dem Pächter des Herrn Pirola in Tavazzano vecchio her. Die folgende Übersicht stellt den monatlichen Milchertrag dieser Wirthschaft dar.

Jahr.	Monat.	Anzahl der Kühe:		Monatlicher Milchertrag.		Anmerkungen.
		trockenstehende.	milchgebende.	Brente.	Secchie.	
1827	Juli.	6	24	50	—	Die Brenta von Mailand hat 3 Secchie zu 32 Boccali. Eine Brenta hat 1 1/3 W. Eimer. Ein Boccale hält 0,555 W. Maß.
	August.	4	26	90	—	
	September.	4	26	88	2	
	October.	2	28	79	2	
	November.	3	27	69	1	
	December.	5	25	62	1	
1828	Jänner.	6	24	60	2	
	Hornung.	7	23	55	—	
	März.	8	22	52	2	
	April.	9	21	62	1	
	Mai.	10	20	65	2	
	Juni.	8	22	56	2	
	Zusammen	72	288	793	—	

Jede der 30 Kühe dieser Wirthschaft gab im Verlaufe eines Jahres nicht mehr als 26,433 Brente Milch (1411 W. Maß).

Wenn ich aus dieser Rechnung, und aus dem Ertrage, den ich da, und in vier andern Wirthschaften im Monate Juni antraf, auf das Milcherträgniß des ganzen Jahres in den übrigen Wirthschaften schließen dürfte, so würde sich folgendes Resultat für eine Kuh ergeben:

Name der Besitzung.	Name des Pächters.	Anzahl der Kühe.	Milchertrag des Tages.	Milchertrag, der auf eine Kuh entfällt.
			Boccali.	
Moggio	Lucini	7	63	9
Tavazzano	Pirola	30	208	6,93
" "	Frarri	63	480	7,61
Melegnanello	Tonnari	91	872	9,58
Vitadone	Pennaro	82	764	9,31
	Zusammen	273	2387	

Von einer Kuh entfallen nach diesen Vormerkungen auf einen Tag fast genau 9 Boccali Milch (5 Maß). Weil aber der Monat Juni, in dem ich diese Daten sammelte, nicht das Mittel des Milcherträgnisses gibt, welches zufolge der Rechnungen des Herrn Pirola um 17 % im Durchschnitte aller Monate größer ist*): so müssen zu 9 Boccali Milch 17 %, d. i. 1,53 Boccali hinzugesetzt werden, wornach sich 10,53 Boccali (5,854 W. Maß) als tägliches Milcherträgniß ergeben. Das jährliche Milcherträgniß einer Kuh berechnet sich sonach auf 2136 Maß, welches nur um ein Geringes von der Angabe des Herrn Berra abweicht, und die Wahrheit seiner Angabe bestätigt.**)

*) Werden 793 Brente Milch durch 12 getheilt, so entfallen auf einen Monat 66,08 Brente. Der Monat Juni hat aber nur 56 1/3 Brente Milch, folglich um 17 % weniger als den mittleren Durchschnittsertrag des Jahres gegeben.

**) In dem neuesten Werke des Herrn Berra: Dal modo di allevare il

Ein so großer Milchertrag sticht freilich gewaltig ab gegen unsern in Deutschland, wo wir bei unserer Stallfütterung uns was darauf zu Gute thun, wenn wir es auf 1000 oder 1100 Maß des Jahres bringen! — Wenn wir aber die großen schweizerischen Kühe, die man in der Lombardie hält, die reichliche und nahrhafte Fütterung, welche die Kühe da erhalten, den Umstand, daß sie schon im Hornung, sicher aber im März grünes Futter bekommen, und bis Ende November eine treffliche Weide auf den Wechselwiesen finden, und daß ihnen im kurzen Winter kein Stroh, sondern immer bloß Heu vollauf gegeben wird, in Betrachtung ziehen: so wird uns dieser Ertrag wohl begreiflich, um so mehr, als wir ihn auch unter uns, in den Niederlanden, in der Umgebung von Hamburg, und überall beobachten, wo man große Kühe sehr reichlich füttert.

Der Boccale abgerahmte Milch wurde in den Monaten Juni und Juli 1828 in der Stadt Mailand um 3 Soldi (die Wiener Maß um 1,59 Kreuzer) verkauft; der Boccale Rahm kostete 16 bis 18 Soldi (die Wiener Maß 9 ½ Kreuzer), das mailändische Pfund Butter kostete 25 bis 28 ½ Soldi (das Wiener Pfund 16 ⅓ bis 18 ½ Kreuzer).

Wo die Milch zu Käse verwendet wird, da gibt es drei verschiedene Methoden, sie zu benützen oder zu verwerthen. Ent-

---

bestiame bovino e formarne buone razze nostrali. Milano, 1819, S. 90 wird der Milchertrag der Kühe in der Lombardie folgendermaßen angegeben:

In der Umgebung von Mailand, wenn die Winterwiesen nach der Mitte des Hornungs können gemäht werden, jährlich 45 Brente, = 2400 W. Maß.

Im Gebiete von Lodi, 40 Brente, = 2133 Maß.

In allen übrigen Gegenden, wo der Boden oder das Wasser weniger fruchtbar sind, oder wo man keine Winterwiesen hat, 30 Brente, = 1600 Maß.

Später däucht ihm aber auch diese Angabe zu groß zu sein, und er meint, daß im großen Durchschnitte eine Kuh im Lodisanischen nur 30—32 Brente, = 1600—1706 Maß, und in der Umgebung von Mailand 36—40 Brente, = 1920—2133 Maß Milch liefere.

weder man hat so viele Kühe, daß man selbst im Sommer alle Tage, und im Winter alle zweiten Tage einen Käselaib von der üblichen Größe erzeugt; oder man gibt die Milch seinem Nachbar, der einen Käsemacher hält, und theilt dann in der Folge das Erzeugniß jedes einzelnen Monates nach demselben Verhältniß, als man während desselben zur gemeinschaftlichen Käseerzeugung beigetragen hat; oder man verkauft dem Käsemacher die Milch des ganzen Jahres zu einem bestimmten Preis für die Brenta.

Da die größere Zahl der Wirthschaften nicht 80 Kühe hält: so ist die zweite Art der Milchbenützung die üblichste; indessen habe ich die dritte Methode fast eben so oft angetroffen, so, daß ich glaube, sie dürfte der Zahl nach nicht geringer als die zweite sein.

Solche Käsemacher besitzen nichts, als die Geräthe, welche zum Aufstellen der Milch erforderlich sind, den Kessel, und einige Formen. In der Wirthschaft, welche die meisten Kühe hält, miethen sie Wohnung, Küche und Magazin, und arbeiten da das ganze Jahr. Sie bezahlen die Milch zu verschiedenen Preisen: am theuersten fand ich sie in Casaretta bei Mailand verkauft, wo der Käsemacher für die Brenta 8⅛ Lire (die Wiener Maß um 2,67 Kreuzer) bezahlte; Herr Berra bekommt für die Brenta 7 Lire 13 Soldi (die W. Maß 2,60 Kreuzer), Herr Lucini in Moggio erhält aber für die Brenta nur 6 Lire (die W. Maß 2 Kreuzer).

So anscheinend gering auch der Geldwerth sein mag, den man für die Milch bekammt: so ist doch der Nutzen, den der Käsemacher bei den gegenwärtigen Preisen des Käses und der Butter für sich übrig behält, von keiner geringen Bedeutung, wie ich in dem folgenden Abschnitte, über die Käseerzeugung, genauer auseinander setzen werde. Hier nur so viel voraus! — Wenn 12 Pfund Milch ein Pfund Käse geben, und die Wiener Maß zu 2,6 Pfund um 2⅔ Kreuzer gezahlt wird: so kommt dem Käsemacher ein Pfund Käse auf 12,82 kr., der Zentner auf

21 fl. 22 kr. zu stehen; was gerade der Preis ist, den ihm die Käsehändler im Juni 1828 bezahlten. Für seine Mühe und Ausgaben wird der Käsemacher entschädigt durch die Butter, die er von der Milch nebenbei gewinnt, durch den Zieger (Schottenkäse) und die Molken, die er zur Schweinmastung verwendet. Die Einnahme für den Zieger ist von keiner Bedeutung, wichtiger ist die Benützung der Molken; allein die Haupteinnahme gewährt die Butter; denn es wird die Abendmilch abgerahmt, und auch von der Morgenmilch wird der Rahm, der sich nach dem Melken bis zur Zeit des Verkäsens aufwirft, abgenommen, und zu Butter verwendet, so daß man rechnen kann, daß beinahe die Hälfte der in der Milch vorhandenen Butter dem Käse entzogen wird.

Man sagte mir, daß 100 Pfund Milch 8 ⅓ Pfund Käse und 2 ½ Pfund Butter geben. Weil nun die Ausgabe für die Milch durch den Verkauf des Käses gedeckt wird: so gehört die Einnahme für die Butter dem Käsemacher. Wenn er so viele Milch bekommt, um täglich einen Käselaib von 40 Pfund mailändisches Gewicht (54 Pfund Wiener Gewicht) zu machen, so gewinnt er bei 256 Maß (648 Pfund) Milch, die hierzu erforderlich sind, 16 Pfund Wiener Gewicht Butter, für die er etwa 3 fl. 12 kr. einnimmt; und da der Zieger und die Molken wohl auch einen Gulden werth sein mögen: so ersieht man, daß der Käsefabrikant für seine und seines Gehülfen Arbeit, und für seinen Risico genügend, wenn gleich nicht reichlich gelohnt wird.

H. Von der Erzeugung des Parmesankäses.

Der Käse, der in den bewässerten Provinzen der Lombardie gemacht wird, ist unter dem Namen Parmesankäse in Deutschland bekannt.

Er führte denselben Namen auch in der Vorzeit in Italien: jetzt aber heißt er in der Lombardie: Lodisaner Käse, Formaggio Lodisano.

Zuerst ward dieser Käse im Gebiete von Parma gemacht, welches daraus erhellet, daß man dieser eigenthümlichen Art Käse, die sich von allen andern Arten unterscheidet, den Namen Parmesankäse schon in den frühesten Zeiten gab, und sie noch damit bezeichnet.

Ob die Einwohner von Pavia im J. 1499 die hundert Laibe Parmesankäse, die sie dem französischen König Ludwig XII. bei seinem Einzuge in diese Stadt zum Geschenke brachten, auf ihrem Gebiete, oder auf ihren Besitzungen in Parma erzeugt hatten, sagt der Advocat Muralto von Como nicht, der bei diesem Einzuge gegenwärtig war. (Atti della Società patriotica di Milano. Vol. II. S. 220, 221.)

Dieser Käse muß aber schon damals eines großen Rufes genossen haben, und gegen andere verhältnißmäßig theurer gewesen sein, weil man ihn sonst nicht zum Behufe eines Geschenkes gewählt hätte. Er kam auch bald im Welthandel vor, und Guicciardini macht seiner Meldung in der von ihm zu Antwerpen 1567 herausgegebenen Beschreibung der Niederlande; zufolge welcher von Mailand und seinem Staate eingeführt wurden:

»Viele Sachen, wie Gold und Silberstoffe, Seidenzeuge, »Barchent von verschiedener Güte, Scharlach und andere Tücher; »viel Reiß und gute Waffen, vortreffliche Waaren verschiedener »Art, und endlich Parmesankäse (Formaggio appellato Par»migiano).«

Im Verlaufe der Jahre dehnten die Bewohner der Provinzen Lodi und Pavia die Käseerzeugung immer mehr aus, und statt des alten Verfahrens ward nach und nach jenes der Landwirthe von Parma eingeführt; und weil man sah, daß diesseits des Po diese Art Käse so gut gerieth, wie jenseits; so ward sie allgemach so ausgedehnt, daß man im Jahre 1824, 28490 Zentner Wiener Gewicht, mit einem Geldwerthe von 959711 Gulden in das Ausland schickte, ohngerechnet dessen, was in die italienischen und deutschen Provinzen unseres Reiches gegangen, und dort verzehrt, oder auch wohl von den letzteren in das Ausland geschickt worden ist.

Allein nicht sowohl in Hinsicht der Menge der Erzeugung hat die Lombardie den Staat von Parma weit überflügelt; auch die Qualität des Lodisanerkäses ist vorzüglicher, so daß dem letzteren Lande nichts als der Ruhm überbleibt, diesen Käse zuerst erzeugt zu haben.

Wahrscheinlich ist die Güte des Parmesankäses noch dieselbe, wie sie vor 50 Jahren war, allein, seit dieser Zeit hat man in der Lombardie die alte Methode mit dem Beschweren des frischen Käses verlassen, hat erst geringe Lasten auf den Käse gelegt, und sie mittlerweile ganz weggeworfen, während man in Parma noch bei der alten Methode blieb, wenigstens zur Zeit, als Arthur Young die Käse-Fabrication in Lodi und in Parma besah.

Der Lodisaner, oder, wie man ihn gewöhnlicher nennt, Parmesankäse, gehört zu den beliebtesten Käsen der Welt, sowohl wegen seines eigenthümlichen guten Geschmackes, als auch, weil er sich mehr, als irgend ein anderer Käse gut erhält, und nie jenen ranzigen oder gar fauligen Geschmack und Geruch bekommt, den die meisten andern weichern Käse [illegible], der für viele unerträglich ist. Er wi[illegible] ren eben so theuer bezahlt, [illegible] Schweizer- oder Holländisch[illegible] ter Käse, und von einem [illegible] innern Werth hat, als jenes, wovon die Schweizerkäse gemacht sind. Die Käseerzeugung im Mailändischen wirft demnach einen größeren reinen Ertrag ab, als in der Schweiz, wovon man auch die Wirkungen an der Wohlhabenheit Jener wahrnimmt, die sich mit diesem Erwerbszweige beschäftigen.

Da ich es, der Meinung der Lombarden entgegen, nicht für unmöglich halte, diese Käseart auch in Deutschland zu erzeugen, so ließ ich es mir besonders angelegen sein, das Verfahren des Käsemachens auf das genaueste zu beobachten; und da es unmöglich ist, auf einmal alle Umstände zu übersehen, und es sich darum handelte, zu untersuchen, in wie fern das von verschiedenen Käsemachern in verschiedenen Gegenden der Lombardie beobachtete Verfahren unter sich abweicht, so wohnte ich der Käseerzeugung in einer großen Wirthschaft des Grafen Belgiojoso, unweit San Novo, dann in Tavezzano, in Melegnanello, in Vittadone, und in Roncaro bei, und besprach mich noch überdieß mit erfahrnen andern Käsern, deren Fabricate ich ansah: so, daß ich meine, diesen Gegenstand so vollständig beobachtet zu haben, um eine Beschreibung des üblichen Verfahrens liefern zu können, die der Wahrheit völlig gemäß ist.

Die Kühe werden zweimal des Tages gemolken: das erstemal mit Anbruch des Tages, ja wohl auch noch früher. So sagten mir die Kühknechte in Melegnanello, daß sie jetzt (19. Juni) um 2½ Uhr Morgens, und Abends um 5 Uhr die Kühe melken. Es geschieht dieß zweifelsohne, um der Morgenmilch noch Zeit zu lassen, einen Theil des Rahmes aufzuwerfen, der dann, gleich bey der Abendmilch, abgenommen und zu Butter benützt wird.

Die gemolkene Milch wird in große kupferne, flache Schüsseln, die etwa [illegible] Maß enthalten, ausgegossen, und bleibt bis zur Zeit [illegible] einem kühlen Orte ruhig stehen.

[illegible] abgerahmte und gemischte Milch [illegible] um [illegible] gossen, [illegible] bis 25° R. zu gelangen, worauf man das Lab zusetzte, das die Form einer halbfesten Kugel von der Größe eines Hühnereies hatte.

Man bereitet das Lab (Caglio, oder Pressame), indem man die Mägen der getödteten Kälber mit der darin befindlichen geronnenen Milch am Feuer, oder an der Sonne trocknet, hierauf mit einem Messer zerschneidet, und mit etwas Salz mischt, um das Faulen zu verhindern, worauf man Alles in einem wohlgeschlossenen Gefäße zum Gebrauche aufbewahrt.

Obgleich der Magen mit der darin befindlichen geronnenen Milch das eigentliche Gerinnungsmittel ist, so meinen doch Einige es verbessern zu sollen, indem sie etwas Essig zusetzen, oder indem sie jedem Pfunde von 28 Unzen Lab, 2 Unzen guten, geriebenen Lodisanerkäse und eine Unze Pfeffer beigeben.

Die Menge des erforderlichen Labes hängt ab von der Menge der Milch, und von der mehreren, oder minderen Geneigtheit derselben zum Gerinnen, die wieder von der Jahrszeit, von dem Grade der Wärme der atmosphärischen Luft, von der Electricität derselben u. s. w. abhängt. Gemeiniglich nimmt man 3 Unzen und etwas mehr auf 12 Brente Milch.

Nachdem die Milch jenen Wärmegrad erlangt hat, den man für nöthig erachtet (22—24° R.), der aber nach den so eben aufgeführten Umständen auch minder groß sein darf, so wickelt man das Lab in ein schütteres Leintuch, bringt es in die Milch und drükt es mit den Fingern, bis man findet, daß es größtentheils aufgelöst ist, während welcher Zeit eine andere Person die Milch beständig umrührt.

Der Milchkessel wird nun zugedeckt, und das Feuer ausgelöscht. — Nach einer Stunde oder ¾ Stunden, ist die Milch geronnen, und nun wird ein rasches Flammenfeuer von Pappelholz unter dem Kessel gemacht, und der Käser nimmt einen dicken, mit Querspitzen versehenen Stock, und rührt die Masse fleißig und fortwährend um, um den Topfen gut zu zertheilen. Sobald dieß erfolgt ist, wird fein gepülverter Safran zugesetzt, der etwa auf 600 Wiener Maß 30 Gran betragen mag. Nachdem das erste Feuer abgebrannt ist, wird in einer Viertelstunde darauf ein zweites, rasches Feuer angemacht, und das Rühren mit einem andern Stocke, der an dem untern Ende einen kleinen Teller hat, ohne Unterbrechung so lange fortgesetzt, bis die Wärme der Flüssigkeit allgemach auf 25° R. gekommen ist. — Der Käser nimmt nun wieder den Spitzenstock, und bemüht sich den Topfen möglichst fein zu zertheilen. Ist ihm dieß gelungen, so bedient er sich wieder des Tellerstockes zum Rühren, womit er ohne Unterbrechung fortfährt. — Nun zündet er ein neues Feuer unter, um die Flüssigkeit allgemach so weit zu erhitzen, daß er den Vorderarm nicht mehr in derselben zu erleiden vermag, was einer Wärme von 42—44° R. gleich ist, wie ich allenthalben bemerkte. Ich konnte bei den wiederholten Beobachtungen der Käseerzeugung, denen ich beiwohnte, zuletzt selbst ohne Beihülfe des Thermometers diesen Hitzegrad bestimmen, mußte mich aber doch wundern, daß sich dieses Gefühl für die Hitze bei den Käsern nicht mehr abstumpfte, denn sie wußten alle, einer wie der andere, diesen Hitzegrad genau anzugeben. Es sollen einige Käser sein, die sich zu diesem Behufe des Thermometers bedienen, und wenn ich Eigenthümer wäre, so würde ich ihn meinem Käser vorschreiben, weil die Qualität des Käses nothwendig gleichförmiger ausfallen muß, wenn seine Fabrication gleichförmig geschieht; ich sah aber keinen solchen Käser, und alle beurtheilen den Wärmegrad nur durch das Gefühl.

So wie die Flüssigkeit auf diese Höhe der Wärme gelangt ist, wird der Kessel vom Feuer gerückt, und dieses mit Wasser ausgelöscht. Man läßt nun den Inhalt des Kessels eine Viertelstunde ruhig stehen, während welcher sich der Topfen zu Boden setzt, worauf die überstehenden Molken mit einem Schaffe so weit abgeschöpft werden, daß etwa nur $\frac{1}{10}$ der Molken die Käsetheile am Boden des Kessels bedeckt. Der Käser gießt hierauf über den

Inhalt des Kessels vorsichtig ein Schaff kaltes Wasser, und g
darauf wieder ein Schaff voll der kaum geschöpften Mo
Die Flüssigkeit ist nun lau, und man kann die Hand
darin erleiden.

Jetzt beugt sich der Käser über den Rand des hohen K
und drückt den Topfen mit beiden Händen zusammen,
ohngefähr in fünf Minuten bewerkstelligt wird, worauf e
Leintuch unter der Käsemasse und den Boden des Kessels h
arbeitet, so daß der Käse ganz auf dem Tuche liegt. Er
die Enden des Tuches, und ein Anderer füllt den Kessel mit
ausgeschöpften Molken an, die auf alle Fälle wieder in den K
kommen müssen, um da zur Scheidung des Ziegers neuerd
erhitzt zu werden. — Wenn das Anfüllen des Kessels mit
Molken zur Zeit geschieht, als der Käse noch im Kessel liegt,
liegt die Ursache darin, daß dadurch das Herausheben des K
merklich erleichtert wird, weil sich die schwere Käsemasse ohne
schwerde in der Flüssigkeit zur Oberfläche des Kessels heben la

Zwei Menschen heben den Käse mit dem Tuche aus
Kessel, und legen ihn sammt dem Tuche in ein durchlöche
Schaff, schlagen die Tuchenden oben zusammen, und la
auf diese Art das Wasser ablaufen. Nach einer Stunde ko
der Käse aus dem Schaffe in die Form, immer von dem T
umgeben. Diese Form ist ein hölzerner, runder, breiter R
der mit einem Stricke, welcher am dünnern und schmälern E
befestigt ist, übereinander gezwängt wird, um den Käse dad
etwas zu pressen. Bis zum Abend steht der Käse in der F
auf einem etwas geneigten Tische, ohne von oben mit et
beschwert zu werden, und wird dann in das Käsegewölbe geb
wo ihm am folgenden Tage das Umschlagtuch weggenom
wird. — Hier steht er dann vier Tage in der Form zu
worauf man anfängt ihm Salz zu geben.

Darin, daß man die Käsetheile auf das feinste zerthe
und daß man die Hitze nicht über 44° R. bringen dürfe,
alle Käser, so viel ich deren zu beobachten und zu sprechen

legenheit hatte, derselben Meinung; ob man aber die Flüssigkeit nach dem Gerinnen nur sehr langsam oder schleunig zur Wärme von 44° R. bringen müsse, oder dürfe, waren sie verschiedener Meinung, und beobachteten ein abweichendes Verfahren. Zu Tavazzano fing man die geronnene Milch um 9¼ Uhr an zu rühren, und um 9 Uhr 40 Minuten ward der Kessel schon vom Feuer gerückt: in Melegnanello fing man auch um 9¼ Uhr an die geronnene Milch zu rühren, brachte die Flüssigkeit aber erst um 10¼ Uhr zum nöthigen Hitzgrad; und in Vittadone fing man um 9¾ Uhr an zu rühren, und fuhr damit bis 12 Uhr, 10 Minuten fort. Im ersten Falle war der Topfen nur 15 Minuten, im letzten aber 2 Stunden 25 Minuten über dem Feuer. Und doch ist das Resultat dasselbe: denn ich konnte an dem Käse in diesen beiden Fabriken nicht den geringsten Unterschied wahrnehmen, auch genossen beide Fabriken einen gleich guten Ruf. Wichtiger ist der Wärmegrad beim Zusetzen des Labs, und hierin müssen die Käser besorgt sein zu allen Jahreszeiten die gleiche Temperatur zu beobachten. Daß man die Milch im Juli und August, bei großer Hitze, manchmal gar nicht mit Feuer zu wärmen brauche, versicherten mich einige Käser; daß man sie aber zu dieser Jahreszeit selbst mit Eis abkühlen müsse, wie Young sagt (III. Theil S. 222), habe ich nirgendwo gehört. Wahrscheinlich ist es, daß man das Eis zum Buttern braucht, was auch bei uns mit Nutzen geschieht.

Wollte man den Versicherungen einiger dieser Käser und ihrer Herren glauben, so wäre die Kunst des Käsemachens sehr verwickelt und man hätte eine große Menge Rücksichten in den verschiedenen Jahreszeiten, und bei verschiedener Fütterung der Kühe zu beobachten, um die Milch während ihrer Gerinnung, und den Topfen im Kessel so zu behandeln, als es die verschiedene Natur der Milch und die verschiedene Jahreszeit erheischt, um einen gleichförmigen Käse hervorzubringen. Es ist aber nur zu gewiß, daß jeder Käser das von ihm beobachtete Verfahren das ganze Jahr gleichförmig fortsetzt, und daß seine ganze

8 *

Kunst darin besteht, den Wärmegrad der Milch beim
des Labs und beim Erhitzen des Topfens richtig zu erkenne
soll auch er da ein verschiedenes Verfahren bei der Fab
beobachten, wo die Milch von Kühen herrührt, die er
Theile oder gar nicht sieht? Immer und überall sind a
neumelke Kühe in den Herden, deren Milch ihm zum V
gegeben wird; die einen weiden, die andern werden im
gefüttert, die einen bekommen heute Wiesengras,
Wiesenklee; und da die Umstände der Fütterung und W
der Kühe nie völlig gleich sind, so kann man auch kein ve
tes Verfahren der Käseerzeugung darauf gründen. Zud
diese Käser ganz materielle Leute, die nichts als das vo
Meistern erlernte Verfahren kennen, und dasselbe bli
befolgen, woran sie auch wohl thun, und denen es nie
Kopf kommt, tagtäglich ihr Verfahren nach dem Futter u
Witterung zu modificiren, da sie sich längst überzeugt
daß sie bei der Beobachtung der gleichen Methode, auch
das gleiche Product erhalten.

So wie ich hier die Käseerzeugung angegeben ha
wird sie auch von meinem Vorgänger, Arthur Y
(III. Theil S. 217), beschrieben, nur war man damals n
Meinung, daß man den Käselaib am ersten Tage etwas b
ren müßte, zu welchem Behufe man ein 3 Zoll dickes,
sen beschlagenes Brett auf den in der Form liegenden Käs
darüber einen drei Mannsköpfe großen Stein legte. In
tabone zeigte man mir noch einen solchen Stein, der
in früheren Jahren zum Beschweren des Käses verwendet
langen Jahren aber nicht mehr braucht. Schon zu den
Youngs war man gegen schwere Gewichte, und meint
sie eher schädlich, als nützlich seien, und hat sie nun ga
geschafft.

Die Käsekammer, welche von dem Käsemagazine wo
terschieden werden muß, von dem ich in Verfolge dies
handlung sprechen werde, ist ein kleines Gewölbe zu ebener

dessen Fenster wo möglich gegen Norden gerichtet, und mit Balken verschlossen ist, damit kein Luftzug darin Statt habe, oder die Luft sich nicht darin erwärme. In diese Kammer stellt man, wie ich oben bereits sagte, am Abende des ersten Tages den Käse, nimmt am folgenden Tage das Tuch weg, und läßt ihn andere drei Tage noch ruhig stehen, worauf man anfängt ihn zu salzen.

Dieses Salzen besteht darin, daß man auf die Oberfläche des Käselaibes Meersalz streuet, das sich in dem Wasser, welches verdünstet, auflößt, und allgemach in die Masse des Käses eindringt. Die ersten 20 Tage wird der Laib täglich gewendet, und immer neu mit Salz bestreut, die folgenden 20 Tage wird er nur jeden zweiten Tag gewendet und gesalzen. Man rechnet ³/₄ Unzen Salz auf ein schweres Pfund Käse. Wo der Raum beengt, stellt man die ersten 20 Tage auch zwei Laibe aufeinander. So lange der Käse in der Kammer steht, ist er immer mit dem Reife umgeben.

Nach 40 Tagen ist er fest, und gesalzen genug, um in das Magazin transportirt werden zu können. Dieses Magazin ist ein anderes, geräumiges, wo möglich hohes Gewölbe, das trocken sein muß, in dem man aber auch der Sonne allen Zugang verwehrt. In diesem Magazin liegen die Käse einzeln auf Brettern, die an den Wänden aufgerichtet sind: ehe man sie in das Magazin bringt, werden sie abgeschabt, mit heißen Molken übergossen, und mit einem flachen Holze, das durch Querschnitte eine spitzige Oberfläche erhalten hat, gedrückt, um die Rinde fester zu machen, worauf sie mit Leinöl eingeschmiert werden. In diesem Magazin wird jeder Laib während seines Aufenthalts täglich gewendet, und anfangs täglich, dann alle zweite Tage eingeschmiert.

Man verkauft nur zweimal des Jahres Käse: zu Peter und Paul, und zu Michaelis. Ich sah im Juni noch überall den Käse, der im October des vergangenen Jahres erzeugt worden war.

Gewöhnlich sind es Käsehändler, die von dem Landwirthe sein Erzeugniß kaufen, und es in ihren großen Magazinen aufbewahren, bis sie es nach allen Theilen von Italien, Deutschland u. s. w. absetzen.

Der Käsehandel ist vorzüglich in den beiden Orten: Corsico und Codogno concentrirt. Die Magazine in diesen Orten, deren ich mehrere ansah, sind zu ebener Erde, nicht gewölbt, 17—18 Wiener Fuß hoch, mit großen Fenstern, die man bei Tag an der Südseite schließt, in der Nacht aber aufmacht. An den Wänden sind allenthalben vom Boden bis zur Decke querlaufende hölzerne Stellen, die durch verticale Pfosten unterstützt werden. Solcher Stellen sind 16 übereinander. In einem jeden der zwei Magazine, die ich sah, waren 2000 Laibe. Der älteste Käse war vier Jahre alt, vieler zwei bis drei Jahre, es gab auch manchen von acht Monaten.

Die schwersten Laibe wägen 70 Pf. Mailänder Gewicht (95⅓ Pf. W. G.), die leichtesten 30 Pf. (40⅘ Pf. W. G.)

Man schätzte in diesen Magazinen den Zentner des acht Monat alten Käses 120 Lire, des drei Jahre alten 175 Lire, und des vier Jahre alten 200 Lire, doch waren diese nur die Schätzungs-, nicht die Verkaufspreise, die wahrscheinlich 10% niedriger waren. Das Inventar eines solchen Magazins mag 30 bis 40000 Gulden betragen.

Der Preis des sechs Monate alten Käses in den Fabriken ward mir um 90, 100 bis 110 Lire der Zentner geschätzt (100 Pf. Wiener Gew. 19 fl. 33 kr. bis 21 fl. 45 kr.).

Die Gesundheit eines solchen Käses, d. h. ob nicht in seinem Innern verschimmelte Stellen vorkommen, wird mit einem dünnen eisernen Hammer untersucht, mit dem man auf die beiden Flächen des senkrecht aufgestellten Käselaibes leicht schlägt, um aus dem Tone zu urtheilen, ob der Laib, wie sie sagen, gesund ist. Die verschimmelten Stellen sind compact und geben einen helleren Ton.

Nachdem ich die Erzeugung des Käses so ausführlich als

möglich behandelt habe, ist es noch nothwendig, daß ich von der Erzeugung des Ziegers — Ricotta — auf lombardisch: Mascherpa, spreche.

Die Molken, die man wieder in den Kessel zurückgegossen hat, werden neuerdings über das Feuer gesetzt, und bei beständigem Umrühren über 70° R. erhitzt, bei welcher Wärme sich der Zieger verdickt, und auf der Oberfläche der Flüssigkeit zum Vorschein kommt. Man läßt die Flüssigkeit durch ein Tuch laufen, und macht aus dem Topfen kleine Käse.

Es ist aber noch immer etwas Käse in der Molke; sie wird neuerdings in den Kessel gegossen, mit Molkenessig versetzt, und zum Sieden gebracht, wobei sich der letzte Rest des Käses abscheidet.

Die Lombarden nennen diese zweite Art Zieger: Mascherpa con agro. Dieser Käse wird geräuchert, um ihn vor dem Verderben zu schützen, und dient zum Hausgebrauch.

Wie viel 100 Pf. Milch an Käse, Butter und Zieger geben, und in wie fern es sich erwahre, was Berra gegen mich behauptete, daß die Milch in den bewässerten Theilen der Lombardie viel mehr Butter und Käse gebe, als die unsere, fand ich nirgends durch genau angestellte Versuche genügend aufgeklärt: Berra rechnete gegen mich, daß 18 Pfund Milch, im Durchschnitte des Jahres 1 Pfund Butter geben. Wir erhalten diesen Ertrag nur auf Alpenweiden, oder im Herbste, bei altmelken Kühen, und bei Weide auf Kleefeldern.

Er gab mir über das Verhältniß der Milch zu Butter und Käse folgende Daten an:

»In den Käsefabriken von Mailand's Umgebungen kann »man rechnen, daß man im Sommer von jedem Staio »Milch (13,1/10 W. Maß) 2 Pf. Käse, (2 1/2 W. Pfund) »bekommt (4,82 Maß Milch 1 Pf. Käse oder 12 Pf. Milch »1 Pf. Käse). In der Jahreszeit von Michaelis bis Georgi »bekommt man noch etwas mehr; von 3 Staja Milch »7 Pfund Käse.«

Bei uns in Deutschland ist es gerade umgekehrt. Wir haben aber auch keine solchen Wechselwiesen, die man bis Ende November beweidet, und keine Winterwiesen, die man Mitte Hornung mäht.

»Im Sommer gibt ein Stajo Milch nebst dem Käse noch »ohngefähr ¾ Pfund Butter. In der Winterperiode bekommt »man auch wohl 1 Pf. Butter (13 ⅑ Maß geben 1,36 Pf. Butter, oft noch einige Unzen mehr). Es ist aber eine allgemeine »Erfahrung, daß, wenn man von derselben Milch weniger »Butter macht, man mehr Käse erhält, und umgekehrt.«

Das Erzeugniß von Käse, welches man nach Berra von einer gegebenen Menge Milch erhalten soll, ist dem, was andere Schriftsteller angeben, und ich aus eigener Erfahrung weiß, ganz angemessen; allein, daß man nebst diesem Käse auch noch so viel Butter bekommen soll, wie hier behauptet wird, hatte ich nicht erwartet.

Nach Berra's Angaben werden von 100 Pf. Milch erzeugt: an Käse 8,33 Pf. — an Butter 3,05 Pf.

Da er früher angibt, daß in 18 Pf. Milch 1 Pf. Butter enthalten sei, so wären in 100 Pf. Milch 5,55 Pf. Butter, und da von 100 Pf. zu Käse verwendeter Milch 3,05 Pf. Butter hinweggenommen werden, so erhellet, daß in dem Käse, der aus 100 Pf. Milch, gemacht worden ist, nur 2 ½ Pf. Butter enthalten seien, d. h. daß beinahe die Hälfte der in der Milch vorhandenen Butter weggenommen worden ist, ehe diese verkäset wurde. *)

---

*) In seinem neuesten Werke: Del modo di allevare il bestiame bovino etc. 1829, S. 91 gibt Herr Berra folgende Erträgnisse der Milch an Butter und Käse an:

100 Pfd. Milch geben im Lodisanischen, an Butter: 2,38 Pfd.;
» Käse : 6,37 » ;
» Mailändischen » Butter: 2,16 » ;
» Käse : 6,13 » ;
» Pavesischen » Butter: 1,04 » ;
» Käse : 5,88 »

Es scheint aber, daß die angegebenen Erzeugnisse mehr nur die Propor-

Arthur Young berichtet (III. Th., S. 216), man habe ihm gesagt, daß die Milch zu einem Käse von 40 Pf. noch nebstbei 12 Pf. Butter liefere. Wenn zu 8 ⅓ Pf. Käse 100 Pf. Milch erforderlich sind, so sind zu 40 Pf. Käse 482 Pf. Milch nothwendig: und wenn diese 12 Pf. Butter bei der Käseerzeugung geben, so würden von 100 Pf. Milch nur 2 ½ Pf. Butter nebst dem Käse erzeugt, und nicht 3,05 Pf., wie Berra behauptet.

Der Pächter von Melegnanello, Herr Tonari, war so gefällig, mir aus dem Notatenbuche seines Vaters folgende zwei Versuche mitzutheilen.

»28. April 1798.«

»400 Pf. frischer, nicht abgerahmter Milch gaben 47 Pf. »Käse, drei Tage nach der Erzeugung gewogen (100 : 11 ¾). »Nach 40 Tagen, nachdem er gesalzen worden war, wog er »noch 40 Pf. (100 Pf. Milch 10 Pf. Käse, 40 Tage alt).«

»476 Pf. Abendmilch, von der man Morgens den Rahm »genommen hatte, gaben 36 ½ Pf. Käse, drei Tage nach der »Erzeugung gewogen (100 : 7 ⅔). Nach 40 Tagen wog er nur »mehr 33 Pf. (100 Pf. Milch, 6, 92 Pf. Käse, 40 Tag alt).«

Die Differenz der Käseerzeugung in diesen beiden Beobachtungen beträgt auf 100 Pf. Milch, 3,08 Pf., um welche die abgerahmte Milch weniger Käse gegeben hat. Wenn in 100 Pf. Milch 6,55 Pf. Butter enthalten sind, so sind in dem Käse, der aus 100 Pf. Milch gemacht worden ist, nur 2,47 Pf. Butter enthalten, oder mit anderen Worten, in dem Parmesankäse sind nur 45 % des ursprünglichen Buttergehaltes der Milch enthalten, was mit der Angabe Berra's genau übereinstimmt.

Mir sind zu wenig comparative Versuche über diesen Gegenstand bekannt, als daß ich es wagen dürfte, mit einiger Beruhigung einen Voranschlag machen zu können, wie viel man bei

tion zwischen Butter und Milch in den venezianischen Provinzen, und des Gehaltes der Milch zwischen den angegebenen Provinzen, als den absoluten Gehalt anzeigen sollen.

dieser Art Käsebereitung Butter erhält. Wie viel man auf eine Kuh Käse rechnet, erhellet aus folgenden Angaben:

In dem Magazine des Herrn Tonari fand ich 173 Käslaibe, die vom 1. October bis Georgi gemacht worden waren. Die Laibe wogen 30—70 Pf. Der Käser schätzte einen Laib im Durchschnitte auf 57 Pf. Dieß betrüge 9861 Pf., und wenn man für die andere Hälfte des Jahres auch nur einen gleich großen Ertrag annehmen wollte, so wären dieß 19722 Pf. und es entfielen für eine der 91 Kühe, die er hält, 216 Pf. Käse des Jahrs.

In Roncaro fand ich in der Käsekammer des Pächters Herrn Moretti 40 Laibe, und im Käsemagazin 206 Laibe, die vom 26. September 1827 bis 15. Mai 1828 gemacht worden waren. Er schätzte einen Laib im Durchschnitte auf 42 Pf. Hiernach wurden in 264 Tagen 8652 Pf. Käse gemacht, und nach diesem Verhältniß entfallen auf 365 Tage 11962 Pf. Käse, und auf jede einzelne der 60 Kühe, die er hält, 199⅓ Pf.

Diese beiden Angaben über den Käseertrag einer Kuh sind wenig verschieden, und stimmen zugleich mit jener überein, von der Arthur Young Meldung thut (III. Theil S. 215), wo man ihm auf einer in der Nähe von Mailand befindlichen, dem Hause Litta gehörigen Wirthschaft angab, daß bei 355 Kühen jährlich 320 Käse zu 40 Pf. erzeugt wurden, wornach sich 232 Pf. für eine Kuh berechnen. Die Abweichungen in diesen drei Daten rühren von dem ungewissen Gewichte her, welches man einem Laibe zuschreibt, das nur annäherungsweise bestimmt worden ist, da man das ganze Jahreserzeugniß nicht gewogen hat.

Was Young weiter von der Käseerzeugung in Lodi erzählt, zu Folge dessen in einer großen Wirthschaft von 96 Kühen sich jede derselben auf 240 Pf. Käse berechnete, muß ich dahin gestellt sein lassen, da sie auf eben so unsichern Gründen beruht, wie meine eigenen Erhebungen. Dieser großen Käseerzeugung entgegengesetzt ist das, was man ihm in Codogno sagte, wo man für eine Kuh nur 100 Pf. Käse, und 80 Pf. Butter gelten lassen wollte.

Der Professor Bignami in Bologna nimmt 238 Pf. Käse, und 102 Pf. Butter als das mittlere Erträgniß in der Provinz Lodi an. (Annali d'agricoltura di Filippo Rè. T. I. p. 228.)

Ich glaube demnach von der Wahrheit nicht sehr weit abzuweichen, wenn ich annehme, daß man in einer gewöhnlichen, ohne ausnehmende Industrie betriebenen Käsefabrik 200 bis 230 Pf. Käse, und 60 bis 70 Pf. Butter von jeder Kuh erhalte. Dieß beträgt in Wiener Gewichte 272 bis 313 Pf. Käse, 81 ⅔ und 95 ¼ Pf. Butter.

Von der Pflege und Fütterung der Kühe.

Wenn man in den übrigen Theilen des Festlandes für die Weidewirthschaft einen plausiblen Vorwand in der geringen Bevölkerung und in dem geringen Werthe von Grund und Boden findet, so ist es schwer, sich zu erklären, wie sich dieselbe in der Lombardie so lange erhalten hat, und zum Theile noch gegenwärtig erhält; in einem Lande, wo die Menschenmenge größer ist, als irgendwo in Europa, und wo der Grund und Boden theurer ist, wie in England. Hier sieht man die Kühe aber nicht auf magern Weiden herumlaufen, wie anderswo, sondern sie weiden auf den schönsten bewässerten Wechselwiesen, um die es uns beim ersten Ansehen jammert, daß sie von den schweren und muthwillig herumlaufenden Thieren so zertreten werden; und um den Gegensatz gegen das anderswo beobachtete Verfahren vollkommen zu machen, werden die Kühe nicht Morgens und Abends, sondern nur in der größten Mittagshitze auf die Weide getrieben, und stehen die übrige Zeit zu Hause im Schatten.

Dieß ist das alte lombardische Verfahren, das im Jahre 1790, als Arthur Young dieses Land bereis'te, noch allgemein eingeführt war, und dem man die Eigenthümlichkeit des

Parmesankäses zuschrieb. Nach dieser Zeit ward das Verfahren bei der Fütterung und Wartung der Kühe vielfältig modificirt, und da man sich überzeugte, daß überall, wo die Kühe reichlich und gut genährt werden, und ein gleichförmiges Verfahren bei der Käsebereitung beobachtet wird, dieselbe Qualität von Käse zum Vorschein kam, man mochte die Kühe im Stalle füttern, oder auf die Weide treiben, so ist die alte Methode bei weitem nicht mehr allgemein, sondern wird nach und nach von der Stallfütterung verdrängt, die in einigen Decennien sicherlich allgemein sein wird.

Die alte Methode in ihrer ganzen Reinheit fand ich von sieben großen Käsefabriken, die ich in den drei bewässerten Provinzen mit Aufmerksamkeit besah, nur allein in jener des Herrn Tonari in Melegnanello, Provinz Lodi, gehandhabt. Bei ihm findet folgende Fütterungsmethode statt: Die Kühe wurden im Juni Morgens um 2½ Uhr gemolken, bekamen dann um 6 Uhr 5 bis 6 Pf. Heu, und wurden um 11 Uhr in die Wechselwiese auf die Weide getrieben, von wo sie Nachmittags um 4 Uhr zurückkehrten, und eine Stunde darauf gemolken wurden. Sie bekamen Abends keinerlei Futter, und wurden weder Morgens noch Abends gewässert.

Eine kleine Abweichung von dieser Methode war die, welche ich in der Gemeinde San Novo auf einem Gute sah, das dem Grafen Belgiojoso gehört, so wie bei dem Pächter Herrn Moretti zu Roncaro in der Provinz Pavia, wo die Kühe Morgens und Mittags wie in Melegnanello gehalten, Abends aber zu Hause mit Gras gefüttert wurden, das man ihnen am ersten Orte vollauf, im letztern aber in beschränktem Maße reichte.

Eine bedeutendere Abweichung ist jene, welche mir der Pächter Pennaro in Vittadone angab, der seine Kühe nur im Frühling und Herbst unter der Mittagszeit die Wiesen abweiden läßt, im Sommer aber im Stalle füttert.

Herr Berra hält seine Kühe bis zur Mitte des Septembers

im Hause, wo sie zweimal des Tages mit gemähtem Grase gefüttert werden. Nach der Mitte des Septembers, und so lange es die Witterung im Herbste gestattet, beweiden die Kühe dann die abgemähten Wiesen.

Dieselbe Methode beobachten auch die Pächter Frarri in Tavazzano und Bignami in Casaretto. Da der Käse aller dieser Wirthschaften von gleicher Qualität ist, und jener des Pächters Tonnari in Melegnanello um nichts theurer bezahlt wird, als der des Frarri, so erhellet daraus, daß es in Hinsicht auf die Güte des Käses einerlei ist, ob man die Thiere nach der einen oder der andern Art füttert; nur in Hinsicht der Kosten wird es nicht einerlei sein, ob man die Weide- oder die Stallfütterung beobachtet.

Die Weidewirthschaft hat viele Gemächlichkeiten, sie erspart alles Einmähen, Heimführen und Vorlegen des Futters; allein sie braucht mehr Land, weil die Thiere durch ihr Herumlaufen mehr Futter zertreten, was beim Mähen gewonnen und zu Gute gebracht wird, und man gewinnt weniger Dünger. Da die zum Melken der Kühe bestimmte Anzahl Menschen (auf 15 Kühe ein Mann) bei der Stall- und Weidefütterung gleich groß ist — bei jener um das Futter herbeizuschaffen, bei dieser, um zu verhüten, daß die Kühe nicht das ganze Feld auf einmal überlaufen und mehr als die Hälfte des Grases ungenützt zertreten —, und da außerdem bei der Weidewirthschaft der mehrere Futteraufwand und der Düngerentgang gewiß ist, so scheint es außer Zweifel zu sein, daß die Stallfütterung auch in der Lombardie vor der Weidewirthschaft Vorzüge habe.

Im Winter sind die Kühe in Ställen, über deren Oberboden das Heu in der Schener aufgeschichtet wird. Der Oberboden ist nur schlecht mit Brettern über die Trambäume belegt, und die untere Schichte des Heues muß daher mit dem Stallgeruch ganz erfüllt sein. Die Ställe sind sehr niedrig, kaum mehr als 6 Schuh hoch, mit kleinen Fenstern. Im Sommer werden aber die Kühe im Barco gehalten, in einem gedeckten Gange im Wirthschaftshofe, dessen vordere Seite offen, die hintere aber, wo der Futterbarren angebracht ist, mit Brettern geschlossen ist.

In mehreren Wirthschaften hat dieser Barco entweder ein Dach, das weit genug vorragt, die Kühe ganz gegen die Sonnenstrahlen zu schützen, oder man hat ihm eine solche Richtung gegeben, daß seine Öffnung gegen Norden steht, und dann leiden die Thiere von der Hitze und den Fliegen nur wenig: allein leider! sah ich nur zu häufig, daß die Thiere von beiden sehr geplagt wurden, und bei Tage nicht die mindeste Ruhe genießen konnten.

Die Kühe werden allenthalben reichlich, im Sommer sowohl, als im Winter gefüttert, und man sieht es bei der Stallfütterung mit Recht als eine schlechte Speculation an, wenn man am Futter sparen wollte. Es wird ihnen daher Gras gegeben, so viel sie fressen wollen, oder können; und im Winter rechnet man täglich für eine Kuh 20 Pf. (27 Pf. Wiener Gewicht) Heu, das ihnen ungeschnitten und ohne Stroh vorgelegt wird. Daher geben sie aber auch, wie ich gezeigt habe, doppelt so viel Milch, wie bei uns; und weil die große Masse Stroh, die man in diesen Gegenden erhält, ganz zur Streue verwendet wird, so ist die Menge des Düngers, die man gewinnt, auch außerordentlich groß, und bringt, nebst dem Wasser, jenes große Wiesen- und Ackererzeugniß hervor, das uns in Erstaunen setzt.

Werfe ich einen Blick auf die verschiedenen Umstände, wie die Kühe gehalten und mit was sie genährt werden, und sehe ich, daß sie bald fortwährend, bald periodenweise geweidet, bald ganz, bald theilweise im Stalle gehalten, bald mit dem Grase der Winterwiesen, das fast ganz aus englischem Reigrase besteht, bald mit dem Grase der Sommerwiesen, bald mit dem der Wechselwiesen, bald wieder mit rothem Klee, und im Winter mit dem Heue verschiedener Wiesen genährt werden, und daß bei aller dieser verschiedenen Nahrung doch immer dieselbe Qualität Käse im Sommer sowohl, als im Herbste, Winter und Frühlinge erzeugt wird, so glaube ich berechtigt zu sein, schließen zu dürfen, daß auch anderswo die Milch gut und reichlich genährter Kühe dieselbe Art Käse liefern werde, wenn sie auf dieselbe Art bereitet wird, wie hier. Ich weiß wohl, daß man allgemein glaubt, man könne den Parmesankäse nirgendwo nachmachen, und es hänge der eigenthümliche Charakter, der ihn von den andern Käsearten auszeichnet, von dem hiesigen Futter ab, weßwegen alle Versuche in andern Gegenden von Italien und Deutschland mißlungen wären; allein ich weiß auch, wie viele Mißgriffe bei solchen Versuchen gemacht werden, wie leicht man sich bei dem ersten Mißlingen abschrecken läßt, und wie viele Hindernisse man auch im Vorurtheile der Abnehmer findet, die dem anderswo erzeugten, wenn auch ganz gleichen Producte doch nicht den gleichen Geldwerth zugestehen wollen.

Anfänglich ward dieser Käse nur im Staate von Parma gemacht; jetzt wird besserer nördlich von Mailand, 27 geografische Meilen weit von Parma erzeugt, und wer weiß, ob nicht in 50 Jahren in den Niederungen der Provinzen Padua, Rovigo und Friaul die Bewässerung des Bodens eingeführt, und Parmesankäse und Reiß eben so gut neben einander erzeugt werden, wie dieß in Lodi und Parma Statt findet, und daß nach andern 50 Jahren von Ungarn aus ganz Deutschland und der Norden mit dieser Art Käse versehen werden wird.

Sicherlich waren Die von Parma eben so sehr überzeugt, daß man ihren Käse nicht nachmachen könne, als es jetzt die Mailänder sind, und so wie sich Jene geirrt haben, werden sich Diese irren, und sich höchlich verwundern, daß man auch jenseits der Berge eine Käseart hervorzubringen vermochte, von der sie meinten das Monopol zu besitzen.

Von den wandernden Kuhbesitzern.

Man nennt sie, wie ich bereits sagte, Bergamini oder Malghesi. Ihrer gibt es in der Lombardie und den Provinzen von Mantua und Verona noch viele, obschon sich ihre Zahl gegen die frühern Jahre, wie man mir sagte, sehr vermindert hat. In den Bergen von Brescia und Bergamo gibt es, so wie in der Schweiz einzelne Viehbesitzer, die in der Heimath nur so viel Land besitzen, um ihre Kühe den Sommer über ernähren zu können, und die daher im Herbste in die Ebene kommen, um für diese Jahreszeit und den darauf folgenden Winter für ihre Herde Futter zu suchen. Weil sie von Bergamo kommen, hieß man sie Bergamini, und mittlerweile nannte man selbst die zur Käseerzeugung bestimmte Kuhherde Bergamina.

Sie kommen Mitte des Septembers in die Lombardie, wo sie mit den Landwirthen zuerst um die Weide in den Wiesen, und dann um das Winter- und Frühlingsfutter für ihren Viehstand handeln.

Sie schlagen ihr Winterquartier in jenem Pachthofe auf, wo sie das Winter- und Frühlingsfutter gekauft haben, und der Pächter gibt ihnen und ihren Leuten Wohnung, und räumt dem Viehe den Stall ein; er gibt ihnen ferners eine bestimmte Menge Holz für die Küche und den Käsekessel und versieht sie mit genügender Streue für die Kühe.

Es ist dieß für die Landwirthe eine sehr gemächliche und gefahrlose Methode ihr Heu und Gras zu verkaufen, ohne den Dünger, der aus der Verfütterung dieser Materialien hervorgeht, zu verlieren. Indessen müssen doch damit sehr viele Unbequemlichkeiten verbunden sein, die diese Vortheile wieder aufheben, weil sich die Landwirthe immer mehr entschließen das zur Verzehrung des Futters erforderliche Vieh selbst anzuschaffen, und die Milch entweder im eigenen Hause, oder in Gesellschaft mit den Nachbarn, durch einen eigens aufgenommenen Käser verarbeiten zu lassen, oder sie einem solchen Käser um einen bestimmten Preis für die Brenta zu verkaufen.

III.

Von der absoluten und relativen Größe der directen Steuern und ihrer Umlage in den Provinzen des lombardisch-venezianischen Königreichs.

II. 9

III.

Von der absoluten und relativen Größe

der

einzelnen Steuern und ihrer Umlage

in den Provinzen

des

lombardisch-venezianischen Königreichs.

I. Abschnitt.

Von der Größe der directen Steuern und ihrer gegenwärtigen Umlage in den lombardisch-venezianischen Provinzen.

Wenn es in statistischer Hinsicht überhaupt von der größten Wichtigkeit ist, die auf den Betrieb der Landwirthschaft unmittelbar lastenden, sogenannten directen Steuern zu kennen, so hat diese Kenntniß für die Lombardie ein erhöhteres Interesse, weil es ein Land betrifft, das sich durch seine hohe Cultur, seinen Reichthum und seinen Cataster auszeichnet.

Ich habe mir daher viele Mühe gegeben, in den verschiedenen Provinzen des lombardisch-venezianischen Königreichs, vorzüglich aber in den altlombardischen Provinzen jene Behelfe zu sammeln, welche nothwendig sind, um das Verhältniß des Grundertrages zur Größe der Steuer zu bestimmen.

Diese Behelfe bestehen in der Erhebung des wirklichen Pachtzinses, den die Grundbesitzer von ihren Gründen einnehmen, und in der Erhebung des wirklichen Betrages, den sie für Grund- und Gemeindesteuer von diesem Pachtertrage an den Steuereinnehmer abführen. Werden solche Erhebungen von mehreren Gütern gemacht, und sind diese von einer nicht ganz unbedeutenden Ausdehnung, so geben sie einen Durchschnitt, der sich dem wirklichen Verhältnisse ziemlich nähert. — Nur allein auf diese Art gelangt man zu einer klaren Ansicht des Gegenstandes, und überzeugt sich, ob die Provinzen gleichförmig besteuert, welche höher, welche niedriger belastet sind, und wie viel Procent des Grundertrages die Steuern wegnehmen.

9 *

Die nachfolgenden Berechnungen werden über diese einiges Licht verbreiten, und wenn sie den Gegenstand auch erschöpfen, und für die trockenen Provinzen der Lombardi wie für die venezianischen Provinzen ihrer Geringfügigkeit auch angefochten werden können, so haben sie doch immer relativen Werth, und die davon abgezogenen Folgerungen sen in so lange als richtig angesehen werden, als man nic Stande ist, durch ausgedehntere Berechnungen das Gegen zu erweisen.

A. Lombardische Provinzen.

Als im Jahre 1760 die Grundsteuer nach den Ergebn der endlich zu Stande gebrachten Catastralschätzung in den mailändischen Provinzen, mit Ausnahme des Herzogth Mantua, umgelegt wurde, betrug der gesammte Cata werth der Gründe: 64,207,965 Scudi 3 Lire 6 Den

Die Provinzen waren folgendermaßen geschätzt:

	Scudi.	Lire.
Stadt und Provinz Milano . . .	34,004,092	2
Gebiet Treviglio	309,213	3
Stadt und Provinz Pavia . . .	5,254,262	5
„ „ „ Cremona . . .	11,385,650	1
Die von Cremona abgesonderten Gebiete von Soncino, Fontanella, Pizzighettone und Castel Leone	982,128	11
Stadt und Provinz Lodi . . .	9,318,334	—
Stadt und Gebiet Como . . .	1,278,659	1
Grafschaft Como	556,026	1 —
Thal Intelvi	62,326	5 —
Stadt und Provinz Casal Maggiore	1,057,270	—
Summe	64,207,965	3

Als Staatsbedarf ward in diesem Jahre ausgeschrieben die Summe von . . . . Lire 5,840,650.

Weil aber die Häusersteuer betrug	Lire	34,606	10
» Personalsteuer » . .	»	705,022	10
» Gewerbsteuer » . .	»	69,152	5
Summe	Lire	808,781	5

und der Betrag dieser drei Steuern von der Grundsteuer abgezogen wurde, so blieben für diese letztere nur zu vertheilen Lire 5,031,868 : 15. Wird die Summe von Lire 5,031,868 : 15 auf 64,207,965 Scudi 3 Lire 6 Denari umgelegt, so zeigt sich, daß jeder Scudo Grundcapitalwerth an Grundsteuer zu bezahlen hatte: Soldi 1, Denari $6\frac{4}{5}\frac{1}{25}\frac{1}{125}$ = 18,848 Denari, d. h. 100 Scudi Capitalwerth mußten 1,306 Scudi Grundsteuer zahlen.

Während des Decenniums 1780 — 1790 betrug die Grundsteuer vom Scudo Capitalwerth, 24 Denari, d. h. 100 Scudi Capitalwerth zahlten 1⅔ Scudi Grundsteuer, und bis zum Jahre 1799 ward sie auf 48 Denari gebracht; = 100 Scudi Capitalwerth zahlen 3⅓ Scudi Grundsteuer, auf welcher Höhe sie gegenwärtig noch steht. — Gegen das Jahr 1760 ist demnach die gegenwärtige Grund- und Häusersteuer 2½ Mal so hoch; allein sie ist in der That viel höher, weil in den früheren Jahren die Gemeindelasten, die als Zuschlag zur Grundsteuer erhoben werden, etwas ganz Unbedeutendes betrugen, jetzt aber in manchen Gemeinden den Gutsbesitzern sehr beschwerlich fallen. So sagt Dandolo (Opera postuma S. 98), daß er im J. 1819 in Varese vom Scudo Capitalwerth 24 Denari, und in Velate 31 Denari zahlte.

Berra (Sull' attuale avvilimento del prezzo dei Grani, 1823, S. 15) behauptet, daß sie 12 Denari, also die Hälfte der landesfürstlichen Grundsteuer beträgt. Im Ganzen beträgt aber diese Steuer gegenwärtig nicht mehr als 16—20% der Grundsteuer.

Im Jahre 1826 betrug die Grund- und Häusersteuer

wie ich bereits sagte, 48 Denari, oder 177 Centesi[mi] austriaci per Scudo Catastralwerth.

In demselben Jahre betrugen die Gemeindelasten im Du[rch]schnitte aller 9 Provinzen 3,055 Centesimi per Scudo, [d. h.] 100 Scudi Grundsteuer mußten 17,2 Scudi Gemei[nde]steuer zahlen. Es ist aber diese Gemeindesteuer in den Pro[vin]zen sehr ungleich; sie beträgt 9,024 Centesimi in Sondr[io], 4,863 Centesimi in Como; 3,548 in Milano; 2,[...] in Mantova u. s. w.

Der gegenwärtig in den Catastralbüchern vorgeschrieb[ene] Capitalwerth der Gründe und Häuser ist zwar noch dersel[be], wie er im Jahre 1760 eingetragen ward; allein die Summ[en] stimmen nicht mit den früheren, wie man aus der beiliegen[den] Übersicht wahrnimmt, in welcher der Capitalwerth der Grün[de] in den Provinzen mit der Untertheilung in die früher geschätz[ten] (Estimo censuario regolare) und in die später geschätz[ten] (Estimo provvisorio) ersichtlich gemacht worden ist.

Übersicht

des Catastralwerthes der Gründe und Häuser in den lo[m]bardischen Provinzen im Jahre 1826.

Provinz.	Definitive Schätzung.			Provisorische Schätzung.			Zusammen.
	Scudi.	L.	D.	Scudi.	L.	D.	Scudi.
Bergamo	2,114,707	3	3	10,670,119	2	3	12,784,826
Brescia	»	»	»	17,947,216	—	7	17,947,216
Como	9,517,947	5	6	13,673	—	—	9,531,620
Cremona	14,831,889	—	—	»	»	»	14,831,889
Lodi und Crema	12,351,935	4	4	2,296,890	1	3	14,649,825
Mantova	14,665,087	1	3	739,283	2	6	15,405,370
Milano	24,785,103	5	2	»	»	»	24,785,103
Pavia	12,545,328	1	4	»	»	»	12,545,328
Sondrio	»	»	»	1,682,093	2	7	1,682,093
	90,824,999	4	1	33,349,176	4	1	124,174,175

Unter definitiver Schätzung wird die mailändische und mantuanische Catastral-Vermessung und Schätzung verstanden; unter provisorischer Schätzung aber die unter der vorigen Regierung vorgenommene Gleichstellung der venezianischen Provinzen mit den lombardischen. Warum der hier angegebene Betrag der alten Schätzung mit dem früheren vom Jahre 1759 nicht übereinstimmt, rührt von der Einverleibung des Gebietes von Mantova, mehrerer Gemeinden von Piacenza, und aller früher steuerfreien Gründe; dann von der Veränderung des Laufbettes der Flüsse her, wie aus folgender Übersicht erhellet.

Darstellung der Steuerkörper,

welche den Cataster der altlombardischen Provinzen bilden.

Am 13ten Jänner 1760 betrug der Capitalwerth der besteuerten Gründe .	Scudi	64,207,965
Hierzu wurden einige durch Vertrag erhaltene Gründe geschlagen mit	»	18,125
	Scudi	64,226,090

	Veränderungen. Zuwachs.	Veränderungen. Abgang.	
Durch die vom K. Josef II. aufgehobene Steuerfreiheit der Kirchengüter, wurde die Gesammtsumme des Scutato auf Scudi 74,619,683 gebracht, wornach sich ein Zuwachs ergibt von . .	10,393,593		
Die Catastralschätzung der Provinz Mantova, die im J. 1785 beendet wor-			
Scudi	10,393,593	—	— 64,226,090

	Zuwachs	Abgang	[illegible] des Cat[illegible]
Übertrag	10,593,593	—	— 64,226
den war, betrug Scudi 19,331,174 und ward auf landesfürstlichen Befehl vermindert auf . .	14,490,880		
Catastralschätzung einiger Gründe in der Provinz, die früher steuerfrei waren, unter der französischen Regierung . . .	86,605		
Catastralschätzung der Convente, Klöster, Collegien, des Cameral- und städtischen Eigenthums, in wie ferne es noch steuerfrei war . . .	684,454		
Catastralschätzung von andern im Jahre 1795 aufgehobenen Klöstern, Bruderschaften, Kirchen u. s. w.	230,530		
Berichtigung des Catasters im Jahre 1778 längs der Flüsse Ticino, Adda, Po und Lambro		62,548	
Berichtigung längs der Flüsse Sechia, Oglio, Mella und Chrese		58,655	
Scudi	25,856,062	121,203	64,226,

	Zuwachs.	Abgang.	Betrag des Catastralwerthes.
Übertrag	25,856,062	121,203	64,226,090
Vermehrung des Steuerobjectes durch die im Jahre 1797 vorgenommenen Aufhebungen von geistlichen Körperschaften, Kirchen u. s. w.	66,272		
Einverleibung der Lehen von Campione, Civina, Limonta und Cremmago	46,897		
Aufhebung von geistlichen Körperschaften in den Jahren 1798 bis 1807	56,951		
Einverleibung von 22 Gemeinden des Staates von Parma, die am linken Ufer des Po lagen	864,970		
Dritte Berichtigung der Flußufer	40,135		
Einverleibung des erzbischöflichen Lehens Valsolda im J. 1810	12,714		
Einverleibung mehrerer geistlichen und Kirchengüter in den Jahren 1814 bis 1820	11,876		
Vierte Berichtung der Flüsse 1819		32,762	
Scudi	26,925,882	153,965	64,226,090

	Zuwachs.	Abgang.	Betrag des Catastralwerthes.
Übertrag	26,925,882	153,965	64,226,0
Einverleibung eines Grundes in Castelleone 1820	36		
Summa Scudi	26,925,918	153,965	
Wird der Abgang abgezogen mit	153,965		
So zeigt sich seit dem Jahre 1760 ein Zuwachs von	26,771,953	—	26,771,95
Summe des Catastralwerthes der Gründe in den altlombardischen Provinzen			Scudi 90,998,04

Die hier ausgesetzte Summe von 90,998,043 Scudi weic
von jener, die ich in der früheren Übersicht angegeben habe, u
sie nur 90,824,999 Scudi beträgt, um 173,044 Scudi a
Welche die wahre ist, weiß ich nicht anzugeben: beide rühr
von authentischen Quellen her.

Indessen habe ich wichtige Gründe die kleinere Summe f
die wahre zu halten, da ich weiß, daß auf der Grundla
derselben die Steuerausschreibungen vorgenommen werden.

Die Grund- und Häusersteuer, so wie die Gemeindesteuer, betrugen im Jahre 1826 nachstehende Summen.

Übersicht

der Grund-, Häuser- und Gemeindesteuern in den lombardischen Provinzen im Jahre 1826.

Provinzen.	Grundsteuer.		Gemeindesteuer.		Zusammen.	
	In Lire und Centesimi austriaci.					
Bergamo . .	2,262,921	00	431,921	57	2,694,842	57
Brescia . . .	3,176,749	15	397,228	49	3,573,977	64
Como	1,688,792	46	464,013	90	2,152,806	36
Cremona. . .	2,624,154	08	366,762	97	2,990,917	05
Lodi und Crema	2,595,347	65	411,253	25	3,006,600	99
Mantova. . .	3,046,139	26	373,170	04	*)3,516,227	74
Milano . . .	4,368,164	30	879,536	38	5,247,700	68
Pavia	2,220,482	18	318,249	09	2,538,731	27
Sondrio . . .	297,730	53	151,803	90	449,534	43
	22,280,480	61	3,793,939	59	26,171,338	60

*) Bei Mantova muß bemerket werden, daß hier in der Totalsumme nebst den vorstehenden zwei Parzialsummen noch überdieß Lire 9,691,840 hinzugerechnet sind, die man in dieser Provinz für Provinzial-Auslagen erhebt. —

Verhältniß

des Flächeninhaltes und der Bevölkerung zur Grund-, Häus und Gemeindesteuer in den lombardischen Provinzen in d Jahren 1826 und 1827.

N. B. Die obere Zahl in den mit einem * bezeichneten Colonnen bezi sich auf das Jahr 1826, die untere auf das Jahr 1827.

Provinz.	Gesammtbetrag der Grund- und Gemeindesteuern. Lire austriache.	Cent.	Bevölkerung. *	Flächeninhalt in Q. Meil. à 10000 Joch Wiener Maß.	Auf die Q. Meile kommen Menschen *	Auf die Q. Meile entfallen von der Steuer Lire austriache.	Auf einen Menschen entfällt von … Lire austriache. *
Bergamo . .	2,694,842	57	313,583 317,087	69,40	4662 4707	38830	9,3 8,
Brescia . .	3,573,977	64	317,932 319,100	54,83	5980 6002	65181	10, 10,
Como	2,151,806	36	338,883 345,151	46,02	7363 7500	46779	6, 6,
Cremona . .	2,990,917	05	176,968 178,199	22,95	7711 7764	130325	16, 16,
Lodi und Crema	3,096,609	96	198,936 199,639	19,80	10048 10082	156398	15, 15,
Mantova . .	3,516,117	76	239,188 241,044	38,68	6148 6231	90906	14, 14,
Milano . . .	5,247,700	66	460,880 467,406	30,94	14843 15106	169608	11, 11,
Pavia . . .	2,538,731	17	148,301 146,679	16,98	8729 8638	149513	17, 17,
Sondrio . .	449,334	45	83,919 83,917	55,21	1517 1517	8137	5, 5,
	26,171,338	60	2,298,713 2,318,153	354,91 *)			

Es fällt von selbst auf, und ich brauche nicht darauf au merksam zu machen, wie stark die ganz in der Ebene liegend Provinzen bevölkert, und wie es vor diesen wieder jene in eine vorzüglichen Grade sind, die bewässert werden; wohin Pavi

*) Es sind eigentlich 20,476,981 Pertiche censuarie = 355,685 Quadrat-Meilen. Der kleine Unterschied rührt von der Reduction her.

Lodi mit Crema, und zum Theil Milano, Cremona und Mantova gehören.

Die Besteuerung richtet sich nach der Schätzung des Grundertrages; es entfällt daher auf die gevierte Meile in den bewässerten Provinzen auch die größte verhältnißmäßige Steuer, weil da, wo man Äcker und Wiesen nach Gefallen bewässern kann, das Grunderträgniß ungleich größer ist, als wo das Gedeihen der Früchte von dem zufälligen Regen abhängt.

Auch muß ich hier aufmerksam machen, daß, weil hier der gesammte Flächeninhalt zur Basis der Berechnung angenommen worden ist, in den gebirgigen Provinzen: Bergamo, Brescia und Como auf die gevierte Meile des cultivirten Bodens mehr Steuer entfallen würde, als hier angenommen worden ist.

Außer der Grund- und Häusersteuer hat man aber in dem lombardisch-venezianischen Königreiche noch zwei andere directe Steuern, nämlich die Kopf- und die Gewerbesteuer (Tassa personale, und Tassa Arti e Commercio).

Die Kopfsteuer muß von jedem Menschen entrichtet werden, der zwischen 14 und 60 Jahre alt, und im Stande ist, sich seinen Unterhalt zu verdienen.

Im Jahre 1826 wurden in den lombardischen Provinzen 540773 steuerfähige Köpfe gezählt, von denen jeder an die Staatscasse 3,68 Lire, und an die Gemeindecasse 2,51 Lire: zusammen also = 6,19 Lire zahlen mußte, was in den neun Provinzen für die Staatscasse betrug Lire 1,974,070 : 06
» » Gemeindecassen » » 1,577,020 : 58
Zusammen Lire 3,551,090 : 64

Der Gewerbsteuer waren in dem obgemeldeten Jahre in den neun lombardischen Provinzen 60928 Personen unterworfen gewesen, wovon jede im Durchschnitte Lire 11,792 zahlte. — Davon floß
in die Staatscasse die Summe von Lire 537,057 : 03
» » Gemeindecassen » » » 181,437 : 44
Zusammen Lire 718,494 : 47

Der Gesammt-Betrag dieser drei directen Steuern in d
neun lombardischen Provinzen war im Jahre 1826 folgender

Gesammt-Betrag

der directen Steuern in den lombardischen Provinzen im Jahre 1826.

Bergamo	Lire	3,292,359	20
Brescia	»	4,152,804	51
Como	»	2,785,113	13
Cremona	»	3,316,403	67
Lodi und Crema	»	3,368,544	91
Mantova	»	3,968,411	66
Milano	»	5,980,663	71
Pavia	»	2,785,425	54
Sondrio	»	591,299	48
	Lire	30,240,923	71

Die directen Steuern werden in dem lombardisch-venezian
schen Königreiche nicht durch landesfürstliche Steuereinnehme
sondern durch Unternehmer eingehoben, die zu den mindest
Procenten dieß Geschäft übernehmen. Der Pächter muß ei
hinlängliche Bürgschaft leisten, und muß monatlich das festg
setzte Steuer-Ratum an die Staatscasse abführen, er mag
eingenommen haben, oder nicht. Dafür hat er das Recht v
den Saumseligen 5% für die Zeit des Ausstandes zu fordern
und wenn sie in der vorgeschriebenen Zeit nicht zahlen, sie
pfänden, und das Gepfändete auf ihre Kosten zu verkaufen.

Der Betrag der ersten Rubrik ist ziemlich bedeutend, un
bildet einen wesentlichen Theil der Einnahmen der Steuerpächte

Folgende Übersicht gibt über die mehr oder mindere Leid
tigkeit, mit der die Steuern eingebracht werden, und über d
derselben zum Grunde liegende größere oder mindere Zahlung
fähigkeit der Steuerpflichtigen genügendes Licht.

Gesammt-Betrag

der Kosten, welche Diejenigen abführen mußten, die die Grund-, Personal- und Gewerbsteuer im Jahre 1826 nicht zu gehöriger Zeit abführten.

Provinzen.	Mahnungs-kosten.		Pfändungs-kosten.		Kosten des öffentlichen Verkaufes der gepfändeten Sachen.		Zusammen.	
Bergamo . .	38,921	24	9,462	55	1,386	66	44,770	30
Brescia . .	24,184	87	13,870	66	692	47	38,747	99
Como . . .	23,753	35	722	62	30	09	24,506	06
Cremona . .	18,385	97	2,794	01	85	54	21,265	52
Lodi und Crema . .	19,550	70	4,970	58	126	26	24,647	54
Mantova . .	[illegible]	56	13,613	64	936	[illegible]	51,493	43
Milano . .	18,258	13	2,723	69	43	—	21,024	82
Pavia . . .	11,528	93	755	96	13	—	12,297	89
Sondrio . .	13,250	62	2,970	51	485	55	16,706	68
Lire	199,977	32	51,886	02	3,596	80	255,460	14

So gering auch die Steuersumme ist, welche die Provinz Sondrio (das Valtellin) abführt, so ist sie doch im Verhältnisse zum Reinertrage der Gründe dieser unfruchtbaren Provinz zu groß, denn um 100 Gulden Steuer einzubringen, werden 2,82 fl. Straf-, Pfändungs- und Verkaufskosten erfordert, während in der Provinz Pavia 100 fl. Steuer nur 6,4 Kreuzer, und in der Provinz Milano gar nur 4,8 Kreuzer Kosten für Zwangseinbringung verursachen. Darum findet sich auch im Valtellin kein Steuereinnehmer a scosso e non scosso, wie man sie da nennt, d. h. ein Solcher, der das Steuerquantum abführt, er mag es von den Steuerpflichtigen eingenommen haben, oder nicht.

Die gesammte Summe, die den Steuereinnehmern für die Einbringung der directen Steuern in den neun lombardischen Provinzen im Jahre 1826 von den eingehobenen Geldern vergütet ward, betrug . . . . Lire 414,506 : 88, wornach sich zeigt, daß die Einbringung von 100 fl. nur 1,03 fl. kostete. Wird aber, wie sich gehört, zu dieser Summe auch jene hinzugerechnet, die sie für Verzug, Pfändung und Verkauf einnehmen, welche Lire 255,460 : 14 beträgt, so erscheinen für 100 fl. Steuer, 2,19 fl. als Einnahme für den Steuereinnehmer.

Wird zur Summe der in den Staatsschatz fließenden Lire 30,240,923 : 71 auch der von den Unterthanen gezahlte Strafbetrag gerechnet mit Lire 255,460 : 14, so zeigt sich eine Totalsumme von Lire 30,496,383 : 85, welche auf jeden einzelnen Menschen in den Provinzen vertheilt, folgende Beträge darstellen:

Bergamo	Lire	10	:	31
Brescia	»	12	:	78
Como	»	8	:	29
Cremona	»	18	:	86
Lodi und Crema .	»	17	:	05
Mantova	»	16	:	80
Milano	»	13	:	02
Pavia	»	18	:	85
Sondrio	»	7	:	24

Im Durchschnitte aller neun Provinzen entfällt auf einen Menschen an directen Steuern der Betrag von = Lire 13,21, d. h. 4 fl. 24 ½ Kreuzer.

B. Venezianische Provinzen.

Während der Zeiten der Republik wurden in dem alten Gebiete von Venedig, vom Ausfluß des Isonzo bis zum letzten Arme des Po die Decima, auf der Terra ferma aber die Gravezza di mandato dominicale eingehoben.

Die Decima war ursprünglich der zehnte Theil des Rohertrages der Gründe, der in der Folge in eine Geldsteuer verwandelt wurde, die dem zehnten Theile des Einkommens gleichkommen sollte. Letztere mußte daher erhoben und zu Geld veranschlagt werden, wobei man aber nicht sehr genau verfuhr, und manches Industriale, Regale u. s. w. auch unter diese Rubrik brachte. Die geistlichen und die weltlichen Besitzungen wurden abgesondert in verschiedene Bücher eingetragen.

Die Ertragsschätzungen waren auf Fassionen gegründet, und wenn der Ertrag Naturalien betraf, so wurden diese nach dem Preise des Jahres 1660 angesetzt, und durch Abzüge für Culturkosten depurirt.

Diese Schätzungen sollten alle 10 Jahre berichtiget werden, — Redecima — was aber nur sehr selten geschah. Die letzte der weltlichen Güter geschah Anno 1740, der geistlichen Güter Anno 1769.

Der ausgemittelte reine Ertrag ward in Lire di fia ausgedrückt, deren jede einen Werth von 100 Ducati (zu 6 Lire 4 Soldi) reinen Einkommens darstellt. — Von 100 Ducati oder 620 Lire wäre die Zehntelsteuer zu 62 Lire entfallen; da jedoch die Steuer in Ducati effettivi berichtigt werden mußte, die 8 Lire enthalten, so betrug die Steuer 80 Lire.

In den übrigen Provinzen wurden die Gravezze di mandato dominicale unter den Benennungen von allerlei Kriegssteuern gezahlt, und stellten die ursprünglichen Leistungen vor, welche die Provinzen zur Unterhaltung der Land- und Seemacht beisteuerten. Die Repartition geschah ebenfalls nach Schätzungen, bei welchen aber die Regierung keinen Einfluß nahm; weßwegen fast für jede Stadt und District Particularschätzungen nach abweichenden Normen bestehen.

Außer dieser Steuer zahlten alle Grundbesitzer auch noch das Campatico, welches eine Besteuerung des Bodens, nach seinem Flächeninhalte ist, ohne Rücksicht auf den Ertrag. — In jeder Provinz wurde festgesetzt, wie viel von einem Campo Acker, Wiese, Wald gezahlt werden soll. Diese Steuer wurde im Jahre 1635 eingeführt, und für die allibrati ai fuochi veneti auf 30 Soldi vom Acker- und Weinfelde; 20 Soldi von Wiesengründen, und 10 Soldi von Thal- und Waldgründen für einen Campo festgesetzt.

Die Gebiete von Verona und Friuli zahlten nur ½ dieser Taxe.

Während der ersten Occupation des Gebietes von Venedig durch die Österreicher, machten diese gar keine Änderung in Hinsicht der Besteuerung des Landes.

Der Ertrag der Decime, der Gravezza und des Campatico während der Republik und der ersten österreichischen Besetzung wird sammt den auf das Einkommen, wie solches zu Anfang des gegenwärtigen Jahrhunderts geschätzt war, entfallenden Procenten, folgender Gestalt ausgewiesen:

Woher die Steuern bezogen werden.	Betrag in Lire venete.	Procent.
Von den zum venezianischen Cataster gehörigen Gütern der Laien	5,060,000	8
detto » Geistlichen . .	862,172	9
Von der Provinz Padua	880,000	7
» » » Vicenza	620,000	6
» » » Verona dießseits der Etsch	114,000	5
» » » Treviso	500,000	5
» » » Feltre und Belluno	85,000	7
» » » Friuli	250,000	3
Zusammen	6,371,172 L. ven.	

Hier ist bloß von den venezianischen Provinzen die Rede, in so ferne sie nach dem Luneviller Frieden zu Österreich gehörten.

Die Franzosen erhöhten diese Steuer im Juli 1806 auf 12,250,000 Mailänder Lire, die nach den alten Ertragsschätzungen repartirt wurden.

Da die Regierung fühlte, daß die Umlegung dieser bedeutenden Steuersumme nach dem bestehenden Maßstabe zu große Ungleichförmigkeiten verursachte, und ein besseres Provisorium ein dringendes Bedürfniß war, so schickte sie in jedes Departement einen kunstverständigen Commissär, welcher den Auftrag erhielt, sich über die statistischen, ökonomischen und finanziellen Verhältnisse des Departements die möglichsten Aufschlüsse zu verschaffen, und nebenbei zu erheben, ob das ganze Departement, oder einzelne Theile desselben, mit einer, und welcher der lombardischen Provinzen in Parallele gestellt werden könnte. Diese ohne zeitraubende Erhebungen bloß aus eigener Ansicht und aus Unterredungen mit gehörig unterrichteten Personen geschöpften Daten sollte der Commissär der Generalsteuer-Direction berichtlich vorlegen, und dabei einen beiläufigen Anschlag machen, wie hoch sich der Capitalwerth des Grund und Bodens sowohl nach Maß der Pachtschillinge, als des Ertrags an Producten belaufe.

Sobald diese Berichte vorgelegt, und insgesammt beendigt waren, berief die Regierung im März 1807 aus jedem venezianischen Departement einen Deputirten, um durch Zusammenhaltung dieser Daten mit den Localnotizen und Erläuterungen, die von den Deputirten erwartet wurden, ein der Wahrheit möglichst nahes Resultat zu erhalten.

Die Verhandlungen der Deputirten wurden dem Staatsrathe vorgelegt, der sie neuerdings einer Berathung unterzog und modificirte, worauf sie erst dem Vicekönig vorgelegt wurden, von welchem für die venezianischen Departemente folgender Scutato (Capitalwerth der Gründe) in Scudi di Milano festgesetzt ward:

Departement	Adige	6,135,049
» »	Adria	7,035,858
» »	Bacchiglione . .	13,613,400
» »	Brenta	19,480,541
» »	Passeriano . . .	23,336,873
» »	Piave	2,342,052
» »	Tagliamento . .	18,954,667
	Summe Scudi	90,898,440
Hiezu der Theil des rechten Etschufers, in so ferne er zu dem Departement Adige gehört		8,523,705
	Scudi	99,422,145

Theils in Folge der Reclamen, welche vorzüglich von dem Departement Passariano gegen die Höhe des ihm zugemut[…] Steuerobjectes erhoben wurden, und eine zweimalige Redu[…] des Scutato zur Folge hatten, und theils in Folge von verä[…] ten Territorialeintheilungen, fand sich der Scutato im J. […] in folgender Gestalt zwischen den Departementen vertheilt[…]

Departement	Adria . .	Scudi	8,312,822
» »	Adige	»	14,973,914
» »	Bacchiglione	»	13,650,460
» »	Piave	»	2,342,052
» »	Tagliamento	»	18,954,667
» »	Passeriano .	»	17,527,492
» »	Brenta . . .	»	22,909,574
	Total-Summe:	Scudi	98,670,981

Als der für den Staatsschatz einzubringende G[…] steuerbetrag wurden 48 Denari von jedem Scudo, [...] 3⅓ pr. % vom Catastral-Capitalwerth ausmachen, bes[…] und ausgeschrieben, welcher Betrag aber bei außerordent[…] Umständen, oder für specielle Fälle auch erhöht ward. — [...] die Departements- und Communal-Bedürfnisse mußte dur[…] sondere Zuschläge zu den directen Steuern gesorgt werde[…]

Die Steuersumme betrug 3,285,771 Scudi = 19,7[…] Lire milanesi = 17,476,695 Lire austriache.

Die Steuerumlegung geschah in jeder Provinz nach eigenen Grundsätzen. — Größtentheils benützte man die alten Cataster, in denen der Werth der Güter bald im Capital, bald im Ertrage, nach einer sehr verschiedenen idealen Münze ausgesprochen ist, und weßwegen es überall nothwendig ist das Verhältniß der Cifra locale zum Scutato zu kennen.

Im Juni 1814 ward das Object der Grundsteuer, der Capitalwerth der Grundstücke und Gebäude, bedeutend verändert.

Man erkannte, daß diese Provinzen zu hoch besteuert seien, und setzte den Capitalwerth der Gründe von 98,670,983 Scudi auf 81,591,285 Scudi herab. Im folgenden Jahre setzte man fest, daß die venezianischen Provinzen, östlich des Mincio 12 Millionen ital. Lire Steuer zahlen, und daß man den Reinertrag der Gründe und Häuser auf 60 Millionen veranschlagen könne, die dann mit Zuhülfnahme der alten Schätzungen, und der in einigen Provinzen vorgenommenen Veränderungen des Schätzungswerthes der Gründe umgelegt wurden.

Weil aber diese Umlage nur mit Hülfe der alten Proportionalzahlen des Grundwerthes in den Provinzen (Cifra locale) bewirkt werden konnte, so sind diese Zahlen auch jetzt noch der Schlüssel für die Berechnung der Steuerumlage, die jährlich neu gemacht werden muß, weil die gleiche Steuersumme nur auf der Provinz, nicht aber auf den Grundbesitzern lastet, die durch die Verheerungen der Flüsse Ab- und Zuschreibungen an Steuern erhalten. — Mittelst dieser Localziffer, die verschiedene Benennungen hat, Lire, Ducati, Scudi, Soldi, wovon zum Beispiel im Territorio Trevigliano 100 Lire gleich 93,636 Scudi des Scutato provvisorio; oder im Territorio Veronese a destra ein Soldo gleich 154,281 Scudi ist u. s. w., wird der, unter der vorhergehenden Regierung eingeführte Capitalwerth der Gründe (Scutato) rectificirt, und die Steuer für den einzelnen berechnet, die man dann mit 5 multiplicirt, um dadurch den reinen Grundertrag darzustellen.

Statt, daß man in den lombardischen Catastralbüchern nur allein den Scutato der Gründe angegeben sieht, und wenn man weiß, wie viel der Scudo an Steuer zu bezahlen hat, sogleich diese letztere zu berechnen im Stande ist, sieht man in den venezianischen Provinzen drei Factoren angegeben, wovon aber nur der erste wirklich einer ist, denn der Scutato, und die Rendita censibile sind nur Quozienten, und 100 Scudi des provisorischen Scutato sind gleich Lire 79,5048 der Rendita censibile, und Lire 100 der Rendita censibile sind gleich Scudi 125,7785.

Es ist die Steuerberechnung in den venezianischen Provinzen eben so complicirt als abgeschmackt, so, daß ich es nicht gerathen finde sie hier näher anzugeben. Auch finde ich es von zu geringem allgemeinen Interesse hier anzuführen, welche Erhöhungen und Verminderungen in der Besteuerung einzelner Provinzen in den ersten Jahren der österreichischen Regierung vorgenommen wurden.

Ich schreite daher unmittelbar zur Darstellung des gegenwärtigen Zustandes der Größe und Umlegung der directen Steuern in diesen Provinzen.

Übersicht

des Catastralwerthes der Gründe und Häuser in den venezianischen Provinzen östlich des Mincio im Jahre 1827.

Provinzen.	Provisorischer Scutato.			Rendita censibile.	
	Scudi.			Lire.	
Venezia . . .	11,673,793	—	3	9,281,130	76
Padova . . .	16,193,735	—	7	12,874,803	57
Rovigo . . .	5,549,211	—	2	4,411,891	49
Verona . . .	12,944,137	5	3	10,291,216	35
Vicenza . . .	13,670,687	5	1	10,868,858	81
Trevifo . . .	13,175,159	—	—	10,474,889	37
Belluno . . .	2,432,883	—	—	1,934,259	81
Udine	11,104,187	5	5	8,828,367	09
	86,743,794	5	5	68,965,517	25

Von dem hier angegebenen Grundwerthe bezahlten die Provinzen an gemeiner und außerordentlicher Grundsteuer, so wie an Gemeindesteuern folgende Summen.

Übersicht

der Grund-, Häuser- und Gemeindesteuern in den venezianischen Provinzen östlich des Mincio im Jahre 1827.

In Lire austriache.

Provinz.	Gewöhnliche Grund- und Häusersteuer von 12 Mill. Lire italiane.		Besondere Auflage von 1,900,000 Lire italiane.		Gemeinde-steuer.		Zusammen.	
Venezia . .	1,856,246	16	293,905	63	419,035	70	2,579,187	49
Padova . .	2,574,960	71	407,701	10	557,036	35	3,539,699	16
Rovigo . .	842,378	30	139,709	90	194,174	94	1,216,263	14
Verona . .	2,058,243	27	325,888	50	365,161	28	2,749,293	06
Vicenza . .	2,173,771	76	344,180	55	530,636	60	3,048,588	91
Treviso . .	2,094,977	87	331,704	84	366,013	80	2,792,696	51
Belluno . .	386,851	96	61,251	56	80,210	20	528,313	72
Udine . . .	1,765,673	41	279,564	96	287,495	81	2,335,734	19
	13,793,103	45	2,183,908	05	2,809,764	68	18,786,776	18

Verhältniß

des Flächeninhaltes und der Bevölkerung zur Grund-, Häuser- und Gemeindesteuer in den venezianischen Provinzen östlich des Mincio im Jahre 1827.

In Lire austriache.

Provinz.	Gesammtbetrag der angegebenen Steuer.	Bevölkerung.	Flächeninhalt in Q. Meilen à 10,000 Joch.	Auf die Quadr. Meile kommen Menschen	Auf die Q. Meile entfallen von dieser Steuer	Auf 1 Menschen entfällt von dieser Steuer
Venezia . .	2,579,187.49	251,998	47,537	5301	54256	10,23
Padova . .	3,539,699.16	287,811	37,406	7694	94631	12,29
Rovigo . .	1,216,263.14	135,354	19,252	7030	63175	8,98
Verona . .	2,719,293.06	280,778	49,243	5711	55833	9,79
Vicenza . .	3,048,588.91	304,181	48,763	6238	62518	10,01
Treviso . .	2,792,696.51	242,942	42,824	5673	65213	11,49
Belluno . .	528,313.72	122,863	56,802	2201	9367	4,30
Udine . . .	2,335,734.19	345,523	113,380	3047	20600	6,76
	18,786,776.18	1,971,451	414,106 *)			

*) Es sind eigentlich 23,884,478 Pertichecensuarie = 413,201 Quadrat-Meilen. Der kleine Unterschied rühret von der Reduction auf Meilen her.

Der Kopfsteuer unterliegende Personen wurden in den venezianischen Provinzen im Jahre 1827: 434,564 aufgefunden; die in demselben Jahre die Summe von Lire 1,599,195 in den Staatsschatz abführten, und an die Gemeindecassen zu 2½ Lire pr. Kopf: 1,086,410 Lire zahlten. Zusammen also = Lire 2,685,605.

Die Gewerbsteuer trug dem Staatsschatz ein	Lire	441,765
» » » » den Gemeindecassen	»	149,245
Zusammen:	Lire	591,005

Die directen Steuern der venezianischen Provinzen östlich des Mincio betrugen dem Vorausgeschickten zu Folge:

an Grund- und Häusersteuer . .	Lire	18,786,776
» » » Personalsteuer. .	»	2,685,605
» » » Gewerbsteuer . .	»	591,006
Zusammen:	Lire	22,063,387

Wornach im Durchschnitte aller 8 Provinzen auf einen Menschen an directen Steuern der Betrag von Lire 11,18 entfällt, = 3 fl. 43,6 Kreuzer.

Mit welchen Kosten die Einbringung der Steuern in den venezianischen Provinzen verbunden ist, wie viel die Verzugszinsen der verspäteten Steuerzahlungen, die Pfändungen, Licitationen, betragen, verabsäumte ich zu erheben, was mir jetzt sehr leid thut, weil ich vermuthe, daß sie in den verhältnißmäßig ärmern venezianischen Provinzen mehr betragen, als in den lombardischen, und man mir in mehreren Gegenden der ersteren gesagt hatte, daß die Einbringung der Personalsteuer von den armen Colonen nur gar zu häufig mit Zwangsmaßregeln bewirkt werden muß.

II. Abschnitt.

Verhältniß der Grund- und Häusersteuer in den lombardisch-venezianischen Provinzen zur wirklichen Grundrente.

Die Grund- und Häusersteuer mit den Gemeindesteuern beträgt

in den lombardischen Provinzen . .	Lire austr.	26,171,338
in den venezianischen Provinzen . .	» »	18,768,776
Zusammen:	Lire	44,958,114

Dieser Betrag muß von dem der Grundsteuer unterzogenen fruchtbaren Boden bezahlt werden.

Die gesammte Grundfläche des Königreichs beträgt:

Pertiche censuarie	. . . . .	44,361,460
= □ Meilen	. . . .	767,4532
Davon sind für Wässer und Straßen angegeben	Pert. cens.	1,962,225
	= □ Meilen	33,9464
Bleiben für den steuerfähigen Boden	Pert. cens.	42,399,135
	= □ Meilen	733,5068

Wenn man annehmen könnte, daß die ganze Fläche von 733,5 □ Meilen gleich fruchtbarer Boden wäre, so entfiele auf die □ Meile 61,292 Lire Steuer; auf ein Joch, 6,1292 Lire = 2 fl. 2,58 kr.

Da es aber mehr als wahrscheinlich ist, daß die Alpen und hohen Berge, welche Italien von Kärnten, Tirol, der Schweiz und Piemont scheiden, und sich weit herab in das Königreich erstrecken, in so ferne sie aus unfruchtbaren Felsen, geringen

Weiden, und noch schlechtern Wäldern bestehen, entweder gar keinen, oder einen nur unbedeutenden Ertrag liefern, und wohl ¼ der ganzen Fläche ausmachen werden; so wird dadurch der Grundsteuerbetrag nur über 550,2 □ Meilen vertheilt werden dürfen, und jede □ Meile hat nun Lire 81712 beizulegen; das Joch 8,1712 Lire, = 2 fl. 43,42 Kreuzer.

Eine solche Rechnung ist aber zu allgemein, und gibt keinen sichern Anhaltspunct zur Vergleichung der Grundrente, oder des Pachtertrages mit den directen Steuern. Hiezu ist es erforderlich, daß man in allen Provinzen von mehreren Wirthschaften das Flächenmaß und den Schätzungswerth, und dann den in Geld oder in Naturalien abgeführten Pachtertrag kenne. Aus den ersteren wird ersichtlich, was die Wirthschaften im Durchschnitte aller Culturarten und Classen geschätzt sind und Steuern zu zahlen haben; und aus dem letzteren, wie groß ihre Einnahme war.

Wenn man dann erhoben hat, wie viel z. B. ein Joch an Steuern zu zahlen hat, und wie viel es bei der Verpachtung einträgt, so ist dadurch das Verhältniß ausgesprochen, das gesucht wird.

Aus folgenden Angaben wird dieß Verhältniß einigermaßen ersichtlich werden.

A. Lombardische Provinzen.

In Lodi entfallen im Durchschnitte aller Culturarten auf die □ Meile, Lire 156,898 Grund- und Gemeindesteuer, d. h. für das Joch, Lire 15,6898, = 5 fl. 13,78 kr. In dieser Provinz habe ich von folgenden Wirthschaften den Pachtzins erhoben.

Vergleichende Übersicht

der Größe des Pachtertrages und der Besteuerung nachbenannter Landgüter in der Provinz Lodi.

Name der Besitzung.	Name des Besitzers.	Bezirk, Gemeinde.	Flächeninhalt.		Scutato oder Catastralwerth.	Gesammter Pachtzins.	Pachtzins für die Pertica milan.	100 Lire Pacht geben an Grund- und Gewerbsteuer
			Pertiche.	Tavole.				
						Lire milan.	Lire milan.	
	Pirola Giacomo.	Tavazzano, con Campana	852	6	7670. 6. 3	8522	10	10,8
	Ospitale magg. di Lodi.	Tavazzano sudto. . .	1896	10	18319. 2. 3	17636	9,30 *)	24,05
	Castiglioni Crivelli, Conte.	Vitradone, Welc. infer.	1531	19	20169. 4. 2	21464	14	21,78
	Calderara Peluso, Cte.	Melegnanello, Welc. inf.	1830	19	25934. —. 6	20139	11	29,88
	Barni Giov., Conte.	Roncadello, Gera d'Adda	4792	11	28631. 1. 2	35943 **)	7,60	18,44
					Summe	103704		
						Lire austr.		
Beghinera.	Luoghi pii di Milano.	Codogno	1025	7	16184. —. 7	17241.77	16,7	19,8
Reghinerolla Porta.	detti.	Trivulzo, Codogno . .	791	3	13334. —. —	7670. —	9,7	31,8
Grande Foresto.	detti.	detto . . .	2044	3	34510. —. —	18700. —	9,1	37,8
Molinetto.	detti.	detto . . .	1189	9	20983. 2. 2	14379.31	12,1	19,9
Gurca.	detti.	detto . . .	476	2	6785. —. —	4333.34	6,1	32,1
Lanfroja, e Motta Vigana.	detti.	S. Martino in Strada Borghetto	1226	»	10889. 3. 5	8559	6,9	26,2
			17756	16	203421. 1. 5	70883.41		26,46
		= M. H. Joch	2018	85	Entfallende Steuer 18914 fl.	103704 L. milan. = 91881 » austr. + 70833 » » 162714 » »		

*) Hier zahlt der Pächter zwar nur 9 L. per Pertica, er muß aber auch die Gemeindesteuern zahlen, wodurch sich der Pacht auf L. 9,30 erhebt.

**) Die fünf ersten Partien sind zu Mailänder Lire verpachtet, die folgenden zu österreichischen Lire. Die Summe von 103,704 Mail. Lire beträgt 91,881 österr. Lire. Hiezu die 70,833 Lire., macht die Hauptsumme: 162,714 Lire austriache.

Die den frommen Stiftungen in Mailand zugehörigen sechs letzteren Besitzungen sind offenbar verhältnißmäßig viel höher besteuert, wie die fünf ersteren Besitzungen, was nach meinem Dafürhalten dem Umstande zuzuschreiben ist, daß sie sich noch mit sehr geringen Veränderungen in demselben Zustande befinden, in dem sie zur Zeit der letzten Steuerregulirung waren, wie man aus dem kleineren Pachtzinse ersieht, den sie für die Pertica beziehen.

Dadurch, daß man durch Verbesserung des Bodens den Ertrag erhöht, und für die Verbesserung und den vermehrten Ertrag keine Steuer zahlt, vermindert sich das Verhältniß zwischen dem Pachtertrage und der Grundsteuer, indem der eine steigt und die andere gleich bleibt.

Pavia.

In der Provinz Pavia entfallen auf die □ Meile, Lire austriache 149,513 an Grund- und Gemeindesteuer, d. h. für das Joch, Lire 14,9513 = 4 fl. 59 kr.

In dieser Provinz habe ich nur von wenigen Wirthschaften den Pachtertrag und die Steuern berechnen können.

Es sind folgende.

Tabellarische Übersicht

der Größe des Pachtertrages und der Besteuerung nachbenannter Landgüter in der Provinz Pavia.

Name der Besitzung.	Name des Besitzers.	Bezirk, Gemeinde.	Flächeninhalt.		Scutato oder Catastralwerth.	Gesammter Pachtzins.	Pachtzins für die Pertica von Milano.	100 Lire Pacht geben an Grund- und Gemeindesteuer	Anmerkung.
			Pertiche.	Tavole.					
	Litta Visconti Arese, Duca.	Roncaro, Campagna sottana .	3064	6	30410. — . 1	Lire 30642	di Milano. 10	15,1	Das Joch zahlt an Steuern im Durchschnitte 3 fl. 57 kr.
Burco, e Bussalora.	Luoghi pii di Milano.	Abbiategrasso . .	1038	1	6697. 1. 1	Lire 8117	austriache. 7,8	16,6	3 fl. 50 kr.
Ponte del Moggio.	Erasmo Lucini.	Binasco, San Novo	330	13	3030. 5. 6	Lire 3305	di Milano. 10 *)	18,58	4 fl. 49 kr.
		Zusammen	4432 =603,91 Joch.	10	30138. — —	Lire austr. 38194	Durchschnitt	16,—	

*) Der Besitzer läßt auf eigene Kosten diese kleine, artige Wirthschaft bearbeiten. — Ich habe die Pertica auf 10 Lire Pacht geschätzt, weil er diesen Betrag leicht bekommen würde, der ihm auch sein ausgelegtes Kaufcapital genügend verzinste. —

Da alle drei Wirthschaften eine kleinere Steuer bezahlen, als im Durchschnitte der ganzen Provinz auf ein Joch entfällt, so ist dieß ein Beweis, daß sie seit dem Jahre 1726 sehr bedeutend verbessert worden sind. —

M a i l a n d.

Die Provinz Mailand muß eingetheilt werden in den bewässerten und in den trockenen Theil.

Im ersteren Theile habe ich von folgenden Wirthschaften den Pachtertrag und die Steuern erhoben:

Name der Besitzung.	Name des Besitzers.	Bezirk, Gemeinde.	Flächeninhalt. Pertiche.	Flächeninhalt. Tavole.	Scutato oder Catastralwerth.	Gesammter Pachtzins.	Pachtzins für die Pertica di Milano	100 Lire Pacht geben an Steuern
						Lire.	Lire.	
Casaretto.	Conte Melzi.	Milano, Lambrate, Porta Orientale	800	18	13001. 4. 7	11961	14,93	10,37
Colturano.	Luoghi pii di Milano.	Melegnano, Colturano	1812	2	23954. 5. 7	14800	8,10	34,1
Squillera, e Regaina.		Mediglia . . .	651	—	6968. 1. 6	3550	5,45	41,5
Rissica.		detto . . .	218	—	2919. 2. 7	1339	6,2	46,3
Boldinasco.		Bollate, Boldinasco	433	1	5203. 2. 5	3709	8,5	19,7
Cassina Maragna e S. Brera.		Melegnano, Colturano . . .	761	9	8086. 5. 6	5747	7,5	19,9
Cussina Camporнago, ossia Quinto Sole.		Quinto Sole, Milano	259	12	2715. 3. 2	2883	11,1	20,0
Baldiano.		Melegnano, Balbiano	440	—	4883. 5. 7	4170	9,4	24,7
Borgonuovo.		Melegnano, Bustighera . . .	1110	—	11379. 2.—	6300	5,6	38,2
Majocca.		Mediglia . . .	609	13	6184. 1. 5	4318	7,1	33,—
Cesate, ed uniti.		Bollate, Cesate .	8055	18	28045.—. 7	31149	3,8	19,—
Grande di Linate.		Milano, Linate .	1836	—	18819.—. 2	13166	7,—	30,2
Vigo, Barlassina, Croce, Salesina.		detto . .	1627	—	15933. 3. 4	9239	5,6	38,8
Molino di sotto.		detto . .	351	7	4144.—.—	3390	9,6	25,8
Magretta e Trialla.		Milano, Incugnata	1051	4	7671. 3. 1	8948	8,8	18,2
			20014	17	159941. 2. 1	124669		27,16
			= 2273,59 Joch.					

Man sieht hier das Verhältniß der Pachtrente zur Summe der Grund- und Gemeindesteuer von 18,2 bis 46,3 wechseln. Die Ursache dieser Differenz ist bereits früher bei der Provinz Lodi angegeben worden.

Nur scheint in den hier aufgezählten Wirthschaften noch weniger für die Verbesserung des Bodens gethan worden zu sein, wie in Lodi, weil die Steuern hier gegen die Pachtrente bedeutend höher sind.

Aus dem trockenen Theile dieser Provinz habe ich nur ein Paar Geldpachtungen aufgefunden, die ich hier züerst anführe. Die übrigen Erhebungen sind Berechnungen des Ertrages der Colonenwirthschaften, die ein weniger sicheres Resultat gewähren.

Name der Besitzung.	Name des Besitzers.	Bezirk, Gemeinde.	Flächeninhalt.		Scutato oder Catastralwerth.	Gesammter Pachtzins.	Pachtzins für die Pertica di Milano.	100 Lire Pacht geben an Steuern
			Pertiche.	Tavole.				
						Lire austriache.	Lire austriache.	
Salbiate con Brentano.	Luogo pio di Milano.	Vimercate, Salbiate. .	2105	—	12395.1.5	18948	9,0	13,8
Draga.		Gorgonzola, Inzago. .	520	—	3978.3.—	4630	8,9	18,1
			2625	—	16373.4.5	23578		14,70

Theilungswirthschaften, die in der Provinz Mailand gelegen wären, habe ich keine berechnet.

Como.

1. Die Wirthschaft des Herrn Luigi Castiglione, in der Nähe der Stadt Varese, besteht im Ganzen aus 150 Pertiche = 17,055 Joch, und ist zusammengesetzt:

aus Wiesen	Pertiche 18	Tav.	8
» Weiden	» » 4	»	15
Fürtrag:	Pertiche 22	Tav.	23

Übertrag:	Pertiche	22	Tav.	25
aus Holz	»	3	»	8
» Weinhügel	»	9	»	—
» Haide	»	5	»	4
» Nacktes Ackerland .	»	56	»	11
» Berebtes Ackerland .	»	52	»	5
» Hofraum	»	1	»	8
	Pertiche	150	Tav.	19

Das Ackerland gehört mit geringen Ausnahmen zur dritten Classe, wovon die Pertica des nackten sowohl als des berebten zu 6½ Scudi geschätzt ist. Der ganze Scutato dieser Besitzung beträgt 930 Scudi 3¼ Lire. — Die auf diese Wirthschaft entfallende Grund- und Gemeindesteuer beträgt 61 fl. 21 Kreuzer; auf das Joch kommen 3 fl. 59 Kreuzer.

Der Ankaufswerth dieser Wirthschaft im Jahre 1821 war 32,000 Lire milanesi = 9456 fl.; das Joch kostet 554,4 fl.

Verhältniß des Catastralwerthes zum gegenwärtigen Kaufpreis = 100 : 580.

Für das nackte oder mit Maulbeerbäumen besetzte Land bekommt er 2½ bis 3 Stara Weizen Pacht = 7,834 Metzen pr. Joch; für das berebte 2⅛ Stara = 5,547 Metzen.

Für die Wiesen bekommt er 10,12 Lire pr. Pertica Pacht; dann erhält er die Hälfte des Weinerzeugnisses und die Hälfte der Galetten, die von

147 4—5jährigen,
21 8—10 » »
112 alterwachsenen Bäumen gewonnen werden.

Hiernach ergibt sich folgende Rechnung:

56 Pertiche 11 Tav. nacktes Ackerland à 2½ Stara	Weizen	141,25	Stara.
52 Pertiche 5¦ Tav. berebtes Ackerland à 2⅛ Stara	»	110,66	»
		251,91	Stara.
	=	74,817	Metzen.

Man rechnet zwar pr. Pertica des berebten Ackerlandes eine Brenta Wein ganzes Erzeugniß, das wäre 11,72 Eimer pr. Joch; wir wollen aber nur die Hälfte annehmen, nämlich ½ Brenta pr. Pertica, und ¼ als parte dominicale.

Von 52 Pertiche 5 Tav. zu ¼ Brenta beträgt	13,05 Brente.
	= 17,356 Eimer.
Von 9 Pert. Ronco = 1,023 Joch, à 12 Eimer pr. Joch, die Hälfte	23,356 Eimer.
18 ⅓ Pertiche Wiesen à 10 Lire . . .	183 Lire.
	= 54 fl. 4,2 kr.
Wird der Metzen Weizen veranschlagt zu 4 fl., so betragen 74,817 Metzen	299,263 fl.
Der Eimer Wein zu 5 fl., so betragen 23,256 Eimer	116,780 »
Pachtgeld für die Wiesen	54,070 »
	470,113 fl.
Die 4% Zinsen des Ankaufcapitals betragen .	378,24 fl.
Die Steuern	61,32 »
	439,56 fl.
Der Gutsbesitzer aber nahm ein	470,113 fl.
Folglich bleiben ihm, außer dem ganzen Ertrage der Maulbeerbäume noch übrig . .	30 fl. 15 kr.

Die Seide trägt aber leicht, ja wohl gewiß so viel ein, um sein Capital nicht zu 4, sondern zu 5 pr.% zu verzinsen.

Es zeigt sich aus dieser Rechnung, daß in dem vorliegenden Falle die Steuern höchstens nur 13,4 pr.% der Pachtrente betragen.

2. Die Besitzung, welche bis zum Jahre 1826 den Brüdern Negroni in den Gemeinden Oggiono, Ello und Imbevido in der Provinz Como gehörte, ward in den Jahren 1825 und 1826 in zwei Parthien, um 134100 Lire verkauft.

Der Flächeninhalt der ganzen Besitzung beträgt 53,342 Joch;

darunter sind aber 15,804 Joch Waldung, wovon man keine baare Geldeinnahme hat, weil man sie den Colonen überlassen muß, um daraus für die Weinrebencultur, und den Heerd das nöthige Holz zu beziehen; bleiben demnach nur 37,538 Joch Acker-, Wiesen- und Weinland.

Der Scutato der ganzen Besitzung beträgt 2329 Scudi 3:11: der Scudo d'Estimo zahlt in der Provinz Como für Grund- und Gemeindesteuer 22,565 Centesimi austriaci, folglich die ganze Besitzung Lire 525,60 = 168 fl. 31,98 kr.

Auf das Joch entfällt 3 fl. 17 kr.

Daß diese Grundsteuer im Verhältniß des in dieser Gegend allgemein üblichen Kaufwerthes der Gründe sehr mäßig sei, geht aus folgender Berechnung hervor.

Bei dem Verkaufe dieses Gutes ward die Besitzung, genannt Trescano, besonders abgeschätzt, sie besteht aus folgenden Theilen:

Culturart.		Flächeninhalt der Parzelle.			Scutato einer Pertica milanese.			Scut[...] der P[...] zellen	
Gegenwärtige.	In den Catastralbüchern vorgemerkte.	Classe I.	Classe II.	Classe III.	I. Classe.	II. Classe.	III. Classe.	[illegible]	[illegible]
Weingärten.	Weingärten.	—	—	2.9	—	—	4. 3.—	11	[illegible]
Detto.	Detto.	—	—	2.—	—	—	4. 3.—	9	—
Detto.	Detto.	—	—	8.18	—	—	4.— —	75	—
Berebtes Ackerland mit Maulbeerbäumen.	Ackerland.	—	25.6	—	—	7.— —	—	156	[illegible]
Detto.	Berebtes Ackerland.	—	—	13.19	—	—	6.— —	81	—
Garten.	Garten.	1.3	—	—	12.—	—	—	13	[illegible]
Bauernhaus.	Bauernhaus.	—.10	—	—	12.—	—	—	10	—
Wald u. Weingärten.	Weingärten.	—	—	1.3	—	—	4. 3.—	6	—
Wald.	Wald.	—	2.19	—	—	3.— —	—	[illegible]	[illegible]
Detto.	Detto.	1.18	—	—	3.3	—	—	[illegible]	—
Detto.	Detto.	—	11.2	—	—	3.— —	—	33	—
Detto.	Gebüsch.	—	—	17.10	—	—	—	4	[illegible]
		3.17	38.19	55.4				435	[illegible]

Der Flächeninhalt der Besitzung Trescano beträgt Pertiche 97, Tav. 16 = 11,1046 Joch.

Sie ward um 30,000 Lire di Milano veranschlagt, = 8865 fl., die Pertica um 307 Lire, das Joch um 798 fl.

Auf diese Besitzung entfällt ein Scutato von 435 Scudi 5,5, folglich an Grund- und Gemeindesteuern 32 fl. 47,4 kr., das Joch 2 fl. 57 kr.

Wenn der Käufer hier dieselben Einkünfte pr. Joch sich erwartet, wie Herr Castiglioni in Varese, und es ist kein Grund das Gegentheil zu glauben, da er das Joch um 798 fl. zahlte, während es in Varese nur 554 fl. kostete, so müßte er vom Joch 27,15 fl. beziehen, wofür er nur 2 fl. 57 kr. Steuer zahlt, also nur 10,9 pr. % des Pachtertrages.

Aus dem Munde des vorhergehenden Besitzers, des k. k. Oberst-Lieutenants von Negroni, der diese ganze Besitzung von 53,342 Joch mehrere Jahre lang selbst verwaltete, weiß ich, daß ihm nach Abzug aller Auslagen jährlich 4300 Lire = 1270 fl. als Renten übrig blieben; wornach sich das Kaufcapital nur zu 3,2 pr. % verzinsen würde, wenn die neuen Besitzer nicht industriöser sind, wie der vorhergehende.

Unter den örtlichen Verhältnissen, in welchen diese Besitzung auf dem steinigen Abhang eines Berges liegt, kann sich aber ein so ungeheuerer Kaufpreis nur dann höher verzinsen, wenn durch vermehrten Anbau der Maulbeerbäume und bessere Cultur der Reben, der Ertrag dieser Besitzung vermehrt wird, dessen er allerdings fähig ist.

Im Vorbeigehen muß ich hier bemerken, daß wenn hier in Trescano, wo die gegenwärtige Cultur des Bodens von jener, wie sie vor 100 Jahren bestand, sehr wenig abweicht, und wo man das Joch theurer, wie in Varese bezahlt, die Steuer geringer ausfällt, als im letztern Orte, dieß zum Theile davon herrührt, daß die alten Schätzungen die Ronchi der dritten Classe nur zu 4 Scudi, das berebte Ackerland derselben Classe aber zu 6 Scudi veranschlagen, was offenbar unrichtig ist,

11 *

denn beide Culturarten liegen in fast ganz gleichen Verhältnissen, und die Ronchi sind daher offenbar zu gering in Rechnung gebracht, und sollten im Verhältnisse zur dritten Classe der Arat. vit. doppelt so hoch stehen; zum Theile aber liegt die Ursache in der spätern Ausdehnung und Vervollkommnung der Cultur der Maulbeerbäume.

Die alten Cataster führen in der ganzen Besitzung Negroni von mehr als 53 Joch nur 79 steuerfähige Maulbeerbäume, und in der Masseria Trescani gar keine solche Bäume an, während gegenwärtig vielleicht 500 darauf stehen.

Noch will ich hier die Steuer- und Pachtertragsberechnung von vier Colonien hersetzen, die ich aus den Wirthschaftsrechnungen des Grafen Castiglioni, in Mozzate, Bezirk Appiano, Provinz Como, auszog:

Der Flächeninhalt dieser vier Besitzungen ist	559 Pert. 5 Tav.
	= 63,532 Joch.
davon sind aber nur Ackerland ohne Wein	203 Pert. 9 Tav.
	= 23,123 Joch.
mit Wein	111 Pert. 2 Tav.
	= 12,629 Joch.
Zusammen an Ackerland . .	35,752 Joch.
Das übrige Land besteht aus Haiden .	205 Pert. 10 Tav.
	= 23,355 Joch.
aus Holzland	4,425 Joch.

Die Pertica Haideland ist nur zu einem halben, das Holzland zu 5, 4, 3, und auch zu einem Scudo Capitalwerth im Cataster veranschlagt.

Das Ackerland gehört fast ganz zur zweiten, dritten und vierten Classe, wovon die Pertica des nackten zu 6½, 5, und 3½ Scudi; des berebten zu 7½, 6, 4½ Scudi geschätzt ist.

Der ganze Scutato dieser vier Besitzungen beträgt Scudi 2113. 3. 7.

Da der Scudo d'Estimo in dieser Provinz an Grund- und Gemeindesteuer bezahlt 22,563 Centesimi, so entfallen auf dieselben: Lire 476,90, oder 156 fl. 58 kr. Auf ein Joch 2 fl. 30 kr.

An Pachtzins nimmt der Grundbesitzer ein:

Weizen:	86,434 Metzen	à 4 fl.	:	345,736 fl.
Roggen:	54,572 »	» 3 »	:	163,716 »
Hirse:	45,290 »	» 3 »	:	135,870 »
				645,322 fl.

Da der Pachtzins nur allein von dem Ackerland gezogen und Weide und Holz dem Pächter, als zum Betrieb der Wirthschaft gehörig (Scorta) ohne Entgeld gegeben wird, so entfallen auf ein Joch Ackerland an Pacht:

Weizen	Metzen:	2,41
Roggen	»	1,52
Hirse	»	1,26
	Metzen	5,19

Das Weinerträgniß war vor kurzem in dieser Gegend noch von so geringer Bedeutung, daß der Graf von seinen Colonen nicht so, wie allenthalben geschieht, die Hälfte des Erzeugnisses forderte. Erst seit wenigen Jahren läßt er mehr Wein pflanzen, und dann wird er auch den Pacht zweifelsohne ändern.

Von den Galetten muß jeder Colon als Zins für die ihm überlassenen Maulbeerbäume die Hälfte abgeben. Da ein Colon nach der Angabe des Fattore 120 bis 150 Pf. Galetten, im Durchschnitte 135 Pf. erzeugt, so gibt dieß Product auf vier Colonien 540 Pf.; die Hälfte davon, die dem Herrn gehört, macht 270 Pf. aus, zu 4 Lire = 1080 Lire di Milano = 319,14 fl.; fast genau die Hälfte dessen, was der Getreidepacht einbringt.

Vom Getreidezins allein beträgt die Steuer 24 pr. %. Rechnet man aber zu der Einnahme auch die Galetten, wie billig, hinzu, so zahlen 100 fl. Ertrag nur mehr 16,4 fl.

Hier kann ich mich nicht enthalten meinen Lesern das mitzutheilen, was Arthur Young im Jahre 1790 über diesen nämlichen Gegenstand schrieb. Er war auch in Mozzate, und berechnete da das Verhältniß der Pachtrente gegen die damalige Grundsteuer. — Folgendes sind seine Voraussetzungen:

100 Pertiche Land geben an rohen Producten, Getreide, Wein und Seide: Lire 1836.

Dem Grundbesitzer kommen für seinen Theil hievon zu: Lire 785.

Eine Pertica gibt also Pachtrente: Lire 7,85.

Diese 100 Pertiche zahlen von dem gegebenen Pachtwerthe Steuern: Lire 77,5.

Nach diesen Voraussetzungen ist es klar, daß 100 Lire Pacht 9,87 Lire Steuer zahlen; allein Young rechnet dieß Verhältniß anders.

Er sagt: wenn keine Steuer bestände, so würde der Grundbesitzer von 100 Pertiche einnehmen: Lire 785, und Lire 77,5, zusammen Lire 862,5; da er nun gegenwärtig von diesem Lande Lire 77,5 zahlen muß, so ist das Verhältniß zwischen dem Pachtertrage und der Steuer = 100 : 8,96.

Es ist dieß aber ein völlig irriger Calcul, der Etwas voraussetzt, was ganz falsch ist; denn bei der Theilungswirthschaft erhält der Grundbesitzer seinen Antheil am Ertrag, es mag der Grund steuerfrei sein oder besteuert. Im erstern Falle würden ihm die Lire 785, die in dem vorliegenden Falle seinen Antheil bilden, ganz bleiben; im letztern Falle muß er Lire 77,5, d. h. 9,87 pr. % davon dem Staatsschatze zahlen, allein sein Antheil am Rohertrage der Producte bleibt immer derselbe. Sein Reinertrag würde dadurch allerdings erhöht, wenn die Steuer aufgehoben würde: allein dann fällt auch der Gegenstand der Frage weg, welches das Verhältniß zwischen Pachtertrag und Grundsteuer sei. Er bekommt z. B. die Hälfte aller Erzeugnisse, die in dem vorliegenden Falle Lire 785 betragen sollen, die ihm ganz blieben, wenn er keine Steuer zu entrichten hätte. Er bekommt aber vom Pächter auch nicht mehr als Lire 785, wenn er davon Lire 77,5 Steuer zahlen muß weßwegen man den Betrag der Steuer nicht zur Pachtrente schlagen, und nicht behaupten kann, daß man von einem steuerfreien Grund mehr Pachtzins einnehmen würde, als von einem besteuerten.

Young setzt in dieser Berechnung ferners voraus, daß ein Scudo d'Estimo 26 Denari, d. h. 1 Soldo und 6 Denari, an Steuer zahle, worin er abermal irrt, denn ein Soldo hat nicht 20, sondern nur 12 Denari, folglich sind 1 Soldo und 6 Denari gleich, = 18 und nicht 26 Denari.

18,848 Denari Grundsteuer pr. Scudo d'Estimo ist die ursprüngliche Umlage vom Jahre 1760, wie ich zu Anfange dieses Abschnittes gezeigt habe. Daß im Jahre 1790 ein Scudo noch nicht mehr als 18 Denari bezahlte, möchte ich fast bezweifeln; denn nach den von mir hierüber eingezogenen Nachrichten zahlte er bereits 24 Denari.

Werden 24 Denari pr. Scudo angenommen; so erhöht sich die Steuer von Lire 77,5 auf Lire 103,3, und 100 Lire Pacht zahlten 18,45 Lire Steuer. Jetzt zahlen in Mozzate 100 Lire Pacht, nach den im Jahre 1828 bestandenen Preisen, 16,4 Lire Grund- und Gemeindesteuer, folglich ist das Verhältniß zwischen Pachtrente und Steuerprocent, wenn man auf die Gemeindesteuern Rücksicht nimmt, die ich in Anschlag brachte, Young aber weggelassen hat, dasselbe geblieben, welches im Jahre 1790 bestand, was nur möglich wird, wenn die Verbesserung des Bodens und der erhöhte Werth der Producte gleichen Schritt mit der Erhöhung der Steuer halten, wie dieß hier der Fall zu sein scheint.

So groß auch in absoluter Hinsicht in dem vorliegenden Falle der Pachtzins scheinen mag, so ist er doch in relativer Hinsicht, gegen die Nachbarschaft in Varese und Ello, sehr mäßig; denn wenn auch der ganze Pacht bloß allein auf das Ackerland repartirt wird, so entfallen doch nur erst 17 fl. 6 kr. auf das Joch, während ein Joch in Varese und Ello an Getreide- und Weinabgaben, ohne die Galetten, 27 fl. 40 kr. bezahlen muß.

Der Graf Dandolo sagt (Opera postuma S. 102): daß ihm einer seiner Colonen in Malnate, unweit Varese, in der Provinz Como, zwei Stara Weizen pr. Pertica Pacht gab, und daß eine Pertica solchen Bodens 8 Scudi geschätzt sei.

2 Stara pr. Pertica = 5,22 Metzen

pr. Joch à 4 fl. . . . . 20 fl. 52 kr.

8 Scudi Catastralwerth pr. Pertica

geben an Steuer pr. Joch . . . . . 5 fl. 10 kr.

100 fl. Ertrag geben an Steuern . . . 25 fl. 12 kr.

Im Jahre 1819 betrug aber die Hälfte der Galetten, die ihm dieser Colon als parte dominicale brachte: 165 Pfd. zu 4 Lire; nach dem Preise vom laufenden Jahre beträgt dieser Artikel allein: 660 Lire = 195,05 fl., die auf 15,008 Joch vertheilt (so groß ist diese Besitzung), auf das einzelne Joch 13 fl. betragen. 13 fl. + 20 fl. 52 kr. = 33 fl. 52 kr. verhalten sich zu 5 fl. 17 kr. wie 100 : 15,59. Drei andere Colonen in Verano, die 270 Pertiche Land = 30,699 Joch bearbeiten, wovon mehrere Stücke berebt sind, geben Pacht:

an Weizen	Metzen	46,926	à 4 fl.	187,704	fl.
» Roggen	»	54,648	» 3 »	163,944	»
» Hirse	»	32,076	» 3′ »	96,228	»
Werth des Weines	. . . . .			118,200	»
				566,076	fl.

Jeder dieser drei Colonen gibt Pacht pr. Joch

an Weizen	Metzen	1,52
» Roggen	»	1,77
» Hirse	»	1,04
» Weingeldbetrag		3 fl. 51 kr.

Auf jedes der 30,69 Joch enfällt ein Pachtzins für Getreide und Wein 18,44 fl. Diese drei Colonen erzeugten im J. 1819 an Galetten 654 Pfd. Mail. Gew. à 4 Lire milanesi = 2616 Lire, wovon die Hälfte mit 1308 Lire = 386,5 fl. dem Herrn gehört.

Auf jedes der 30,69 Joch entfällt ein Ertrag am Werthe der Galetten für den Grundbesitzer von 12,59 fl., und mit Zurechnung der früheren 18,44 fl. ein Gesammtertrag von = 31,03 fl., welcher große Ertrag uns nun den ungeheuren Kaufwerth der Gründe in dieser Gegend erklärt.

Der Seukato beträgt à 7 Scudi pr. Pertica: 1890 Scudi.

Die Grund- und Gemeindesteuer betragen sonach zu 22,563 Centesimi pr. Scudo, Lire austriache 426, Centesimi 44.

Auf ein Joch entfallen Lire 13,89 = 4 fl. 37 kr. Wird die Steuer bloß auf den Getreide- und Weinertrag berechnet, so müssen 100 fl. Pachtertrag 25 fl. Steuer geben; wird aber der Seidenertrag hinzugerechnet, so entfallen auf 100 fl. Pachtertrag nur mehr 14,85 fl. Steuer.

Zusammenstellung

der in den lombardischen Provinzen aufgefundenen Daten über das Verhältniß der Größe der Pachtrente zur Größe der Grund- und Gemeindesteuer.

Provinz.	Gegend und Zahl der berechneten Daten.	Betrag des Pachtschillings für 1 Joch: höchster.		niedrigster.		mittlerer.		Betrag der Grund- und Gemeindesteuer für 1 Joch: nach dem Durchschnitte der Provinz.		für die vorliegenden Fälle berechnete		In dem vorliegenden Falle geben 100 Gulden Pachtertrag an Steuer.
		fl.	kr.	fl.	kr.	fl.	kr.	fl.	kr.	fl.	kr.	fl.
Lodi.	11 Daten aus verschiedenen Gegenden. .	49	—	20	40	26	52	5	13	6	53	26,56
Pavia.	3 Daten verschiedener Gegenden. . .	26	—	22	52	25	16	4	59	3	58	16,—
Milano.	Bewässerter Theil: 15 Daten verschiedener Gegenden. . .	43	46	16	24	18	14	6	39	4	57	27,16
	Trockner Theil: 2 Daten. . .	26	6	26	—	26	7	„	„	8	17	14,70
Como.	Varese. Luigi Castiglioni. .	—	—	—	—	27	33	„	„	3	59	13,40
	— Dandolo I.	—	—	—	—	31	51	„	„	5	17	15,59
	— Dandolo II.	—	—	—	—	31	1	„	„	4	37	14,85
	Ello. Trescano.	—	—	—	—	27	33	2	33	2	57	10,70
	Mozzate. Conte Castiglioni. .	—	—	—	—	25	10	„	„	2	30	16,56

Wenn man aus der vorliegenden Zusammenstellung ersieht, daß die Provinz Lodi und der bewässerte Theil der Provinz Mailand 26,46 und 27,16 pr. % der Pachtrente als Steuer zahlen, während die drei Wirthschaften, die ich in der Provinz Pavia berechnet habe, die gleich den in Lodi gelegnen bewässert sind, nur 16 pr. % Steuer geben, so darf man deßwegen noch nicht schließen, daß zur Zeit der Steuerregulirung die Gründe in der Provinz Pavia niedriger, wie in Lodi geschätzt worden seien; denn man sieht, daß im ganzen Durchschnitte fast gleich viel Steuer auf ein Joch in diesen beiden Provinzen entfällt. Es ist daher ein bloßer Zufall, der mich in Pavia drei Wirthschaften finden ließ, die seit der Errichtung des Catasters bedeutend verbessert worden sind, jetzt hoch verpachtet werden, und doch nur ein kleines Steuerprocent zahlen, weil die auf Grund und Boden lastende Steuer seit 100 Jahren nicht verändert worden ist.

Auffallend aber und grell ist der Unterschied des Steuerprocentes zwischen den bewässerten und den trockenen Gegenden. Während es in den erstern 26—27 pr. % beträgt, beträgt es in den letztern kaum mehr als 15 pr. %.

Diese Ungleichförmigkeit der Besteuerung muß in einem Lande überraschen, von dem Jedermann vermuthet, daß darin die möglichst gleichförmige Vertheilung der Grundsteuer Statt haben müsse, weil der Umlage derselben die Resultate der vorausgegangenen Catastralschätzung zum Grunde liegen.

Um diese Erscheinung zu erklären, muß ich auf das verweisen, was ich in dem Abschnitte von dem mailändischen Cataster anführe, worin die Ursachen angegeben sind, weßwegen jeder Cataster nach einer Reihe von Jahren seinen Zwecken nicht mehr entspricht, wenn er nicht reformirt wird.

B. Venezianische Provinzen.

In welchem Verhältnisse in diesen Provinzen die Größe der Grundrente zur Größe der directen Steuern stehe, konnte ich weniger genau erheben.

Mein Aufenthalt in diesen Provinzen war zu kurz, und zu sehr auf andere Gegenstände der Landwirthschaft und die im Gange befindliche Catastralschätzung gerichtet, als daß ich auf die bestehende Umlage der Steuern mehr Zeit hätte verwenden können. Indessen bin ich nicht ganz leer zurückgekehrt, und Daten, welche mir über die Größe der Pachterträge und das Steuer-Procent in den Provinzen Vicenza, Padua, Udine mitgetheilt worden sind, und die ich selbst in der Provinz Treviso erhoben habe, sind hinlänglich genügend, uns über diesen Gegenstand aufzuklären.

Tabellarische

der Größe des Pachtertrages und der Besteuerung

Distrikt.	Gemeinde.	Verpächter.	Pächter.
Camisano.	Camisano, Grossa.	Banzenato Patrizio.	Zighiotte Giovanni
Vicenza.	Vivaro.	Marchesini Vittoria.	Portello Gaetano
Camisano.	Bance.	Galvanin Francesco.	Piccoli Giovanni
Lonigo.	Lonigo.	Sessi Francesco.	Faggioni Giovanni
Valdagno.	Selva di Trissino.	Deputazione comunale.	Pelizzaro Giovanni
idem.	Cornedo.	Barbieri e Maffei.	Preto Giovanni
Barbarano.	Albettone.	Gozzi Gaspare.	Bonacossi de Sair.
idem.	Sossano.	Poletto Antonio.	Thiene Enrico
idem.	idem.	Delle ore Pietro.	Birotto Giulio
Marostica.	Sandrigo.	Porto Giulio.	Casagrande Batt.
Thiene.	Novoledo.	Fantoni Griselda.	Fina Bortolo
Barbarano.	Villago.	Maroni Domenico.	Ballestrin Domen.
Vicenza.	Arcugn. Simon.	Terrenato Toniato.	Trentin Giovanni
Camisano.	Carmign. Camozz.	Valmarani Najar.	Dal Pozzo Tommaso
Marostica.	Breganze.	Baldiserotto Ant.	Mantovani Vinc.
Lonigo.	Poiane maggiore.	Di velo Velo Muzzani.	Chiarotto Domenico

Übersicht

nachbenannter Landgüter in der Provinz Vicenza.

Anfang der Pachtung.	Dauer der Pachtungsjahre.	Flächeninhalt.		Scutato.			Gesammter Pachtbetrag.		1 Joch gibt Pacht	100 Lire Pacht geben Steuer	Bemerkungen.
		Pertiche cens.	Cent.	Scudi.	Lire.	d.	Lire austr.	Cent.	Lire austr.	Lire.	
1823	15	509	86	3470	5	4	2528	81	28	35	In dieser Provinz zahlt ein Scudo d'Estimo an Imposta, Sovraimposta, e Communale: Centesimi 22,29.
»	6	498	27	4799	1	3	3545	97	40	30	
»	8	156	43	983	3	7	737	93	27	29	
»	20	703	95	5246	4	—	6534	13	53	17	
»	9	313	35	24	5	1	84	18	1,5	6	
»	15	181	06	1548	4	2	2609	19	83	13	
»	1	159	81	1706	1	5	1295	97	47	29	
»	9	200	85	1220	4	—	1184	89	34	23	
1824	9	498	27	3594	0	5	2560	57	29	31	
»	9	386	26	3492	2	5	2556	80	38	30	
»	9	194	58	1596	2	4	1620	00	48	21	
»	5	494	41	2072	0	2	1772	15	20	26	
»	15	475	58	1425	0	4	1610	98	19	19	
»	9	357	77	2175	5	3	1891	39	30	25	
1825	25	154	99	771	0	1	620	28	23	28	
»	12	510	83	2817	4	4	3155	57	35	19	
		5796	17	36945	4	2	34309	41	34,21	24	
	=	1002,708 Joch.									

Im Durchschnitte aller dieser Besitzungen gibt ein Joch:

an Pacht . . . Lire austriache 34,21 = 11 fl. 8 kr.

zahlt an Steuer . . . . 2 » 44 »

100 Lire Pacht geben an Steuer Lire 24.

Man sieht nebenbei, wie gering in den Jahren 1823, 24 und 25 die Gründe in dieser Provinz gegen Geld verpachtet worden sind. Schlägt man vom mittleren Pachtertrag von 11 fl. 8 kr. die Steuer mit 2 fl. 44 kr., und etwa 24 kr. pr. Joch für Unterhaltung der Gebäude, ab, so bleiben nur noch 8 fl. als Zinsen für das Ankaufscapital übrig.

Vergleicht man den geringen Pachtertrag der Gründe dieser schönen Provinz, so muß man nothwendig auf die geringe Erzeugung und den Mangel an Industrie schließen, die hier Statt haben. — Die Maulbeercultur ist hier nur erst im Beginnen, und außer Getreide und Weinerzeugniß kennt man keine andere Erwerbszweige. Doch darf hiebei nicht außer Acht gelassen werden, daß diese Pachtungen in Jahren abgeschlossen worden sind, wo die Producte den niedrigsten Stand erreicht hatten, weßwegen nothwendig ein geringerer Pacht und ein höheres Steuerprocent zum Vorschein kommen müssen.

Tabellarische Übersicht

der Größe des Pachtertrages und der Besteuerung nachbenannter Landgüter in der Provinz Padua.

Gemeinde.	Name des Besitzers	Flächeninhalt. Pertiche censuar.	Flächeninhalt. Cent.	Scudato, ausgedrückt in Ducati d'Estimo.	Pachtertrag. In Früchten. Name der Frucht.	Paduaner Maß.	Menge.	Preis des Maßes.	Betrag der Früchte in Geld.	In baarem Geld.	Gesammter, an baarem Geld und Werth der Früchte.	Ein Joch gibt Pacht	100 Lire Pachtertrag geben Steuer	Bemerkungen.
					Lire austriache.									
S. Michele delle Badesse.	Die Gemeinde selbst . . .	965	62	15750	—	—	—	—	—	1556,57	1556,57	9,33	72	100 Ducati d'Estimo sind gleich Scudi d'Estimo 32,981,7. 100 Scudi d'Estimo zahlen an Zwangs-, Generalimposta und Gemeindesteuer Lire austr. 11,85, folglich 100 Ducati 7,10. Ein Metzen Weizen ist hier berechnet zu 8 fl. 33 kr.
Rubano.	Scardea Giov.	196	98	4630	Weizen	Moggio	10	60	600	—	—	—	—	
					Mais	idem	1	54	54	—	—	—	—	
					Wein	Mastelli	35	6,5	227,5	—	—	—	—	
					Für Hühner, Eier, Holz u. s. w.					91,38	881,50	15,86	37	
Grantorto.	Die Gemeinde selbst . . .	1371	19	16351,18	»	»	»	»	»	3100,—	3100,—	13,05	38	
Mestrino.	Forzatura Bemier Sebast.	660	»	15010,—	»	»	»	»	»	4000,—	—	—	—	
					Käse	Pfund	30	0,70	21,—	—	4021,—	41,54	22	
S. Giorglo in Bosco.	Die Gemeinde selbst . . .	19	31	357,—	»	»	»	»	»	80,—	80,—	23,95	82	
Ponte S. Nicolo.	Conte Ferro Leopoldo . .	138	79	4310,—	Weizen	Moggio	17,5	60	1050	—	—	—	—	
					Wein	Mastelli	40	8	320	—	—	—	—	
					Für Hauszins, Geflügel, Eier u. s. w.					132	1502	62,85	20	
	Summa	3151	89	53418,18							11,141,07			
	Summa: Joch	561,40												

Alle sechs Besitzungen betragen
an Flächeninhalt . . . . . . 562,42 Joch.
zahlen an Steuern Lire austr. 3846,09
folglich zahlt ein Joch » » 6,944

Im Durchschnitte der ganzen Provinz zahlt ein Joch 9,465, folglich müssen die Gründe der hier berechneten Wirthschaften besonders gering besteuert sein, oder aus vielen Weiden und schlechten Classen von Äckern bestehen, was auch sehr wahrscheinlich ist.

Im Ganzen zahlen L. 11,141 an Steuern: L. 3846; folglich 100 Lire Pacht: 34 Lire Steuer. 1 Joch gibt Pacht: Lire 19,81 = 6 fl. 36 kr.

Auch dieser geringe Pacht ist ein Beweis von geringen Culturarten und schlechten Classen.

Wollte man von diesen wenigen Daten auf die relative Größe der Besteuerung der Gründe in dieser Provinz schließen, so wäre sie sehr überbürdet.

Es wäre aber ein solcher Schluß zu gewagt, da die Basis, von der man ausgeht, zu klein ist, und nicht alle Culturarten und Classen von vielen Gegenden der Provinz in sich enthält.

Provinz Treviso.

In der Nähe der Hauptstadt dieser Provinz besitzt der Kaufmann in Venedig Herr Josef Reali sieben Besitzungen, mit 79 Colonen und 14 Häuslern, d. h. Tagelöhnerfamilien, die er zwischen den Jahren 1808 — 1822 von verschiedenen Personen und bei verschiedenen Gelegenheiten und Anlässen gekauft hat. Die Größe dieser Besitzungen, ihr Kauf- und Catastralwerth, und die davon entfallene Steuer, ist in folgender Tafel dargestellt.

Tabellarische Übersicht
der Größe des Pachtertrages und der Besteuerung verschiedener Besitzungen in der Provinz Treviso.

Namen der Personen, von welchen die Besitzung gekauft ward.	Flächeninhalt.		Kaufwerth: gesammter.	Kaufwerth: eines Joches.	Scutato in Lire venete.	Gesammte Grund- und Gemeindesteuer.		Auf 1 Joch entfällt von den Steuern		Pachtertrag eines Joches.		Verhältniß der Größe der Pachtrente zur Steuer.	Bemerkungen.
	Joch.	%	Gulden.		Lire locale.	fl.	%	fl.	%	fl.	%		
Berlendis . .	392	40	45000	114	19655	1356	80	3	46	9	80	100:35	Die beiden ersten Pachtungen sind bemerkt, daß 1 Campo Pacht gibt: 1 Sacco Weizen und 1 Mastello Wein.
Grimani . . .	55	86	5664	102	2484	171	83	3	09	9	80	—:31	
N. Demanio . .	150	75	13800	88	4309	297	83	1	97	—	—	— —	Unbekannt.
Curiel	455	33	26488	57	9988	689	33	1	51	5	16	—:29	In Geld.
Heinzelmann .	30	66	3625	133	1315	90	66	2	96	10	00	—:29	In bestimmten Naturalien.
Polverini . .	114	93	8754	76	2678	184	66	1	60	5	69	—:28	In Geld.
Borra	5	40	637	118	528	34	66	6	40	20	2	—:31	In Geld und Naturalien.
	1205	82	103486	85	40982	2824	77						

Der Geldwerth der Naturalien ist berechnet nach den gegenwärtigen Preisen (Mai 1828), nämlich ein Metzen Weizen zu 3 fl. 20 kr., ein Eimer Wein zu 3 fl. — 100 Lire Cifra locale sind gleich 75,78 Lire Rendita censibile; — 100 Lire Cifra locale zahlen in der Provinz Treviso an Imposta, Sovr'imposta und Gemeindesteuer Lire austriache 20,71.

Die Steuer ist in den vorliegenden Besitzungen allerdings ziemlich richtig nach dem Verhältniß der größern oder kleinern Pachtrente umgelegt: allein sie ist sehr hoch, und war in den Jahren 1824, 25, 26, wo die Productenpreise viel niedriger standen, als die hier zum Grunde der Berechnung gelegten, für die Grundbesitzer sehr drückend. Im Durchschnitte der ganzen Provinz fällt zufolge der Übersicht auf das einzelne Joch aller Culturarten und Classen 6,52 Lire austriache = 2 fl. 10 kr.

Wird die vom königlichen Demanium gekaufte Wirthschaft aus der Berechnung weggelassen, weil ihr Pachtertrag unbekannt ist, so gibt ein Joch 7 fl. 25 kr. Pachtertrag, und 100 fl. Pachtertrag haben 32,3 fl. Steuer zu zahlen.

In den vorliegenden Besitzungen entfällt auf ein Joch im Durchschnitte 7,43 Lire austriache = 2 fl. 28 kr.

Ein Beweis, daß die Gründe der Provinz, den hier zusammengestellten ähnlich, und denselben ziemlich gleich geschätzt worden sind.

Nebenbei ersieht man aus dieser Übersicht, auf welch niederer Stufe der Cultur die Landwirthschaft hier steht, da man 1205 Joch Grundstücke, größtentheils Ackerland von guter Mischung, zu Weizen und Mais qualificirt, mit einem sehr schönen und geräumigen Herrenhause, 79 Colonen und 14 Taglöhnerwohnungen, um die Summe von 103486 fl. kaufen konnte.

Die Weincultur ist hier gar sehr vernachlässigt, und Maulbeerbäume trifft man nirgendwo an.

Unter den venezianischen Provinzen scheint Treviso am höchsten besteuert zu sein.

Ich fürchte, daß sie es nicht sowohl in absoluter, als auch in relativer Hinsicht sein wird; wenigstens läßt mir dieß die vorliegende Berechnung mit vollem Grunde vermuthen; denn wenn im Durchschnitte aller Culturarten und Classen auf ein Joch 2 fl. 10 kr. Steuer entfallen, so müssen in einer Provinz, die den Verheerungen der Flüsse Sille und Piave, und einer Menge von Wildbächen ausgesetzt ist, und deren Oberfläche mehr als zur Hälfte aus Steingeröll besteht, das nur kärglich mit einer fruchtbaren Erdkrumme gedeckt ist, die bessern Gründe gewaltig hoch besteuert sein, um die schlechtern zu compensiren; was zum Theile auch aus der zuletzt beschriebenen Besitzung Borra hervorgeht, wo jedes der 5,4 Joch berebten Ackerlands 6 fl. 24 kr. Steuer geben muß. Der hohe Pacht, den diese kleine Besitzung abwirft, ist nur zufällig, und hat seinen Grund in der Wohnung und anderweitigen Vortheilen.

Tabel

der Größe des Pachtertrages und der B

Gemeinde.	Name des Besitzers.	Flächeninhalt.		Rentato, ausgedrückt in		P	
						In	
		Pertiche cens.	Cent.	Lire italian.	Cent.	Name der Frucht.	Name des Maßes
Pozzuolo.	Folini Giuseppe. .	94	52	2085	54	Weizen Wein	Staja Conzo } di [illegible]
idem.	Sabbadini Stefano.	86	—	1823	32	Weizen Wein	Staja Conzo } idem
Campoformio.	Kirche in Campoformio . . .	103	51	1386	29	Weizen	Staja idem
Premariano.	Florianini Orsola.	63	44	798	57	Weizen Geflügel	Staja di [illegible]
idem.	Mangilli Lorenzo.	100	85	1390	18	Weizen Wein Geflügel	Staja di [illegible] Conzo idem
idem.	Benvenuti Giov. .	175	35	2363	13	Weizen Wein Geflügel	Staja idem Conzo »
idem.	Mangilli Lorenzo.	108	95	1859	23	Weizen Wein Geflügel	Staja idem Conzo »
idem.	idem.	146	37	2072	69	Weizen Roggen Wein Geflügel	Staja idem » » Conzo »
idem.	Silio Paolo . .	109	99	1527	25	Weizen Wein Geflügel	Staja idem Conzo »
	Summe	988	98	15306	20	» » »	» » » »
	Joch	171	09				
An Steuer entfällt		»	»	L. 790	09	» » »	» » » »
Auf ein Joch kommen Steuern		»	»	L. 4	61	d. i. 1 Gulden 32 Kr	

Im Durchschnitte der ganzen Provinz entfallen auf ein Joch an
entfallen, so sind hier Grundstücke enthalten, die zu den bessern

rsicht

...enannter Landgüter in der Provinz Friaul.

...trag.			Ein Joch gibt Pacht	100 Lire Pachtertrag geben Steuer	Bemerkungen.
Betrag der Frucht in Geld.	In baarem Gelde oder Geldswerthe.	Gesammter, in baarem Gelde und Werthe der Früchte.			
Lire austriache.					
446,67 310,50	57,—	814,17	49,8	13,2	Die Productenpreise sind vom Monate März 1818.
404,13 142,31	—	546,44	36,7	17,2	1 Metzen Weizen Wiener Maß in Udine zu 3 fl. 56 kr.
288,27	—	288,27	16,9	24,8	
271,44	—	—	—	—	1 Eimer Wein zu 4 fl. 6 kr.
—	3,30	274,74	26,2	15,0	
452,40	—	—	—	—	1 Metzen Weizen in Cividale zu 4 fl. 5 kr.
5,68	—	—	—	—	
—	5,30	463,38	26,5	15,4	
467,48	—	—	—	—	1 Eimer Wein zu 3 fl. 5 kr.
5,68	—	—	—	—	
—	5,50	478,66	—	—	100 Lire Cifra locale sind gleich 19,65 Rendita censibile.
301,60	—	—	—	—	
49,74	—	—	—	—	
—	5,50	356,84	18,9	26,9	
512,72	—	—	—	—	100 Lire Rendita censibile müssen an Imposta, Sovr'imposta und Comunale entrichten Lire 26,38: folglich zahlen 100 Lire Cifra locale, Lire austriache 6,162.
70,68	—	—	—	—	
2,27	—	—	—	—	
—	5,50	591,17	23,3	18,0	
377,—	—	—	—	—	
7,95	—	—	—	—	
—	4,50	389,40	20,5	20,2	
» » »	» » »	4203,07	» »	»	
» » »	» » »	» » »	24,5	18,8	

...05. Da in den vorliegenden Wirthschaften Lire 4,61 auf ein Joch ...
k.

Zusammenstellung

der in den venezianischen Provinzen aufgefundenen Daten über das Verhältniß der Größe der Pachtrente zur Größe der Grund- und Gemeindesteuern.

Provinz.	Gegend und Zahl der berechneten Daten.	Betrag des Pachtschillings für 1 Joch: höchster.	niedrigster.	mittlerer.	Betrag der Grund- und Gemeindesteuer für 1 Joch: nach dem Durchschnitte der Provinz.	nach den vorliegenden Fällen berechneter.	[illegible]
		Lire.			Lire.		Lire
Vicenza.	16 Wirthschaften in der ganzen Provinz zerstreut.	83	19	34,21	6,25	8,12	34
Padua. .	6 Wirthschaften.	62	9⅔	19,81	9,46	6,94	34
Treviso.	7 Wirthschaften in der Nähe von Treviso.	60,6	15,48	22,29	6,52	7,43	10
Friaul. .	9 Wirthschaften bei Udine und Cividale.	49,8	16,9	24,5	2,06	4,62	[illegible]

So mangelhaft auch immer die Daten sein mögen, die den Berechnungen des Pachtertrages in den venezianischen Provinzen zum Grunde liegen, die ich bei dem Ausweise für jede Provinz selbst angegeben habe, so kommt doch aus denselben das nicht zweifelhafte Corollarium zum Vorschein, daß die venezianischen Provinzen einen ungleich geringern Pachtertrag vom Joch abwerfen, und verhältnißmäßig höher besteuert sind, als die trocken gelegenen Provinzen der Lombardie.

IV.

Vom Kauf- und Pachtwerthe der Gründe in den Provinzen des lombardisch-venezianischen Königreichs.

Vom Kauf- und Pachtwerthe des Bodens im lombardisch-venezianischen Königreiche.

Vom Kaufwerthe.

In Hinsicht des Kaufwerthes der Gründe ist ein sehr bedeutender Unterschied zwischen den altlombardischen und venezianischen Provinzen, denn er ist in den erstern ungleich höher, als in den letztern.

Da aber das Clima und die Bodenbeschaffenheit, selbst die Größe der Bevölkerung, in den in der Ebene gelegenen Provinzen des lombardisch-venezianischen Königreiches auf gleichen Flächen wenig verschieden sind, so kann dieser Unterschied nur von der höhern Pachtrente herrühren, welche die Grundbesitzer in den lombardischen Provinzen von ihren Gütern beziehen; von dem Unterschiede den Boden zu benützen, oder von den kleineren Zinsen, welche die auf Grund und Boden gelegten Capitalien ertragen.

Mir dünkt, daß alle diese drei Umstände concurriren den Kaufwerth des Bodens in den lombardischen Provinzen zu erhöhen, wie aus den Daten erhellet, die ich mir über den Kaufpreis des Bodens zu verschaffen im Stande war.

In der Umgebung von Mailand haben die Winterwiesen (Marcite) den höchsten Geldwerth, vorzüglich jene, welche im Süden der Stadt von dem Canal Vettabbia bewässert werden können, die nicht gedüngt zu werden bedürfen, weil dessen Wasser aus der Vereinigung des Seveso und des Canals von Martisana besteht, der die Stadt durchfließet, und allen Unrath derselben in sich aufnimmt. Hierauf folgen [illegible] welche in der nächsten Umgebung der Stadt gelegen sind, [illegible] von den zahlreichen, hier sich concentrirenden Canälen [illegible] Flüssen gewässert werden.

Man sagte mir, daß man für eine Pertica der ers[illegible] Wiesen bis 600 L. (Lire di Milano), für die andern 4—500 Lire bezahlte, d. i. für das Joch im erstern Fa[illegible] 1568 fl., im letztern 1038 ⅓ bis 1298 fl.

Da man für eine Pertica der erstern bis 40 Lire, für [illegible] letztern 25 bis 30 Lire Pacht zahlt, so waren [illegible] die[illegible] gaben nicht unwahrscheinlich.

Der Preis des bewässerungsfähigen Bodens hängt [illegible] der Quantität des Wassers ab, über die man zu disponiren [illegible] als von der Beschaffenheit der Bodenmischung. Die Winter[illegible] sen bedürfen eines doppelt so starken Wasserzuflusses, [illegible] Sommerwiesen, und wer daher nicht eigenes Wasser zur [illegible] hat, und dasselbe zum Theile kaufen muß, bringt, [illegible] natürlich, die dafür zu machende Auslage in Anschlag: [illegible] der verschiedene Preis des Ankaufes und der Pachtung [illegible] Bodens.

Die hier angeführten Preise beziehen sich aber auf Winter[illegible] wiesen, die hinlänglich mit Wasser versehen sind.

Sonst ist der Preis des bewässerungsfähigen Bodens in [illegible] Umgebung der Stadt 250—300 Lire pr. Pertica = 645[illegible] bis 784 fl. pr. Joch.

In [illegible]vinzen Lodi und Pavia zahlt man sol[illegible] Boden [illegible]chnitte aller Classen: 200 Lire.

D[illegible] Moggio zu St. Novo in der Pro[illegible] P[illegible] aus folgenden Theilen: *)

[illegible]n Auszug aus den Catastralbüchern in italienischer [illegible] [illegible] damit der Leser zugleich durch ein Beispiel [illegible] [illegible]cher und die Werthschätzung der Gründe ersehe, [illegible] [illegible]merken muß, daß der Catastralwerth nicht der [illegible] sondern der Capitalwerth des Grundes ist.

Live

ichst ge-

...preiswerth
...man in
...Hügeln,
...Cultur-
...4¾ fl.
...Weingeröll
...der ihnen
...ungsfähig
... Live.
...ich doch,
...m Theile
Steuern
...ichtungen

des Er-
...landes
...er betrachtet
...Pertica
...st. Wenn
...Wirthschaften
...nn für die
...Pertica
...sen für das
...höher als zu
...enn das Capital

24,53 Joch. Es ward dafür gezahlt 44100 Lire, = 13031 fl. 33 kr., die Pertica berechnet sich auf 204 Lire; das Joch auf 531 fl.

Die zweite Besitzung hat ein Herrenhaus, und zwei dürftige Colonenwohnungen. Das Herrenhaus ist um 15000 Lire, die Gründe mit den Colonenwohnungen um 75000 Lire veranschlagt worden; 22165⅓ fl. Der Flächeninhalt beträgt Pertiche 262, Tav. 4 = 29,80 Joch. Entfallen 286 Lire pr. Pertica = 704 fl. pr. Joch.

In dieser letzten ist eine Colonialbesitzung, Trescano, absonderlich geschätzt, wobei ich das Detail in der hervorgehenden Abhandlung genauer angegeben habe.

Die Pertica berechnet sich da auf 307 Lire, das Joch auf 798 fl.

Diese beiden Besitzungen liegen in der Nähe des Städtchens Oggiono, am Abhange eines nicht unbedeutend hohen Berges. Beinahe die Hälfte, wenigstens mehr als ein Drittheil des ganzen Flächeninhalts besteht aus einem Kastanienwalde, der aber nur als Stocktriebholz benützt wird, wie man aus der oben angeführten Berechnung deutlicher ersehen hat. Sie sind in vier Masserie (Colonialbesitzungen) getheilt, und nebenbei sind noch vier Häuser für Tagelöhnerfamilien vorhanden, für deren Verpachtung man jährlich 300 Lire = 88⅔ fl. einnahm.

In Varese wurden im verflossenen Jahre 11 Pert. eines äußerst vernachlässigten Ronco (auf Hügeln gelegenen berebten Ackerlandes) um 2000 Lire gekauft. Es berechnet sich hier die Pert. auf 181 Lire, = 1¼ Joch zu 591 fl., das Joch auf 473 fl.

Ein Anderer kaufte eine Besitzung von 325 Pertiche um 70000 Lire = 215 Lire pr. Pertica.

Die Wirthschaft des Herrn Luigi Castiglioni, deren Kauf- und Pachtwerth ich früher zergliedert angegeben habe, berechnet sich auf 213 L. pr. Pert. = 554 fl. 24 kr. das Joch.

In den Umgebungen von Como, und längs den Gestaden dieses schönen Sees wird der Boden zu ungeheuern Preisen bezahlt.

Die östlichen, mit Reben bedeckten Hügel, in der Nähe von

Como haben einen Kaufpreis von 500 Lire pr. Pertica. In Tremezzo bezahlt man für einen gut bestellten Ronco erster Classe eben so viel; für die zweite Classe 350—400, und für die dritte Classe 250—300 Lire. (100 Lire für die Pertica = 259⅔ fl. für das Joch.)

In der Umgebung der Stadt Bergamo wird die Pert. mit Maulbeerbäumen bepflanzten Ackerlandes zu 3—400 Lire gezahlt. Hierunter sind aber nicht die der Stadt zu nächst gelegenen Felder verstanden.

Aus diesen Daten erhellet der ungemein große Capitalwerth der Gründe in den altlombardischen Provinzen, den man in den bewässerungsfähigen Gegenden, so wie längs den Hügeln, welche die Ebene einschließen, im Durchschnitte aller Culturarten und Classen, auf 150 Lire pr. Pertica = 389¾ fl. pr. Joch veranschlagen kann. Der seichte und mit Steingeröll erfüllte Boden zwischen den Abhängen der Hügel, und der ihnen zunächst gelegenen Ebene, in so weit er nicht bewässerungsfähig ist, hat aber einen geringern Werth, etwa 100 — 150 Lire.

Daß aber das auf den Ankauf verwendete Capital sich doch, obgleich nur selten höher, als zu 4% verzinse, ist zum Theile in der Abhandlung über die Größe und Umlage der Steuern schon gezeigt worden, und wird durch folgende Berechnungen noch klarer:

In der Provinz Pavia ist der Flächeninhalt des Ertrag gebenden Landes: 1899504 Pertiche di Milano; die Gesammtsumme der Grund- und Gemeindesteuer beträgt 2538731 Lire austriache. Es entfallen auf die Pertica 2,6 Lire austriache: fast gleich 3 Lire milanesi. Wenn der Pacht 10 Lire beträgt, wie wir von einigen Wirthschaften angegeben haben, und für die Steuer 3 Lire, dann für die Administration eine Lira, zusammen 4 Lire pr. Pertica abgezogen worden, so bleiben nur 6 Lire als Zinsen für das Grundcapital, wornach man die Pertica nicht höher als zu 150 Lire Kaufwerth veranschlagen darf, wenn das Capital 4 Procente Zinsen tragen soll.

In der Provinz Lodi zeigt sich nur eine geringe Verschiedenheit von der so eben angegebenen; denn die Provinz hat 1094486 Pertiche Ertrag gebenden Landes, und zahlt an Grundsteuer 3006600 Lire austriache, entfällt pr. Pertica 2,73 Lire austriache. Der Pacht beträgt in den oben ausgewiesenen Wirthschaften zwar nur 9146 Lire; allein es ist darunter die größte mit einem im Verhältnisse zur ganzen Provinz offenbar zu geringen Ertrag begriffen, welches zum Theile von dem vernachlässigten Zustande der Felder herrührt, in welchem dieselben noch vor Kurzen waren.

Die hohen Steuern, welche gegenwärtig auf diesen zwei Provinzen lasten, weil sie zur Zeit des Censo sich beinahe in demselben Zustande der Cultur befanden, wie jetzt, macht, daß sie nun verhältnißmäßig wohlfeiler verkauft werden, als die trocken gelegenen, die seit dem Censo durch die Verbesserung des Bodens, Umwandlung der Culturarten, und durch die ausgedehnte Verbreitung der Maulbeerbäume, ein viel höheres Erträgniß abwerfen, und immer noch nach dem früheren Zustande der Cultur besteuert sind, daher aus doppelten Rücksichten einen hohen Werth erlangt haben, wie ich in der früher benannten Abhandlung durch Beispiele gezeigt habe.

In den venezianischen Provinzen habe ich der Güter des Hauses Reali in der Provinz Treviso bereits erwähnt, und den Kauf- und Pachtwerth derselben im Ganzen und im Einzelnen dargestellt. Es erhellet, daß 1250 Joch um 103486 fl. gekauft worden sind; daß von den am theuersten bezahlten Feldern das Joch um 183 fl., von den wohlfeilsten um 57 fl. gekauft ward, und daß sich diese Preise noch niedriger stellen, weil man den auf diesen Besitzungen zerstreuten vielen Wohn- und Wirthschaftsgebäuden, die in den Kaufpreis mit eingeschlossen sind, einen nicht unbedeutenden Werth beilegen muß.

Ich zweifle, daß Grund und Boden anderswo in den Provinzen dießseits des Mincio, selbst in den gebirgigen Theilen derselben, geschweige erst in einer fruchtbaren Ebene, und einem so milden Clima, so wohlfeil ist, wie hier. Und doch benützt der Eigenthümer sein ausgelegtes Capital kaum zu 5%, wenn die Steuern, Administrationskosten, verlorene Zinsen auf Vorschüsse, die er den Colonen machen muß, Nachlässe, die er ihnen bei vorfallenden Unglücksfällen gewährt, Gebäudereparaturen u. s. w. in Abschlag gebracht werden, wie folgende Rechnung beweis't.

Die Besitzung Berlendis mißt 392,4 Joch: gibt Pacht pr. Joch 10,73 fl., folglich 4210 fl. Die Steuer beträgt 1356,8 fl.

Es geben also 45000 fl. Ankaufscapital, 2853 fl. 36 kr. jährliche Einnahme. Nach Abschlag der Steuer: 100 fl. Kaufcapital 6 fl. 18 kr. Zinsen. Das Capital, welches zum Ankauf der Besitzung Grimani verwendet wurde, berechnet sich auf 7,9%. Jenes der Besitzung Curiel auf 6,2%.

Allein von diesen 6 und 7% müssen erst die obgenannten Auslagen bestritten werden, die ich aus den genau geführten Wirthschaftsregistern des Besitzers ausgezogen, und mit der Einnahme zusammengestellt habe; zufolge welcher Berechnung das gesammte, auf den Ankauf der Güter verwendete Capital im Jahre 1827 4,8% Zinsen abwarf; welch geringer Ertrag nicht den hohen Steuern, denn Reali kannte die Steuern, als er die Güter kaufte, und brachte ihren Capitalwerth vom Kaufschilling in Abschlag, sondern dem Mangel aller Industrie und der elenden Bewirthschaftung der Gründe durch die Colonen zugeschrieben werden muß. Werden in der Folge in diesen Gründen, wie sich's gehört, Weinreben und Maulbeerbäume gepflanzt werden, so werden sie doppelt so hohen Ertrag abwerfen, und die Colonen werden sich besser stehen, wie jetzt, wo sie ihren Herrn 7047 fl. schuldig gehen, und, wie sich aus der Rechnnng ergibt, jährlich mehr schuldig werden.

Das zum Ankauf liegender Güter verwendete Capital verzinset sich in allen gut cultivirten Ländern nicht sehr hoch, weil die Sicherheit, daß es nicht verloren werden kann, und daß man der Verzinsung gewiß ist, eine große Concurrenz von Capitalbesitzern oder Geldanbietern bewirkt. Diese Zinsen müssen um so niedriger sein, je größer die Concurrenz ist, und diese wird um so größer sein, je mehr die Bewohner des Landes von ihren jährlichen Einkünften ersparen, und als fruchtbringendes Capital wieder anlegen wollen, und je weniger sie Gelegenheit oder Neigung haben, ihr Geld auf Handel- oder Gewerbunternehmungen zu verwenden.

Beide diese Umstände finden vorzüglich in den altlombardischen Provinzen Statt.

Der Grund und Boden in den bewässerungsfähigen Provinzen ist in den Händen von wenigen reichen Familien, und wenn die Zahl der Grundbesitzer in den trocken gelegenen Provinzen auch verhältnißmäßig größer ist, so ist es immer nur die Classe der Wohlhabenden, welche Gründe besitzt. So gering auch die Zinsen sind, die sie von ihren, in den Gütern liegenden Capitalien beziehen, so ersparen sie doch, bei der frugalen Lebensweise, die in Italien allenthalben eingeführt ist, alljährlich einen bedeutenden Überschuß, den sie gleich wieder zum Ankauf von Häusern oder Gründen verwenden wollen, um das Capital nicht todt im Kasten, mit Gefahr für ihre persönliche Sicherheit, hüten zu müssen. Es zeigen sich daher überall eine Menge Käufer, sobald eine Realität ausgeboten wird, wodurch sich der Preis derselben nicht nur auf derselben Stufe erhält, sondern von 10 zu 10 Jahren erhöht.

Es gibt zwar viele und reiche Kaufleute im Lande, und der Verschleiß der Landesproducte in das Ausland, und die Einfuhr und der Verkauf der auswärtigen Erzeugnisse beschäftigt viele Menschen, und setzt ein sehr bedeutendes Capital in Bewegung; allein dieses Capital ist beschränkt, und der Nutzen, den es abwirft, wird nicht für den Handel auf auswärtigen Plätzen, sondern zum Theile auch wieder auf Realitäten verwendet.

Endlich ist der Mangel an inländischen Fabriken eine der mächtigsten Ursachen, daß die jährlich sich mehrenden Capitalien den liegenden Gründen zugewendet werden. Die Eisenfabriken in Brescia und in der Nähe dieser Stadt, so wie einige Seiden-, Baumwoll-, Glas- und Lederfabriken abgerechnet, die aber alle zusammen von geringer, kaum wahrnehmbarer Bedeutung sind, hat das ganze Land keine jener nothwendigen Anstalten, in denen die Reichen ihre Capitalien nutzbringend anlegen könnten, und die übergroße Bevölkerung Arbeit und entsprechenden Lohn fände.

Vom Pachtwerthe.

Über die Bedingungen, zu welchen die Gründe in dem lombardisch-venezianischen Königreiche verpachtet werden, und über den positiven Ertrag des Pachtschillings in verschiedenen Provinzen, habe ich bereits in der vorhergehenden Abhandlung: Über das Verhältniß der Größe der Steuern zur Größe des Pachtertrages, alle jene bestimmten Daten angegeben, die ich über diesen Gegenstand in jenen Ländern gesammelt habe. Es bleibt mir nur übrig, hier im Allgemeinen noch von den verschiedenen Arten der Pachtungen, und in welchem Verhältnisse sie zum Naturalertrage stehen, zu sprechen.

Zuvörderst muß ich hier melden, daß alle in der Ebene und in den Hügeln gelegenen Wirthschaften, in so ferne sie den wohlhabenden oder gebildeteren Classen der Einwohner gehören, von diesen jederzeit verpachtet werden, und daß es zu den großen Seltenheiten gehört, wenn irgend ein solcher Grundbesitzer einen kleinen Theil der ihm gehörigen Felder durch Dienstboten und eigenes Vieh bearbeiten läßt. Den Grund dieses Verfahrens werde ich in der folgenden Abhandlung näher auseinander setzen.

Die Pächter sind entweder Pachtunternehmer oder Bearbeiter der gepachteten Gründe. Die erstern sind Speculanten, die von den großen Grundeigenthümern ihre Besitzungen gegen Geld in Pacht nehmen, und sie dann einzeln an die Colonen wieder verpachten; die letztern bearbeiten die gepachteten Gründe selbst, entweder durch Tagelöhnerfamilien, wenn sie groß sind, oder mittelst der Mitglieder der eigenen Familie, mit Zuhülfnahme einiger wenigen Dienstboten, wenn sie klein sind.

Pachtunternehmer gibt es in den lombardischen sowohl, als in den venezianischen Provinzen. Sie gewähren den großen Grundeigenthümern bedeutende Vortheile, weil sie die Last der Administration übernehmen und alle Gefahr, die mit der Auslage bedeutender Capitalien verbunden ist, die man den Colonen in die Hände geben muß.

Zur zweiten Art gehören sowohl die Pächter in den bewässerungsfähigen Provinzen: Mailand, Lodi und Pavia, wo die Käseerzeugung allein, oder in Verbindung mit Reißbau, der Hauptgegenstand einer Wirthschaft ist, die viele Vorauslagen, ein großes Inventar und ein bedeutendes Betriebscapital erheischt; als auch die Colonen (Coloni) und Kleinhäusler (Pigionanti, Chiusuranti). Die erstern haben eine Fläche von 40 bis 150 Pertiche = 4½ bis 17 Joch, die letztern nur ½ bis 1 Joch zu bearbeiten. Letztere sind Tagelöhner, und müssen außerdem, daß sie für den Grund einen in Getreide stipulirten Zins abschütten, und für die Hütte, in der sie wohnen, einen Geldbetrag abführen, auch noch dem Grundherrn um einen niedrigeren Taglohn arbeiten, wie ich weiter unten näher angeben werde.

Der Colon ist ein solcher Pächter, der seinen Pachtschilling in Naturalien bezahlt.

Er gibt dem Grundeigenthümer entweder eine bestimmte Menge von Getreide alljährlich — Affitto fisso — oder gibt von den Äckern einen bestimmten Zins in Geld und von den übrigen Erzeugnissen, Wein und Seide, einen aliquoten Theil des rohen Ertrages; oder er theilt die Erzeugnisse des Acker- und Weinlandes mit dem Grundbesitzer nach einem übereingekommenen Verhältnisse. Solcher Pacht-, oder eigentliche Theilungsverträge gibt es eine sehr große Zahl.

Wo die einzelnen Wirthschaften — Colonie, Masserie, Poderi — nicht zu klein sind, und der Boden fruchtbar ist, findet man gewöhnlich, daß die Colonen für das Ackerland einen bestimmten Canon in Getreide und für das Weinland die Hälfte des Weines; für die Wiesen den Pacht in Geld zahlen, und für die Wohnung theils Geld, theils Naturalien abführen. Das Arbeitsvieh sammt dem Wirthschaftsgeräthe gehört dem Colon. Ist der Pachtzins mäßig, so bringt sich der Colon durch und ist schuldenfreier Eigenthümer seines Viehes; wenn aber der Zins hoch und der Boden minder fruchtbar ist, hört der Affitto fisso sehr bald auf: denn es verarmt der Colon, er verliert sein Vieh, und es muß nun der Grundeigenthümer das Vieh selbst anschaffen, oder das dazu erforderliche Geld herleihen; er muß die Geräthe und den Samen herbeischaffen, und theilt dann mit dem Colon das Erzeugniß.

So viel als Einleitung zum richtigeren Verständniß dessen, was ich über den Pachtwerth der Gründe in den verschiedenen Provinzen anführe.

Das bewässerungsfähige Land wird allenthalben gegen Geld verpachtet. Man zahlt, wie ich bereits angegeben habe, in der Umgebung von Mailand für die Winterwiesen, und jene, welche von dem Canal Vettabbia ihr Wasser erhalten, 40—50 Lire für die Pertica = 193,63 bis 129,53 fl. pr. Joch; für die übrigen bewässerungsfähigen Felder, die zum Theile von Gärtnern benützt werden, 25—30 Lire pr. Pertica = 64,76 bis 77,71 fl. pr. Joch.

In Casaretto, eine halbe Stunde von Mailand, zahlt der Pächter 18 Lire = 46 fl. 48 kr. pr. Joch.

Die nicht bewässerungsfähigen Ackerländereien in gleicher Entfernung geben 2—2½ Stara Weizen pr. Pertica. 5,22—6,52 Metzen pr. Joch, und die Hälfte des Weines und der Galettenerzeugung. Die Wiesen müssen die Coloni insbesondere gegen Geld pachten.

In Monza zahlen die Colonen 1¼ bis 1¾ Stara Roggen pr. Pertica (3,207—4,489 Metzen pr. Joch) und geben die Hälfte des Weinerzeugnisses. Das Laub der Maulbeerbäume gehört dem Herrn, und wenn sie Seidenwürmer ziehen, so theilen sie mit dem Herrn den Ertrag der Galetten.

13*

Für eine Pertica Wiesen müssen sie 10—18 Lire Pacht zahlen. Sie haben kein Holz, und müssen es kaufen. Das Geld zur Anschaffung des Inventars wird ihnen vorgestreckt, und sie müssen es verzinsen.

Der Boden ist schlecht, seicht, sandig und mit vielem Gerill gemischt, er ist das alte Flußbett des Lambro. Die Weincultur ist nicht sehr bedeutend, denn ich überzeugte mich bei der Durchsehung der Wirthschaftsregister, daß ein Joch im günstigsten Falle, im Durchschnitte der Jahre 1824—27 nur auf 4½ Eimer, im Ganzen aber kaum auf 4 Eimer ganzes Erträgniß zu stehen kam, wovon die Hälfte dem Herrn gehört. Die Maulbeerzucht ist größtentheils noch jung. Die Colonien sind aber groß, 100—300 Pertiche = 11,37 bis 34,11 Joch, und die Leute verdienen sich viel Geld durch Zug- und Handarbeit, die sie theils im königlichen Park, theils in der Stadt leisten, und sind daher größtentheils schuldenfrei.

Was die Pächter in Mozzate ihren Grundherren geben müssen, habe ich schon früher näher auseinander gesetzt. Es entrichtet jeder im Durchschnitte für das Joch

an Weizen 2,41 Metzen,
» Roggen 1,52 » ,
» Hirse 1,26 » ;

ferner die Hälfte des Weines, die unbedeutend ist, weil der Boden theils zu schlecht für die Reben, theils die Rebenzucht vernachlässigt ist, und die Hälfte der Galetten, die von großer Bedeutung ist.

Zu 314 Pertiche Ackerland, wovon ⅓ berebt ist, haben die Pächter 205½ Pertiche Heideland, und 27½ Pertiche Holzland, für die sie nichts zahlen, die aber auch nur einen geringen Werth haben, da sie nichts als eine magere Weide und etwas Streue und Stützholz für die Reben liefern.

Von vier Colonien, die ich berechnete, war die kleinste aus 2,6 Joch, die größte aus 28,8 Joch bestehend, wovon aber nur 13 Joch Ackerland waren.

In Appiano werden 1½ bis 2 Stara Weizen, oder

ein Star Weizen und ein Star Roggen, die Hälfte des Weines und der Galetten gegeben.

Für den trocknen und seichten Boden um Gallarate zahlen die Colonen 1—1¾ Stara Weizen, die Hälfte des Weines und der Galetten.

Die Colonen des Herrn Foscarini, drei Miglia von Varese, entrichten für die Pertica Ackerland 1—1½ Stara Weizen, und die Hälfte des erzeugten Weines und der Galetten.

Für die Wiesen zahlen sie 7—8 Lire pr. Pertica, für den Wald nichts.

In der Nähe der Stadt Varese gibt man bis 4 Stara Weizen Pacht pr. Pertica Ackerland, und 30 bis 35 Lire für die Wiesen, die nicht bewässerungsfähig sind, sondern nur bei Regenzeit mit Straßenwasser überrieselt werden können.

Daß Herr Castiglioni für sein Ackerland, das der Stadt zunächst liegt, 2½ bis 3 Stara Weizen, und für das andere 2½ Stara erhält, habe ich bereits angegeben.

Für seine trockenen Wiesen werden ihm 10 bis 12 Lire pr. Pertica gezahlt. So habe ich auch den Pachtertrag bereits berechnet, den der Graf Dandolo von seinen Besitzungen in Malnate und Varano erhält.

Die Wirthschaften sind hier klein. Die Besitzung Castiglione hat 17 Joch, die Colonie des Grafen Dandolo in Malnate 15 Joch, drei andere in Varano haben von 8 bis 11⅓ Joch.

Längs den Ufern des Sees von Como, wo sich die Ortschaften und dazwischen gelegenen Landhäuser und Palläste aneinander drängen, und der wenige culturfähige Boden zu einem ungewöhnlich hohen Preis verkauft wird, wie ich schon gezeigt habe, ist es begreiflich, daß auch sein Pachtwerth hoch ist. Eine der schönsten und größten Besitzungen ist die des Grafen Sommariva in Tremezzina von 369 Pert. = 41,955 Joch, welche an 8 Massari verpachtet ist. — Jeder Massaro hat nur etwa 18—20 Pertiche cultivirtes Land; der Rest besteht aus dem Garten, den Wäldern, Weiden u. s. w.

Das Land wird den Pächtern gegen einen jährlichen Zins in Geld gegeben, der so hoch ist, daß alle mit Schulden belastet sind, und keine Aussicht haben sich derselben je zu entledigen.

Sie sollen nämlich für eine Pertica Ronco, der besten Art, gut hergerichtet und mit Weinreben, Öl- und Maulbeerbäumen bepflanzt, 20—25 Lire = 51,71 bis 64,63 fl. pr. Joch; der mittlern Güte, 15—18 Lire = 38,79 bis 46,54 fl. pr. Joch; und der schlechtesten Art, 13—15 Lire = 33,68 bis 38,79 fl. Pacht zahlen.

Diese Pächter haben kein Zugvieh, sondern nur einige Kühe; alles Land wird mit Haue und Schaufel bearbeitet.

In der Umgebung der Stadt Como ist das cultivirte Land ebenfalls höchst beschränkt, und zu übertriebenen Preisen verpachtet, von 3 bis 5 Stara Weizen pr. Pertica nacktes oder mit Maulbeerbäumen besetztes Ackerland.

In den Hügeln der Brianza ist fast durchgehends die Metadia eingeführt, wie man die Verpachtung nennt, bei welcher alle Bodenerzeugnisse zwischen dem Colon und dem Grundherrn zu gleichen Theilen getheilt werden. Es gibt zwar einzelne Besitzer, die sich 10—14 Lire pr. Pertica bedingen; allein ein solcher Pacht kann nur selten von den Colonen eingehalten werden, weil sie durch das kleinste Unglück außer Zahlungsstand gesetzt werden. Die Eigenthümer, die an dem armen Colon keinen Regreß finden, sind dann genöthigt ihm die Besitzung gegen die Hälfte des Rohertrages zu überlassen.

Auch in Bergamo ist allenthalben dieselbe Art die Gründe zu verpachten üblich: selbst die ganz nahe bei der Stadt gelegenen Besitzungen werden gegen diese Bedingung den Colonen überlassen.

Diese letztern Wirthschaften haben einen sehr fruchtbaren Boden, und einen Überfluß an Maulbeerbäumen, weßwegen die Colonen nicht so dürftig, als anderswo, und nicht selten schuldenfreie Eigenthümer ihres Viehstandes sind.

Wie groß der Naturalertrag einer solchen, auf die Hälfte Ertrag verpachteten Wirthschaft an Getreide seie, konnte ich nirgendwo in Erfahrung bringen, nur über Wein und Galetten fand ich Vormerkungen.

Rings um Bergamo werden in der Ebene keine Weinreben gepflanzt, die hier die Hügel einnehmen, und $\frac{6}{10}$ des Rohertrages Pacht geben. In der Ebne sind die Felder sammt und sonders mit Reihen von Maulbeerbäumen durchzogen. Das Maulbeerlaub gehört dem Herrn, und der Colon bekommt nur einen Theil davon für seine Seidenwürmer, den fehlenden muß er vom Herrn kaufen, wie ich in dem Abschnitte von der Seidencultur näher angegeben habe.

In Mantua sind die Besitzungen, Poderi, welche man da den Colonen gibt, größer als irgendwo, und enthalten im Durchschnitt 100 Biolche = 54,4 Joch.

Wer keinen Fittabile (Pächter gegen Geldzins) findet, ist genöthigt seine Gründe a metà wegzugeben.

Im Durchschnitte zahlen die Fittabili 20 Lire di Milano pr. Biolca = 10,8 fl. pr. Joch

Die Colonen geben in fruchtbaren Gegenden 0,65 des Rohertrags aller Producte.

Sie sind ziemlich wohlhabend, denn es gehört größtentheils das Vieh sammt dem Ackergeräthe ihnen eigen, was von großer Bedeutung ist, weil man in dieser Provinz mit 3—4 Paar Ochsen pflügt; und über dem Po gar 5—6 Paar anspannt. Kühe hält man nicht. Schweine nur wenig. Das Landvolk kleidet sich gut, und sieht gut aus.

In Treviso geben die Colonen für einen Campo Feld einen Sacco Weizen, 1,55 Metzen pr. Joch, und die Hälfte des Weinerzeugnisses.

Nach Verschiedenheit der Güte des Bodens und der Größe der Bevölkerung, wird in den venezianischen Provinzen größtentheils ein bestimmtes Maß Getreide pr. Campo, als Pacht, und nebstbei die Hälfte des Weines und der Galetten dem Herrn gegeben. — Wo der Boden gut ist, und die Wirthschaften groß sind, muß der Pächter auch noch einen Überschuß bald an Getreide und bald an Wein über das allgemein übliche Quantum abführen, und das Vieh und Wirthschaftsgeräth selbst beischaffen: wo der Boden aber schlecht ist, oder wo die Wirthschaften klein sind, da ist die Pachtung a metà eingeführt, und der Viehstand gehört entweder zur Hälfte, oder auch wohl ganz dem Herrn.

In der Umgebung von Padua werden 4 — 6 Stara Weizen und die Hälfte des Weines entrichtet = 2,64—3,96 Metzen pr. Joch.

In der Nähe von Udine, in der Gemeinde Colloredo di Prato habe ich eine Colonenwirthschaft, die dem Herrn de Gallici gehört, im Detail berechnet. Sie besteht aus 9,09 Joch Ackerland mit einer geringen Zahl Maulbeerbäume und 3 Joch Wiesen.

Der Boden ist schlecht, leicht, dürre mit Geröll.

Es ist kein Haus, noch Garten dabei.

Hiefür entrichtet der Pächter jährlich:

an Weizen . . . Metzen 20,19,
» Mais . . . . » 2,37.

Für die Wiesen zahlt er bar 5 fl.

Ein Joch Ackerland gibt Pacht: Weizen Metzen 2,22, und Mais Metzen 0,26.

Ein Joch Wiesen zahlt 1 fl. 40 kr.

Der Viehstand gehört dem Pächter.

Von den Galetten entrichtet er die Hälfte als Zins für die Maulbeerbäume.

In den früher venez. Antheilen der küstenländischen Provinz wird allenthalben von den Colonen für den Campo Ackerland 1¼—1½ Stara Weizen, für das Joch 2,291—2,864 bis 3,437 Metzen, und die Hälfte des Weines, und von letztern in manchen Gegenden auch wohl 0,60 des rohen Ertrages als Pacht gegeben. Für die Wiesen wird der Pacht in Geld gezahlt.

Die Hälfte des Weines beträgt pr. Joch im Durchschnitt der Classen und der Gegenden 2—2½ bis 3 Wiener Eimer.

Für ein Joch Wiesen wird gezahlt 8—10 bis 16 Gulden.

Die Wiesen sind aber nicht völlig süß.

Der Flächeninhalt einer solchen Colonie ist in der Ungebung von Monfalcone von 16 bis 30 Campi Ackerland = 10,14—19,02 Joch, mit 4—12 Campi Wiesen = 2,53 —7,60 Joch.

Allein man irrt sehr, wenn man meint, daß der hier angegebene Betrag an Getreide, Wein und Geld der ganze Zins sei, den der Colon seinem Herrn zu entrichten hat: er muß ihm noch eine Menge anderer Naturalien liefern, und mancherlei Arbeiten leisten. Von einer Menge Materialien, die über diesen Gegenstand vor meinen Augen liegen, nehme ich das nächste beste Beispiel her. Die Wirthschaft des Francesco Soranz, in Ronchi di Monfalcone, Colon des früheren Kaufmanns Labrosse in Triest, jetzt Marquis de Pontgivaud in Frankreich, mißt 11¼ Joch berebtes Ackerland, ohne Wiesen, Weiden oder Wald. — Ein Stück Wiesen von 4 Campi, 45 Tav. wird ihm absonderlich gegen 17 fl. 36 kr. verpachtet. Er muß 32,69 Metzen Weizen abschütten, und die Hälfte des Weines beträgt im Durchschnitte von 10 Jahren ebenfalls 32,8 Eimer. Er zahlt also für ein Joch berebtes Ackerland Pacht

an Weizen 3 Metzen,
» Wein 3 Eimer.

Außer diesen hat er zu geben an Naturalien:

Gestampfte Gerste	. . . . . .	¼ Metzen.
Eier	. . . .	100 Stück.
Hühner	. . . .	8 »
Kapaune	. . . .	8 »

An Arbeitsleistung:

2 Tage Pflügen mit 4 Ochsen;
2 » Zugarbeit im Wald mit 4 Ochsen;
2 Fuhren nach Triest, 4½ Meilen Entfernung.
Weinrebenschnitt . 2 Männertagwerke.
Mähen . . . . . 2 » » »

Im Wald des Herrn.
- Straßenarbeit . . 4 » » »
- Steinfuhren mit Ochsen auf die Straße, 6 Fuhren.
- Zugarbeit auf der Straße, 2 Tage.
- Holzfuhren aus dem Wald, 10 Klafter.

Man ersieht aus der Aufzählung der Leistungen, die einem solchen Colon aufgebürdet sind, daß er bei weitem übler daran ist, als ein unterthäniger Bauer in den deutschen Provinzen, der an landesfürstlichen und herrschaftlichen Steuern, an Zehent und Roboten vielleicht eben so viel als ein italienischer Colon zu geben hat, der aber dafür Eigenthümer seiner Wirthschaft ist, und eine Heimath besitzt, deren Besserung seinen Kindern zu guten kommt, was bei dem Colon nicht der Fall ist, der jährlich befürchten muß, daß ihm die Pachtung aufgekündet wird. Am übelsten sind unstreitig die Colonen auf den Weinhügeln bei Görz daran, die im Durchschnitte nur 5 bis 6 Joch Grundstücke aller Art, und darunter etwa 2 Joch Ronchi haben, wofür sie ihren Herren $\frac{2}{3}$ des Weines, den sie erzeugen, dann überdieß ein bestimmtes Maß von Wein für die ihnen, nebst den Weingärten verliehenen anderen Grundstücke, und dann noch ein oder zwei Körbe Weintrauben, Kastanien, Hühner, und nicht selten auch noch den Zehent von ihren Antheilen abführen müssen.

Da diese Weingärten nur Ronchi sind, und eben sowohl zur Körner- als Graserzeugung genützt werden, so daß der von den Reben eingenommene Flächenraum nur 0,4 des Ganzen beträgt, so ertragen sie nur von $3\frac{3}{4}$ bis $8\frac{4}{5}$ Eimer Wein pr. Joch. — Werden hievon $\frac{2}{3}$ als Pacht für die Ronchi, $\frac{1}{5}$ für die andern Grundstücke, und $\frac{1}{10}$ für den Zehent abgezogen, so bleiben dem Colon von 14 Eimern ohngefähr jährlichen Erzeugnisses: 11%, d. h. $1\frac{1}{2}$ Eimer übrig, so daß demnach der zu Geld veranschlagte Betrag des Pachtschillings nicht selten mehr als der zu Geld veranschlagte Reinertrag derselben Grundstücke beträgt, oder mit andern Worten, daß dem Colon seine aufgewendete Arbeit nicht zu dem Preise des gemeinsten Tagelohns vergütet wird.

V.

Von dem Zustande,

in welchem

sich die Pächter und Tagelöhner in Italien befinden,

und wie ihre Lage verbessert werden könnte, ohne daß die Grundbesitzer hiebei Nachtheil erlitten.

Von dem Zustande der Pächter und Tagelöhner und von der Verbesserung ihrer Lage ohne Nachtheil der Grundbesitzer.

In Italien ist der Stand der Grundbesitzer von jenem der Grundbearbeiter vielleicht mehr, als in irgend einem andern Lande geschieden. Wenn man in Deutschland gewöhnlich findet, daß die kleinen, freien Grundbesitzer, worunter ich aber die unterthänigen Bauern nicht zähle, ihre Felder mit Zuhülfnahme von Dienstboten und Tagwerkern selbst bearbeiten, und daß die großen Gutsbesitzer, wenn sie auch den größten Theil ihrer Besitzungen verpachten, doch gewöhnlich jene Wirthschaft, die mit ihrem beständigen oder zeitweiligen Aufenthalt verbunden ist, für eigene Rechnung bearbeiten lassen, so findet dieß in Italien nur in sehr seltenen Fällen Statt, wo in der Regel Alles verpachtet ist, und der Grundsatz gilt, daß man sein Geld wohl zum Ankauf von Grundstücken, nicht aber zur eigenen Bewirthschaftung mit Vortheil anlege, und daß man sie schleunig verpachten müsse, wenn man von dem ausgelegten Capitale nicht Schaden statt Nutzen haben wolle.

Hierdurch gestehen die italienischen Grundbesitzer, daß sie selbst von dem Betriebe der Wirthschaft entweder Nichts, oder nicht genug verstehen; oder daß er ihnen deßwegen Nachtheil, oder doch weniger Nutzen bringt, weil ihnen die Arbeit durch aufgenommene Dienstboten und Tagelöhner höher zu stehen kommt, als durch Colonen.

Ich will keinesweges behaupten, daß die italienischen Grundbesitzer nicht genügend Kenntnisse hätten, um ihr Grundeigenthum selbst bewirthschaften zu können, und daß sie dieses Umstandes wegen ihre Güter den Colonen übergeben müßten; wohl aber bin ich überzeugt, daß sie der zweite Grund hiezu bestimmt. Auch gestehen sie es unumwunden ein, daß sie nur durch die Verpachtung an die Colonen reich, bei eigener Wirthschaft aber arm werden; woraus klar hervorgeht, daß die Bestellung der Felder durch Dienstboten und Tagelöhner kostspieliger, wie durch Colonen ist, oder mit andern Worten, daß die Colonen entweder mehr arbeiten, was nicht nachgewiesen werden kann, oder sich mit schlechterer Kost und Kleidung begnügen, wie Dienstboten und Tagelöhner, was keinem Zweifel unterworfen ist.

In welchem Zustande sich die Menschenclasse in Italien befindet, welche den Boden bearbeitet; welches gesellschaftliche Verhältniß zwischen dem Grundbesitzer und Pächter obwaltet, und wie der Zustand der Colonen gebessert werden könnte, ohne daß man die bestehenden Rechte der Grundbesitzer beirrt, wollen wir im Folgenden einer näheren Betrachtung unterziehen.

Die Pächter der großen Güter in den bewässerten Provinzen der Lombardie sind wohlhabende, und größtentheils auch gebildete Leute, die sich von unsern kleinen, auf ihren Gütern lebenden, zur gebildeten Classe gehörigen Gutsbesitzern in nichts unterscheiden. Ihr Geschäft ist die Aufsicht auf ihre Arbeiter, und der Verkauf der Erzeugnisse.

Um eine Pachtung in diesen Gegenden zu übernehmen, wird ein bedeutendes Capital zur Anschaffung des großen Viehstandes und der nöthigen Geräthe, und zur Bestreitung der laufenden Ausgaben erfordert.

Der Pächter Pennaro in Vittabone, in der Provinz Lodi, ein sehr verständiger und betriebsamer Mann, bewies mir, daß er in seiner Pachtung von 1500 Pert. = 170½ Joch bewässerten Landes, ein Capital von 8000 fl. in Vieh, Geräthen, Vorräthen und in Barem liegen habe; was mir keineswegs übertrieben schien, da er 58 auserlesene Kühe, einen Stier, acht Pferde, und das halbjährige Erzeugniß des Käses vorräthig hatte.

Alle bewässerungsfähigen Wirthschaften in den Provinzen Lodi, Pavia und Mailand sind groß, und folglich gibt es verhältnißmäßig gegen die trocken gelegenen Provinzen nur wenige Ansitze. Da wir aber aus den Bevölkerungslisten sehen, daß in den ersteren Provinzen auf der Fläche einer gevierten Meile nicht weniger, ja nur mehr Menschen wohnen, als in den letzteren, und daß sich hier die Menschen so wenig, wie dort, mit Handel, Industrie und Gewerben abgeben, so geht hieraus klar hervor, daß der größte Theil der Bevölkerung zur Classe der Dienstboten oder der Tagelöhner gehören müsse.

Bei näherer Untersuchung dieses Gegenstandes zeigt sich die Richtigkeit dieser Schlußfolgerung, und es ist überraschend, wie die gleichen Verhältnisse in zwei weit von einander entfernten, und sich sonst so wenig ähnlichen Ländern, die gleiche Wirkung hervorgebracht haben. So wie in England die kleinen Eigenthümer allgemach verschwinden, und so wie es da durch das Anwachsen der eigenthumlosen Bevölkerung die Grundbesitzer, oder ihre Pächter dahin gebracht haben, die Zahl der Dienstboten auf die mindeste herabzubringen, nämlich bloß auf die, welche das Vieh besorgen, und alle Arbeiten durch Tagelöhner oder Gedingarbeiter verrichten zu lassen, so ist es auch den lombardischen Pächtern gelungen das gleiche Ziel zu erreichen.

In welchem Verhältnisse Dienstboten und Tagelöhner zur Fläche des cultivirten Bodens stehen, mögen folgende zwei Beispiele zeigen. Der Pächter in Vittadone hat auf 170 Joch bewässerungsfähigen Grundes 22 Familien von Tagelöhnern; der Pächter Moretti zu Roncaro in der Provinz Pavia auf 348 Joch Felder, die auf gleiche Weise benützt werden, 53 Familien. Nur etwa 6 bis 7 Männer dieser Familien sind im stätigen Dienste der Pächter, als Küher und Pferdeknechte angestellt: alle übrigen, und die Weiber und Kinder, müssen arbeiten, so oft es der Pächter bedarf, wofür man ihnen, in beiden Orten gleich, den Männern 10, den Weibern 5 bis 6 Seld, = 8,8 und 5 Kreuzer, zahlt und ihnen bloß Mittags Reiß mit

Fisolen und etwas Brod, niemals Wein, und nur einmal des Jahrs Milch gibt. Diesen Tagelöhnerfamilien werden die Arbeiten bei der Cultur jener Früchte, die sorgsam gewartet werden müssen, in Geding gegeben, wofür sie dann einen bestimmten Antheil des Rohertrages beziehen: die Hälfte beim Lein; $1/4$ oder $1/3$ beim Mais; $1/6$, anderswo gar nur $1/7$ beim Reiß; was bei der Beschreibung der speciellen Cultur der Feldfrüchte genauer angegeben worden ist. Außer diesem Verdienste gehen sie allenthalben hin für Tagelohn arbeiten, wenn ihnen ihr Herr keinen Verdienst gibt.

In welchem Zustande von Armuth und Unwissenheit sich diese zahlreichste Classe der Bevölkerung befindet; welchem Elende sie Preis gegeben ist, wenn sie wegen Krankheit, wenn auch nur vorübergehend, unfähig zur Arbeit wird, kann man sich leicht vorstellen. Noth, Elend, Unwissenheit und Mangel aller sittlichen Bildung verleiten dann Viele dieser Classe auf die Wege des Lasters, zu Contreband, Diebstahl und Raub, die in diesen Ländern zu den gewöhnlichen Ereignissen des Tages gehören.

Tagelöhnerfamilien findet man zwar auch in den trocken gelegenen Provinzen; allein sie kommen da nicht in sehr großer und Besorgniß erregender Menge vor, denn es ist da das Grundeigenthum größtentheils sehr zerstückt, und den Colonen zur Arbeit überlassen, die es mit ihren Weibern und Kindern und mit Zuhülfnahme weniger Dienstboten bearbeiten, und nur in seltnen Zeiten Tagelöhner aufnehmen.

Was den Zustand der Colonen betrifft, so erhellet aus dem, was ich in einer andern Abhandlung über den Pachtwerth der Felder angeführt habe, im Voraus, daß der Antheil am rohen Grunderzeugnisse, den der Eigenthümer für sich fordert, mit geringen Ausnahmen, allenthalben zu groß ist, und daß ein zu kleiner Theil desselben dem Colon übrig bleibt, der ihn für seine Arbeit nicht genügend entschädiget, und es ihm unmöglich macht, selbst beim größten Fleiße und der strengsten Sparsamkeit sich ein Vermögen zu erwerben.

Jeder, der nur etwas mit der practischen Landwirthschaft bekannt ist, weiß, daß die Culturkosten beim gewöhnlichen Ackerbaue, wenn er durch Dienstboten oder freie Tagelöhner betrieben wird, nur unter sehr günstigen Umständen 50 pr. % des rohen Ertrages, so wie diese aber minder günstig sind, 60, 70 und mehr Procent betragen. Nun soll aber der Colon alla metà, und dieser Art sind die meisten, von allen Producten, die er erzeugt hat, die Hälfte, und nicht selten noch mehr, als Pacht geben: er muß daher von dem Antheile am Rohertrage, der ihm für seine Arbeit gebührt, einen Theil dem Herrn geben, und muß daher, mit anderen Worten, um geringern Lohn arbeiten, als Dienstboten und Tagelöhner. Folgendes Beispiel wird den Antheil am rohen Ertrage, den der Herr und der Colon bezieht, und den sie beide beziehen sollten, näher angeben.

Es sei eine Besitzung von vier Joch Ackerland, in der vier Classen an Äckern vorkommen, in denen man allenthalben gleich den gewöhnlichen italienischen Fruchtwechsel beobachtet, und mit Mais und Weizen abwechselt.

ker- asse.	Name der Frucht.	Roh-ertrag in Metzen pr. Joch	Antheil		Procent der Cultur-kosten.	Hiernach entfällt Antheil	
			des Herrn.	des Colons.		für den Herrn.	für den Colon.
I.	Erstes Jahr. Weizen	14	7	7	60	7	7
	Zweites Jahr. Mais	20	10	10	60	10	10
II.	Erstes Jahr. Weizen	12	6	6	60	4,8	7,2
	Zweites Jahr. Mais	16	8	8	60	6,4	9,6
II.	Erstes Jahr. Weizen	8	4	4	65	2,8	6,2
	Zweites Jahr. Mais	12	6	6	65	4,2	7,8
.V.	Erstes Jahr. Weizen	6	3	3	70	1,8	4,2
	Zweites Jahr. Mais	10	5	5	70	3	7
Zusammen in zwei Jahren:		98	49	49	» »	40	58
In einem Jahr:		49	24,5	24,5	» »	20	29
Auf ein Joch entfällt:		12,25	6,125	6,125	» »	5	7,25

Der Herr bekam jährlich von diesen 4 Joch Ackerland
an Weizen: 10 Metzen,
» Mais : 14,5 » .

Folglich von einem Joch im Durchschnitte
an Weizen : 2,5 Metzen,
» Mais : 3,62 » .

Den gleichen Ertrag bezog auch der Colon: allein es hätten ihm gebührt, im Ganzen
an Weizen : 11,8 Metzen,
» Mais : 17,2 » ,

und für ein Joch im Durchschnitte
an Weizen : 2,95 Metzen,
» Mais : 4,30 » .

Er hat folglich unter den gegebenen Verhältnissen zu wenig bekommen, für jedes Joch
an Weizen : 0,4 Metzen,
» Mais : 0,68 » ,

oder mit andern Worten: er hat um den Geldwerth dieser Quantitäten Getreidearten ein Joch Ackerland wohlfeiler bearbeitet, als dieß durch Tagelöhner und Dienstboten möglich gewesen wäre.

Hieraus, hoffe ich, muß es Jedermann einleuchten, daß die italienischen Grundbesitzer ganz Recht haben, sich mit dem eigenen Betriebe der Wirthschaft nicht zu befassen, weil ihnen derselbe, bei gleichem Rohertrage, einen bedeutend geringeren Reinertrag abwirft, als die Verpachtung an ihre Colonen.

Dadurch will ich aber nicht behaupten, daß die elende Wirthschaft, welche diese armen und unwissenden Colonen betreiben, mehr reinen Ertrag abwirft, als die von einem verständigen und mit den nöthigen Hülfsmitteln ausgerüsteten Landwirthe geleitete; vielmehr glaube ich, daß in dem eigenen Betriebe noch ein bedeutendes Mittel liegt, die gesunkene Grundrente zu heben, zu dem sich aber die Grundbesitzer schwerlich ehe verstehen werden, als bis sie ihre Colonen durch die übertriebenen Forderungen ganz zu Grunde gerichtet haben, und dann genöthigt sein werden, sich um die Praxis des Landhaushaltes zu bekümmern, selbst die Leitung zu führen, und ihre Colonen als Dienstboten und Tagelöhner zu benützen.

Vielleicht wird man bis dahin auch zur Einsicht gekommen sein, daß man der ungemessenen fortschreitenden Bevölkerung Schranken setzen müsse, und daß man in der bürgerlichen Gesellschaft, wo sich der Einzelne so viele Beschränkungen zum Nutzen des Ganzen gefallen lassen muß, nur solche Menschen heirathen lassen dürfe, die irgend eine Garantie zu geben vermögen, daß sie eine Familie zu erhalten im Stande sind, oder nur so viele Menschen, daß man über das Anwachsen einer der Gesellschaft lästigen, und ihr in moralischer und physischer Hinsicht nachtheiligen Bevölkerung keine Besorgnisse haben darf.

Der italienische Colon ist zwar, gleich allen ungebildeten Menschen, unwissend und voll Vorurtheile, dünkt sich ungemein verständig in seinem Fache, weil er sieht, daß seine Herren gewöhnlich noch weniger verstehen, als er; hat aber sonst eine Menge vortrefflicher Eigenschaften. Er ist an und für sich haushälterisch, sparsam, nüchtern, bewerbsam, flink, fröhlich, artig und bescheiden; und wenn man ihm vorwirft, daß er den Grundherrn allenthalben zu bevortheilen suche, so kann ihm dieß nicht gar zu hoch angerechnet werden, denn es geschieht größtentheils nur aus Noth, und muß als Entgelt der Bevortheilung angesehen werden, die früher der Grundeigenthümer gegen ihn bei der Schließung des Pachtcontractes ausübte.

Wo die Colonien, d. h. Complexe von Feldern, die man auch Pachtgut nennen kann, groß genug sind, um die Arbeitsthiere vollauf zu beschäftigen; wo der Boden fruchtbar, das lebende und todte Inventar noch ein Eigenthum des Colons ist; wo eine mäßige und festgesetzte Abgabe in Getreide, nebst der Hälfte des Weines und der Galetten als Pachtzins gefordert wird, da findet man, zwar nicht reiche, aber auch nicht arme Colonen, und da zeigt sich der natürliche, gute, unverdorbene Charakter dieser Menschen. Wo diese Colonien aber klein sind, oder wo die Colonen schon so verarmt sind, daß alles Inventar dem Herrn gehört, was da, wo alle Grunderzeugnisse zwischen dem Herrn und Colon zu gleichen Theilen getheilt werden, größtentheils Statt findet, geht die Rechtlichkeit dieser Letztern allgemach verloren, und sie suchen sich auf jede Art einen größern Theil des Grunderzeugnisses zuzueignen, als ihnen vermöge des Contracts zukommt. — Ist die Ernte reich, so bemerkt der Colon sehr leicht, daß er seinem Herrn für den Werth des übernommenen Feldes, oder für die Zinsen des Ankaufscapitals, eine zu hohe Abgabe im Verhältnisse der von ihm und seinen Leuten aufgewendeten Mühe und Arbeit entrichtet, und hält sich dadurch berechtigt einen größeren Theil des Rohertrages für sich zu behalten, als er sollte: mißräth aber die Ernte, so glaubt er um so mehr berechtigt zu sein den Herrn zu bevortheilen, und von dem Wenigen, was die Mißgunst der Witterung übrig gelassen hat, mit seiner Familie zu leben, da die Schuld des Mißrathens nicht an ihm ist, und er sein Möglichstes gethan hat die Felder gut zu bestellen.

So ist ein egoistischer und auf das Verderben der arbeitenden Classe gerichteter Vertrag die Ursache des beständigen Zwistes und Grolls zwischen dem Grundbesitzer und seinem Colon. Der Erstere bewacht fortwährend den Letzteren, daß er nicht einen Theil der Feldfrüchte der Theilung entziehe, und der Letztere ist, theils aus Noth, und theils aus angewöhntem Hange bemüht, jede Gelegenheit zu benützen seinen Antheil am Ertrage zu vergrößern. Dadurch geht alles freundschaftliche Verhältniß zwischen diesen beiden Parteien verloren; der Herr sieht den Colon als einen Dieb an, während er vom Colon als sein Unterdrücker betrachtet wird, und leider! haben beide Recht; nur scheint der Grundbesitzer die Ursache zu sein, daß der Colon unmoralisch handelt, weil er von ihm mehr fordert, als dieser zu leisten vermögend ist, und darum kann man den armen Colonen ihre kleinen Betrügereien auch nicht hoch anrechnen.

Man hat gut sagen, daß der Colon den Vertrag nicht hätte eingehen sollen, wenn er ihn zu drückend fand; daß er sich um einen andern Pacht hätte bewerben, in ein anderes Dorf, in eine andere Provinz, in ein anderes Land ziehen sollen: allein im Orte selbst sind alle Pachtcontracte von derselben Art, und er ändert nicht sein Loos, ob er die Gründe des A oder des B pachtet; gibt er den Pacht auf, so zwingt er dadurch seinen Herrn keineswegs zu bessern Bedingnissen, denn es melden sich bei der bestehenden Übervölkerung statt seiner zehn Andere, die sich vielleicht noch härtere Bedingnisse gefallen lassen, um nur eine Unterkunft zu finden, oder der Militärpflicht zu entgehen, und er ist nun arbeits- und verdienstlos, und muß sehen als Tagelöhner sich durchzubringen. — In einem andern Dorfe kann er nur dann einen Pacht suchen, wenn er etwas Vermögen besitzt, das dem Grundherrn zur Garantie dient, denn einem Fremden will dieser, sehr begreiflich, nicht das im lebenden Inventar steckende Capital anvertrauen; und lächerlich ist es, wenn man von Übersiedelungen italienischer Colonen in andere Provinzen, oder gar ins Ausland spricht, weil hierzu Geld, Muth und Unternehmungsgeist gehört, was alles diesen armen Leuten mangelt.

Wenn man sich überzeugt, daß der Colon und alle Mitglieder seiner Familie fortwährend mit Anstrengung arbeiten; daß sie sich fast ausschließlich bloß mit Mais ernähren; daß am Sonntag kein Huhn im Topfe steckt, wie der gute Heinrich seinen eben so elenden französischen Metayers wünschte; daß sie nur da, wo Weinbau betrieben wird, Nachwein trinken; daß sie im Sommer in leinene, gefärbte, und im Winter in weißwollene Jacken gekleidet sind; daß ihre Weiber und Töchter, außer den goldenen oder vergoldeten Ohrringen nichts von Werth auf sich haben, und in grobe leinene oder baumwollene Kleider gehüllt sind: — und wenn man dann sieht, daß solche Leute nach einer langen Reihe von Jahren Nichts vor sich bringen, ja wohl gar nur gegen ihre Herren verschuldet sind; so kann der Grund ihres Unglückes in nichts anderem liegen, als in dem Theilungsvertrage, in welchem der Arbeiter zum Vortheile des Grundbesitzers verkürzt ist.

So oft ich mit Colonen über ihre Pachtbedingungen und den Ertrag ihrer Wirthschaft zu sprechen Gelegenheit hatte, konnte

ich mich des Mitleids für diese Menschenclasse, so wi
haften Gefühls nicht erwehren, daß ich mit Halbe
tern (Coloni alla metà) nichts zu schaffen haben m
daß ich mich unglücklich fühlen würde, wenn ich auf
leben, und unter diesen Verhältnissen meine Einkünf
Colonen beziehen müßte.

Man sollte vermuthen, daß die Grundbesitzer selb
sicht gelangt sein sollten, daß der Ackerbau durch so e
wissende und herabgewürdigte Menschen, und mit s
und unzureichenden Hülfsmitteln betrieben, ihnen
Ertrag abwirft, den sie davon zu erwarten berechtigt s
so groß ist ihre Kurzsichtigkeit, ihre Unwissenheit und
daß sie immer nur in der Erhöhung des Pachtschilling
in der Herabsetzung desselben das Mittel suchen, ihre ve
Einnahmen zu erhöhen; daß sie sich von den grosen
die ihnen ihre Colonen für Vorschüsse schulden, nich
können, obwohl sie einsehen, daß sie dieselben nie
bringen im Stande sind, und daß diese Schulden ihr
alles Muthes berauben, sich mit froher Hoffnung für d
den Anstrengungen der Arbeit zu widmen, da sie kein
haben je unabhängig zu werden; und aus den glei
chen geben sie jedem Colon nur das allernothwendigste
nicht bedenkend, daß der Acker nicht sowohl gepflügt,
bedüngt sein will, und daß die Größe des Ertrages b
übrigen Verhältnissen von der Größe der aufgewende
gung abhängt.

Der Stand eines italienischen Colons scheint für
Anblick dem eines deutschen, unterthänigen Bauers
zuziehen zu sein. Der Colon ist ein freier Pächter, ü
die Pachtung auf eine bestimmte Zeit und zu einem b
Vertrag, und verläßt sie wieder, wenn sie ihm nicht g
hat mit Steuern und Abgaben nichts zu schaffen: de
herr ist nicht zugleich seine Obrigkeit, und kann die
nicht mit gerichtlichen Zwangsmitteln, gleich den landes

Steuern, einbringen: auch hat er keine Roboten, kein Laudemium, Mortuarium, und wie die Urbarialgiebigkeiten alle heißen, zu entrichten. — Dafür aber hat er auch kein Eigenthum, wie der deutsche Bauer es hat, und ist nur in höchst seltenen Fällen in der Lage, sich durch die Bearbeitung gepachteter Wirthschaften so viel Vermögen zu erwerben, daß er sich ein Eigenthum anschaffen kann. Er hat freilich keine Grundsteuer zu zahlen, dafür aber muß er allenthalben einen so überspannten Pachtschilling entrichten, daß er dadurch ungleich mehr zahlt, als unsere höchst besteuerten Bauern; und was die Frohnen und Kleinrechte betrifft, so sind die Colonen nicht frei davon, wie ich an einem anderen Orte bei der Aufzählung der Leistungen gezeigt habe, die sie im Friaul, und mit geringen Modificationen in ganz Italien ihren Grundherren entrichten müssen.

Die Wohnungen solcher Colonen sind, mit geringen Ausnahmen in den altlombardischen Provinzen, klein, äußerst ärmlich; Alles ist auf das Mindeste und das Allernothwendigste beschränkt. Von Gemächlichkeit, Reinlichkeit, Verzierung, von einem geräumigen Hofe, lichten Ställen, einem wohl bestellten Garten ist nirgendwo die Rede, denn die Auslagen hiefür kann wohl der Eigenthümer, nicht aber der Pächter machen: dieser ist aber zu arm, und des Pachtbesitzes auch zu ungewiß, als daß er eine Ausgabe machen sollte, die nicht im nämlichen Jahre schon wieder ersetzt wird.

Wenn aber schon die Colonen größtentheils übel daran sind, so sind es die Tagelöhnerfamilien noch mehr. Ich sage Familien, denn in diesem Lande heirathet alles, und vermehrt sich, wie in China, ins Unbedingte.

Von den Tagelöhnern in den Provinzen Lodi und Pavia habe ich bereits gesprochen: es kommt nun die Reihe an die Tagelöhner in den nicht bewässerten Provinzen, wo sie Pigionanti — Miethleute — und im Paduanischen Chiusuranti heißen, weil ihnen zur Hütte, die sie bewohnen, auch ein eingeschlossenes, kleines Feld gegeben wird.

Diese Classe Menschen ist zwar in den nicht bewässerten Provinzen nicht so häufig, wie es die eigentlichen Tagelöhner in den bewässerten Gegenden sind; allein ihrer sind doch immer viel zu viel, und sie finden nicht genug, oder nicht hinlänglich gut bezahlte Arbeit, um nicht häufig in das größte Elend zu verfallen. Mir däucht, daß in den Provinzen Venedig, Rovigo und Padua diese Classe am übelsten daran ist; wenigstens wird mir das Bild des Elends immer vor meinen Blicken schweben, das ich sah, als ich in der Nähe von Cagnola, unweit Monselice, in eine mitten zwischen berebten Äckern einzeln stehende Hütte eintrat, die ich näher beschreiben und die Bedingungen angeben will, unter welchen sie den Bewohnern verliehen ist.

Die Hütte ist 2 Klafter lang, 3 Klafter breit. Die Wände sind von Weidenruthen, mit Lehm verworfen. Das Dach ist von Stroh. Im Innern ist weder ein Fuß- noch ein Oberboden, wohl aber ein 4 Fuß hohes Flechtwerk von Weiden, das den innern Raum in drei Plätze scheidet; in den größern, wo gekocht wird, und in zwei kleinere, in deren einem ich etwas Bettstätten Ähnliches, und in dem andern unbedeutende Geräthe und Streue sah, die wahrscheinlich auch zum Lager benützt wurde, denn die Familie besteht aus Mann und Weib und fünf Kindern, wovon ich ein halberwachsenes Mädchen scheu hinter der Mutter, die mit mir sprach, hervorgucken sah. Zu dieser Hütte gehört ein Feld von 5 Pertiche und 27 Tav. = 1 Joch 340 □ Klafter schlecht berebten Ackerlandes der zweiten Classe.

Der arme Mann muß hiefür seinem Herrn, dem venezianischen Edelmann: Filippo Molin, jährlich 10 Stara Weizen, = 4,71 Metzen, und für die Hütte 13 fl. 20 kr. entrichten. Weil der arme Mensch den Pachtschilling nicht bezahlen konnte, und 6 fl. 40 kr. schuldig blieb, so ward er, wenige Tage früher als ich hinkam, gepfändet, wobei man ihm die Schäffer, Fäßchen, und das wenige Heu nahm, womit er die Pflüger zahlen sollte. Ein Huhn ist der gewöhnliche Viehstand solcher Menschen.

Die Hütten dieser Chiusuranti, die man längs des Canals der Brenta sieht, stehen in einem grellen Contraste mit den daneben befindlichen stolzen Pallästen! —

Es ist unmöglich, daß man beim Anblick des elenden Zustandes, in dem sich die den Acker bearbeitende Classe der Einwohner von Italien befindet, nicht Mitleid mit ihnen haben, und nicht auf Mittel sinnen sollte, ihren Zustand zu verbessern.

Wenn man von dem Grundsatze ausgeht, daß der eigene Vortheil der Grundbesitzer sie überall das beste Verfahren, ihre Gründe zu benützen, habe kennen gelehrt, so ist das bestehende Verfahren überall das beste. Da dieses aber, unter gleichen örtlichen Verhältnissen sehr abweicht, und man findet, daß in dem einen Dorfe bloß Halbentheilpächter, in dem andern die Halbentheilwirthschaft nur auf den Wein beschränkt ist, und für das Ackerland ein bestimmtes Maß an Getreide gegeben, und die Wiesen insbesondere gegen Geld verpachtet werden, so überzeugt man sich, daß solche Verträge nicht ein Resultat der örtlichen, sondern bloß der persönlichen Verhältnisse der contrahirenden Theile sind.

Zwischen dem Grundbesitzer und dem Colon besteht aber ein reines Pachtverhältniß; der Eine schlägt den Vertrag vor, der Andere nimmt ihn freiwillig an, und so drückend er immer sein mag, so kann die Regierung dem Colon nicht helfen, wenn sie nicht gröblich und willkürlich in das Eigenthumsrecht eingreifen will. Die Schlußfolgerung ist trostlos, denn sie heißt: man muß Alles sich selbst überlassen, und warten, wie sich's macht, oder mit andern Worten: der gegenwärtige Zustand ist der beste, den bestehenden Verhältnissen und Umständen der angemessenste. — Ich möchte aber kaum meinen, daß Jemand diesen Satz ernstlich zu vertheidigen Muth hätte, weil der elende Zustand der Colonen, im Gegensatze der Wohlhabenheit der Grundbesitzer zu laut den Beweis führt, das den Ersteren ihre bei der Erzeugung der Feldfrüchte aufgewendete Mühe zu karg gelohnt wird, oder was dasselbe ist, daß der Pachtzins, den sie entrichten müssen, zu hoch ist.

Wie soll man es aber dahin bringen die Grundbesitzer zu vermögen, sich mit einem kleineren Pachtzinse zu begnügen; wie kann man ihnen zumuthen für das ausgelegte Kaufcapital nur 3 Procent zu begehren, da sie vielleicht für die Hälfte des noch schuldigen Kaufschillings 4, oder 5 Procent zahlen müssen? — Diese Aufgabe ist freilich schwierig; indessen dürfte die Lösung im Verlaufe der Zeit doch möglich sein, und das Beste des Grundbesitzers und des Colons gleichförmig bewirken, wenn man sich nur erst entschließt die Neuerung in Gang zu bringen, von der ich sprechen werde.

Das Mittel, von dem ich mir eine gänzliche Umänderung in dem Vermögens- und Bildungsstande des italienischen Bauers verspreche, ist die Hindangebung aller Grundstücke, Häuser und anderweitigen Gebäude, die dem Staate oder frommen Stiftungen gehören, in ewigen Erbpacht an Colonen, gegen einen übereingekommenen Geldbetrag, der aber einmal festgesetzt, dann in der Folge nur in so fern geändert wird, daß man die Pachtsumme alle 25 Jahre nach dem Durchschnittspreise der inzwischen Statt gehabten vorzüglichsten Artikel der Erzeugung: Weizen und Wein, regulirt.

Diese Pachtungen müßten den Privaten zum Modelle dienen, und müßten den Beweis herstellen, daß, wenn es sich darum handelt, von dem im Grund und Boden liegenden Capitale eine bedeutende, nicht gefährdete, den Durchschnittspreisen der Producte angemessene jährliche Einnahme zu erhalten, ohne mit den Pächtern fortwährend im Zank und Hader zu leben, oder die nominell große Summe des Pachtschillings von der andern Seite wieder durch uneinbringliche Vorschüsse geschmälert zu sehen, kein Mittel sicherer sei, als den Pächter selbst zum Grundeigenthümer zu machen, weil er nun mit ganz anderem Eifer und verdoppelter Anstrengung den Boden bearbeiten, und nichts außer Acht lassen wird, die Felder in den größtmöglichen Ertrag zu bringen, die er jetzt als die seinigen ansieht, und von denen er weiß, daß alle Vortheile der Verbesserung ihm zukommen.

Die Wirkungen, die das Eigenthum auf den Fleiß, den Muth und die Lust es zu cultiviren, hervorbringen, sind überall dieselben, und die wenigen Felder, die in der Ebene der Lombardie Bauern gehören (in den Bergen gibt es keine Colonen), zeichnen sich vor den Feldern der Colonen sehr zu ihren Gunsten aus, und die Grundbesitzer geben einem Colon den Vorzug, der selbst etwas Feld besitzt, weil sie hoffen, daß er ihre Felder eben so gut, wie seine eigenen bestellen werde, worin sie sich aber sehr oft irren mögen.

Ein Beispiel des verschiedenen Zustandes zwischen Colonen und Grundeigenthümern gewähren die friaulischen Colonen gegen die Bauern am Karste. Die Ersteren haben 15 und mehr Joch berebtes Ackerland, wovon sie die Hälfte des Weines und 2 ½ bis 3 Metzen Weizen pr. Joch entrichten müssen; die Wiesen müssen sie gegen Geld pachten: die Letzteren besitzen zwischen Kalkfelsen 4—5 Joch Ackerfeld, das nicht immer berebt ist, haben nur wenige und schlechte Wiesen, und Holz kaum mehr, als sie bedürfen; und doch ist nur der Colon arm und verschuldet, und der Bauer am Karste, zwar nicht wohlhabend, aber nicht arm; denn wer könnte in einer Gegend vom Ackerbau wohlhabend werden, wo jeder einzelnen Besitzung so wenig ackerbares Land zugetheilt ist, und wo man die Beurbarung mit der Wegräumung von Steinen anfangen muß, womit die Oberfläche des Bodens mehr oder weniger bedeckt ist.

Ein Erbpachtgut ist ein volles Eigenthum! — Da sich durch die Verbesserung des Bodens der Capitalwerth desselben erhöht, so bringt es dem Erbpächter Vortheil, alle Arten Verbesserungen vorzunehmen, Bäume und Reben zu pflanzen, Wassergräben zu ziehen u. s. w., denn im Verlaufe der Jahre hofft er und seine Kinder die Auslagen und die aufgewendete eigene Mühe mit Vortheil wieder hereinzubringen, und er irrt wohl auch nicht hierin; und wir werden von dem Erbpachte gleiche Wirkungen auf die

Verbesserung des Bodens und die Erhöhung des Wohlstandes der Pächter bemerken.

Ich sehe nicht die geringste Gefahr, welche die Regierung liefe, wenn sie alljährlich einen Theil ihrer, oder unter ihrer Verwaltung stehenden Realitäten verpachtete; zerstreute Grundstücke einzeln, zusammenliegende aber in einem solchen Complex und in solcher Ausdehnung, wie dieß nach der Natur des Bodens, der Culturart und der ortsüblichen Bewirthschaftung erforderlich ist, um eine Familie anständig zu ernähren.

Jetzt werden diese Grundstücke alle 3—9 Jahre verpachtet. Immer findet man, daß sie weniger werth werden; denn wer soll Fruchtbäume und Reben nachsetzen, Stützmauern errichten, die Einfriedigung herstellen, wenn er die Vortheile seiner Mühe und Auslagen einem Fremden überlassen soll: auch werden sie immer mehr entkräftet, denn jeder will den letzten Rest der fruchtbaren Theile aus dem Boden herausziehen; und wenn die Pächter solcher Gründe sehen, daß sie sich in der Hitze der Versteigerung haben hinreißen lassen einen Pachtschilling zu versprechen, den sie nicht aufbringen können, so sind Processe und neue Versteigerung die Folge davon, wobei aber der Verpächter immer der verlierende Theil ist. — Wenn auch ein oder der andere der Erbpächter dieser kleinen Staatsgüter seinen Contract nicht einhielte, so riskirt das Ärar gar nichts, denn es hält sich an den Grund und Boden, der inzwischen mehr werth geworden ist, und zehn andere Pachtlustige melden sich, um ein solches Gut zu überkommen, wenn der Pächter, was nicht glaublich ist, Niemanden finden sollte, der ihm sein Recht abkaufte, und statt seiner einträte.

Es ist mehr als wahrscheinlich, daß durch diese Maßregel die Staatseinnahme vermehrt, sicher gestellt, die Perception derselben vereinfacht, und der Grund zu einer allgemachen Einführung dieser Art die Grundstücke zu verpachten bei den Privaten gelegt werden würde; denn diese letzteren würden sich bald überzeugen, daß der Erbpacht keine kleinere reine Rente abwerft, als der Theilungspacht, daß hiebei alle Kosten der Unterhaltung des Preßhauses — Follatojo —, die Magazinirung des Weines und des Getreides, die Anschaffung des Viehstandes, der Geräthe, und der größte Theil der Geschäfte der Wirthschaftsverwalter — Fattori — wegfielen, und daß sie die Capitalien, die jetzt in dem Inventar und den Ausständen liegen, und hoch gefährdet sind, zu andern Unternehmungen verwenden könnten.

»In Toscana« sagt Sismondi (Tableau de l'agriculture Toscane. Deutsche Übersetzung S. 128) »gibt es auf den Hügeln einige schöne Erbpachtungen auf vier Generationen. Die Bauern, welche diese mittelst eines unveränderlichen Pachtzinses besitzen, legen keinen Sold auf die Seite, der nicht zu einer Wirthschaftsverbesserung angewendet würde. Jedes Jahr vermehrt die Vortheile und Annehmlichkeiten ihrer Besitzungen; sie werfen Gräben aus, pflanzen Gehäge, tragen kleinere Unebenheiten ab, machen Rebensenker, setzen Rebenschnittlinge in neue Gräben, pflanzen und pfropfen Obstbäume, und man betrügt sich nicht, wenn man aus der Betriebsamkeit des Bauern und dem blühenden Zustande aller seiner Feldfrüchte auf eine Erbpachtung schließt.«

Es kommt dieser Schriftsteller in einer spätern Stelle auf diesen Erbpacht wieder zurück, und nachdem er die Nachtheile der Theilpachtungen lebhaft auseinander gesetzt, die Dürftigkeit, Unwissenheit, den Leichtsinn und das Elend der Colonen dargestellt hat, meint er, im Widerspruch dessen, was er früher zum Lobe der Erbpachtungen anführte, daß es dennoch schwer sei die Theilpachtung aufzuheben, da man nicht wisse, welche andere Art Pacht man ihr vorziehen soll. »Die Erbpachtungen,« fährt er fort, »die für den Staat sowohl, als den Boden unendlich vortheilhafter wären, sind für den Privaten nachtheilig. Jener, der seine Güter in Erbpacht ausläßt, ist fast immer ein Verschwender, der sich zu Grunde richtet; er entsagt für sich und seine Nachfolger allen Verbesserungen, die auf seinem Gute jemals könnten vorgenommen werden, allen Vortheilen, die entweder von der Erhöhung des Preises der Lebensmittel, vom minderen Werthe des Geldes, oder von der Vermehrung der Reichthümer des Landes, wodurch der Werth der Gründe erhöht wird, ohne daß deren Producte vermehrt würden, sich ergeben können; — beschränkt sich auf ein festgesetztes Einkommen, welches immer dasselbe bleibt, indessen alle andern anwachsen, und thut es überhaupt nur in Hinsicht auf eine Summe Geldes, die ihm der Pächter beim Antritte zahlt, welche in Hinsicht des Einkommens, das er von seinem Gute beziehen könnte, so unverhältnißmäßig ist. Weinreben und Oliven kann man nicht leicht verpachten; der Pächter würde weniger als der Colon auf die Erhaltung dieser Gewächse bedacht sein; er hätte überdieß zu viel von der Unbeständigkeit der Witterung und der Ungleichheit der Ernte zu leiden. Wäre der Contract auch für den Eigenthümer nicht zu nachtheilig, so könnte er es doch für den Pächter werden.«

Es sind in dieser Periode so viele unrichtige, sich widersprechende und unerwiesene Sätze, daß ich mich nicht enthalten kann, sie näher zu beleuchten und zu widerlegen.

Wer eine oder mehrere Besitzungen oder Grundstücke in Erbpacht gibt, hat entweder mehrere Güter oder Grundstücke, die er nicht wohl übersehen kann; oder er hat keine Neigung für Landwirthschaft; oder es mangeln ihm die nöthigen Capitalien dazu; oder er hat sich aus der bisherigen Verwaltung überzeugt, daß ihm für Wirthschaftsadministration, Unterstützung der Colonen, außerordentliche Gemeindelasten, Auslagen für Holz und Dünger zu neuen Rebenanlagen u. s. w., jährlich eine so große Summe in Abzug gebracht wird, daß sich das im Grund und Boden liegende Capital zu schlecht verzinset; und wenn daher hin und wieder ein Verschwender seine Güter in Erbpacht auslässt, so beweis't das keineswegs, daß ein solcher Vertrag immer nur von Verschwendern geschlossen würde. Auch sehe ich keinen zureichenden Grund hiezu und keine Vortheile für den Verschwender, denn will dieser Geld, so braucht er ja nicht seine Güter in Erbpacht zu geben, um sich durch das Laudemium welches zu verschaffen; er bekommt mit Leichtigkeit so viel geborgt, als seine Güter werth sind, und mehr noch, wenn sie nicht in Erb-, sondern in Zeitpacht ausgegeben sind, weßwegen der Erbpacht gar kein Mittel ist, das dem Verschwender zusagen kann. — Der Verpächter entsagt freilich allen Verbesserungen, die er und seine Nachkommen auf dem Boden bewirken könnten, und wodurch der Ertrag desselben erhöht würde: allein, da er ihn bisher nicht verbessert besitzt, und nicht die Kenntniß, Lust oder das Vermögen hiezu hat, so ist es ein wunderliches Begehren, daß er das Gut dennoch beibehalten soll, weil es in 20 — 50 Jahren vielleicht mehr werth sein dürfte als jetzt, oder um seinen Erben die Möglichkeit zu gewähren, irgendwo auf diesem Gute eine Verbesserung vornehmen zu lassen, wenn ihnen eine beifallen sollte. Soll dieser Gutsbesitzer aber eines problematischen, völlig unbestimmten, in der dunkeln Zukunft verborgenen Nutzens wegen den gegenwärtigen Vortheil von der Hand stoßen, der sich ihm darbietet, wenn man ihm den bisher bezogenen anträgt, ihn aller Mühe, Plage, Sorge für die Einnahme und Realisirung enthebt, ihm noch überdieß ein Capital in die Hand gibt, ihm die Verwendung seiner im Viehe, Saatkorn, Geräthen liegenden Capitalien zu andern nützlichen Unternehmungen frei läßt, und ihm endlich nicht allein die größte Sicherheit für sein auf diese Art verpachtetes Gut leistet, sondern ihn auch an den Vortheilen der Preisveränderung der Producte Antheil nehmen läßt, die sonst nur dem Eigenthümer des Bodens zustehen? Daß der Erbpächter Weinreben und Oliven vernachläßigen und weniger als der Colon auf ihre Erhaltung bedacht sein würde, wäre offenbar dem Vortheil des Erstern entgegen, denn nur aus Wein und Öl wird er den größten Theil seiner baren Einnahme beziehen, und er muß Alles aufbieten sie zum höchsten Ertrag zu bringen, was der Colon nicht thut, der seinen wenigen Dünger lieber auf das Getreidefeld führt als zu den Reben, weil er von jenem sicher, und sogleich, — was die Hauptsache ist, — den vollen Nutzen zurückerhält, was bei jungen Reben und Oliven nicht der Fall ist, von deren Erträgniß in der Zukunft er nie weiß, ob er irgend einen Vortheil haben wird, da nach Ablauf der ersten neun Pachtjahre der Vertrag nicht erneuert, sondern nur still zwischen beiden Parteien aufrecht erhalten wird, un nach vorausgegangener Aufkündung in einem Jah schickt werden kann.

Herr von Sismondi hat in einem spätern We veaux principes de l'économie politique. Pa die verschiedenen Arten das Grundeigenthum zu bewi auf eine sehr anziehende Art dargestellt. Das, was sten Bande S. 186 über die Vortheile der Bewirt durch Halbentheilpächter, — Métayers — sagt, be daß er den Vermögensstand und die Lebensweise dies lonen nicht genau kennt, und sich zu wenig Mühe hat zu berechnen, der wievielte Theil des reinen Er Hälfte des rohen Ertrages bei den verschiedenen C und bei abweichender Fruchtbarkeit des Bodens glei scheint er auch sich zu wenig unterrichtet zu haben, au Grad der geistigen Cultur die Colonen stehen, u Kenntnisse sie von dem Gewerbe besitzen, das sie ausü würde er nimmermehr dahingelangt sein dieser Art so große Lobsprüche zu ertheilen, die nicht allein d des Elends des italienischen Landvolks ist, was ich im henden näher auseinander gesetzt habe, sondern auch schritte der höheren Cultur, der Einführung eines ver Fruchtwechsels, neuer Pflanzen u. s. w. die mächtig dernisse entgegensetzt.

S. 237 wird der Erbpacht, jedoch nur sehr ob abgehandelt. Er sagt, daß diese Art das Grundeigen bewirthschaften überall nur sehr selten vorkomme, und große Güter, welche ihre Herren nicht verkaufen woll lich sei, nie aber als allgemeine Art der Bewirthschaftu führt werden könne, weil sie den Grundeigenthümer a theile des Eigenthums beraubt, und ihm alle Unannel ten, und keinen der Vortheile der Capitalisten fühlen l daß daher ein Familienvater nicht für klug oder haus angesehen werden könne, wenn er sich auf diese Art genthums begibt, ohne sich wenigstens die Bestimmung des Werthes vorzubehalten, den er dafür im Austausche erhalten soll.

Da Herr von Sismondi meinem Vorschlage so nahe gekommen, so begreife ich nicht wohl, warum er in denselben nicht näher eingegangen ist, sondern nach einer sehr kurzen Erwähnung der englischen Erbpächter, und der Ursache, warum ihrer immer weniger werden, den Artikel schließt.

Sicher wird der, welcher sein Gut selbst bewirthschaftet und Verstand, Lust und Geld hat, den höchsten Vortheil daraus ziehen. Wer das aber nicht will, oder nicht kann, und das Gut nicht verkaufen will, oder nicht kann, der muß es verpachten. Die Nachtheile kurzer Pachtungen gegen Geld oder Naturalien sind allgemein anerkannt; von den Nachtheilen der Theilungspachtungen habe ich so eben weitläufiger gehandelt; es bleibt daher nur noch übrig jene Verträge zu erwähnen, wo die Güter gegen Geld und auf 21jährigen Termin verpachtet werden, die in England allgemein, zum Theile auch in der Lombardie bei den Verpachtungen großer Güter, welche den frommen Stiftungen oder großen Gutsbesitzern gehören, üblich sind. Da man auch hier während 21 Jahren jedem höheren Geldertrage entsagen muß, und es nach dem Ablaufe dieser Periode von den politischen Verhältnissen des Landes, von dem zufälligen Preise der Producte, und von dem Zustande, in dem sich die Felder und Gebäude befinden, abhängt, ob man mehr oder weniger Pacht dafür bekommt, wie früher; so ist mein Vorschlag weit vorzuziehen, bei welchem der Verpächter unabhängig von allen Einflüssen ist, die den Werth der Güter vorübergehend vermindern, ohne daß er von der Verminderung des Werthes des Geldes, oder was dasselbe ist, von der Erhöhung des Nominalpreises der Producte Schaden litte, so daß der Pachtzins, den er bezieht, dem Geldwerthe der Lebensmittel immer angemessen bleibt.

Daß die Theilwirthschaft dem Colon verderblich, und die Ursache sei, daß es ihm unmöglich wird sich zu irgend einem Grade von Wohlhabenheit zu erschwingen, sieht jeder italienische

Grundbesitzer ein, der nur einige Kenntnisse von schaft hat; allein keiner will etwas zur Besserung de Zustandes seiner Colonen beitragen, weil jeder f müsse etwas an der jährlichen Pachtsumme nachlassen. ten diese Herren sich die Mühe nehmen, das, was von ihren Grundstücken einnehmen, und das, was dafür ausgeben, nebeneinander zu stellen, sich die Zins stehendes Guthaben, für Vieh und Naturalien, wi hört, zu berechnen, so würde eine solche Summe zum kommen, die als Erbpachtzins dem Colon nicht z werden würde, weil ihm aller Vortheil der Verbes Wirthschaft und der künftigen größeren Erzeugung z kommt, welche die nothwendige Folge des veränderte nisses ist.

Sagt man, daß die Colonen von den Vortheilen pachtungen keinen Nutzen ziehen können, weil sie z sind, als daß sie je eine solche Pachtung, wenn sie a klein ist, antreten könnten, so beweist man nur da man zu geringe Kenntnisse von dem ausdauernden der unglaublichen Betriebsamkeit und Sparsamkeit der hat, die sie äußern, sobald sie überzeugt sind sich damit genstand verschaffen zu können, der für sie der höchste Jetzt ist der Erwerbsgeist im italienischen Colon nich denn was soll er mit dem wenigen Gelde machen, allgemach erspart; es langt doch nicht zu, daß er sich Besitzung kaufen könnte: weiß er aber, daß er bein einer Erbpachtung nur den Betrag eines Jahrzinses al zu bezahlen hat, so wird er alles aufbieten diese Sum werben; sein erspartes Geld erhält einen bestimmten Z nichts hält ihn mehr zurück den begonnenen Weg mit gl fer fortzusetzen, bis er zum gewünschten Ziele gelangt

VI.

Kurzgefaßte Geschichte
des
mailändischen Catasters,
nebst einer
Darstellung des gegenwärtigen Zustandes desselben.

15*

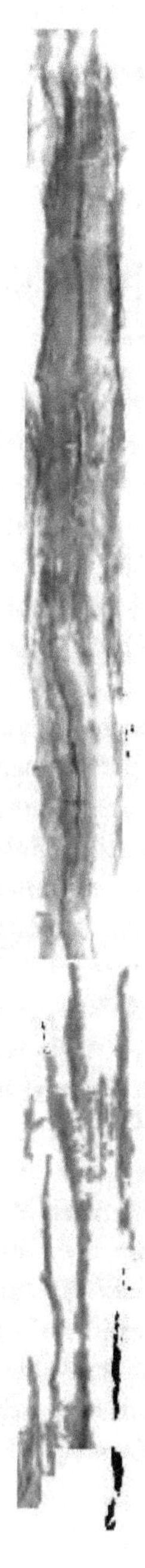

Vom mailändischen Cataster.

Der mailändische Cataster genießt in Europa eines sehr großen Rufes, und man meint es vorzüglich demselben zuschreiben zu müssen, daß die Lombardie seit der Zeit, als die Grundsteuer nach den Ergebnissen der Catastral-Vermessung und Schätzung umgelegt worden, sich zu jenem hohen Grade von Cultur und Wohlhabenheit erhoben habe, der sie von allen übrigen Staaten Italiens unterscheidet. Er verdient daher wohl näher gekannt zu werden.

Ich werde in dem Folgenden zuerst eine kurze Geschichte seiner Veranlassung und seiner Verfertigung mittheilen, dann seine ursprünglichen Mängel aufdecken, und endlich zeigen, in welchem Zustande er sich gegenwärtig befindet und wie wenig er jetzt mehr dem Zwecke entspricht, um deßwillen er mit so großem Geld- und noch größerem Zeitaufwande verfertigt worden ist.

Die häufig wiederkehrenden Kriege, die im siebzehnten und achtzehnten Jahrhunderte um den Besitz der Lombardie zwischen Spanien und Frankreich, und Frankreich und Österreich im Lande selbst geführt wurden, konnten mit den gewöhnlichen Steuern nicht bestritten werden, und die Erhaltung der kriegführenden Truppen und die feindlichen Kriegssteuern forderten außerordentliche Hülfsmittel. Um diese herbeizuschaffen, sollte Jedermann nach Maßgabe seiner Einkünfte beitragen; nur wußte man nicht, wie man diese erheben sollte, wohl aber, daß die gegenwärtige Steuerumlage für die neueren Verhältnisse weder im Ganzen noch im Besonderen mehr paßte, theils weil die Culturveränderungen den Vermögensstand der Einen bedeutend erhöht hatten, während er bei Anderen auf derselben Stufe wie in der Vorzeit geblieben war, und theils, weil der reichste Theil der Gutsbesitzer steuerfrei war, wodurch die Last der aufzubringenden Steuern die Übrigen fast erdrückte.

So groß und allgemein auch die Klagen waren, die man gegen die Ungleichförmigkeit der Steuervertheilung führte, so kam es doch nie zu einer Maßregel, die solchen einseitigen Bedrückungen allgemein abgeholfen hätte. Der Drang der Umstände ging vorüber, und man fügte sich in die allgemach eingeführten Zahlungen. Als aber im Jahre 1707 der kaiserliche Heerführer und Gouverneur von Mailand: Prinz Eugen von Savoien, den Repräsentanten des Herzogthums ankündigte, daß er zur Erhaltung der Truppen täglich 22600 Lire bedürfe, welche sie herbeizuschaffen hätten, und man im Verlaufe von wenigen Jahren sah, daß diese für jene Zeit sehr bedeutende Summe, wenn sie nicht nach gerechteren Grundsätzen umgelegt würde, wie bisher, den Ruin des Landes nothwendig nach sich ziehen müßte, ward der Wunsch nach einem richtigen Cataster so laut und allgemein ausgesprochen, daß ihn die Regierung nicht überhören konnte, sich vielmehr nur überzeugen mußte, daß es ihr eigener Vortheil erheischte, ihn bald möglichst ausgeführt zu sehen. Indessen vergingen unter den Berathungen über die Nothwendigkeit und die Mittel der Ausführung und unter den Intriguen Jener, welche bisher entweder gar nichts oder unverhältnißmäßig wenig zahlten, noch eilf Jahre, und erst am siebenten September 1718 befahl Kaiser Carl der Sechste die Aufstellung einer Behörde unter dem Namen: Giunta del censimento generale, deren ausschließliches Geschäft es sein sollte, einen neuen Cataster für das Herzogthum Mailand zu errichten, um die bestehenden Steuern darnach zu vertheilen, und den Überbürdeten jenen Theil der Last abzunehmen, den sie bisher für andere getragen hatten.

Im folgenden Jahre (1719) wurden die nöthigen Voreinleitungen für dieses Werk getroffen, und man meinte gleich Hand an das Werk legen zu können, als sich der von der Giunta in Antrag gebrachten Vermessung mit dem Meßtische die Grundbesitzer und Gemeinden entgegensetzten, so daß der Präsident dieser Stelle es nothwendig fand, im Aprill 1720 einen öffentlichen Versuch der Vermessung mit dem Meßtische in der Nähe von Melegnano durch den Mathematiker Marinoni anstellen zu lassen, dem er selbst mit seinen Räthen beiwohnte. Erst, als die Grundbesitzer sich hier, und späterhin bei einem anderen, in der Provinz Como angestellten ähnlichen Versuche überzeugt hatten, daß man ein Feld richtiger und schneller mit Tisch und Diopter, als mit Kette und Klafterstange abmessen könne, willigten sie in die Vorschläge des Präsidenten. So sah es in der Lombardie im Jahre 1718 um die Verbreitung der gemeinsten mathematischen Kenntnisse unter dem Volke aus!

Die Vermessung der Felder ging in den Jahren 1721 und 1722 ziemlich schnell vor sich, und wurde im Jahre 1723 beendiget; in welchem Jahre auch die Mappen und Grundparzellenverzeichnisse den Gemeinden zur Beurtheilung und Erhebung der darin vorkommenden Fehler übergeben wurden. *)

Während dieser Zeit hatte die Giunta Commissäre in alle Provinzen mit dem Auftrage abgeordnet, in jeder Gemeinde mit Zuziehung der Ortsvorstände und ältesten Landwirthe ein Protocoll über alles, was auf die Statistik derselben und die Art die Felder zu benützen Bezug hat, aufzunehmen. Man wollte sich wahrscheinlich das Geschäft ganz leicht machen, und meinte, auf diese Art mit den geringsten Kosten und in der schnellsten Zeit zum Ziele zu gelangen und die erforderlichen Daten zu bekommen, um daraus den verhältnißmäßigen Werth der Gründe der einen Gemeinde gegen die andere ableiten zu können: irrte sich aber gröblich, und überzeugte sich allgemach, wiewohl ziemlich spät, und mit Verlust von Zeit und vielem Gelde, daß man zu diesen Erhebungen nicht Gerichtsbeamte, sondern gebil-

*) Der Flächeninhalt des damaligen Herzogthums Mailand betrug 19280000 Pertiche oder 219 österreichische Quadrat-Meilen.

dete Landwirthe hätte wählen sollen, und daß alle von incompetenten, d. h. nicht sachverständigen Menschen aufgenommenen Aussagen der Grundbesitzer und Pächter über Grundertrag und Grundwerth immer unbrauchbar sind. Ich konnte mich des Lächelns nicht enthalten, als ich in dem Archive der Giunta mehrere solche dickleibige Aufnahmsprotokolle — Processi verballas, in welchen diese kaiserlichen Commissäre, wie sie sich nannten, mit gravitätischer Miene, nach einer schwülstigen, meistens in lateinischer Sprache abgefaßten Einleitung (nicht selten war die ganze Verhandlung oder einzelne Theile derselben in dieser Sprache geschrieben) alles Wahre und Falsche zu Papier brachten, was ihnen Titius und Sempronius angaben, und es dann weislich einem Anderen überließen, aus dem Wuste der Widersprüche das Wahre herauszusuchen.

Diese Ignoranten wurden daher abgeschafft und die Giunta schickte an ihre Stelle aus der Classe der Feldmesser, die in Italien zugleich Schätzmänner sind, und deßwegen Agrimensori periti heißen, gewählte Untersuchungscommissäre, unter dem Namen Visitatori, in die Provinzen, welche die von den Gemeinden in den Mappen und Grundparzellenverzeichnissen aufgefundenen Fehler zu verbessern beauftragt waren.

Eine der Absendung der Gerichtsbeamten zur Erhebung des Grundertrages ähnliche Maßregel der Giunta, war auch die Weisung an die Geometer, alle von ihnen vermessenen Grundstücke in gute, mittelgute und schlechte einzutheilen, und diese Classen in das Grundparzellenverzeichniß einzutragen, als ob diese Classe Menschen, wenn sie auch Agrimensori periti sind, immer hinlängliche Sach- und Localkenntnisse hätten, ohne vorausgegangene allgemeine Classification der einzelnen Culturarten, die Classe für die einzelnen Parzellen bestimmen zu können. Die Geometer aber waren klüger, als die Giunta; sie enthielten sich weislich der Ausführung dieser Anordnung, und die Giunta mag sich selbst hinterher überzeugt haben, daß sie etwas Unkluges befohlen habe, und beharrte nicht auf der Ausführung, sondern übertrug am 25. August 1724 die Classification und Classirung der Gründe den Einwohnern, oder vielmehr den Grundbesitzern der Gemeinden, weil sie es, wie das Dekret sagt, am besten wissen müßten, in welche Classen die verschiedenen Gründe zu setzen seien, und welcher verhältnißmäßige Werth denselben beizulegen sei.

Diese Maßregel wäre ganz gut gewesen, wenn man jeder Gemeinde zur Leitung dieses Geschäftes einen erfahrnen, und das Beste der Regierung besorgenden, unparteiischen Perito beigegeben hätte; dadurch aber, daß man dieß unterließ, und noch überdieß das Unmögliche forderte, nämlich, daß jede Gemeinde in zwei Monaten, während welcher sie ihre Bemerkungen über die Vermessung vorzulegen hatte, auch die, von dem Ortsvorstande, vom Notar und den Gerichtspersonen legalisirte Classification und Classirung aller Grundparzellen zu Stande bringen sollte, geschah es, daß einige Gemeinden, die den Termin einhalten wollten, übereilt und schlecht classirt wurden, während die übrigen, weil keine Strafe auf die Nichtbefolgung der Verordnung gesetzt war, wenig oder gar nichts thaten, so daß zur Zeit, als die Visitatoren — Schätzungscommissäre — kamen, von allen 2300 Gemeinden nur etwa 100 classirt waren. Nun erst — 10. März 1725 — befahl die Giunta, daß die Commissäre die Classification und Classirung der Grundstücke mit Zuziehung der Ortsvorstände und erfahrensten Landwirthe vornehmen, und bei der Classirung jedes einzelne Grundstück besichtigen sollten: auch erhielten sie den Auftrag bei dieser Gelegenheit die häufigen Fehler, die in den Hauszinsberechnungen angetroffen wurden, zu verbessern, und den rohen Ertrag der Gründe zu erheben. Wo die Gemeindeausschüsse die erforderlichen Aufklärungen nicht geben wollten oder selbe nicht zu geben wüßten, sollten die Commissäre selbst aufmerksam die Natur und Lage des Bodens erforschen, sich bei solchen Personen, welche mit der gemeindeüblichen Wirthschaft wohl vertraut sind, genau unterrichten, die Pachtcontracte einsehen, und hernach ihre dießfälligen

Anträge stellen. Nach erhobenem Rohertrage sollten sie alle Kosten der Bearbeitung, Düngung, der Erhaltung und Ausbesserung der Wassergebäude u. s. w. erforschen und in Abzug bringen.

Wegen der Maulbeerbäume wird hier noch bloß erinnert, daß nur die der Schätzung unterzogen und deßwegen gezählt werden sollen, die in einem gesunden und kräftigen Zustande angetroffen werden, und daß man den gewöhnlichen Ertrag an Laub erheben soll, den solche Bäume zu ertragen vermögen.

Die Abzüge für Witterungsschäden — per gli infortunj celesti — waren schon früher in Italien bei den Schätzungen der Gründe üblich, und wurden daher von der Giunta beibehalten. Nach diesen Weisungen operirten die Schätzungscommissäre im Verlaufe der Jahre 1725 und 1726.

Am 30. September kündigte die Giunta an, daß die Schätzungen im ganzen Lande geendigt seien, und daß die Classen-Tariffe in jeder Gemeinde würden kund gemacht werden.

Zwei Monate waren zu den Reclamen anberaumt. Sowohl die Gemeinde als jeder Einzelne konnte gegen die Tariffe reclamiren. Diese waren gedruckt, und jede Gemeinde bekam 10 Exemplare für die eigenen Gründe, und konnte, wahrscheinlich gegen Bezahlung, die in zwei Bänden zusammengehefteten Tariffe aller Gemeinden des Landes erhalten.

Die Classirung der Gründe wurde aber nicht publicirt, und dieß war ein sehr großer Fehler; denn es konnte Niemand beurtheilen, in wie fern der seinen Grundstücken zugedachte Catastralwerth ihnen angemessen sei.

Während der Zeit der Reclamen waren die Commissäre fortwährend beschäftigt die Vermessungs- und Eigenthumsfehler zu berichtigen, die von der Gemeinde gegen die Schätzung erhobenen Beschwerden zu untersuchen, und sich neuerdings über die Classification und den Ertrag der Gründe zu unterrichten. Sie erhielten dießfalls eine Weisung, die fast ganz dasselbe enthält, was ihnen schon mit dem Decrete vom 10. März 1725 aufgetragen worden war.

Es scheint, daß das ganze erste Schätzungsoperat, sowohl die Classirung, als die Ertragserhebung, im ganzen Lande schlecht aufgenommen wurde, und daß man es als eine höchst mangelhafte Arbeit ansah, weil ein allgemeines Murren darüber entstand, und die Klagen darüber sogar bis zum Throne gelangten. Die Giunta sah ein, daß der Reclamationstermin zu kurz sei, und daß man den Gemeinden auch die Vermessungs- und Classirungsacten mittheilen müsse, weßwegen sie mit dem Edicte vom 31. März 1727 diesen Termin noch auf zwei Monate verlängerte.

Während dieser Zeit und auch nach Verlaufe derselben wurden der Giunta von ganzen Provinzen, Gemeinden und Einzelnen Reclamen übergeben, deren Erledigung sie in große Verlegenheit setzte, aus der sie aber durch ein kaiserliches Rescript gerissen ward, in welchem, am 12. Mai 1728, der Reclamationstermin noch einmal auf weitere zwei Monate verlängert, und Behufs der Untersuchung der Reclamen geboten ward, daß sechs der unterrichtetsten Catastral-Schätzungscommissäre, und gleich viele eben so qualificirte Periti zusammentreten, den Grund jeder Reclame untersuchen, und hierüber Bericht an die Giunta erstatten sollten.

Die Zahl aller Reclamen betrug 4533, wovon 963 die eigentliche Catastralschätzung zwar nicht angingen, indessen doch vor das Forum der Giunta gehörten: von den übrigen 3571 wurden nur 720 in jener Form, d. h. mit Unterschriften und Beweggründen versehen, gefunden, daß sie dem Collegium zur Erledigung mitgetheilt werden konnten. Es betrafen diese Recurse 500 Gemeinden.

Im Juni 1728 versammelten sich jene zwölf Schätzungscommissäre und im April 1729 endeten sie ihre Arbeiten. Sie untersuchten die mancherlei Beschwerden, und entschieden sie, so gut sie dieß im Zimmer zu thun vermochten. Wenn über die Classirung Beschwerde geführt wurde, und dem Recurse ein Attestat von den Ortsvorständen beigelegt war, daß die verlangte Herabsetzung der Classe der Örtlichkeit angemesse... veränderten sie die Classe.

Es scheint aber die Erledigung der Reclamen die G... sitzer noch immer nicht zufrieden gestellt zu haben, d... kaiserliche Verordnung vom 17. September 1729 befie... man das nämliche Collegium der Schätzungscommissär... tragen solle eine neuerliche, allgemeine Übersicht der S... vorzunehmen, und daß dieses bemüht sein solle die Gru... hinsichtlich ihres Werthes zwischen den verschiedenen Ge... in ein gerechtes Verhältniß zu setzen. Die Periti waren... Mailand versammelt, als diese Verordnung kam, obg... bereits im April behaupteten, ihre Geschäfte beendet zu... und fingen sogleich ihre Untersuchungen wieder von vorn...

Diese zweite Revision hatte aber mehr die Ausgleich... Grundwerthes zwischen Gemeinde und Gemeinde, und Be... Bezirk zur Absicht, als eine Revision der Reclamen gegen ... sification und Classirung. Es wurden zwar, nach dem ... erstatteten Bericht der Periti, alle gegen die Schätzun... hobenen Beschwerden vorgetragen und erörtert; doch ge... dem Ganzen hervor, daß man mehr zur Absicht gehabt ... Tariffe einzelner Gemeinden zu modificiren, je nachde... meinte, daß sie mit den benachbarten Gemeinden nicht i... angemessenem Verhältnisse ständen, als sich in eine ne... tersuchung der Schätzungsoperate einzulassen.

Über diese zweite Revision ist von Seite dieses Coll... nichts vorhanden, als der Bericht desselben an die Giun... 22. Jänner 1732, wo es die ihm ertheilten Aufträge ... zu haben scheint. Nach dieser Zeit beschäftigten sich die ... mit der Richtigstellung der Häuser- und Gebäudeschä... indem sie die angegebenen Zinsbeträge durchgingen und i... nehmbarkeit oder erforderliche Modification bestimmten.

Vergleicht man die von den Commissären in Antrag g... ten Classentariffe mit denen, welche das Collegium der ... vorschlug, so sieht man, daß dieses im Ganzen keine wese...

Änderungen machte, und in vielen Gemeinden nicht die geringste Modification vornahm; weßwegen es mehr als wahrscheinlich ist, daß die neuen Tariffe so wenig als die früheren die Grundeigenthümer befriedigt haben würden, wenn nicht der im Jahre 1733 ausgebrochene Krieg allen Catastral-Operationen ein Ende gemacht hätte.

Erst im December 1749 ward die Giunta del censimento wieder in Thätigkeit gesetzt, und gleich darauf erklärte ihr Präsident, Neri, daß die früheren, nach einer vorausgegangenen dreimaligen Prüfung in Vorschlag gebrachten Tariffe des Werths der Gründe als definitiv betrachtet werden müßten, und nicht abgeändert werden könnten, wenn man nicht die ganze Schätzung von Neuem beginnen wollte, und daß man den besonderen Beschwerden, die aus einem factischen oder Berechnungsfehler entstanden wären, in der Folge immerhin im Wege der Ausbesserung abhelfen könne.

Vom Jahre 1732 bis zum Jahre 1750 waren Jene, die früher ein besonderes Interesse an den Catastralschätzungen genommen hatten, entweder gestorben, oder veraltet, oder außer Wirksamkeit gekommen: auch hatten sich die Preise der Producte und der Werth des Grund und Bodens merklich erhoben; man sah in den Tariffen überall einen sehr geringen positiven Werth angenommen, der von dem bestehenden weit übertroffen ward; und endlich war der Gegenstand selbst den Meisten wieder unbekannt, so daß man keinen Anstand nahm, die Tariffe für richtig anzunehmen, wenn sie auch nicht als unantastbar wären erklärt worden. Indessen dauerte es noch zehn Jahre bis alle die Voreinleitungen getroffen waren, und erst im Jahre 1760 gelangte man dahin die Grundsteuer nach den Ergebnissen der im Jahre 1725 und 1726 vorgenommenen, und in den Jahren 1728 bis 1732 modificirten Catastralschätzung einzuheben.

Aus dieser kurzen, geschichtlichen Darstellung des Ganges der Operationen bei der Zustandebringung des mailändischen

Catasters geht hervor, daß die Classification, Classirung, die Localerhebungen des Rohertrages und der Culturkosten, nebst der Verfertigung der Schätzungsoperate von den Schätzungscommissären vom 10. März 1725 bis 30. September 1726 vollendet worden waren, und daß in der Folge an dem eigentlichen Schätzungsoperate, oder vielmehr am Classentarisse keine anderen Veränderungen vorgenommen wurden, als jene, welche das Collegium der Periti bei der zweimaligen Revision zu machen für nöthig erachtete.

In diesem kurzen Zeitraume würde es den wenigen Schätzungscommissären, welche aufgestellt worden waren, unmöglich gewesen sein auch nur die Hälfte der Gemeinden zu classificiren und ihre einzelnen Grundparzellen in die betreffende Classe einzureihen, geschweige erst ihren Roh- und Reinertrag auszumitteln und darzustellen, wenn sie nicht den Gemeindeausschuß zur Classirung (Einreihung der Parzellen in die Classen) verhalten, und sich darauf beschränkt hätten dieser Arbeit bloß nachzusehen: und wie wäre es möglich gewesen, so viele Roh- und Reinertragsoperate in so kurzer Zeit zu verfassen, wenn die Angaben über den Ertrag und die Culturkosten hätten bewiesen, ja nur einigermaßen überzeugend motivirt werden sollen!

Es stellen daher die mailändischen Schätzungoperate nichts, als die einfache und unbegründete Meinung des Schätzungscommissärs über den Naturalertrag der verschiedenen Classen der Culturarten und die erforderlichen Cultursabzüge dar, und es ist unmöglich sie zu censuriren, wenn man nicht vollkommene Sach- und Ortskenntnisse hat.

So sehr auch diese Operate den Stempel der Eile und der Unvollkommenheit an der Stirn tragen, so würde ich es doch nicht wagen über ihren inneren Werth zu urtheilen, wenn ich nicht in allen Provinzen in eine bedeutende Zahl von Gemeinden gegangen wäre, um den Thatbestand, in so ferne er unveränderlich ist, mit den Angaben der Operate zu vergleichen, deren Copien ich zu diesem Behufe mit mir nahm. Nachdem ich das

Land in mehreren Richtungen durchreist, und von unbefangenen und gebildeten Landwirthen die gründlichsten Aufklärungen eingezogen habe, halte ich mich für berechtigt über diesen Gegenstand zu urtheilen, und die Vorzüge und Mängel der Schätzungsoperate selbst aufzudecken.

Zuvörderst scheint es mir zweckmäßig ein solches Operat meinen Lesern, genau übersetzt ohne Weglassung oder Zusatz eines Wortes, vollständig mitzutheilen, damit man das Verfahren sehe, das die Commissäre jener Zeit beobachteten. Ich wähle hiezu eines, das zu den besten und vollkommensten gehört; denn die meisten übrigen sind noch viel mehr abgekürzt, und von vielen Gemeinden ist das Schätzungsoperat auf einem halben Bogen geschrieben. Um die Angaben leichter verständlich zu machen, habe ich sie auf Wiener Maß, Gewicht und Geld; die Untertheilungen des Metzens und Eimers, so wie des Guldens aber in Decimalbrüchen angegeben. *)

Die Gemeinde Roncadello, welche das Schätzungsoperat betrifft, liegt in der Provinz Lodi, nördlich der Straße, die von dieser Stadt nach Crema führt, in einer vollkommenen Ebene, die man die Ghera d'Adda nennt, wegen des Steingerölls, womit der Adda die Oberfläche der Erde bedeckt hat. Der Boden ist abwechselnd, bald ziemlich tief, bald wieder seicht; an vielen Stellen kommt das Steingeröll zum Vorschein, das hier allgemein in einer Tiefe von 1 bis 2 Fuß die Unterlage bildet. Die Erde ist mehr lose als bündig; doch gedeihen alle Früchte ziemlich gut darin. Es fließt ein kleiner Bach durch die Gemeinde, der die Felder mit genügendem Wasser versieht, die auch noch von anderen Seiten Wasserzuflüsse erhalten. Das Wasser hat nur wenig Fall, und bildet daher hin und wieder Sumpfstellen.

Man sieht aus diesem Schätzungsoperate, daß der mailändische Cataster an zweierlei Arten von Gebrechen leidet; an sol-

*) Siehe das Schätzungsoperat zu Ende dieser Abhandlung.

chen, die von den Grundsätzen, und an solchen, die von der Ausführung herrühren.

Zu der erstern gehört die fehlerhafte Bestimmung dessen, was man als Reinertrag anzusehen hat, und die mangelhafte Productenpreisbestimmung: zu den letztern die mangelhafte und mit Irrthümern erfüllte Erhebung des Rohertrages und der Culturkosten.

Als Reinertrag wird im mailändischen Cataster der Antheil des Grundherrn am rohen Naturalertrage — Parte dominicale — angesehen, der ihm nach Abschlage der von ihm selbst zu bestreitenden Ausgaben übrig bleibt. Diese Ausgaben und was dem Colon nach den verschiedenen Verträgen zwischen ihm und dem Grundherrn vom Rohertrage zukommt (Parte colonica), werden als Culturauslage betrachtet.

So billig, einfach und richtig dieses Verfahren auch aussieht, so unrichtig und unbillig sind seine Resultate. — Man gibt nämlich dem Colon bei den in Italien allgemein üblichen Theilungswirthschaften einen Complex von Grundstücken, die man Masseria, Podere oder Colonia nennt, gegen dem, daß er die Hälfte, oder einen andern aliquoten Theil der Acker- und Weingärtenerzeugnisse dem Grundherrn abliefere: läßt ihm aber die Wiesen, Weiden und einen Theil des Waldes frei, gibt ihm oft das Vieh, oder das zum Ankaufe desselben erforderliche Capital zinsenfrei, um ihn dadurch in den Stand zu setzen die große Naturalabgabe leisten zu können. Nimmt man nun die Parte dominicale als Reinertrag an, so muß dieser nothwendig zu hoch ausfallen, weil von demselben erst noch der Zinsenbetrag der oben angeführten Wiesen und Weiden, so wie des Viehwerthes oder der baren Capitalien abgeschlagen werden muß; was zwar wohl in einigen Operaten, unter dem Namen Scorte, geschieht, größtentheils aber ausgelassen ist. Sollte der Colon für die Acker- und Weinlandserzeugnisse, wie hier in dem nachstehenden Operate geschieht, die Hälfte; für die Wiesen und Wälder ⅔ des Rohertrags dem Grundherrn als

Pachtzins zahlen, so würde er nicht bestehen können: auch findet ein solches Theilungsverhältniß nirgendwo Statt. Häufiger aber ist es und allgemeiner, daß der Colon dem Herrn für eine Pertica Ackerland ein bestimmtes Maß an Getreide, und von den Reben die Hälfte des Weines gibt, und daß er für alle, oder einen Theil der Wiesen den Pacht in Geld zahlt. In einem solchen Falle kann man aber nicht einen gleichen aliquoten Theil des Körnerertrages für den Pacht in Abschlag bringen, wenn gleich für jede Pertica z. B. zwei Stara bedingt sind, weil sich die Angabe auf den ganzen Complex der Äckerfelder bezieht, der aus mehreren Classen derselben, und aus einer ungleichen Größe des Flächeninhalts derselben besteht. Je größer die Fläche der ersten Classe der Äcker ist, je mehr wird im Ganzen pr. Pertica gefordert und gegeben; und umgekehrt, je größer die Fläche des schlechteren Bodens ist, je kleiner wird das Getreidemaß sein, das man pr. Pertica gibt. Werden z. B. für 100 Pertiche Ackerland, zu 2 Stara pr. Pertica, 200 Stara Weizen Pacht gegeben, und besteht die Wirthschaft:

aus 25 Pertiche Ackerland I. Classe,
» 50 » » II. » ,
» 25 » » III. » ;

so kann der Colon für die letzte Classe nicht zwei Stara Weizen geben, wenn für die mittlere Classe zwei angemessen sind; er muß weniger als das Mittel, kann aber und muß für die erste Classe mehr als das Mittel rechnen. In dem vorliegenden Falle dürfte vielleicht folgende Proportion die richtigste sein:

I. Classe, 2,6 Metzen pr. Pertica,
II. » , 2,0 » » » ,
III. » , 1,4 » » » .

Dieser Rechnung zufolge zahlt er:

für 25 Pertiche der	I. Classe	zu 2,6 St.	=	65 Stara,
» 50 » »	II. »	» 2,0 »	=	100 » ,
» 25 » »	III. »	» 1,4 »	=	35 » .
		Summe		200 Stara.

Es ist daher wider alle Regeln der landwir
Rechnung einen gleichen aliquoten Theil des Natur
in allen Classen derselben Culturart als Entgeld fü
kosten in Abzug zu bringen, weil man bei 18 M
jährlichen Ertrages pr. Joch in der ersten Classe nic
von 9 Metzen Weizen für Culturkosten nöthig hat,
ten Classe aber bei 6 Metzen Ertrag nicht mit dem
3 Metzen auslangt.

Die Folge dieses Verfahrens ist, daß die guten
einem zu geringen und die schlechten zu einem zu
ertrag berechnet, und daher gegen die erstern zu
werden.

Die Abzüge für Witterungsschäden (
fortunj celesti) sind bei jeder Catastralschätzung
und inconsequent, indem der mittlere Ertrag der
die Schätzungscommissäre zu erheben beauftragt war
nur jener ist, der sich als Durchschnitt einer langen
Jahren ergibt, in der alle vortheilhaften und nach
flüsse auf das Erzeugniß eingewirkt haben, weßweg
tenher nicht neuerdings unter diesem Titel einen Abz
ertrage machen kann, weil er bereits berücksichtigt w

In dieser Rücksicht zeigen die mailändischen
zu niedrigen Reinertrag in allen Classen, der bein
von großer Bedeutung ist, wo auch die Inconsequ
bei andern Culturarten nachgewiesen werden kann
die Theilung des Weines, der im Preßhause des Gr

---

*) Beim mailändischen Cataster finden für Witterungss
Abzüge Statt:

Beim Acker- und Rebenland in der Ebene . .
Bei den Leinfeldern . . . . .
Bei den Wiesen . . . . . .
Bei den Wäldern . . . . . .
In den gebirgigen Gegenden wird bei den Wälde
Reben- und Getreideland abgezogen . .

keltert wird, förmliche schriftliche Verrechnungen in den Registern des Grundherrn angetroffen werden. Wenn man aus diesen Registern z. B. ersieht, daß ein Joch Weingarten, im Durchschnitte von 21 Jahren, jährlich 14 Eimer Wein ertragen hat, die jetzt beim Cataster als mittleres Erträgniß dieser Classe Weingärten angenommen wird: welchen Grund kann man anführen von diesen 14 Eimern für Witterungsschäden 2 Eimer in Abschlag zu bringen, da diese Schäden bereits berücksichtigt worden sind, wie aus dem Register erhellet, in welchem die Jahre benannt sind, in denen der Hagel und Reif die Lese verkürzt hat? —

Die Fehler der Productenpreisbestimmung bestehen darin, daß zu wenig Abstufungen gemacht worden sind; daß keine leitenden Grundsätze für die Anwendung dieser Abstufungen aufgestellt wurden; daß die Giunta zur Bestimmung des Wein-, Heu- und Holzpreises nichts festsetzte, und daß in der Anwendung der Preise auf die einzelnen Gemeinden grobe Mißgriffe gemacht wurden.

Für die Getreidearten fanden nur drei Abstufungen im ganzen Herzogthume Statt. Es sind folgende:

1 Moggio	Weizen	. . .	10, 11, 12 Lire.
1 »	Roggen	. . .	6, 7, 8 »
1 »	Hirse	. . .	5, 6, — »
1 »	Reiß	. . .	13, 14, 15 ».

Für den Wein, das Heu und Holz schlugen die Commissäre einen Preis vor, der dann von der Giunta bestätigt oder modificirt wurde. Man kann aus keinem Acte ersehen, nach welchen Grundsätzen man in diesen wichtigen Puncten verfahren sei, und es scheint in der Bestimmung des Preises dieser letztern Artikel eben so viele Willkür, wie in der Anwendung der Getreidepreise Statt gefunden zu haben. Zum Beweise dieser letzteren Beschuldigung führe ich an, daß man in Mailand den Moggio Weizen auf 12 Lire, in Lambrate auf 11, und in Crescenzago wieder auf 12 Lire festsetzte, obgleich nicht der geringste Grund vorhanden ist, warum er

16 *

in Lambrate, das nur eine Viertelstunde vor der St… wohlfeiler, und in Crescenzago, das eine Stunde … Stadt entfernt liegt, anstatt wohlfeiler, wie in Lam… eben so theuer, wie in Mailand ist.

Die Mängel der Schätzungsoperate sind … angeführten Operate der Gemeinde Roncadello … Es gewähren diese Operate nicht die mindeste Beruhigu… die Commissäre den wirklichen Rohertrag in den Cla… verschiedenen Culturarten erhoben hätten, denn es … gendwo der kleinste Beweis dafür angegeben. Das … nichts als die individuelle Meinung des Commissärs, von … nicht weiß, in wie ferne sie mit den Angaben des Geme… schusses, oder einzelner Grundbesitzer übereinstimmt, … denselben abweicht. Alles, was die Commissäre in dieser … in den Operaten anführen, besteht in den wenigen … daß die von ihnen festgesetzten Erträgnisse die Result… Erkundigungen bei den Pächtern und anderen Landwi… der Gemeinde, so wie ihrer Kenntnisse der örtlichen Ve… se seien. Es ist aber mehr als wahrscheinlich, daß sie … theils das für wahr angenommen haben, was ma… dafür anzugeben für gut fand, denn sonst hätten … so äußerst geringe Erträgnisse zum Vorschein kommen … und man würde nicht jene nicht zu rechtfertigenden … im Ertrage benachbarter Gemeinden von gleicher Lage … denmischung bemerken; auch würde der Unterschied … den fruchtbarsten Gegenden des Landes und den unf… sten viel bemerklicher geworden sein.

Um diese Widersprüche und Inconsequenzen anschauli… chen, habe ich vorerst den Ertrag des Weizens, der Ha… des Bodens, und des Heues der ersten Classe der be… Äcker, und des Weines in der ersten Classe der berebten, … Äcker in der folgenden Tafel zusammengestellt.

Provinz.	Gemeinde.	Weizen nach Abschlag des Samens.		Wein in den berebten Äckern.		Heu in den Wechseläckern.	
		Die Pertica gibt Stara.	Das Joch gibt Metzen.	Die Pertica gibt Stara.	Das Joch gibt Eimer.	Die Pertica gibt Fasci.	Das Joch gibt Pfund.
1. Mailand.	Corpi santi .	6	15,66	$\frac{3}{4}$	2,60	3	3591
2. Mailand.	Lambrate .	$4\frac{1}{2}$	11,79	1	3,90	$4\frac{1}{2}$	5087
3. Mailand.	Crescenzago .	$2\frac{1}{2}$	6,52	$\frac{1}{2}$	1,95	$3\frac{1}{5}$	3782
4. Lodi.	Vittadone .	$3\frac{3}{4}$	9,78	$\frac{1}{2}$	1,96	$5\frac{9}{10}$	7062
5. Lodi.	Melegnanello.	4	10,44	$\frac{1}{2}$	1,95	6	7182
6. Pavia.	Roncaro .	2	5,22	$1\frac{1}{2}$	5,85	—	—
7. Pavia.	San Novo .	4	10,44	—	—	3	3591
8. Lodi.	Roncadello .	3	7,33	$\frac{3}{4}$	2,92	$2\frac{2}{3}$	3184

Welche Begriffe erhält man von den Kenntnissen, oder von der Unparteilichkeit der Schätzungscommissäre und Revisoren, wenn man sieht, daß die unter 1, 2 und 3 vorkommenden Gemeinden, die in Hinsicht ihrer Lage und Bodenmischung und ihres wirklichen Ertrages nur gering unter sich verschieden sind, mit einem so auffallend verschiedenen Ertrag an Weizen, Wein und Heu angesetzt erscheinen? Die Stadtfelder sollen 6, und die daran stoßenden völlig gleichen Äcker von Lambrate sollen nur 4½ und die besten bewässerungsfähigen Äcker von Crescenzago gar nur 2½ Stara abwerfen? Ich will nicht läugnen, daß die in der Umgebung der Stadt gelegenen Felder fruchtbarer sind, wie die von Lambrate und Crescenzago; allein so groß kann der Unterschied bewässerter Felder im Erträgniß nicht sein, wie er hier angegeben ist. Die unter den Zahlen 4 und 5 vorkommenden Gemeinden gehören zu den fruchtbarsten der Lombardie, und wurden auch bei der Catastralschätzung den Gemeinden 2 und 3 ziemlich gleich gestellt, nur wird ihr Heuertrag ohne zureichenden Grund doppelt so hoch, wie in 1 gerechnet, was keine Wahrscheinlichkeit für sich hat, und auch mit dem von mir erhobenen Thatbestande nicht übereinstimmt, und als Beweis dienen kann, daß man den Heuertrag der Wechselwiesen in der Umgebung der Hauptstadt auffallend zu gering veranschlagt hat. Nr. 6 ist nur um ein Geringes weniger fruchtbar, wie die Gemeinden 4 und 5; ist aber um die Hälfte geringer im Ertrage angesetzt, während Nr. 7 viel schlechter ist, schotterigen Boden hat, und daher viel niedriger, nicht aber um 100 Percent höher im Weizenertrage hätte gestellt werden sollen.

Ich habe die Grundstücke dieser Gemeinden selbst gesehen, und bin sie mit Aufmerksamkeit durchgegangen: spreche daher nicht vom Hörensagen, sondern aus meiner Überzeugung.

So viel über die Fehler in der Proportion der Annahme des Ertrages zwischen Gemeinde und Gemeinde! — Um wie viel zu wenig aber der Ertrag der Felder in positiver Hinsicht angenommen worden ist, ersieht man aus den vorausgegangenen Abhandlungen, worin für mehrere der hier genannten Gemeinden der Ertrag der Früchte angegeben ist.

Außer diesen höchst bedeutenden Fehlern gibt es deren eine Menge anderer, die von dem Mangel eines festen, früher angenommenen Sistems, und von der größten Willkürlichkeit Zeugenschaft abgeben, die von den Commissären bei den Culturabzügen begangen wurden. Hieher gehören vorzüglich die Kosten für Bewässerung; die Berechnung des relativen Raums, welcher in den berebten Äckern von den Reben eingenommen wird, der bei anscheinend ganz gleichen Umständen bald ¼, bald nur $^1/_{10}$ der Ackerfläche beträgt; der Administrationskosten, u. s. w. Und was soll man endlich zu den Ausgaben sagen, die cumulativ in einer Zahl ausgesprochen werden, und unter folgenden Rubriken vorkommen? —

1) für Administration und andere nothwendige Auslagen;
2) für andere billige Auslagen;
3) für Witterungsschäden, Erhaltung der Gebäude, Reinigung der Canäle, und andere nothwendige Auslagen;
4) für Witterungsschäden, Raum, den die Reben im Acklande dem Getreidebau entziehen, Erhaltung der Reben und Pfähle, Dünger, Inventar (Scorte) und andere Auslagen u. s. w.

In vielen Gemeinden wird bei übrigens ganz gleichen Verhältnissen dieser Auslagen gar nicht erwähnt; in anderen werden für dieselben 3 bis 4 Soldi, in anderen wieder 20 und 30 Soldi gerechnet, ohne daß man einen zureichenden Grund für solche Abweichungen einsieht. Bald wird der Scorte erwähnt, bald nicht; bald findet man angekauften Dünger in Rechnung, bald nicht, und so ist die Rubrik der Culturabzüge ein Gewebe von Widersprüchen, Inconsequenzen und Willkürlichkeiten.

Da man nicht weiß, wie das Tagewerk der Menschen und Thiere bei solchen Arbeiten, die nicht durch einen aliquoten Theil der Producte compensirt werden, berechnet worden ist, und wie man den Betrag der hin und wieder in Aufrechnung gebrachten Administrationskosten, der Zinsen des Inventarcapitals, die Auslagen für Erhaltung der Gebäude, auf die einzelnen Culturarten und Classen umlegte; so können die Fehler, die dabei unterliefen, nicht gerügt werden.

Aus dem Vorgetragenen erhellet, daß die mailändischen Schätzungsoperate, weit entfernt den Anforderungen, die man an Arbeiten von so hoher Wichtigkeit macht, Genüge zu leisten, mit Recht der Gegenstand allgemeiner Reclamen gewesen sind. Wenn diese Operate auch durch die doppelte Revision des Collegiums der Periti manche Verbesserungen erhalten haben, so sind doch noch immer so viele und auffallende Mängel darin zurückgeblieben, daß man nicht umhin kann die Übereilung zu beklagen, mit der diese Operate abgefaßt wurden.

Um diese harten Beschuldigungen zu rechtfertigen, habe ich die Tariffe jener Gemeinden, die ich näher kenne, in folgender Tafel zusammengestellt.

Tab

der Catastral-Tariffe oder des durch die Catas
denen Culturarten

In mailändischen Scudi.

Provinz.	Gemeinde.	Bewässertes Acke					
		nacktes.			berebtes.		
		I.	II.	III.	I.	II.	III.
Mailand.	Corpi santi .	16	12½	—	21½	18	—
	Casaretto . .	—	—	—	11½	10	—
	Crescenzago .	—	—	—	—	—	—
	Cimiano . .	10	—	—	12	—	—
	Precotto . .	—	—	—	—	—	—
Lodi.	Melegnanello .	—	—	—	—	—	—
	Sollarico . .	—	—	—	—	—	—
	Roncadello .	—	—	—	9	7	5
	Tavazzano . .	—	—	—	12	—	—
	Vittadone . .	—	—	—	—	—	—
Pavia.	San Novo .	9	7½	6	9½	—	—
	Roncaro . .	—	—	—	—	—	—
Como.	Mozzate . .	—	—	—	—	—	—
	Ello . . .	—	—	—	—	—	—
	Tremezzo . .	—	—	—	—	—	—

Übersicht

ausgemittelten Capitalwerthes einer Pertica der verschie-
nachbenannter Gemeinden.

In mailändischen Scudi.

Trocknes Ackerland:						Bewässerte Wiesen:					Trockne Wiesen:					
nacktes.			berebtes.			gewöhnliche.			Winterwiesen.		nackte.			berebte.		
I.	II.	III.	I.	II.	III.	I.	II.	III.	I.	II.	I.	II.	III.	I.	II.	III.
12½	11	9	17½	16	14½	24	21½	19	29	26½	16	—	—	—	—	—
9½	8	6½	11½	10	—	22	19	15	25	—	10½	8	—	—	—	—
8	6	5	10	8	6	18	13	8½	—	—	8	6	—	—	—	—
7½	7	—	10	9	—	18	15	—	—	—	—	—	—	—	—	—
9	7	6	11	9	7½	16	—	—	—	—	9	—	—	—	—	—
4½	—	—	7½	—	—	—	—	—	—	—	—	—	—	—	—	—
4½	—	—	7⅙	6½	6	—	—	—	—	—	—	—	—	—	—	—
5	4	3	6½	5½	4	11	9	7	—	—	2½	—	—	11	9	—
5½	—	—	7½	—	—	—	—	—	—	—	—	—	—	—	—	—
—	—	—	8½	—	—	—	—	—	—	—	—	—	—	—	—	—
5	—	—	—	—	—	14	12	—	—	—	—	—	—	—	—	—
7	5½	4	9	7½	5½	—	—	—	—	—	—	—	—	—	—	—
8	6½	5	9½	7½	6	—	—	—	—	—	9	6½	—	—	—	—
8½	6½	4½	10	8	5½	—	—	—	—	—	10	6½	4	—	—	—
—	—	—	10½	7½	6	—	—	—	—	—	5	4	3	—	—	—

(Fortsetzung

In mailändischen Gendi.

Provinz.	Gemeinde.	Reißfelder: beständige. I.	II.	III.	abwechselnde. I.	II.	III.	Weingärten (Ronchi). I.	II.	III.
Mailand.	Corpi santi .	—	—	—	—	—	—	—	—	—
	Casaretto . .	—	—	—	—	—	—	—	—	—
	Crescenzago .	—	—	—	—	—	—	—	—	—
	Cimiano . .	—	—	—	—	—	—	—	—	—
	Precotto . .	—	—	—	—	—	—	—	—	—
Lodi.	Melegnanello .	—	—	—	—	—	—	—	—	—
	Sollarico . .	—	—	—	—	—	—	—	—	—
	Roncadello .	10	8	—	—	—	—	—	—	—
	Tavazzano . .	—	—	—	10	7½	—	—	—	—
	Vittadone . .	—	—	—	—	—	—	—	—	—
Pavia.	San Novo .	15	12½	9	12½	11½	9	—	—	—
	Roncaro . .	10	8	—	9	—	—	—	—	—
Como.	Mozzate . .	—	—	—	—	—	—	—	—	—
	Ello . . .	—	—	—	—	—	—	10	6½	4½
	Tremezzo . .	—	—	—	—	—	—	8	6	5

von Seite 248 und 249.)

In mailändischen Scudi.

Weide.		Schilf (Paluda).	Heide.	Gebüsch.	Wälder.					Holz auf Dämmen und Ufern:			Gärten.		Ein Maulbeerbaum.	Ein Oelbaum.
					Hartes Holz.		Weiches Holz.		Kastanien.	hartes.	weiches.	gemischtes.				
I.	II.				I.	II.	I.	II.					I.	II.		
2½	—	—	—	—	4	—	2½	—	—	4	2½	3½	16½	—	3 Lire.	—
2¼	2	—	—	½	4	3	3	2	—	4	3	2	12½	—		—
1	—	—	—	—	4	3	—	—	—	—	1	—	10½	8	—	—
4	—	—	—	1½	—	—	—	—	—	3	—	—	10	—	—	—
3	—	—	—	—	3	—	—	—	—	3	—	—	12	—	—	—
—	—	—	—	—	3½	—	2½	—	—	3½	2½	3	17	—	—	—
—	—	—	—	—	3½	—	2½	—	—	3½	2½	—	13½	8½	—	—
2	1	½	—	½	3	2	—	—	—	—	—	—	6½	5½	—	—
—	—	1	—	½	—	—	—	—	—	2½	2	—	7½	—	—	—
—	—	—	—	—	3½	—	—	—	—	3½	2½	3	16	—	—	—
2	—	—	—	1	—	—	—	—	—	3½	2	2½	9	—	—	—
1½	—	—	—	½	3	—	—	—	—	3	—	—	9½	—	—	—
1½	1	—	1½	—	5	4	—	—	—	3	2½	—	10½	—	—	—
1½	1	—	¼	—	2½	2	—	—	2½	—	—	—	11½	8½	—	3 Lire.
—	—	—	⅛	⅛	2	1½	¼	—	—	—	—	—	8	6	—	

Zur näheren Erläuterung dieser Zusammenstellung muß ich bemerken:

a) daß die fünf ersten Gemeinden ganz nahe in der Umgebung der Hauptstadt liegen, und daß in denselben fast überall die nämliche Abwechslung der Tiefe und Mischung des Bodens angetroffen wird, daß also kein zureichender Grund vorhanden ist, so bedeutende Sprünge in dem Catastralwerthe der Culturarten und Classen zu machen;

b) daß die nackten, trocknen Äcker des fruchtbaren, tiefen Bodens von Melegnanello, Sollarico und aller Gemeinden der Provinz Lodi gegen die in der Provinz Como gelegenen, von Mozzate und Ello, zu niedrig oder diese letztern gegen die erstern zu hoch gehalten sind; und

c) daß die mit Getreide und Gras abwechselnden, bewässerungsfähigen Felder, so wie die bewässerten Wiesen, keineswegs so sehr in der Größe der Production unter einander verschieden sind, wie sie hier in den Tariffen und auch in den Schätzungsoperaten, bei der Darstellung des Naturalertrages, angegeben sind. Für Casaretto z. B. hat der Schätzungscommissär für jedes der Jahre, als das Feld als Wiese benützt wird, 5 Fasci pr. Pertica, für Vittadone aber, so wie auch für Melegnanello 6 Fasci angenommen, während diese Gemeinden in der Wirklichkeit des Naturalertrages unter sich wenig verschieden sind. Da in Hinsicht des Geldwerthes der Gründe bei gleicher Güte des Bodens die vor dem Thore der Hauptstadt gelegenen bewässerungsfähigen Felder von Casaretto wohl 50 % höher verpachtet werden können, als jene von Vittadone wo die Milch nicht im frischen Zustande verkauft werden kann, so fällt es auf, wie in den Tariffen gerade das Gegentheil Statt hat. — Daß in Roncaro die Classen dieser Culturart geringer geschätzt sind wie in San Novo, ist ein arger Mißgriff; denn nach meinem Dafürhalten sollte gerade das Gegentheil Statt haben.

Doch genug von den Beweisen der vielen Mängel, welche den Schätzungsoperaten des mailändischen Catasters ankleben! — Diese Mängel, so bedeutend sie immer sein mögen, verschwinden doch beinahe, und sind von geringem Belange im Vergleiche der groben Ungleichförmigkeiten, welche vor der Einführung des Catasters in der Umlage der Besteuerung bestanden, und durch ihn gehoben wurden.

Der große Ruf, den der Cataster gleich nach seiner Einführung erwarb, muß aber nicht bloß allein der richtigeren Umlegung der Steuer, sondern zum großen Theile auch dem Umstande zugeschrieben werden, daß damit zugleich die Steuerfreiheiten aufgehoben wurden, die viele weltliche und geistliche Personen und Körperschaften genossen hatten, wodurch sich ein großes Steuerobject bildete, das mit dem Werthe der Häuser und Grundstücke 64207965 Scudi betrug; und da die Grundsteuer mit der Einführung des Catasters nicht erhöht ward, und dieselbe blieb, wie früher (5031868 Lire, = 1486916 Gulden), so hatten 100 Scudi Capitalwerth nur 1 3/10 Scudi Steuer zu bezahlen.

Wäre der durch die Catastralschätzung ausgemittelte Capitalwerth der Gründe und Häuser der wirkliche gewesen, so hätte diese Steuer als stark angesehen werden müssen, denn sie beträgt 1/3 der vierpercentigen Zinsen des Capitals; da man aber im Jahre 1760 annehmen konnte, daß der Catastralwerth nur etwa die Hälfte des wirklichen Werthes sei, so reducirte sich die Steuer auf 1/6 der vierpercentigen Zinsen, was Jedermann als billig und mäßig ansah, und gerne bezahlte.

Vom Jahre 1760 bis zum Jahre 1796, durch 36 Jahre, ward die Grundsteuer nicht erhöht, das Land genoß der vollkommensten Ruhe, die Bevölkerung vermehrte sich binnen dieser Zeit ungemein, die Grundbesitzer wandelten ihre öden Gründe in fruchtbringende um, bepflanzten nackte Äcker mit Weinreben oder Maulbeerbäumen, vergrößerten das bewässerungsfähige Land vielleicht um ein Viertheil und in demselben Verhältnisse auch den Viehstand, und vermehrten dadurch die Naturalerträgnisse um das Doppelte; und da sie von der anderen Seite nicht mehr Steuern zahlten, wie früher, und die Preise der Producte sich durch die vermehrte Menschenzahl in den Städten, die gesteigerte Industrie und den ausgedehnten Handel allgemach verdoppelten, so muß es Jedermann einleuchten, daß der Wohlstand des Landes mittlerweile zu einer Höhe gelangte, wie man ihn auf dem Festlande, außer in den Niederlanden, nirgendwo sah, und auch jetzt noch nirgendwo sieht, obgleich die Verhältnisse, wie ich gleich sagen werde, verändert sind.

Daß zu diesem Wohlstande eine gleichförmigere Umlegung der Steuern mächtig beigetragen habe, ist keinem Zweifel unterworfen; ihn aber bloß dem Cataster zuschreiben wollen, wie Einige thun, ist lächerlich, und beweist, daß sie nicht wissen, wovon die positive Vermehrung der Reichthümer abhängt, und daß sie übersehen, daß der Cataster kein directes, sondern nur ein indirectes Mittel ist, die allgemeine Wohlfahrt zu befördern; dadurch nämlich, daß durch ihn das im Grund und Boden liegende Stamm- und Betriebscapital richtig und gerecht besteuert, und Niemand gegenüber eines Andern überbürdet werde.

Mit dem Jahre 1796 beginnt eine neue Epoche. Der Krieg führt erst große Armeen in das Land und verursacht ihm ungeheure Ausgaben, und als er im Jahre 1801 endet, bleibt eine kostspielige Administration und ein großes Heer zu unterhalten, wozu die früheren Einnahmen nicht hinreichen. Nun werden die alten indirecten Abgaben auf das Doppelte und Dreifache erhöht, andere bisher unbekannte eingeführt, und die Grund- und Häusersteuer auf mehr als das Doppelte gesetzt.

Wenn früher bei geringen indirecten Auflagen die Grundsteuer mit $1\frac{1}{10}$ Scudi von 100 Scudi Catastralwerth nicht beschwerlich fiel, so fing sie nun mit $3\frac{1}{3}$ Scudi an etwas bemerklicher zu werden: indessen war der Preis der Grunderzeugnisse bis zum Jahre 1823 immer sehr hoch, und die vergrößerten Steuern wurden durch die vergrößerte Einnahme leicht übertragen. Als aber in dem so ebengenannten Jahre alle Productenpreise zumal niedriger wurden, und sich in den darauf folgenden drei Jahren nicht nur allein nicht hoben, sondern noch mehr fielen, wurden die Grundbesitzer auf die Größe der Grundsteuer und die Ungleichförmigkeit der gegenwärtigen Umlage derselben zuerst aufmerksam, und es würde wahrscheinlich zu Vorstellungen gekommen sein, wenn sich seit dem Jahre 1826 die Preise der Producte nicht wieder in ihr natürliches Verhältniß gestellt hätten.

Es ist aber gegenwärtig in der Lombardie die Umlage der Grund- und Häusersteuer so ungleichförmig, wie sie nur immer in einem Lande sein kann, das keinen Cataster hat, so daß ich z. B. von 100 Gulden reiner, wirklicher Einkünfte 20 Gulden zahlen muß, während mein Nachbar von der gleichen Summe nur 15, ein Anderer gar nur 10 Gulden bezahlt, wie ich dieß in dem Abschnitte von der Größe der directen Steuern und ihrem Verhältnisse zur Grundrente in der Lombardie näher angegeben und durch Beispiele erläutert habe.

Das Entstehen des Mißverhältnisses in der Besteuerung, liegt aber in der Natur eines Catasters, und wer da meint, daß wenn derselbe einmal gemacht und in Activität gesetzt worden ist, die Sache für immer abgethan sei, und daß künftighin jeder Realitätenbesitzer von seinen reinen Einkünften fortwährend den gleichen aliquoten Theil an die Staatscassen zahle, irrt gröblich, und übersieht, daß der Cataster nur für den Moment, als die Grundstücke irgend eines Besitzers classirt werden, d. h. die Culturart angegeben und die Classe derselben bestimmt wird, als richtig angesehen werden kann, und daß er es aufhört zu sein, sobald irgend Jemand ein neues Haus bauet, oder sein gegenwärtiges vergrößert oder einträglicher macht, oder seine Weiden in Äcker oder Weingärten, seine trocknen Wiesen in bewässerte, seine nackten Äcker in berebte umstaltet, sobald er zu den zehn früheren Maulbeerbäumen 500 neue pflanzt u. s. w., und seine Capitalien auf diese Art in Gebäude und Gründe nutzbringend anlegt, und sich dadurch eine erhöhte jährliche Einnahme verschafft, die bloß individuell ist, und nicht, wie das Steigen der Preise in gleichem Verhältnisse auf alle Besitzungen einwirkt.

Dieses Mißverhältniß mußte in der Lombardie um so schneller entstehen und um so größer werden, als in diesem Lande der Vermehrung der Bevölkerung nicht das kleinste Hinderniß entgegengestellt ist, und Grund und Boden ein freies Eigenthum ist, das nach Belieben getheilt werden kann.

Wenn man die von Pietro Verri (dell' annona. S. 144) angegebene Bevölkerung der lombardischen Provinzen im Jahre 1767 mit der Bevölkerung derselben Provinzen im Jahre 1805 vergleicht, so sieht man, daß sie in 38 Jahren um 15% zugenommen hat, was für hundert Jahre 47%, also beinahe die Hälfte der früheren Summe beträgt. Nun können aber 150 Menschen nicht wohl in den Gebäuderäumen wohnen, wo vor hundert Jahren 100 Menschen genügenden Platz fanden, noch weniger von der cultivirten Fläche leben, die diesen genügte; sie müssen daher im Verhältnisse ihrer Vermehrung sich Wohnungen bauen, und eine größere Fläche urbar machen, oder die wenig einträglichen Culturarten in ergiebigere Felder umstalten, aus Weiden Wiesen und Reißfelder, aus trocknen Wiesen Äcker, aus nackten Äckern berebte Äcker u. s. w. bilden. — Dieß ist nun wirklich in der Lombardie geschehen und hat geschehen müssen, und man findet jetzt nur wenige Wirthschaften mehr, deren gegenwärtiger Culturstand noch derselbe wäre, wie er in den alten Grundparzellenverzeichnissen eingetragen ist, wie ich mich vielfältig überzeugt habe, und wie man leicht begreift, wenn man weiß, welch' große Fortschritte die Ausdehnung der Bewässerung und die Cultur der Maulbeerbäume seit dem Jahre 1750 in der Lombardie gemacht haben, wo in den bewässerten Theilen der Provinzen Mailand, Lodi und Pavia im Jahre 1753 nur 20876, im Jahre 1768 aber schon 37716 Kühe gezählt wurden; wo im ersteren Jahre 1816364 Pf. Käse, im Jahre 1818 aber 5629867 Pf. Käse erzeugt wurden.

Jene Wirthschaften — Complexe von Grundstücken — die jetzt noch in dem nämlichen Zustande der Cultur sich befinden, wie vor hundert Jahren, zur Zeit der Classirung, zahlen daher wirklich 3⅓% des Catastralwerthes der Gründe, d. h. 83⅓% der vierpercentigen Zinsen dieses Capitalwerthes; jene aber, die durch Culturveränderungen ihre Gründe so umstaltet haben, daß sie jetzt statt 1000 Scudi, um die sie im Cataster einliegen, 3000 Scudi Capitalwerth haben würden, wenn man sie neu classirte, zahlen nur 1 1/10%; jene, die ihnen nur die

Hälfte dieser Verbesserung zu geben vermochten, zahlen 1⅔ % u. s. w. Die unverändert gebliebenen Gebäude zahlen noch immer den ganzen Betrag der Steuerquote, während die seit dem Jahre 1726 vorgenommenen Vergrößerungen derselben, sammt allen neuen Häusern ganz steuerfrei sind. — Da nun aber der größere Theil der Felder seit der Classirung im J. 1726 verändert und einträglicher gemacht worden ist, so erhellet, daß die Last der Grundsteuer, die auf den Grundstücken der höheren Classen der besseren Culturarten ruht, mehr oder weniger durch die unbedeutende Steuer compensirt wird, welche die Grundbesitzer für die große Ausdehnung der anderen Gründe zahlen, die im Cataster als Weiden, trockne Wiesen, Gebüsch, unberebte Äcker zweiter und dritter Classe u. s. w. erscheinen, jetzt aber, und vielleicht schon seit zwei Menschenaltern, in bewässerte Wiesen, berebte Äcker umstaltet, oder mit Hunderten von Maulbeerbäumen besetzt worden sind, und daß daher die Größe der Grundsteuer in den meisten Fällen mehr scheinbar als wirklich ist.

Indessen ist die Ungleichförmigkeit der Besteuerung zwischen den einzelnen Haus- und Grundbesitzern wirklich, und der Zweck, weßwegen der Cataster mit so vielem Geld- und noch größerem Zeitaufwande gemacht worden, ist lange schon verloren.

Zwar ordnete man gleich anfänglich an, daß die längs den Flüssen: Adda, Lambro, Po und Ticino gelegenen Gründe alle zehn Jahre revidirt, und die durch die veränderte Richtung dieser Flüsse bewirkten Cultur- und Besitzveränderungen durch Geometer aufgenommen, die Resultate in die Catastralbücher eingetragen, und hiernach die Besteuerung modificirt werden soll: allein auf die große Veränderung, welche die stets fortschreitende Cultur in dem Capitalwerthe des Bodens bewirkt, vergaß man zu denken, und begnügte sich damit in den Catastralbüchern bloß den Besitzstand der einzelnen Grundbesitzer immer in Evidenz zu halten, um des Steuerbezahlers sicher zu sein.

Wenn bei der Theilung einer Grundparzelle die relativen Theile nicht bloß dem Flächeninhalte nach, den neuen Besitzern wären zugeschrieben und den alten abgeschrieben, so Theilung auch in den Mappen wäre sichtlich gemacht Verkäufer zu diesem Behufe wären verhalten worden, schreibungsgesuche jederzeit eine geometrisch aufgenom pe des zu theilenden Grundstückes beizulegen, um sie meinde-Mappe eintragen zu können; und wenn glei lich eine Revision der Classirung nach Verlaufe einer Periode, etwa nach 50 Jahren, wäre angeordnet w würde der Cataster mit geringer Mühe dem jeweilig der Cultur entsprechend erhalten worden sein, und Classirung könnte jederzeit mit Leichtigkeit vorgeno ein neues Grundparzellenverzeichniß mit Hülfe diese und des alten Grundparzellenverzeichnisses und Trans bewerkstelligt werden; was aber jetzt unmöglich ist, we der gegenwärtigen Felder mit denen der Mappe übereinstimmt, und man überhaupt nicht weiß v Form und Größe die Theile einer gegebenen, in der scheinenden ganzen Parzelle durch die in der Folge habten Culturveränderungen geworden sind.

Man wird warscheinlich nicht so bald eine Revisio ländischen Catasters anordnen, denn es widersetzen si cherweise einer solchen Maßregel alle Jene, die neue Jahre 1726 gebaute Häuser, oder vergrößerte, verä einträglicher gemachte Gebäude besitzen, dann Jene, Feldern große Verbesserungen und Culturänderungen habt haben, deren Interesse es erheischt noch fernerhi theile der Steuerbefreiung oder geringen Besteueru nießen, in deren Besitz sie sich schon so lange befinden; u Zahl groß und ihr Einfluß mächtig ist, so ist es kaum daß eine Reform vorgenommen werden wird, so lange gierung mit den gegenwärtigen directen Steuern begnüg Grunderzeugnisse nicht wieder in einen Unwerth verf aber länger dauern müßte, als dieß vor einigen J Fall war.

Catastral-Schätzung

der Gemeinde Roncadello in der Provinz Lodi.

(Auf Wiener Maß, Gewicht und Geld berechnet.)

Nach eingeholten Erkundigungen über den Pachtzins und gepflogenen Erhebungen, was die verschiedenen Arten des Bodens an Ertrag abwerfen können, habe ich gefunden, daß man sich an den letztern halten müsse, da er mehr mit der Localbesichtigung übereinstimmt.

I. Classe.	Naturalrohertrag eines Wiener Joches.	Catastralpreis.	Geldbetrag.	Reinertrag eines Wiener Joches.
I. Bewässertes Ackerland.	Metzen.	Gulden.		
Nach der bei den Pächtern üblichen Weise diese Bodenclasse zu benützen, findet folgender Fruchtwechsel Statt.				
1stes Jahr. Hirse, wozu dreimal gepflügt wird (Coltura maggenga), nach Abzug des Samens	15,672	0,706	11,064	
Abzüge. ⅔ für Arbeitskosten . .	» »	» »	7,376	
			3,688	
Für Witterungsschäden ⅑ . . .	» »	» »	0,409	
			3,279	
Für Unterhaltung der Schleusen; Führung des Wassers von dem Adda bis auf die Gründe; Reinigung der Hauptcanäle; zusammen	» »	» »	0,590	
Für Administrationskosten und alles übrige (per riflessi di Fattoria ed ogni altro) . .	» »	» »	0,295	
			0,885	2,394
Fürtrag	» »	» »	» »	2,394

	Naturalrohertrag eines Wiener Joches.	Catastralpreis.	Geldbetrag.	Reinertrag eines Wiener Joches.
		Gulden.		
Übertrag	» »	» »	» »	2,394
2tes Jahr. Weizen.				
Man säet auf das Joch 2,124 Metzen, und erhält. Metzen	10,448	1,367	14,282	
Abzüge. Der Samen beträgt .	2,124		2,903	
	8,324		11,379	
Hievon die Hälfte für Culturkosten	» »	» »	5,689	
			5,690	
⅑ für Witterungsschäden . . .	» »	» »	0,632	
			5,058	
Für Unterhaltung der Schleusen und Administrationskosten, wie im ersten Jahre	» »	» »	0,885	
				4,173
Im Herbste wird die Stoppel zu Gras benützt; allein in Rücksicht, daß das Mähen fast so viel kostet, als der Grasnutzen werth ist, hat man dafür gehalten, ihn dem Pächter lassen zu sollen, ohne ihn in Rechnung zu bringen.				
3tes Jahr. Wiesen.				
Wird nur einmal gemäht, und erträgt . . . . . . Pfund	2693	100 ℔ 22,8 kr.	10,233	
4tes Jahr. Wiesen.				
Wird zweimal gemäht, und erträgt . . . . . . Pfund	3291	» »	12,505	
5tes Jahr. Wiesen.				
Wird dreimal gemäht, und erträgt. . . . . . Pfund	3590	» »	13,642	
			36,380	
Abzüge. 1/15 für Witterungsschäden	» »	» »	2,425	
			33,955	
⅖ für Gewinnungskosten . . .	» »	» »	13,582	
			20,373	
Fürtrag	» »	» »	20,373	6,567

	Naturalrohertrag eines Wiener Joches.	Catastralpreis.	Geldbetrag.	Reinertrag eines Wiener Joches.
		Gulden.		
Übertrag	» »	» »	10,373	6,567
Für Unterhaltung der Schleusen, Administration, wie in den vorhergehenden Jahren; nur werden sie hier für drei Jahre angesetzt	» »	» »	2,655	
Reinertrag von 3 Jahren . .	» »	» »	» »	17,718
6tes Jahr. Lein.				
Das Leinfeld wird vom Pächter den Kleinhäuslern und Miethsleuten verpachtet, das Joch um 25,989 Gulden, und mehr. Weil aber bei solcher Verpachtung die Ränder der Felder, die Gräben und Wendeplätze nicht gerechnet werden, so wie auch aus andern Rücksichten, nimmt man nur einen Pachtertrag an von .	» »	» »	23,490	
Abzüge. 1/7 für Witterungsschäden	» »	» »	3,355	
			20,135	
Für das Aufbrechen der Wiesen, Eggen, Säen und Wegführen des Leins, zusammen .	» »	» »	7,145	
			12,990	
Für Unterhaltung der Schleusen, Administration u. s. w. .	» »	» »	0,885	
			12,105	
Nach weggebrachtem Lein wird in demselben Jahre noch Hirse nachgesäet, welcher nach Abschlag des Samens erträgt . . . . . Metzen	13,062	0,706	9,221	
Abzüge. 2/3 für Culturkosten . .	» »	» »	6,146	
			3,075	
[illegible] für Witterungsschäden, und				
Fürtrag	» »	» »	3,075	24,285

	Naturalrohertrag eines Wiener Joches.	Catastralpreis.	Geldbetrag.	Reinertrag eines Wiener Joches.
		Gulden.		
Übertrag	» »	» »	3,075	24,285
aus andern Rücksichten, zusammen	» »	» »	0,708	
			2,367	
Hiezu den Ertrag des Leins .	» »	» »	12,105	
				14,472
7tes Jahr. Weizen. Der Reinertrag ist dem des 2ten Jahres gleich	» »	» »	» »	4,173
Ertrag von 7 Jahren	» »	» »	» »	42,930
» » 1 Jahr	» »	» »	» »	6,132
II. Trocknes Ackerland.				
a. Unberebt.				
Dieses wird größtentheils ein Jahr mit Weizen, das andere mit Roggen, und das dritte mit Sommerfrüchten bestellt, nach der Gewohnheit der Landwirthe.				
1stes Jahr. Weizen. Man säet auf ein Joch 1,983 Metzen und erntet gewöhnlich den vierfachen Samen, das ist 7,932 Metzen. Wird hievon die Aussaat abgezogen, so bleiben. . Metzen	5,949	1,367	8,132	
2tes Jahr. Roggen. Man säet auf ein Joch 1,700 Metzen und erhält 8,500 Metzen. Wird hievon die Saat abgezogen, so bleiben . . Metzen	6,800	0,873	5,936	
3tes Jahr. Sommerfrüchte: Mais od. Hülsenfrüchte. Größtentheils wird Mais gesäet, der über den Samen meistens				
Fürtrag	» »	» »	14,068	

	Naturalrohertrag eines Wiener Joches.	Catastralpreis.	Geldbetrag.	Reinertrag eines Wiener Joches.
		Gulden.		
Übertrag	» »	» »	14,068	
noch 13,600 Metzen Ertrag liefert. Wird hievon ⅓ für das Behacken abgezogen, so bleiben . . . . . . Metzen	9,067	0,751	6,809	
Man nimmt den angesetzten Preis deßwegen an, weil man die Hirse nur zu 0,706 Gulden veranschlagt hat. — Beide Früchte aber zu 0,751 Gulden annehmen zu wollen, wäre zu stark.				
Der Ertrag von 3 Jahren beträgt	» »	» »	20,877	
Abzüge. Die Hälfte für Culturkosten	» »	» »	10,438	
			10,439	
⅑ für Witterungsschäden . . .	» »	» »	1,159	
			9,280	
Administrationskosten und andere Auslagen für 3 Jahre . . .	» »	» »	0,580	
Reiner Ertrag von 3 Jahren .	» »	» »	8,700	
» » » 1 Jahr . .	» »	» »	» »	2,900
b. Berebt.				
In Hinsicht des Körnerertrages wird es dem vorhergehenden gleich gehalten.	» »	» »	2,924	
Abzug. Für den Raum, den die Reben einnehmen, ⅑ . . .	» »	» »	0,324	
			2,600	2,600
In Hinsicht des Weines erträgt das Joch . . . . Eimer	2,928	1,333	3,894	
Es wird hier ein höherer Weinpreis angenommen, weil das Product im trockenen Lande besser ist, als im bewässerten.				
Fürtrag	» »	» »	3,894	2,600

Übertrag

Abzüge. Die Hälfte für Culturkosten . . . .

⅙ für Gewitterschäden . . . .

Für das Stützholz, welches der Grundbesitzer beitragen muß .
Für den geringeren Ertrag, den die Reben in dem nach Hagel, Frost, oder einem andern Unglücke folgenden Jahre abwerfen; Absterben derselben, Erhaltung des Geschirrs und alles andere . . . . . .

III. Reißfeld.

Man pflegt auf 1 Joch 2,612 Metzen zu säen, und erhält dafür 26,121 Metzen.
Wird hievon der Samen abgezogen, so bleiben 23,509 Metzen roher Reiß. Da 8 Stara roher Reiß 3 gestampfte geben, so ist der Ertrag an letztern, Metz.
Abzüge. ⅓ für Culturkosten . .

⅙ für Witterungsschäden . .

Erhaltung der Schleusen, Führung des Wassers . . . .
Administrationskosten u. s. w. .

	Naturalrohertrag eines Wiener Joches.	Catastralpreis.	Geldbetrag.	Reinertrag eines Wiener Joches.
		Gulden.		
IV. Bewässerte Wiesen.				
Gibt im Ganzen Heu . Pfund	4188	22,8 kr.	15,914	
Abzüge. $\frac{1}{15}$ für Witterungsschäden	» »	» »	1,060	
			14,854	
$\frac{2}{5}$ für Gewinnungskosten . . .	» »	» »	5,940	
			8,914	
Erhaltung der Schleusen und Wasserführung	» »	» »	0,774	
Administration u. s. w. . . .	» »	» »	0,258	
			1,032	
				7,882
V. Wald von hartem Holz.				
Man pflegt ihn alle 6 Jahre abzustocken, und dann beträgt der Holzwerth für das Joch 16,890 Gulden; für 1 Jahr entfällt	» »	» »	2,818	
$\frac{1}{18}$ für Witterungsschäden . .	» »	» »	0,156	
Dem Waldhüter	» »	» »	0,191	
			0,347	
				2,468
VI. Baumgarten (Brolo).				
Nach genommenem Augenschein und eingeholten Erkundigungen erhellet, daß sein Reinertrag $\frac{1}{8}$ größer sei, als jener der bewässerten Wiesen erster Classe, folglich	» »	» »	» »	8,867
VII. Küchen- und Ziergärten.				
Ihr Reinertrag ist $\frac{1}{3}$ größer, als jener der ersten Classe der bewässerten Wiesen	» »	» »	» »	10,509

II. Classe.	Naturalrohertrag eines Wiener Joches.	Catastralpreis.	Geldbetrag.	Reinertrag eines Wiener Joches.
I. Bewässertes Ackerland.		G u l	d e n.	
a. Unberebtes.				
1stes Jahr. Hirse, nach vorausgegangenem dreimaligen Pflügen, und nach Abschlag der Saat . . . . . Metzen	14,367	0,706	10,142	
Abzüge. ⅔ für Culturkosten . .	» »	» »	6,760	
			3,382	
⅑ für Witterungsschäden . . .	» »	» »	0,375	
			3,007	
Unterhaltung der Wassergebäude, Administration u. s. w., wie in der ersten Classe erwähnt worden ist	» »	» »	0,774	
				2,233
2tes Jahr. Weizen. Es wird auf 1 Joch gesäet: 2,124 Metzen, wofür man erhält: 9,142 Metzen; nach Abschlag des Samens bleiben Metzen	7,018	1,367	9,593	
Abzüge. ½ für Culturkosten . .	» »	» »	4,796	
			4,797	
⅑ für Witterungsschäden . . .	» »	» »	0,533	
			4,264	
Unterhaltung der Wassergebäude u. s. w., wie im ersten Jahre	» »	» »	0,774	
				3,490
Es wird in diesem Jahre die Stoppel zwar schon gemähet, ihr Ertrag wird aber aus denselben Gründen nicht in Rechnung gebracht, die in der ersten Classe der Aecker angeführt sind.				
3tes Jahr. Wiesen. Wird nur einmal gemäht, und erträgt vom Joch an Heu, Pfund	2392	22,8	9,089	
Fürtrag	» »	» »	9,089	5,723

	Naturalrohertrag eines Wiener Joches.	Catastralpreis.	Geldbetrag.	Reinertrag eines Wiener Joches.
		Gulden.		
Übertrag	» »	» »	9,089	5,723
4tes Jahr. Wiesen.				
Wird zweimal gemäht, und erträgt . . . . . Pfund	2791	» »	10,305	
5tes Jahr. Wiesen.				
Wird dreimal gemäht, und erträgt . . . . . Pfund	2991	» »	11,365	
			30,759	
Abzüge. $\frac{1}{15}$ für Witterungsschäden	» »	» »	2,051	
			28,708	
$\frac{2}{5}$ für Gewinnungskosten . . .	» »	» »	11,482	
			17,226	
Erhaltung der Wassergebäude u. s. w.	» »	» »	1,548	
Administrationskosten, und andere	» »	» »	0,774	
			2,322	
Reiner Ertrag von 3 Jahren .	» »	» »	14,904	14,904
» » » 1 Jahr . .	» »	» »	4,968	
6tes Jahr. Lein.				
Pacht für ein Joch mit Lein bestellten Ackers mit Rücksicht auf die bei der ersten Classe angegebenen Umstände, und weil er auch manchmal aus dem Fruchtwechsel wegbleibt .	» »	» »	19,491	
Abzüge. $\frac{1}{7}$ für Witterungsschäden	» »	» »	2,784	
			16,707	
Für das Ackern, Eggen, Säen und Wegführen, wie in der ersten Classe	» »	» »	7,145	
			9,662	
Administrationskosten, Wasserführung u. s. w.	» »	» »	0,774	
Fürtrag	» »	» »	» »	20,627

Übertrag

Reiner Ertrag des Leinfeldes

Noch wird in diesem Jahre, nach Lein, Hirse gesäet, welcher denselben reinen Ertrag gibt wie im ersten Jahre, nämlich . . . .

Reiner Ertrag des 6ten Jahres

7tes Jahr. Weizen.

Sein Reinertrag ist dem des 2ten Jahres gleich . . . .

Summe des Reinertrages der 7 Jahre . . . .

Für 1 Jahr entfällt . . . .

b. Verebtes.

In Hinsicht des Bodenertrags wird es dem bewässerten, unberebten gleich gehalten . .

Abzug. $\frac{1}{6}$ für den Raum, den die Reben einnehmen . . . .

Der Weinertrag ist nach den eingezogenen Erkundigungen, an . . . . Eimern

Der Weinpreis ist hier um $\frac{1}{3}$ geringer als in der ersten Classe der trockenen Aecker, weil er um so viel schlechter ist.

Abzüge. $\frac{1}{2}$ für Culturkosten . .

$\frac{1}{6}$ für Witterungsschäden . . :

Für die Hälfte des Holzes, die der Grundherr geben muß. .

Fürtrag

	Naturalrohertrag eines Wiener Joches.	Catastralpreis.	Geldbetrag.	Reinertrag eines Wiener Joches.
		Gulden.		
Übertrag	» »	» »	0,516	4,457
Für den Schaden, den die Reben in dem folgenden Jahre nach Hagel u. s. w. erleiden, Erhaltung des Geschirrs, und alles andere	» »	» »	0,387	
			0,903	
				1,339
				5,796

II. Trocknes Ackerland.

a. Unberebtes.

Manchmal säet man Weizen, meistens aber Roggen; einige Stücke werden auch mit Wicken, Hafer oder Hülsenfrüchten bestellt.

In Rücksicht auf die Verschiedenheit der Saat habe ich angenommen, daß man den Roggenertrag als Durchschnittsertrag annehmen könne.

Von dieser Frucht säet man auf das Joch 1,413 Metzen, und erntet 9,142 Metzen.

Wird die Saat abgezogen, so bleiben . . . . . Metzen	7,729	0,873	6,747	
Abzüge. $\frac{1}{2}$ für Culturkosten . .	» »	» »	3,373	
			3,374	
$\frac{1}{9}$ für Witterungsschäden . . .	» »	» »	0,374	
			3,000	
Wirthschaftskosten, und jede andere Rücksicht	» »	» »	0,258	
			2,742	2,742

	Naturalrohertrag eines Wiener Joches.	Catastralpreis.	Ge... betr...
		G u l...	
b. Berebtes.			
In Hinsicht des Körnerertrages wird es dem unberebten gleichgehalten	» »	» »	2,7..
Abzüge. $\frac{1}{9}$ für den Raum, den die Reben einnehmen	» »	» »	0,3..
			2,4..
Hiezu kommt der nämliche Reinertrag der Reben, wie er in der ersten Classe der trockenen, berebten Aecker ausgewiesen worden ist . . . . f.	» »	» »	» ..
III. Reißfeld.			
In Betracht, daß das kleine Stück Reißfeld wenig verschieden von den Reißfeldern der ersten Classe ist, was auch aus den eingeholten Erkundigungen hervorging, hat man seinen Ertrag um $\frac{1}{8}$ geringer, als den der ersten Classe veranschlagt, nämlich zu	» »	» »	» »
IV. Bewässerte Wiesen.			
Gesammter Heuertrag . Pfund	3690	32,8 Kr.	13,64..
Abzüge. $\frac{1}{15}$ für Witterungsschäden	» »	» »	0,90..
			12,73..
$\frac{2}{5}$ Gewinnungskosten	» »	» »	5,09..
			7,64..
Unterhaltung der Schleusen und Wasserführung	» »	» »	0,77..
Wirthschaftskosten, und andere Rücksichten	» »	» »	0,38..
			1,16..
			6,48..

	Naturalrohertrag eines Wiener Joches.	Catastralpreis.	Geldbetrag.	Reinertrag eines Wiener Joches.
		Gulden.		
V. Wald von hartem Holz.				
Weil leere, beweidete Stellen darin vorkommen, so glaubt man nach den eingeholten Erkundigungen, daß er alle 7 Jahre abwerfe	» »	» »	14,291	
Auf 1 Jahr entfällt	» »	» »	2,041	
Abzüge. $\frac{1}{18}$ für Witterungsschäden	» »	» »	0,113	
Für den Waldhüter	» »	» »	0,112	
			0,225	
			1,816	1,816
VI. Gemüse- und Ziergärten.				
Diese sind in einem mit Rollsteinen erfüllten Boden, allein mit Mauern umgeben. — Ihr Ertrag ist um $\frac{1}{4}$ größer als jener des bewässerten, unberebten Ackerlandes zweiter Classe, folglich	» »	» »	» »	6,685
VII. Baumgarten.				
Der Boden ist mit Rollsteinen erfüllt, und wird um $\frac{1}{12}$ geringer als die Gemüsegärten zweiter Classe geschätzt, weil man das so bei der Beaugenscheinigung beobachtet hat . .	» »	» »	» »	6,128

III. Classe.	Naturalrohertrag eines Wiener Joches.	Catastralpreis.
		S
I. Bewässertes Ackerland.		
a. Unberebtes.		
1stes Jahr. Hirse.		
Nach vorausgegangenem dreimaligen Pflügen erhält man nach Abschlag des Samens, Metzen	13,060	0,70[illegible]
Abzüge. ⅓ für Culturkosten . .	» »	» »
⅙ für Witterungsschäden . . .	» »	» »
Erhaltung der Schleusen und Canäle, die hier in minderer Zahl vorkommen	» »	» »
Wirthschaftskosten, und jede andere Rucksicht, wie oben . .	» »	» »
2tes Jahr. Weizen. Man bedarf für das Joch an Saat, 1,700 Metzen und erhält 8,489 Metzen. Nach Abzug des Samens bleiben . . . . . Metzen	6,789	1,367
Abzüge. ½ für die Culturkosten	» »	» »
⅙ für Witterungsschäden . . .	» »	» »
Für die Erhaltung der Wassergebäude, Administrationskosten, und alles übrige wie oben	» »	» »
In diesem Jahre wird die Stoppel zwar schon gemähet, es wird aber aus den in den höhern Classen angegebenen Gründen nichts dafür in Rechnung gebracht.		
3tes Jahr. Wiesen, welche gedüngt werden.		
Fürtrag	» »	» »

	Naturalrohertrag eines Wiener Joches.	Catastralpreis.	Geldbetrag.	Reinertrag eines Wiener Joches.
		G u l d e n.		
Übertrag	» »	» »	» »	5,563
Heuertrag . . . . . Pfund	2394	19,5 kr.	7,780	
Die Qualität des Heues ist schlechter wie in den vorigen Classen.				
Abzüge. $\frac{2}{5}$ für Culturkosten . .	» »	» »	3,112	
			4,668	
$\frac{1}{15}$ für Witterungsschäden . .	» »	» »	0,311	
			4,357	
Für die Erhaltung der Wassergebäude, Administrationskosten u. s. w.	» »	» »	0,645	
			3,712	3,712
4tes Jahr. Weizen.				
Man braucht Samen 1,841 Metzen.				
Nach Abschlag desselben bleiben . . . . . . Metzen	10,448	1,367	14,288	
Abzüge. $\frac{1}{2}$ für Culturkosten . .	» »	» »	7,144	
			7,144	
$\frac{1}{9}$ für Witterungsschäden . . .	» »	» »	0,794	
			6,350	
Für Erhaltung der Wassergebäude u. s. w. wie oben . . .	» »	» »	0,645	
			5,705	5,705
In diesem Jahre wird in die Weizenstoppel Hirse gesäet, welcher nach Abschlag des Samens erträgt . . . Metzen	10,448	0,706	7,376	
Abzüge. $\frac{2}{3}$ für Culturkosten . .	» »	» »	4,916	
			2,460	
$\frac{1}{9}$ für Gewitterschäden. . . .	» »	» »	0,274	
			2,186	2,186
Die übrigen Unkosten, für Schleusen, Administration, werden				
Fürtrag	» »	» »	» »	17,166

	Naturalroh-ertrag eines Wiener Joches.	Catastral-preis.	
			G n
Übertrag	» »	» »	
nicht mehr in Anschlag gebracht, weil sie schon bei der ersten Frucht abgezogen worden sind.			
5tes Jahr. Mais.			
Nach Abschlag des Samens erträgt diese Frucht . Metzen	15,672	0,751	1
Abzüge. ½ Culturkosten . . .	» »	» »	
¼ für Witterungsschäden . . .	» »	» »	
Anderweitige jährliche Unkosten wie früher	» »	» »	
6tes Jahr. Weizen.			
Der reine Ertrag wird dem des zweiten Jahres gleich gehalten	» »	» »	»
Summe des Reinertrages von 6 Jahren	» »	» »	»
von 1 Jahre	» »	» »	»
b. Berebtes.			
In Hinsicht der Bodenerträgnisse wird es dem unberebten gleich gehalten, daher entfällt pr. Joch ein Reinerträgniß von .	» »	» »	3
Abzug. ¼ für den Raum, den die Reben einnehmen	» »	» »	c
Das Weinerträgniß ist auf das Joch entfallen auf . Eimer	3,908	1,111	4
Abzüge. Die Hälfte für Culturkosten	» »	» »	1
Fürtrag	» »	» »	»

	Naturalrohertrag eines Wiener Joches.	Catastralpreis.	Geldbetrag.	Reinertrag eines Wiener Joches.
		Gulden.		
Übertrag	» »	» »	2,169	3,355
$\frac{1}{9}$ für Witterungsschäden . . .	» »	» »	0,241	
			1,928	
Für das Holz, welches der Grundbesitzer beitragen muß	» »	» »	0,387	
Für Bottiche Fässer, Absterben der Reben u. s. w.	» »	» »	0,451	
			0,838	
			1,090	1,090
Zusammen	» »	» »	» »	4,445
II. Trocknes Ackerland.				
a. Unberebtes.				
Es wird das Joch mit 1,113 Metzen Roggen besäet, und erträgt 6,789 Metzen. Wird hievon die Saat abgezogen, so bleiben . . . . . Metzen	5,676	0,873	4,955	
Abzüge. $\frac{1}{2}$ für Culturkosten . .	» »	» »	2,472	
			2,483	
$\frac{1}{9}$ für Witterungsschäden . . .	» »	» »	0,276	
			2,207	2,207
b. Berebtes.				
In Hinsicht des Bodenerträgnisses, wie das vorhergehende	» »	» »	2,207	
Abzüge. $\frac{1}{9}$ für den Raum, den die Reben einnehmen . . .	» »	» »	0,245	
			1,962	1,962
Das Weinerträgniß ist pr. Joch Eimer	2,114	1,333	2,817	
Abzüge. $\frac{1}{2}$ für Culturkosten . .	» »	» »	1,408	
			1,409	
Fürtrag	» »	» »	1,409	1,962

	Naturalroherertrag eines Wiener Joches.	Catastralpreis.	Ge… bet…
		G u l…	
Übertrag	» »	» »	1,
1/6 für Gewitterschäden	» »	» »	0,
			1,
Für das Holz, welches der Grundbesitzer beitragen muß . . .	» »	» »	0,
Für Fässer u. s. w.	» »	» »	0,
			0,
			0,
Zusammen	» »	» »	»
III. Bewässerte Wiesen.			
Sie werden zweimal gemäht, und ertragen an Heu im Ganzen . . . . Pfund	2693	22,8	10,
Abzüge. 2/5 für Culturkosten . .	» »	» »	4,
			6,
1/15 für Witterungsschäden . .	» »	» »	0,
			5,
Für Wasserbauten u. s. w. . .	» »	» »	0,
Administrationskosten u. s. w. .	» »	» »	0,
			0,
			4,
IV. Wald mit hartem Holz.			
Da der Wald in dieser Classe noch größere leere Stellen hat, wie in der vorhergehenden, so kann man den Abtrieb eines Joches, der alle 7 Jahre vorgenommen wird, nur zu 11,692 fl. verkaufen.			
Hiernach entfällt jährl. Ertrag .	» »	» »	1,
Abzüge. 1/18 für Witterungsschäden	» »	» »	0,
Für den Waldhüter	» »	» »	0,
			0,
			1,

IV. Classe. I. Bewässertes Ackerland.	Naturalrohertrag eines Wiener Joches.	Catastralpreis.	Geldbetrag.	Reinertrag eines Wiener Joches.
		Gulden.		
Nach gepflogener Berechnung des Werthes dieses Bodens, mit gehöriger Rücksicht auf das Schotterlager, aus dem er besteht, und auf die Früchte, die darauf gewöhnlich geerntet werden, hat man einen Reinertrag gefunden von . . .	» »	» »	» »	2,600
II. Trocknes Ackerland.				
a. Unberebtes.				
Nach den nöthigen Untersuchungen, und mit Rücksicht auf die erwähnten Umstände, und erforderlichen Abzüge, erhellet ein reiner Ertrag von . . .	» »	» »	» »	1,040
b. Berebtes.				
Das Bodenerträgniß wird mit Rücksicht auf die wirklichen Erträge angenommen, daß es zwischen dem Reinertrag der dritten und vierten Classe das Mittel halte, folglich . . .	» »	» »	1,623	
Abzüge. ⅐ für den Raum, den die Reben einnehmen . . .	» »	» »	0,232	
			1,391	
Das Erträgniß der Reben ist dem der dritten Classe gleich .	» »	» »	0,953	
			2,344	2,344

Einzige Classen.

I. Wiesen mit saurem Heu.

Werden zweimal gemäht, und geben im Ganzen an Heu, Pfd.

Abzüge. Hier genügen nicht $\frac{2}{3}$ des Rohertrages, sondern es ist üblich die Hälfte abzuziehen .

$\frac{1}{8}$ für Witterungsunfälle . . .

Für die wenigen Wassergebäude, und andere Rücksichten .

II. Weide.

Nach Erkundigungen und genommener Einsicht . . . . .

Sumpfweide. Man schätzt sie auf den vierten Theil der sauren Wiesen . . . . .

III. Weide mit Kopfholz.

Ihr Ertrag ist fast gleich den Wäldern der dritten Classe, weil der Boden noch schlechter ist, nämlich . . . . . .

IV. Sumpf.

Der Schilf, den man da zur Streue schneidet, gibt diesem Boden einen Reinertrag von .

V. Bewässerte Wiesen mit Weinreben.

In Hinsicht des Bodens sind sie den bewässerten Wiesen der zweiten Classe gleich, weil sie den nämlichen Ertrag geben .

Fürtrag

	Naturalrohertrag eines Wiener Joches.	Catastralpreis.	Geldbetrag.	Reinertrag eines Wiener Joches.
		Gulden.		
Übertrag	» »	» »	6,480	
Abzüge. $\frac{1}{10}$ für den Raum, den die Reben einnehmen . . .	» »	» »	0,648	
			5,832	
Der Ertrag der Reben ist nach gehöriger Bedachtnahme jenem des bewässerten und berebten Ackerlandes dritter Classe gleich gestellt worden	» »	» »	1,084	
			6,916	6,916
Der zur Ziegelerzeugung für den eigenen Bedarf verwendete Grund ist seiner Beschaffenheit nach der dritten Classe des bewässerten Ackerlandes gleich, weil er von ihm umgeben ist, und wird daher ein Joch diesem gleich geschätzt, mit einem Reinertrage von				3,914
Schotterwiesen, die zwischen den Wiesen vorkommen, bilden eine eigene Classe, weil sie eine eigene Benennung haben. Ihr Ertrag ist etwas weniger als der dritte Theil der dritten Classe der bewässerten Wiesen, sowohl weil man sie nur einmal mäht, als auch wegen andern Rücksichten. Reinertrag pr. Joch				1,548

Gesehen: Milucci o. Andrea Girelli,

(Präsident der Giunta.) Kaiserl. Schätzungscommissär.

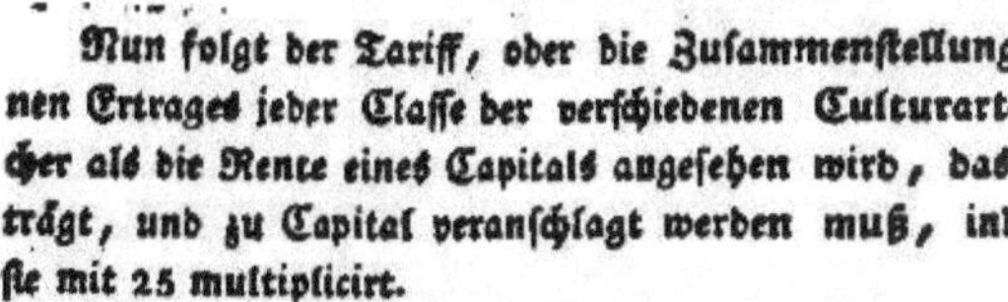

Nun folgt der Tariff, oder die Zusammenstellung nen Ertrages jeder Classe der verschiedenen Culturart cher als die Rente eines Capitals angesehen wird, das trägt, und zu Capital veranschlagt werden muß, ind sie mit 25 multiplicirt.

Die mailändischen Tariffe geben daher nicht den j Reinertrag, sondern den Capitalwerth der Gründe an, dieser in Scudi berechnet wird, so nennt man ge Scutato, den Catastralwerth der Gründe.

Bei der Reduction des Reinertrages zu Capital, li Commissäre alle Brüche des Scudo weg, die kleiner waren.

In der folgenden Tabelle sind die beiden Tariffe, der mit dem Operate übereinstimmende, und der von de legio dei Periti modificirte nebeneinander gestellt, man ihre Abweichung mit einem Blicke übersehe.

Catastral-Tariff
der
Gemeinde Moncadello.

Name der Culturart und Classe.	Nach dem vorliegenden Operate entfallender Reinertrag: für das Joch berechnet.	für die Pertica.			Scutato, d. i. Capitalwerth einer Pertica, wie er im Jahre 1726 publicirt wurde.	wie er späterhin verändert worden ist und gegenwärtig besteht.
	Gulden.	Lire.	Soldi.	Den.	Scudi.	Scudi.
I. Classe.						
Ackerland, trocknes	2,900	1	6	—	5½	5
detto detto berebt	3,645	1	11	2	6½	6½
detto bewässertes	6,132	2	5	8	9½	8
detto detto berebt	5,796	2	2	3	9	9
Reißfeld	7,371	2	11	4	10½	10
Wiesen, bewässerte	7,882	2	17	4	12	11
Weiden	— —	—	—	—	1½	—
Wälder mit hartem Holz	2,468	—	19	—	4	3
Baumgärten	8,867	3	1	—	12½	11
Gemüse- und Ziergärten	10,509	3	—	—	7½	6½
II. Classe.						
Ackerland, trocknes	2,742	1	—	4	4	4
detto detto berebt	2,483	1	6	1	5½	[illegible]

Wälder mit hartem Holz	1,816	—	14	—	3	2
Baumgärten	6,128	2	4	—	9	9
Gemüse- und Ziergärten	6,685	2	8	—	5½	5½
III. Classe.						
Ackerland, trocknes	2,207	—	15	—	3	3
detto detto berebt	2,915	—	19	—	4	4
detto bewässertes	3,914	1	7	—	5½	5
detto detto berebt	4,445	1	11	6	—	5½
Wiesen, bewässerte	4,958	1	14	—	7	7
Wälder mit hartem Holz	1,601	—	11	—	2½	1½
IV. Classe.						
Ackerland, trocknes	1,040	—	8	—	1½	2
detto detto berebt	2,344	—	15	6	3	3
detto bewässertes	2,600	1	—	—	4	4
Wiesen, bewässerte	— —	—	—	—	5½	—
Einzige Classen.						
Wiesen, bewässerte, mit Reben	6,916	2	10	8	10½	9
detto mit saurem Heu	3,408	1	6	2	—	—
Weiden	1,040	—	8	—	—	1
detto mit Kopfholz	1,455	—	10	—	2	2
Sumpfweiden	0,852	—	6	—	—	—
Sümpfe	0,260	—	2	—	— ½	— ½
Gründe zur Ziegelerzeugung	3,914	1	7	—	5½	—
Schotterwiesen	1,548	—	12	—	2½	2½

VII.

Von der Handels-Bilanz

der lombardischen Provinzen

und

den Preisen der natürlichen Producte

in

den lombardischen, venezianischen und küstenländischen Städten.

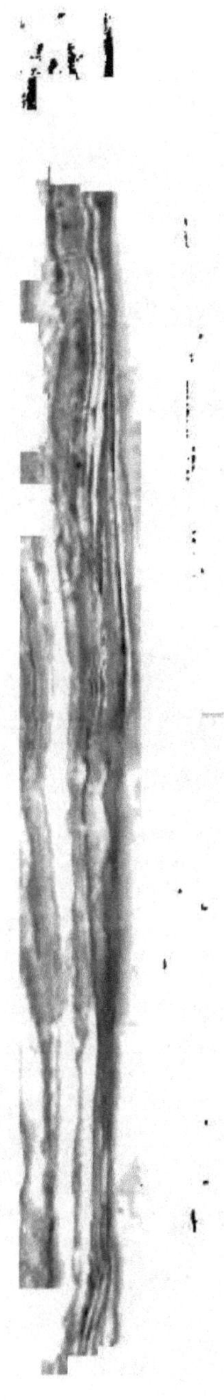

Von der Handels-Bilanz der lombardischen Provinzen und vom Geldwerthe der Producte.

Ich glaube, daß es meinen Lesern sehr interessant sein wird, die Handels-Bilanz eines so reichen Landes, wie die Lombardie ist, näher zu kennen. Ich habe Gelegenheit gehabt sie mir aus sicherer Quelle zu verschaffen, und bedaure nur, daß ich nicht eine ähnliche Übersicht über denselben Gegenstand für die venezianischen Provinzen vorlegen kann.

Man ersieht aus dieser Tabelle, wie die Lombardie mit der Seide allein, die sie ausführt, nicht nur alle Artikel, die sie einführt, und die nicht weniger als 64 ½ Millionen Zwanziger betragen, bezahlt, sondern daß ihr noch 10 Millionen von der Einnahme für die Seide, und der ganze Betrag der Ausfuhr ihrer Käse, ihres Reißes, ihres Leines u. s. w. übrig bleiben, die zusammen 28,761,664 Millionen Lire, d. h. 9,587,221 Gulden ausmachen.

Es kann sich daher die Seidenausfuhr bedeutend vermindern, ohne daß die Handels-Bilanz passiv wird, welcher Zustand ohnehin nur von kurzer Dauer sein kann, weil die Nation gleich fühlen würde, daß ein anderer Weg eingeschlagen werden müßte, um im Vermögensstande nicht zurückzukommen. Sollte die Seidenausfuhr die Auslagen der Einfuhr nicht mehr decken, so brauchte man nur die bisher vom Auslande bezogenen Artikel: Vieh und Wein, für die man mehr als 25 Millionen Lire ausgibt, im Lande selbst zu erzeugen, und das ganze Deficit ist gedeckt.

Die Marktpreis-Tabellen aller Kreisstädte der lombardischen, venezianischen und küstenländischen Provinzen habe ich zum Be-

hufe der Catastralschätzungen erhoben; für welche in de
lande die Durchschnittspreise der Producte des Jahr
als Normalpreise vorgeschrieben sind.

Diese Preise haben aber auch für den Landwirth u
stiker einigen Werth; man ersieht aus denselben das V
des Werthes, das man in verschiedenen Gegenden den
Getreidearten ertheilt, den hohen Preis des Heues un
den niedrigen des Weines, und wie groß die Preis
zwischen benachbarten Städten sich ergeben haben.

Endlich habe ich noch ein Verzeichniß des Preis
züglichsten Lebensmittel angehängt, so wie er im Ma
Venedig und Mailand bestand.

Über die Productenpreise muß ich bemerken,
den Jahren 1824 und 1825 nicht nur in Deutschland
auch in Italien so niedrig standen, daß man die Ge
seit einem Menschenalter nicht so wohlfeil verkaufen s
im Jahre 1826 fingen sie wieder an zu steigen, und
des Sommers 1828 brachte sie über den Mittelpreis
ren 15 Jahre.

Der Unwerth des Getreides gab der Maulbeerpflan
Viehzucht, der Wiesencultur und dem Kleebau einen gr
schub, weil man einsah, daß der Getreidebau weder d
kosten genügend vergütete, noch das Grundcapital en
verzinste, und daß nur die thierischen Producte, vor
die Maulbeerbäume den größten Nutzen abwerfen.

des Geldwerthes der Waaren, welche im Jahre 1824 in die lombardischen Provinzen ein- und ausgeführt worden sind.

In österreichischen Lire zu 20 Kreuzer.

Name der Waaren.	Geldwerth der Waaren: der eingeführten.		der ausgeführten.		Der Unterschied ist passiv.		activ.	
Material-Waaren (Droghe)	7,163,737	98	185,966	58	6,977,771	40	— —	—
Medicamente	1,129,308	25	244,539	10	884,769	15	— —	—
Farbwaaren	1,544,745	70	66,243	55	1,478,502	15	— —	—
Vieh aller Art	10,175,481	6	728,120	30	9,447,360	76	— —	—
Wein, Liqueure und Eßwaaren	15,011,384	16	1,413,544	35	13,597,840	11	— —	—
Wolle, Haare und deren Fabricate	1,041,311	40	2,501,819	10	— —	—	1,460,507	70
Baumwolle und derselben Fabricate	2,815,529	—	179,075	30	2,636,453	70	— —	—
Lein, Hanf und deren Fabricate	1,585,087	80	368,494	20	1,216,593	60	— —	—
Häute, Pelze und deren Fabricate	2,188,573	27	151,718	30	2,036,854	97	— —	—
Holz und Holzwaaren	1,158,002	18	293,030	24	864,971	94	— —	—
Metalle und derselben Fabricate, mit Ausschluß der Eisenwaaren	161,621	—	369,801	90	— —	—	208,180	90
Verschiedene andere Waaren	5,387,803	71	1,508,596	16	3,879,207	55	— —	—
Seide und deren Fabricate	1,716,130	86	64,190,939	64	— —	—	62,474,808	78
Getreide und Hülsenfrüchte	2,319,189	52	3,085,729	37	— —	—	766,539	85
Käse	633,910	10	3,513,043	50	— —	—	2,879,133	40
Lein, Garn und Zwirn	208,536	60	3,094,694	50	— —	—	2,886,157	90
Eisenwaaren	106,207	68	1,212,869	40	— —	—	1,106,661	72
Zusammen	54,447,560	57	83,209,225	49	43,120,325	33	71,881,990	25
Wird der Werth der eingeführten Waaren von jenem der ausgeführten abgezogen mit	— —	—	54,447,560	57	— —	—	43,120,325	33
So zeigt sich ein activer Überschuß	— —	—	28,761,664	92	— —	—	28,761,664	92

Produ

wie sie den ämtlichen Vormerkungen zufolge im Durchs
Städten

Nach Wiener Maß, Gewicht und Geld berechnet.

	Venedig.			
	Stadt.		Land.	
	fl.	kr.	fl.	kr.
1 Metzen Weizen	2	16	2	51
1 » Roggen	1	44	1	50
1 » Haser	1	13	1	47
1 » Mais	1	50	2	—
100 Pfund Reiß	6	40	10	38
100 » Heu	—	—	—	57
100 » Stroh	—	—	—	38
1 Maß Wein, besserer	—	13¾	—	8⅛
1 » » schlechterer	—	6½	—	5¼
1 Klafter Holz, hartes	8	7	5	48
1 » » weiches	6	48	4	37

Preise,

während des Sonnen-Jahrs 1824 in den nachbenannten den haben.

Nach Wiener Maß, Gewicht und Geld berechnet.

Udine.		Padua.		Vicenza.		Treviso.		Rovigo.		Belluno.		Mailand.			
												Stadt.		Land.	
fl.	kr.	fl.	kr.	fl.	kr.	fl.	kr.	fl.	kr.	fl.	kr.	fl.	kr.	fl.	kr.
2	30	2	35	2	18	2	38	2	16	2	41	3	11	3	13
1	37	1	17	1	46	1	38	1	24	2	3	1	58	2	3
1	40	1	29	1	14	1	22	1	9	1	35	1	13	1	11
1	35	1	39	1	45	1	39	1	47	2	2	2	—	2	7
10	—	8	9	9	7	10	14	9	18	10	29	7	18	6	42
—	40	1	30	1	1	—	42	1	14	1	14	2	9	1	42
—	31	1	5	—	37	—	38	—	52	1	39	1	1	—	50
—	6¼	—	5⅛	—	8⅓	—	4⅘	—	6¾	—	12⅗	—	11¾	—	11
—	4½	—	2¼	—	6⅔	—	4⅓	—	4⅓	—	7	—	8	—	5¼
6	57	6	31	7	21	7	41	3	8	7	57	14	42	12	51
5	9	5	15	6	9	6	54	1	49	4	20	9	20	7	15

(Fortsetz

Nach Wiener Maß, Gewicht und Geld berechnet.

	Pavia.		Lodi.		Cremona.	
	fl.	kr.	fl.	kr.	fl.	kr.
1 Metzen Weizen	3	1	2	55	2	43
1 » Roggen	1	50	1	54	1	48
1 » Hafer	1	6	1	16	1	29
1 » Mais	1	52	1	54	1	46
100 Pfund Reiß	6	38	6	26	7	3
100 » Heu	1	33	1	21	1	7
100 » Stroh	—	39	—	41	—	27
1 Maß Wein, besserer . .	—	19	—	$8\frac{1}{4}$	—	$3\frac{3}{4}$
1 » » schlechterer .	—	9	—	5	—	3
1 Klafter Holz, hartes . .	12	22	11	58	7	40
1 » » weiches . .	8	32	8	36	6	29

von Seite 290 und 291.)

Nach Wiener Maß, Gewicht und Geld berechnet.

Brescia.		Bergamo.		Como.		Sondrio.		Triest.		Görz.		Pisino.		Fiume.	
fl.	kr.	fl.	kr.	fl.	kr.	fl.	kr.	fl.	kr.	fl.	kr.	fl.	kr.	fl.	kr.
2	39	2	50	3	34	3	41	2	26	2	28	3	22	2	53
1	53	—	—	2	18	2	29	1	44	1	50	2	47	—	—
1	23	1	5	1	40	1	47	—	55	1	26	1	26	1	20
1	53	1	54	2	14	2	28	1	40	1	39	2	8	1	53
7	2	6	19	7	9	7	44	—	—	—	—	—	—	—	—
1	13	1	12	1	38	1	18	1	17	—	46	2	11	1	17
1	4	—	47	—	53	—	40	—	—	—	43	1	35	1	20
—	$4\frac{3}{4}$	—	$6\frac{3}{4}$	—	$8\frac{1}{4}$	—	$7\frac{3}{4}$	—	24	—	$7\frac{1}{2}$	—	8	—	24
—	$3\frac{3}{4}$	—	$4\frac{1}{4}$	—	$4\frac{1}{3}$	—	$4\frac{3}{4}$	—	$10\frac{1}{3}$	—	7	—	$3\frac{1}{3}$	—	12
8	44	9	28	11	35	10	4	7	15	6	—	5	—	6	30
4	29	6	40	7	5	5	59	5	15	—	—	4	10	—	—

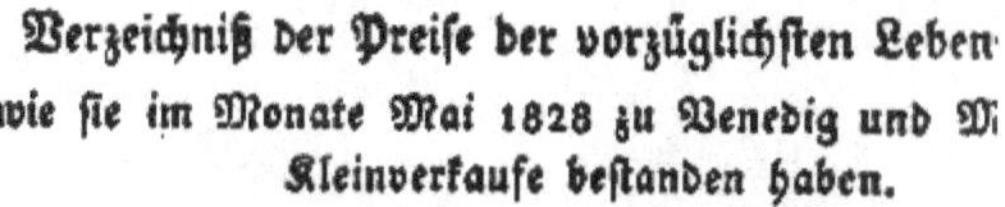

Verzeichniß der Preise der vorzüglichsten Leben
wie sie im Monate Mai 1828 zu Venedig und M
Kleinverkaufe bestanden haben.

In Wiener Maß und Geld.

Name des Gegenstandes.	Maß, Gewicht.	Venedig.	
		fl.	kr.
Rindfleisch, von guter Qualität .	1 Pfund	—	14
» » nach der Taxe . . .	1 »	—	10,6
Kalbfleisch, von guter Qualität .	1 »	—	20
Schöpsenfleisch » »	1 »	—	12,6
Milch, abgerahmte	1 Maß	—	6
» bessere	1 »	—	12
Rahm, ordinärer	1 Seidel	—	4½
» besserer	1 »	—	—
Wein, von besserer Qualität . .	1 Maß	—	—
» von gemeiner » . .	1 »	—	7¼
Butter	1 Pfund	—	21,8
Speck	1 »	—	12½
Brod	1 »	—	6,8
Eier	12 Stück	—	—
» im Winter	12 »	—	—
Huhn, ungemästet	1 »	—	—
» gemästet	1 »	—	—
Kohlen	1 Metzen	—	—
»	100 Pfund	1	20
Holz, im August	100 »	—	—
» im Winter	100 »	—	—
Holzbündel	100 Stück	1	5

Inhalt

des zweiten Theils.

Seite

Seite

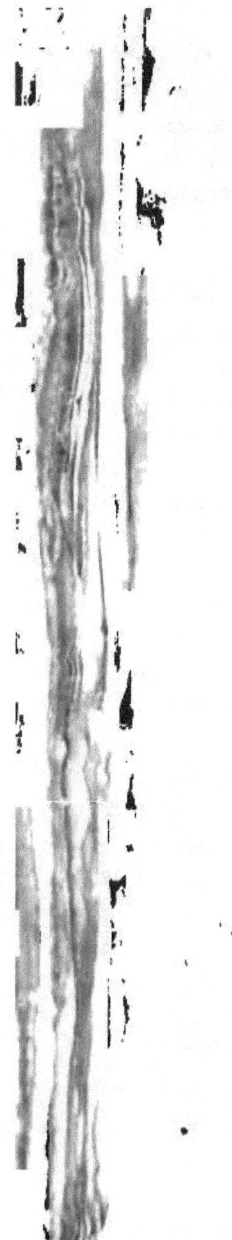

Bei

Wilhelm Braumüller,

k. k. Hof- und akadem. Buchhändler in Wien,

erscheint im

October l. J. das erste Heft

einer

Vierteljahresschrift

für

die wissenschaftliche Veterinärkunde.

Herausgegeben

von den Mitgliedern des Wiener k. k. Thierarznei-Institutes

unter der Redaction der Prof.

Dr. Müller und **Dr. Röll.**

Diese Vierteljahresschrift, welche insbesonders als Organ für österreichische Veterinäre dienen soll, wird **Originalaufsätze** aus dem Gebiete der gesammten ationellen Thierzucht der wissenschaftlichen Veterinär-Medizin in ihrem ganzen Umange enthalten. Sie wird **kurze Uebersichten** über die Veterinär-Ergebnisse des sterr. Kaiserstaates, kurzgefaßte kritische **Auszüge** der wichtigeren, in anderen Zeitschriften enthaltenen Aufsätze, kritische **Besprechungen** der größeren selbstländigen, auf dem Gebiete der Veterinärwissenschaft erscheinenden Werke, und kleiere, für Veterinäre wissenswerthe **Notizen** bringen.

Bei dem Umstande, als bis nun **keine, die Veterinärwissenschaft behandelnde Zeitschrift in Oesterreich besteht,** dürfte das Erscheinen der Vierteljahresschrift, für welche bereits zahlreiche Kräfte gewonnen wurden, von den Herren Veterinären als **ein zeitgemäßes** begrüßt werden.

Der Preis **für den Jahrgang von 4 Heften,** deren jedes in der Stärke von ungefähr 10 Bogen erscheinen wird, **beträgt 5 fl. C. M.**

Daselbst ist erschienen:

Bruckmüller, Dr. A., Correpetitor am k. k. Thierarznei-Institute in Wien, **Grundzüge der allgemeinen und speciellen Botanik für Thierärzte.** 1851. Gr. 8. geheftet. Preis: 48 kr. C. M.

Graf, Leopold, gew. k. k. Professor der Zootomie, Zoophysiologie und des Exterieurs am k. k. Thierarznei-Institute rc., **Handbuch der Zoophysiologie nutzbarer Haussäugethiere,** als Leitfaden zu Vorlesungen. 1851. Zweite Auflage. Gr. 8. Geheftet. Preis: 2 fl. 30 kr. C. M.

Röll, Dr. M. F., k. k. Professor rc., und **Dr. F. C. Schneider,** Docent der Chemie an der Wiener Hochschule. **Die Grundzüge der Naturlehre und Chemie,** mit besonderer Berücksichtigung der Bedürfnisse des ärztlichen Studiums bearbeitet. 1851. 2 Bände. Gr. 8. Geh. Preis: 5 fl. C. M.

Gedruckt bei J. P. Sollinger's Witwe.

Zeitfracht Medien GmbH
Ferdinand-Jühlke-Straße 7
99095 Erfurt, Deutschland
produktsicherheit@kolibri360.de